Early Career Forum des SFB 1567 (Hg.)
Vokabular des Virtuellen

Virtuelle Lebenswelten | Band 1

Editorial

Die Reihe des DFG-Sonderforschungsbereichs 1567 **Virtuelle Lebenswelten** versammelt interdisziplinäre Perspektiven auf Prozesse der Normalisierung von Virtualität. An Wissensinhalten, Praktiken, Aushandlungsformen und Vernetzungsdynamiken zeigt sich, wie sich virtuelle Lebenswelten entfaltet haben und diverse Formen der Virtualität zur treibenden Kraft für gesellschaftliche und kulturelle Transformationen geworden sind. Im Fokus der Reihe stehen Funktion und Folgen des Virtuellen für die Subjektkonstitution, für lebensweltliche und ästhetische Praxen, für soziale Organisationen und Operationen und nicht zuletzt für die Wissenschaften selbst.
Die am Sonderforschungsbereich beteiligten Fächer – Erziehungswissenschaft, Geschichtswissenschaft, Kunstgeschichte, Linguistik, Literaturwissenschaft, Medienwissenschaft und Sozialwissenschaft – treffen sich in ihrer Forschung dort, wo es um die unterschiedlichen medialen und technischen Bedingungen virtueller Welten geht: Diese können erzählt, errechnet oder immersiv erfahren, modelliert oder imaginiert werden. Mit dem Begriff der Virtualität fokussiert die Schriftenreihe auf den Gebrauch von, den Umgang mit und die Teilhabe an möglichen Lebenswelten.
Die Reihe wird herausgegeben von Stefan Rieger, Florian Sprenger und Anna Tuschling. Sie vertreten den SFB 1567 »Virtuelle Lebenswelten«.

Das **Early Career Forum des SFB 1567** »Virtuelle Lebenswelten« an der Ruhr-Universität Bochum ist eine von den Wissenschaftler*innen in frühen Karrierephasen selbst gestaltete und organisierte Struktur. Das ECF ist ein Forum, in dem Wissenschaft partizipatorisch gelebt wird. Die Forscher*innen erschließen sich den Denk- und Praxisraum des Virtuellen gemeinsam, probieren neue Lern-, Lehr- und Arbeitsformate aus und profitieren zugleich vom Erfahrungsaustausch mit den Kolleg*innen.

Early Career Forum des SFB 1567 (Hg.)

Vokabular des Virtuellen

Ein situiertes Lexikon

[transcript]

Gefördert durch die Deutsche Forschungsgemeinschaft (DFG) - Sonderforschungsbereich 1567 »Virtuelle Lebenswelten« (470106373)

Bibliografische Information der Deutschen Nationalbibliothek
Die Deutsche Nationalbibliothek verzeichnet diese Publikation in der Deutschen Nationalbibliografie; detaillierte bibliografische Daten sind im Internet über https://dnb.dnb.de/ abrufbar.

Erschienen 2024 im transcript Verlag, Bielefeld

Umschlaggestaltung: Maria Arndt, Bielefeld
Umschlagabbildung: Am 29.08.2024 mit »GPT-4« und »DALL·E 3« generiert und nachträglich bearbeitet.
Druck: Majuskel Medienproduktion GmbH, Wetzlar
https://doi.org/10.14361/9783839472071
Print-ISBN: 978-3-8376-7207-7
PDF-ISBN: 978-3-8394-7207-1
Buchreihen-ISSN: 2943-6915
Buchreihen-eISSN: 2943-6923

Gedruckt auf alterungsbeständigem Papier mit chlorfrei gebleichtem Zellstoff.

Inhalt

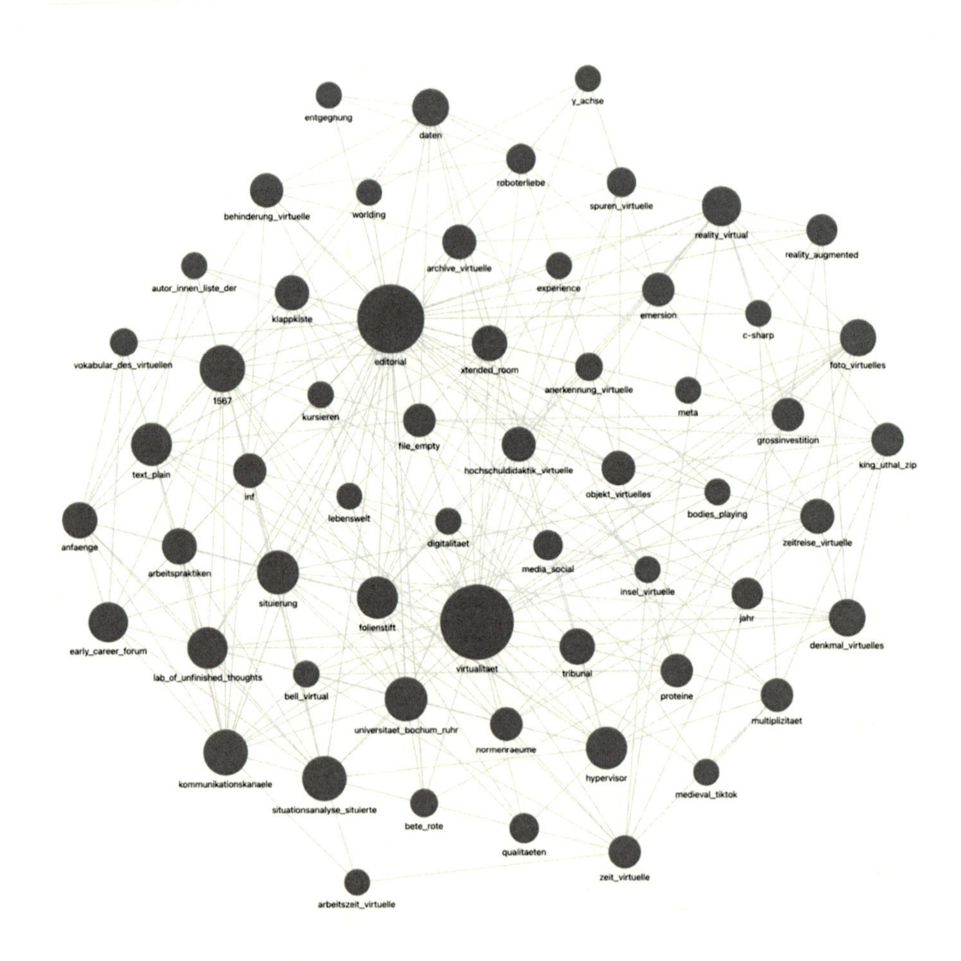
y_achse
entgegnung
daten
roboterliebe
spuren_virtuelle
behinderung_virtuelle
worlding
reality_virtual
reality_augmented
archive_virtuelle
experience
autor_innen_liste_der
klappkiste
emersion
c-sharp
editorial
foto_virtuelles
vokabular_des_virtuellen
xtended_room
anerkennung_virtuelle
1567
meta
kursieren
file_empty
grossinvestition
king_uthal_zip
text_plain
hochschuldidaktik_virtuelle
inf
objekt_virtuelles
lebenswelt
bodies_playing
anfaenge
digitalitaet
zeitreise_virtuelle
arbeitspraktiken
media_social
insel_virtuelle
situierung
folienstift
jahr
early_career_forum
virtualitaet
denkmal_virtuelles
lab_of_unfinished_thoughts
tribunal
proteine
bell_virtual
universitaet_bochum_ruhr
multiplizitaet
normenraeume
kommunikationskanaele
hypervisor
medieval_tiktok
situationsanalyse_situierte
bete_rote
qualitaeten
zeit_virtuelle
arbeitszeit_virtuelle

1567

Herausgeber:innen

Nummer des Sonderforschungsbereichs 1567 *Virtuelle Lebenswelten*, eine an der Ruhr-Universität Bochum angesiedelte, langfristige Forschungseinrichtung, in der Wissenschaftler:innen im Rahmen eines fächerübergreifenden Forschungsprogramms zusammenarbeiten (→ Universität Bochum, Ruhr-). Im Jahr 1567 starb außerdem der Jenaer Mathematiker Michael Stifel, ein unverhoffter Pionier des virtuellen Denkens. Einer seiner Beiträge war es, negative Zahlen – *Numeri Absurdi* – als gleichberechtigte Elemente mathematischer Operationen einzusetzen. Sein Umgang mit dem scheinbar Absurden der Negativität verstieß in seiner Zeit gegen die Gepflogenheiten der Obrigkeit. Und was es mit diesem ersten Band des Sonderforschungsbereichs mit der Nummer 1567 auf sich hat, erklärt das Editorial (→ Editorial).

Anerkennung, virtuelle

Patrizia Breil

Anerkennung im Kontext einer virtuellen Begegnung ist das ursprüngliche Eingeständnis, dass die Akteur:innen, denen wir in der virtuellen Realität (VR) begegnen, handlungsmächtig sein und einen Einfluss auf uns haben können (→ Reality, virtual). Am Anfang steht der körperliche Eintritt in VR und die Begegnung – mit mir selbst im Virtuellen, v.a. aber auch mit einem virtuellen Körper-Anderen wie Dir (→ Bodies, playing). Eine erste Skizze der virtuellen Körper-Anderen hebt die Menschenähnlichkeit dieses computergestützten Gegenübers in VR hervor, von dem ein Anspruch ausgeht, auf den ich reagiere und an den ich selbst Ansprüche stellen kann, die den virtuellen Körper-Anderen zur Verantwortung ziehen. Ohne direkt in ontologische Zweifel zu stürzen (cogito ergo sum *in VR?*), soll so eine Phänomenologie der virtuellen Begegnung umkreist werden. Dass Begegnungen stattfinden können, dürfte weitgehend außer Frage stehen (→ Roboterliebe). Aber wem begegne ich da und was interessiert es mich überhaupt, ob *hinter* dem Gegenüber ein Mensch oder ein Computer steckt? Als Basis der virtuellen Begegnung zeichnet sich die erwartete Möglichkeit einer Interaktion ab – unabhängig vom klassisch bewusstseinsphilosophischen Subjektstatus des Gegenübers. In Frage steht hier nicht, wer das Gegenüber *ist*, oder was ich mit welcher Begründung über das Gegenüber *wissen* kann. Was für die Begegnung in erster Linie zählt, ist vielmehr, dass wir einander beeinflussen und einander etwas bedeuten können. An die Stelle der klassischen Anerkennung des fremden Bewusstseins, der fremden Transzendentalität tritt in VR die *virtuelle Anerkennung* als handlungstheoretisches Gewahrsein einer Handlungsmacht, die sich kaleidoskopisch zwischen einer Mehrzahl virtueller Körper bricht.

Virtuelle Körper-Andere

Mit dem digitalen Körper-Anderen ist ein digitales, computergestütztes Gegenüber gemeint, das mehr oder weniger menschenähnlich wirkt, sei es, weil es als Sprachassistent:in eine Stimme hat, oder, weil man sich in Gaming-Kontexten einem verkörperten Avatar gegenübergestellt sieht. An dieser Stelle lege ich einen Fokus auf Begegnungen mit Körper-Anderen in VR. Solche virtuellen Körper-Anderen gibt es einmal queer durch die Bank mit allen Personalpronomen. Das können *Dritte* sein (they/she/he, oder im Plural: sie), d.h. diejenigen, denen wir uns gerade *nicht* zuwenden, die aber auch irgendwie da sind, z.B. eine Gruppe potenzieller Interaktionspartner:innen, auf die wir uns zubewegen, denen wir uns körperlich zuwenden. In der konkreten Begegnung wird aus dem they/she/he/sie ein *Du* oder *ihr*, z.B. dann, wenn wir ein Gespräch beginnen, jemanden ansprechen. Und zuletzt bleibt, was in der westlichen philosophischen Tradition gerne an erster Stelle steht: Ich. Auch ein Ich, das in der VR, an sich herab blickend, einen Körper entdeckt (oder nur Hände), kann ein virtueller Körper-Anderer sein und ist dies in erster Linie für die Anderen (vgl. Breil 2024).[1] Von allen diesen möglichen virtuellen Körper-Anderen soll hier nur eine konkrete Körper-Andere im Fokus stehen: Jemand wie Du.

Interaktion

Hast Du als virtuelle Körper-Andere notwendig eine menschenähnliche Gestalt? Nein. Du hast nicht einmal notwendigerweise eine *Gestalt* im visuellen Sinne. Vielleicht bist Du nur eine Stimme oder anderswie einsinnig erfahrbar, z.B. nur sichtbar, aber ohne spürbare räumliche Konsequenz und ich kann durch Dich hindurchgehen. In vielen Fällen hast Du aber einen sichtbaren Körper, von Kopf bis Fuß. Manchmal hast Du nur einen Körper von der Hüfte aufwärts. Manchmal nur einen Kopf. Dass Du nur einen Kopf hast, ist dabei ungleich wahrscheinlicher, als Dir nur von Fuß bis Knie zu begegnen.

Du als virtuelle Körper-Andere bist menschen*ähnlich*, d.h. Du bist nicht notwendigerweise ein Mensch oder die Repräsentation eines Menschen. Auch andere Lebewesen können virtuelle Körper-Andere sein, sogar Dinge können virtuelle Körper-Andere sein. Es geht nicht um Menschen per se. Es geht darum, zu etwas oder jemandem *Du* zu sagen. Menschenähnlich heißt, dass ich auf Dich zugehe *wie* auf einen anderen Menschen; dass ich das Gefühl habe, dass da *jemand* ist; jemand, mit dem ich interagieren kann; jemand, von dem ich etwas wollen und an den ich einen Anspruch stellen kann.

Du als virtuelle Körper-Andere bist auch menschen*ähnlich*, insofern Du mit Menschen in Verbindung gebracht wirst und äußerlich wahrnehmbare Eigenschaften aufweist, die Menschen auch haben. Wenn ich in VR, je nach Anwendung, jemandem begegne, ist mir mehr oder weniger unklar, ob es sich dabei um einen Non-Playable Charakter, einen menschen- oder Computer-gesteuerten Avatar handelt. Zuerst bemerke ich *jemanden*. Zuerst bemerke ich: Da bist Du. Auf jeden Fall hängt meine Art der Interaktion mit Dir davon ab, wer oder was *hinter* Dir steckt. Aber noch geht es nicht darum, wer Du genau bist. Sondern es geht darum, *dass* Du *jemand* bist, der unter Umständen auch proaktiv einen Anspruch an mich stellen kann und vor dem ich mich verantworten und dem ich antworten muss.

---

1 Die Nähe zu Sartres Für-andere-sein liegt auf der Hand, auch bei Sartre geht es darum, von anderen wahrgenommen werden zu können (vgl. Sartre 1943: 470f.). Mit dem Konzept des digitalen Körper-Anderen soll aber weniger vom Bewusstsein her gedacht werden und mehr von der verkörperten Begegnung, spezifischer noch vom verkörperten Gegenüber. Der digitale Körper-Andere ist ein ›Du‹, kein Objekt-Körper (+/- Transzendenz).

Höre ich im virtuellen Gebüsch ein Rascheln, vermute ich vielleicht, dass da jemand ist. Springt im nächsten Moment eine Katze aus dem Gebüsch, habe ich mich nicht getäuscht. Ich kann in die Hocke gehen, die Katze streicheln und sagen: Ach, *Du*! Die Minimalbedingung für eine Qualifikation als virtueller Körper-Anderer ist die antizipierte Möglichkeit einer Interaktion. Beim virtuellen Körper-Anderen handelt es sich also (zunächst) nicht um eine eindeutige politische Kategorie. Die Frage nach Deinem Personenstatus, nach Deinem moralischen Status, nach Deinen Rechten und Pflichten stellt sich zwar, aber erst später. Auch Dein ontologischer Status spielt für unsere ursprüngliche Begegnung keine grundsätzliche Rolle. Du als virtuelle Körper-Andere bist jemand, die da ist, die Einfluss auf meine Welt hat und von der ich denke, dass deren künftige Handlungen potenziell von einer Interaktion mit mir beeinflussbar sind. In der Begegnung mit Dir werde ich mir dessen gewahr, dass ich die Situation nicht unter Kontrolle habe, weil nicht ich allein beteiligt bin.

Handlungsmacht

Die Begegnung mit Anderen, mit Dir und euch oder them/ihr/ihm und ihnen, hat unter anderem in der Phänomenologie eine lange Tradition (vgl. Bedorf 2003, 2011). Mit Hegel im Nacken schreibt Sartre den *Kampf um Anerkennung* (vgl. Kojève 1975) fort und skizziert ausgehend vom Blick des Anderen eine Theorie der Begegnung, in der Andere primär eine Bedrohung der eigenen subjektiven Transzendenz darstellen. Durch den fremden Einfluss auf meine Situation bin ich plötzlich »*nicht mehr Herr der Situation* [Herv. i.O.]« (man möge es sich vorstellen, wie schrecklich!) (Sartre 1943: 478), der Andere ist eine Bedrohung für meine Subjektivität. Umgekehrt problematisch verhält es sich bei Levinas, bei dem das erfahrende Subjekt im Angesicht des Anderen von der Epiphanie einer »Brüderlichkeit« (Levinas 1961: 309) heimgesucht wird, die es der Unendlichkeit des Anderen unterwirft und, so Butler, willenlos macht (vgl. Butler 2005: 166). Im Durchgang durch diese Theorien der Begegnung benennt Axel Honneth (2018) deutlich, worum es eigentlich geht: Anerkennung. Ich anerkenne Dich, Du anerkennst mich – okay? Das ist die Basis.

In welcher Form werden wir zur Anerkennung aufgefordert? Was sind die leiblichen Dimensionen dieser spannungsgeladenen Begegnung, in der vor allem die Bewusstseinsstruktur des Gegenübers und eines selbst in Frage steht? Während bei Sartre der Blick und bei Levinas das Antlitz der Anderen über Macht und Ohnmacht in der zwischenmenschlichen Beziehung entscheiden und die Frage nach der Möglichkeit einer solchen Sichtbarkeit im Virtuellen mit sich bringen (vgl. Breil 2023), scheint der fremde Anspruch in Waldenfels' responsiver Phänomenologie einen weniger okularzentristischen und vielmehr ganzheitlich-leiblichen Ereignischarakter zu haben. Als unmittelbarer Anspruch, der auf eine Antwort drängt, ist der fremde Anspruch ein körperlich nicht näher lokalisierbares *Widerfahrnis*, das die Autonomie des angesprochenen Subjekts abermals radikal in Frage stellt, weil es sich dem Anspruch weder verwehren noch eine Antwort darauf unterlassen kann (vgl. Waldenfels 2002: 10). Der fremde Anspruch, der jede Begegnung begleitet, führt mir die Grenzen meiner Kontrolle vor Augen. Zwei Dinge bemerke ich: Das Gegenüber ist mir fremd und es ist ein Subjekt wie ich.

Dass jemand ein solches Subjekt ist, ist mitunter daran erkennbar, dass wir angesprochen werden, im weitesten Sinne, und uns verhalten müssen. Der Anspruch ist dabei unmittelbar Ausdruck eines leiblich-responsiven Bewusstseins, das prinzipiell offen und bezogen auf Andere ist. Nun verhält es sich so, dass die Anderen, die uns in diesen wirklich einnehmenden Ausführungen der genannten Herren begegnen, in erster Linie menschliche Andere sind, die eben über eine solche menschliche Bewusstseins- bzw. Leibstruktur verfügen, von der her der Anspruch, der Aufruf zur Anerkennung, die totale Unendlichkeit uns angeht. Über den Subjektstatus dieses Anderen kann ich mich nicht täuschen. Was aber mache ich, wenn ich jemandem begegne und nicht weiß, ob oder *wie sehr*, d.h. wie *mittelbar* they/sie/er Mensch ist? Ist das der Avatar einer Freundin, bist Du's? Handelt es sich um eine:n virtuelle:n Influencer:in, deren:dessen Content von a) Menschen oder b) einer KI produziert wird? Der Subjekt-, geschweige denn Bewusstseinsstatus von Avataren muss mindestens stark angezweifelt, wenn nicht im Fall von computergesteuerten NPCs rundheraus abgelehnt werden. Über den Subjektstatus solcher Akteur:innen im eben genannten Sinne kann ich mich durchaus täuschen. Unabhängig davon, ob das Gegenüber Subjekt ist oder nicht, bleibt im Zweifel der Anspruch bestehen: Diese virtuellen Körper-Anderen *wollen etwas von mir*. Damit wabert die Virtualität über die Grenzen der sozialphilosophischen Anerkennungstheorie und stellt deren grundsätzliche Prämisse in Frage: dass nämlich dasjenige, das da in welcher Form auch immer, nach Anerkennung verlangt, *Selbstbewusstsein* hat.

Was bedeutet das? Bedeutet das, dass ›Anerkennung‹ kein Begriff ist, mit dem die Begegnung in VR theoretisch gefasst werden kann? Aber *jemandem* begegnen wir doch. Was anerkenne ich, wenn es nicht die fremde Subjektivität ist, die Begegnung sich aber trotzdem ereignet als unwiderrufliches Ereignis (vgl. Nancy/Meister 2021: 14)?

Wir gehen davon aus, dass *Du* sagen auch bei der Begegnung mit einem virtuellen Körper-Anderen bedeutet, dass ich ihn anerkenne als *jemanden*. Die Interaktion mit einem NPC kann für uns durchaus bedeutungsvoll sein. In unserem Anspruch an den virtuellen Körper-Anderen räume ich ihm die Möglichkeit ein, mein Handeln zu beeinflussen und mir etwas zu bedeuten. Was ich hier anerkenne, ist nichts *in* der virtuellen Körper-Anderen. In Frage steht nicht zuvörderst, was mein Gegenüber ist, oder was ich von ihr wissen kann. Die virtuelle Anerkennung, wie sie hier nachdenkend umkreist werden soll, ist keine ontologische oder epistemologische Kategorie. Gegenstand der virtuellen Anerkennung ist die Möglichkeit einer Interaktion, d.h. die Anerkennung dessen, dass eine Begegnung potenziell beidseitig handlungsbezogene Konsequenzen haben kann. Lassen wir also die Frage nach dem Subjekt-Sein beiseite, das Bewusstsein gleich mit, egal ob verkörpert oder nicht, und gehen davon aus, dass es nicht darum geht, was sich *in Dir* oder *hinter Dir* verbirgt, sondern darum, was Du mit mir machst und was ich mit Dir mache – in VR. Ausgehend von einer solchen handlungstheoretischen Lesart virtueller Anerkennung können auch solche (para-)sozialen Begegnungen theoretisch eingeholt werden, bei denen sich hinter dem wahrgenommenen Anspruch ein nicht-menschliches Anderes, bzw. die Affordanz eines rein, d.h. *durch und durch* artifiziellen virtuellen Körper-Anderen verbirgt, der nicht (mehr) von einem Menschen gesteuert wird. Zu einer Begegnung gehören dabei immer noch zwei oder drei. Interessant ist dann in VR nicht nur, wie und wer Du bist, sondern auch, wie ich in diese Begegnung gehe, als potenzielles Gegenüber von Dir.

Virtuelle Perspektiven

Begegnungen in VR sind anders als Begegnungen, die wir sonst gewohnt sind. Das beginnt allein schon mit der Perspektive, die wir unseren virtuellen Körpern gegenüber einnehmen können. Die Auseinandersetzung mit dem eigenen Körper in VR beginnt mitunter schon bei der Möglichkeit der individuellen Anpassung des eigenen Avatars. Aus sämtlichen möglichen katalogartig wählbaren Kombinationen von Köpfen, Augen, Körpern, Mützen und sonstigen Unterscheidungsmerkmalen wählen wir uns *unseren* Körper aus. Wir können den Avatar uns so gut wie möglich angleichen, wir können aber auch Avatare gestalten, die keinerlei Ähnlichkeit mit uns aufweisen,[2] um einmal die Welt aus *Deinen* Augen zu betrachten. D.h., in Frage steht nicht nur spielerisch, wie es ist, eine virtuelle Fledermaus zu sein (vgl. Andreasen et al. 2019), sondern auch: Wie ist es, zwei Meter groß zu sein, nicht laufen zu können, ein anderes gender zu verkörpern, kurz: *Du* zu sein? Nicht zuletzt in der Rede von der *empathy machine* verkörpert sich dieser hehre und problematische Anspruch, sich immersiv, d.h. *richtig* in andere hineinversetzen zu können (vgl. Barbot/Kaufman 2020). Gerade ein solcher Wechsel zwischen eigener und fremder Perspektive, der durch den tatsächlichen Wechsel eines wahrnehmbaren virtuellen Körpers unterstützt wird, suggeriert eine gewisse Fluidität der identifikatorischen Bezugnahme in VR. Die Perspektive, von der aus die VR wahrgenommen wird, fällt nicht notwendigerweise mit dem *Stand*punkt der Nutzer:innen zusammen. Die Ständigkeit des Eigenleibes, die noch Merleau-Pontys Zur-Welt-sein prägt und bedeutet, dass der eigene Leib nicht ›weggelegt‹ werden kann, ist kein Teil des virtuellen, leiblichen Zur-Welt-seins oder des *being-inworld* (vgl. Boellstorff 2013: 232–235). Wir stehen unserem eigenen Avatar gegenüber und schauen aus Augen von Anderen. Das Fremde im Selben und dasselbe im Fremden bekommen einen Körper. Plötzlich kann ich *ich* zu Dir und *Du* zu mir sagen.

Du als *ich*

Je nach VR-Anwendung können wir die Perspektiven von irgendwelchen anderen Menschen, von speziellen anderen Menschen, von Tieren, ja sogar von Gegenständen einnehmen. Wenn wir in diesen Anwendungen an uns hinuntersehen, sehen wir einen Körper, der nicht unserer ist, den wir aber steuern. Schnell ist dabei von Einfühlung die Rede, d.h. davon, dass wir so wissen können, wie es ist, *Du* zu sein. VR wird zur ultimativen *empathy machine*. Zwar übernehme ich die Perspektive von Anderen, doch dieser Andere wird seiner Handlungsmacht insofern beraubt, als *ich* jetzt für dieses Handeln verantwortlich bin. Wer hier handelt, bin ich durch Dich (bzw. durch Dein virtuelles Du). Von Empathie kann daher keine Rede sein, eher von einer »perspective taking-machine« (Barbot/Kaufman 2020: 10), zumal Empathie sich gerade auf das Nachempfinden derjenigen Merkmale der Anderen bezieht, die

2 Zimmermann/Wehler/Kaspar (2022) konnten zeigen, dass Avatare trotz maximaler Gestaltungsfreiheit äußerlich in der Tendenz so gestaltet werden, dass sie ihren Nutzer:innen gleichen.

(noch?) nicht Teil der Avatarverkörperung sind, wie etwa Einstellungen, Emotionen oder Handlungsmotive. Nichtsdestoweniger weist VR-Technologie besondere erfahrungsbezogene Affordanzen auf (vgl. Raz 2022), die das Verhältnis von *ich* und *Du* neu beleuchten können.

Ich als *Du*

Stehen wir unserem eigenen Avatar in der Konfiguration gegenüber oder gestalten wir unser *Memoji*, werden die Grenzen zwischen *ich* und *Du* permeabel. Besonders deutlich wird das, wenn Ansprüche an das Aussehen oder Verhalten des Avatars nicht umstandslos in den virtuellen Raum übertragen werden können. Von allen Körperlichkeiten hat man die sich ähnlichsten ausgesucht und zusammengesetzt und trotzdem bleibt am Ende das Gefühl, *das bin nicht ich*. Dem Spiegelbild des eigenen Avatars gegenüberzustehen und den eigenen Memoji-Kopf zu bewegen, lädt darüber hinaus aus einem weiteren Grund nicht zum *ich*-sagen, sondern eher zum *Du*-sagen ein: Die Bewegungen, die der Avatar vollzieht, sind nicht *meine*. Es bleibt eine Lücke, ein kleiner Entzug, ein Blinzeln, wo keines sein sollte, ein griesgrämiger Blick, der eigentlich ein Lächeln hätte werden sollen. Diese Abweichungen zwischen Avatar und Nutzer:in öffnen den Raum für eine Gegenüberstellung, d.h. den Raum für ein *Du*. Basis dieses *Du* sind die Momente, in denen sich das virtuelle Gegenüber der eigenen Kontrolle entzieht, in denen mein eigener Avatar sich *eigenwillig* zeigt. Diese Eigensinnigkeit wiederum fungiert als Aufruf zur Anerkennung. Ich will etwas von dem Memoji und durch seine Eigenwilligkeit scheint es etwas von mir zu wollen. Ich passe mein reales Blinzeln an, variiere mein Lächeln, versuche Gesten, die gut übersetzbar sind, um mit meinem Memoji auf Linie zu sein. Das ist nicht mein Handeln allein.

Im virtuellen Spiel der Perspektiven wird virtuelle Anerkennung, die die Relevanz der virtuellen Körper-Anderen für das eigene Handeln anerkennt, an den Grenzen zwischen mir und Dir verhandelt. Du hast Einfluss auf mein Handeln, insofern ich auf Deinen Anspruch antworte, so wie Dein Handeln mitunter auf meinen Anspruch reagiert. Probeweise geht es aber noch weiter als das: Du handelst durch mich, ich handle durch Dich. Virtuelle Anerkennung zielt auf ein Verständnis von Handlung, das seinen Subjektbezug löst und in virtuell verkörperten Relationen stattfindet.

Virtuelle Philosophie

So vieles ist an Begegnungen und Körperlichkeiten in VR aus philosophischer Perspektive interessant: Sind virtuelle Akteur:innen *Personen* und welchen ontologischen Status haben sie? (Wer) bin *ich* und (wie) existiere ich in der virtuellen Realität? Was kann ich über andere in VR wissen, was von ihnen erwarten, wie sie berühren? Mit bestehenden Theorietraditionen soll das Virtuelle verständlich gemacht werden, d.h. es soll etwas über das Virtuelle und die virtuelle Realität im Verhältnis zu Mensch und Welt ausgesagt werden. Zugleich scheinen besonders öffentlichkeitswirksame philosophische Positionierungen mit einem Gestus der Selbstlegitimation aufzutreten: Die Fragen, die sich jetzt stellen – die haben wir Philosoph:innen schon vor hundert Jahren gestellt, we *told you so*. Gebt es ruhig zu: Ihr braucht uns jetzt. Brauchst Du Unterstützung bei der Frage danach, ob uns VR die Sicht aufs Wirkliche verstellt, und wenn ja, darf's noch ein bisschen Platon oder ein

Gehirn im Tank dazu sein? Die Idee, dass *virtuell* vielleicht nicht das Gegenteil von *real* ist, findet Deleuze schon in Leibniz angelegt, dabei gab es damals noch gar keinen Computer, *just sayin'*. Es sei den Philosoph:innen gegönnt – aber eine gewisse Vorsicht ist geboten. Ein Beispiel: Wenn wir uns fragen, »What is it like to be a virtual bat?« (Andreasen et al. 2019), dann müssen wir uns klarmachen, dass es zwischen der virtuellen Fledermaus und der Fledermaus im Virtuellen möglicherweise einen Unterschied gibt. Wenn wir uns mittels VR in die Perspektive einer virtuellen Fledermaus begeben, kann über die (Un-)Möglichkeit der Einfühlung in eine nicht-virtuelle Fledermaus nicht notwendigerweise eine Aussage getroffen werden. Es müsste also mitreflektiert werden, zu welchen Teilen das Nachdenken über das virtuelle-Fledermaus-Sein eigentlich vielmehr Spezifika eines In-der-Virtualität-Seins offenbart. Der Fokus des philosophischen Blicks auf Virtualität und virtuelle Realität darf sich daher nicht darauf beschränken, zu testen, wo philosophische Theorie auf Virtuelles passt. Umgekehrt lohnt vielmehr auch der Blick auf die Stellen, an denen das Virtuelle aus der Theorie herausdrängt und darauf, welche Konzepte es sind, die überdacht oder über Bord geworfen werden müssen,[3] um neben der Philosophie des Virtuellen Platz zu machen für eine virtuelle Philosophie.

3 Chalmers will das unter dem Etikett der Technophilosophy leisten (vgl. Chalmers 2022: xviii). Dem technikphilosophischen Blick der Philosophie auf eine bestimmte Technik stellt er die Frage gegenüber, welche Aussagen sich ausgehend von der Technik über die philosophische Theorie treffen lassen.

Literatur

Andreasen, Anastassia/Nilsson, Niels Christian/Zovnercuka, Jelizaveta/Geronazzo, Michele/Serafin, Stefania (2019): »What Is It Like to Be a Virtual Bat?«, in: Anthony L. Brooks/Eva Brooks/Cristina Sylla (Hg.), Interactivity, Game Creation, Design, Learning, and Innovation, Cham: Springer, S. 532–537.

Barbot, Baptiste/Kaufman, James C. (2020): »What makes immersive virtual reality the ultimate empathy machine? Discerning the underlying mechanisms of change«, in: Computers in Human Behavior 111, 106431. Online unter: https://doi.org/10.1016/j.chb.2020.106431 (letzter Zugriff: 15.05.2024).

Bedorf, Thomas (2003): Dimensionen des Dritten. Sozialphilosophische Modelle zwischen Ethischem und Politischem, München: Fink.

Bedorf, Thomas (2011): Andere. Eine Einführung in die Sozialphilosophie, Bielefeld: transcript.

Boellstorff, Tom (2013): »Placing the Virtual Body: Avatar, Chora, Cypherg«, in: Jen Dickinson/Angus Cameron (Hg.), Body/State, London: Routledge, S. 223–242.

Breil, Patrizia (2023): »Virtuelle Blicke. Zur unmittelbaren Leiberfahrung als Ursprung von Ethik«, in: Marc Fabian Buck/Miguel Zulaica y Mugica (Hg.), Digitalisierte Lebenswelten: Bildungstheoretische Reflexionen, Berlin/Heidelberg: Springer, S. 129–145.

Breil, Patrizia (2024): »Digitale Körper. Computergestützte Zugänge zum verkörperten Selbst«, in: Maria Schwartz/Meike Neuhaus/Samnuel Ulbricht (Hg.), Digitale Lebenswelt. Philo-

sophische Perspektiven, Stuttgart: Metzler, S. 59–71.
Butler, Judith (2005): Gefährdetes Leben. Politische Essays, Frankfurt a.M.: Suhrkamp.
Chalmers, David (2022): Reality+. Virtual Worlds and the Problems of Philosophy, New York/NY: W. W. Norton & Company.
Honneth, Axel (2018): Anerkennung: Eine europäische Ideengeschichte, Berlin: Suhrkamp.
Kojève, Alexandre (1975): Hegel, eine Vergegenwärtigung seines Denkens. Kommentar zur Phänomenologie des Geistes, Frankfurt a.M.: Suhrkamp.
Levinas, Emmanuel (1987 [1961]): Totalität und Unendlichkeit. Versuch über die Exteriorität, 5. Aufl., Freiburg: Alber.
Nancy, Jean-Luc/Meister, Carolin (2021): Begegnung, Zürich: Diaphanes.
Raz, Gal (2022): »Rage against the empathy machine revisited: The ethics of empathy-related affordances of virtual reality«, in: Convergence: The International Journal of Research into New Media Technologies 28(5), S. 1457–1475.
Sartre, Jean-Paul (2014 [1943]): Das Sein und das Nichts. Versuch einer phänomenologischen Ontologie, 18. Aufl., Reinbek bei Hamburg: Rowohlt.
Waldenfels, Bernhard (2002): Bruchlinien der Erfahrung. Phänomenologie, Psychoanalyse, Phänomenotechnik, Frankfurt a.M.: Suhrkamp.
Zimmermann, Daniel/Wehler, Anna/Kaspar, Kai (2022): »Self-representations through avatars in digital environments«, in: Current Psychology 42, S. 21775–21789.

Anfänge

Katja Grashöfer, Stefan Laser, Matthias Preuss

Das Early Career Forum (ECF) des SFB 1567 *Virtuelle Lebenswelten* ist ein Anfang (→ 1567). In der Phase, in der der umfangreiche Einrichtungsantrag für den Sonderforschungsbereich geschrieben wird, wächst das Verlangen, die Perspektiven der zahlreichen am Projekt beteiligten Wissenschaftler:innen in frühen Karrierephasen hervorzuheben und zu stärken. Was in der Folge entsteht, ist mehr als nur ein Abschnitt des Antragstextes. Es festigen sich Wunsch und Wille, einen Raum zu schaffen, der den spezifischen Anforderungen und Anliegen von Forschenden entspricht, die in diesem Kontext erstmals anfangen oder wieder anfangen – und mit dem Anfangen vielleicht gar nicht aufhören wollen. Das Early Career Forum entsteht. Es ist in seiner Form ein Novum.

Forum suchen: diskursive Anfänge

Der Begriff »Forum« ist in viele und komplexe Geschichten verstrickt. Im Hinblick auf das Schreiben der kurzen Geschichte des ECF (→ Early Career Forum) erscheint uns jetzt – im Rückblick – eine frühe Konnotation des Begriffs besonders interessant: Im Lateinischen bezeichnete »forum« vor jeglicher Differenzierung einen »länglich[en] viereckige[n] freie[n] Raum« (Georges 1913: 2827). Dieser Raum ist in seiner Gegebenheit, seiner Begrenztheit und seiner Offenheit die medientechnische Bedingung für die ökonomischen, politischen und juristischen Vorgänge, die sich in anderen, jüngeren Bedeutungen des Begriffs niederschlagen. Ein Forum lässt sich also zunächst als Rahmen verstehen. Das ist eine Setzung. Damit ist nicht (nur) eine Struktur gemeint, sondern erforderlich sind notwendige Ressourcen, ein konkreter Platz, ausreichend Zeit und eine gewisse Autonomie. Dieser freie Raum ist nicht als leerer Raum zu verstehen, in dem Sinne, dass diejenigen, die dort handeln, keine Fracht oder kein Gepäck mitbringen – Vorurteile, Vorannahmen, *biases*, Privilegien, aber auch Erwartungen, Wünsche, und, ja, sogar Hoffnungen. Neben tradiertem Ballast und künftigen Interaktionen, die zu konkreten Forschungsprojekten und auch hochschulpolitischen Auseinandersetzungen gerinnen können, ist für uns die bloße Tatsache wichtig, dass es einen relativ sicheren und relativ stabilen Ort gibt, an dem etwas passieren kann und wird.

Zu dem, was passieren kann, zählt die Einnahme einer Perspektive, die ohne die Bezeichnung *Nachwuchs* auskommt. Einst unter diesem Label gestartet, war es uns ein Anliegen, mit unserer Selbstbezeichnung einer Minimalisierung des eigenen Status keinen diskursiven Vorschub zu leisten und uns damit zugleich gegen institutionell gewachsene Fehlwahrnehmungen und -entwicklungen im Umgang mit wissenschaftlichen Mitarbeiter:innen zu positionieren (vgl. Bahr/Eichhorn/Kuborn 2022; GfM 2023; Şahin 2023). Die Arbeit der im ECF für den SFB versammelten Wissenschaftler:innen ist essentiell. Sie weist auf Zukünfte hin – in wissenschaftlichen Argumentationen wie im (hochschul-)politischen Handeln. Dass der Begriff *Early Career* dabei keine abschließend befriedigende Bezeichnung sein kann und soll, ist klar. Die Wortwahl markiert jedoch stärker eine professionell-temporale als eine verniedlichend-bewahrende Perspektive und wirkt in unseren Ohren somit weniger geschlossen, auch wenn sie eine neoliberale Idee von Karriere-Notwendigkeiten in sich trägt (vgl. Boltanski/Chiapello 2006; Schneider 2017).

Forum begründen: konzeptionelle Anfänge

Das Early Career Forum trägt also nicht von Beginn an seinen Namen, es hat nicht schon längst eine Struktur oder gar ein Programm. Das Forum als freier Raum ist zunächst und zuallererst ein Freiraum für Ideen. Es ist eine Möglichkeit im Virtuellen, ein unbeschriebenes Blatt im Antrag. Realisierung ungewiss.

In dieser ersten Phase während der Beantragung des Sonderforschungsbereichs versammeln sich regelmäßig jene Wissenschaftler:innen in frühen Karrierephasen, die bereits über projektierte Forschungsvorhaben in die Antragstellung involviert sind. Sie diskutieren zentrale Punkte eines zu formulierenden Selbstverständnisses: Wer werden wir sein und in welchem Raum werden wir sein wollen? Die Diskussionen münden in einen eigenständigen Antragsteil, ein erstes beschriebenes Blatt des Forums als Idee. Jetzt trägt die Idee einen Namen: Early Career Forum (ECF). Das formulierte Selbstverständnis, die Arbeitsweise und das Arbeitsprogramm des ECF sind Ergebnis eines Verständigungsprozesses, verhandelt im stetigen Austausch miteinander. Aus einer Idee wird ein Anliegen.

Das Forum als Zusammenschluss heterogener diverser Personen in unterschiedlichen Karrierephasen verpflichtet sich zu einer gender-, class- und race-sensiblen Arbeitspraxis. Der Versuch, programmatisch einen hierarchiefreien Raum zu schaffen, dient dazu, jenseits traditionell bespielbarer Kontexte des wissenschaftlichen Betriebs (Kolloquien, Konferenzen usw.) eine Umgebung zu schaffen, in der Entwicklungsmöglichkeiten und Erprobungsräume eigenen Handelns geschützt sind. Der Freiraum des ECF darf ein Ort der wissenschaftlichen Selbstentfaltung und persönlichen Selbstwirksamkeit sein. Er trägt die Idee des transdisziplinären Arbeitsumfeldes im Geiste der Kooperation in sich und in die Praxis: Hier soll eine Form wissenschaftlicher Kritik geübt werden, die inhaltliche Leerstellen, methodische Unklarheiten und argumentative Umwege nicht als Defizite markiert, sondern als Entwicklungsperspektiven begreift. In der hochgradig kompetitiven Arbeitswelt der Academia soll das Early Career Forum als ein Ort fungieren, der den wissenschaftlichen Austausch bewusst anders rahmt. Diese Gründung ist auch eine Intervention gegen unablässigen Leistungsdruck und einen Modus fortlaufender Konkurrenz in strukturell unsicheren Beschäftigungsverhältnissen. Wo Solidarität lebt, kann Sicherheit wachsen und können Praktiken der Selbst- und Fremdausbeutung bestenfalls unterbunden werden.

Forum sein: strukturelle Anfänge

In der Antragsphase versammelten sich die Gründungsmitglieder unter einem Namen (*Early Career Forum*) bzw. einem Akronym (*ECF*) und um ein kollaboratives Dokument (das *Positionspapier*). Allen gemeinsam war zu diesem Zeitpunkt die Hoffnung auf eine erfolgreiche Antragstellung mit anschließender Forschungs- und Stellenfinanzierung bei gleichzeitig erlebter Ungewissheit über den tatsächlichen Ausgang des Projekts der Beantragung. Für die Mehrzahl der Beteiligten stellte die Investition ihrer qua Wissenschaftszeitvertragsgesetz beschränkten Arbeitszeitdauer als befristet Beschäftigte durchaus ein Wagnis dar, denn bei einem Scheitern des Antrags, bleiben die geleisteten Vorarbeiten für sie ort- und optionslos. Durch den Versuch, solche Erfahrungen (auch antizipierte) zu bündeln und daraus solidarische Formen des Kollaborierens zu entwerfen, realisierte sich bereits im Vorfeld der eigentlichen Tätigkeit die Idee des Forums, eines länglichen freien Raums für wissenschaftliches Zusammenarbeiten.

Während dieser erste Anfang sich über einen längeren Zeitraum ausdehnte, war der zweite Anfang eher ereignishaft: ein Retreat. Versammelten sich in der ersten Phase verstreute Forschende – teils synchron per Videokonferenz, teils asynchron durch geteilte Schreibprozesse – um ein zentrales Dokument, so kehrten sich die Verhältnisse in der zweiten Phase gewissermaßen um: Ein erweiterter Personenkreis kam an einem zentralen Ort zusammen, der verschiedene Praktiken ermöglichte, dazu zirkulierten verschiedene *graue* Dokumente (Notizen, Flip-Charts, Handouts) in unterschiedlichen Arbeitszusammenhängen. In akademischen Kontexten wird unter einem Retreat zumeist eine Form der Zusammenarbeit verstanden, die besonders tiefe Konzentration erlaubt (das ist gar nicht so weit entfernt von den spirituellen Konnotationen des Begriffs) und daher besonders gute Ergebnisse zu liefern verspricht. Außerdem soll sie von den Zumutungen und Überforderungen des Arbeitsalltags unbehelligt sein.

Da sich in der Situation des ECF zum Zeitpunkt des Retreats ein Arbeitsalltag noch gar nicht etabliert haben konnte, ging es in diesem Fall weniger um einen strategischen Rückzug aus anderen Zusammenhängen. Vielmehr ging es um die Markierung eines Auftakts und damit eines weiteren Anfangs – auch wenn die Abkehr vom Telepräsenzzwang der Pandemie und das Heraustreten aus dem unmittelbaren Einflussbereich der Teilprojektleitungen wichtige Faktoren waren, jenseits der Universitätsgebäude zusammenzukommen. Das Retreat erlaubte es den Forschenden im Early Career Forum, sich in einem symbolischen Akt als Handlungszusammenhang zu konstituieren und durch die konzentrierte Arbeit an der Arbeit den freien Raum zu besetzen. Bei dem Zusammentreffen ging es darum, mit neu hinzugekommenen Kolleg:innen gemeinsames Handeln zu initiieren und Prozesse der weiteren Kooperation zu organisieren. Neben der Arbeit an der akademischen Arbeit und der expliziten Auseinandersetzung mit der Geschichte von nicht-akademischer Arbeit vor Ort (Kohlebergbau in der Zeche Zollverein) ging es aber auch gerade darum, nicht nur zu arbeiten, sondern gemeinsame Zeit zu verbringen.

Ziel des Treffens war es, eine gemeinsame Sprache zu finden, die keine vereinheitlichende Sprache ist, sondern ebenfalls Lücken (Freiräume) lässt. Diese grundlegende Perspektive formten wir erst während des Retreats, und sie sollte die weitere gemeinsame Forschungspraxis prägen. Ein wichtiger Aspekt dieser Praxis ist eine laufende, überwiegend sprachliche Forschungsvermittlung, nicht nur nach außen, sondern auch innerhalb der heterogenen Gruppe. Im Lateinischen gibt es eine Reihe idiomatischer Wendungen (Phraseologismen), die sich darauf beziehen, was auf den Foren (insbesondere auf dem Forum Romanum) passiert, etwa »verba di foro arripere« – Worte ›von der Straße‹ aufgreifen, »cerdere foro« – bankrott gehen, »in alieno foro litigare« – weder ein noch aus wissen (Georges 1913: 2828). Dieser Zusammenhang zwischen dem Idiom und den Praktiken lässt sich auch für das ECF geltend machen. Die Einsicht, dass Umgangsformen und Vokabular wechselwirken und einander bedingen, wurde in eine Anstrengung übersetzt, mit der Sprache auch die geteilte Arbeitswelt zu gestalten.

Forum entwickeln: immer wieder neu anfangen

Das vorliegende Vokabular des Virtuellen verdeutlicht die aktuelle Stufe der Realisierung unseres Forums. Wir sind laufend dabei, eine Sprache zu finden, und wollen unsere Errungenschaften festhalten. Unsere Forschungsarbeit hat Routinen und Praktiken gefunden. Wir entwickeln eigene Formate, durchaus angelehnt an etablierte akademische Institutionen wie das klassische Kolloquium und die Konferenz, aber wir deuten unsere Arbeit situiert und hinterfragen unsere Arbeitsformen immer wieder neu.

Es sind die Akademisierung und die Veralltäglichung, die den Stellenwert des Forums unterstreichen, seine strategische wie inhaltliche Positionierung festigen. Wir treffen uns regelmäßig zu Versammlungen, die den Charakter einer Vollversammlung haben, immer auch mit virtueller Beteiligung. Durch Abstimmungsverfahren und die Entsendung gewählter Vertreter:innen in SFB-Gremien schaffen wir Legitimation. Und wir können uns freien Raum nehmen. Wir treffen uns regelmäßig im *Lab of Unfinished Thoughts*, einem zentralen Forumsformat, in dem Forschende aus dem ECF freiwillig ihre laufenden Arbeiten teilen können (→ Lab of Unfinished Thoughts). »Lab« als Begriff für nicht-naturwissenschaftliche Forschung ist noch immer kontrovers, denn der dem Begriff eingeschriebene

Objektivismus kann als problematisch gedeutet werden. Wir haben daher eine offene Deutung ausgearbeitet: Das *Lab of Unfinished Thoughts* ist ein geschützter Raum, in dem unfertige Gedanken in ihrer ganzen Probehaftigkeit und Vorläufigkeit ihre Berechtigung haben.

Bei der ersten Jahrestagung des Sonderforschungsbereichs hat das ECF einen weiteren Raum bespielt. Für das ECF-Panel haben wir das auf die Arbeit gegen Ableismus spezialisierte *Critical Design Lab* (2024) eingeladen (→ Behinderungen, virtuelle). Das Kollektiv hat dabei unterstrichen, wie auch strikte Arbeit an Standards Sorgearbeit sein und einen inklusiven Raum schaffen kann. So kann die Forderung nach einer angemessenen Mikrofonierung gegen ableistische und sexistische Redegewohnheiten wirksam werden, wenn damit alle Stimmen – laute wie leise, etablierte wie erstmalige – gleichermaßen gut wahrnehmbar werden.

Das ECF trifft sich regelmäßig zu gemeinschaftlicher Schreibarbeit (*Co-Writing: Shut up and Write*), erkundet mit Filmvorführungen einen popkulturellen Raum des Virtuellen, regt Podiumsdiskussionen an und ermuntert die Teilnehmenden, institutsübergreifend und jenseits von Teilprojektgrenzen Lehre zu organisieren (*Co-Teaching*) sowie gemeinsame Vorträge zu halten (*Co-Lecturing*). Die erste Konferenz des ECF fand als offene Plattform statt und hat den wissenschaftlichen Anspruch des Forums in erkenntnisreichen, wertschätzenden Diskussionen untermauert.

So beginnen wir im Forum immer wieder neu. Wir öffnen den Raum aus unterschiedlichen Richtungen und aus vielen Perspektiven. In unseren Arbeiten, bei unseren Treffen, im Umgang miteinander. Wenn Karriere am Ende das bedeuten kann – miteinander immer wieder neu anfangen zu dürfen – haben wir viel erreicht.

Literatur

Bahr, Amrei/Eichhorn, Kristin/Kubon, Sebastian (2022): #IchBinHanna: Prekäre Wissenschaft in Deutschland, Berlin: Suhrkamp.

Boltanski, Luc/Chiapello, Ève (2006): Der neue Geist des Kapitalismus, Konstanz: UVK.

Critical Design Lab (2024): »Protocols«. Online unter: https://www.mapping-access.com/protocols (letzter Zugriff: 01.05.2024).

Georges, Karl Ernst (Hg.) (1913): »forum«, in: Ausführliches lateinisch-deutsches Handwörterbuch. Online unter: http://www.zeno.org/Georges-1913/A/forum?hl=forum (letzter Zugriff: 01.05.2024).

GfM (2023): »Kommission für gute Arbeit in der Wissenschaft«, in: gfmedienwissenschaft.de. Online unter: https://gfmedienwissenschaft.de/gesellschaft/kommissionen/gute-arbeit-debatte (letzter Zugriff: 01.05.2024).

Şahin, Reyhan (2023): Yalla, Feminismus!, Stuttgart: Tropen.

Schneider, Sam (2017): »Zwanghafte Selbstverwirklichung? Zur Paradoxie der (Selbst-) Entfremdung im Neokapitalismus«, in: Soziologiemagazin 10/2.

Arbeitspraktiken

Kira Lewandowski

Das Early Career Forum (ECF) des SFB 1567 *Virtuelle Lebenswelten* besteht aus Wissenschaftler:innen in frühen Karrierephasen, die aus unterschiedlichen fachlichen Disziplinen mit je einer anderen wissenschaftlichen Sozialisation zusammenkommen und sich in jeweils unterschiedlichen Phasen eben jener frühen Wissenschaftskarriere befinden (→ 1567, → Early Career Forum). Damit bringen die einzelnen ECF-Mitglieder eine jeweilige Situierung mit, die mit unterschiedlichen Erfahrungs- und Wissensbeständen sowie Routinen und Praktiken einhergeht (→ Situierung). Dementsprechend gilt es für die einzelnen ECF-Mitglieder, sich auszutauschen und eigene *Arbeitspraktiken* auszuhandeln und zu entwickeln.

Immer wieder anfangen

Von *dem* ersten Zusammenkommen als einem festen Beginn zu sprechen erscheint dem ECF, das sich stets neu konstituiert, nicht gerecht zu werden. Es ergeben sich stattdessen stets Gelegenheiten, »miteinander immer wieder neu anfangen zu dürfen« (→ Anfänge). Zum einen begründet sich dies dadurch, dass seit dem offiziellen Start des SFB im Juli 2022 Personen zu unterschiedlichen Zeitpunkten ihre Stellen antraten. So nahm die Promotionsgruppe bspw. im Juli 2023 ihre Arbeit auf und in der ersten Jahreshälfte 2023 wurden weitere Nachanträge bewilligt, sodass sowohl SFB als auch ECF um weitere Projekte und Personen bereichert wurden. Zum anderen formieren sich bspw. Arbeitsgruppen oder das ECF-Sprecher:innenteam von Zeit zu Zeit neu, sodass diese Umbrüche auch stets als Anfänge zu begreifen sind. Im Zuge dessen werden Arbeitspraktiken reflektiert, etabliert und gefestigt, modifiziert und (neu) ausgehandelt. Eine Verflechtung dieser beiden Aspekte erfolgte bspw. im Sommer 2023, in dem in einem ECF-Treffen die neuen Mitglieder begrüßt und in bestehende Arbeitspraktiken und Arbeitsgemeinschaften eingeführt wurden, um diese zugleich einzuladen, sich daran zu beteiligten und mit ihren eigenen Interessen, Sichtweisen und Arbeitspraktiken einzubringen und die Arbeit des ECF neu zu gestalten und mit zu entwickeln.

Doch um ein wenig Systematisierung in die vielzähligen Anfänge und diversen Arbeitspraktiken zu bringen, zunächst zurück ins Jahr 2022. Das dreitägige Retreat auf dem Gelände der Zeche Zollverein in Essen im Oktober 2022 kann als einer dieser Anfänge gesehen werden, bei dem die sich teils bekannten, teils (noch) unbekannten Wissenschaftler:innen erstmals in großer Runde und vor Ort aufeinandertrafen. Neben dem gegenseitigen Kennenlernen startete auch der inhaltliche Austausch über die zukünftige, gemeinsame Arbeit:

- Zuordnungen zu Arbeitsgemeinschaften erfolgten (etwa zur AG *Stadt und Hochschulforum* oder zur AG *ECF Tagung*),
- Ideen entstanden (→ Vokabular des Virtuellen),
- Arbeitspraktiken formierten sich (etwa einen gemeinsamen Moodlekurs zum Dateiaustausch und zur Ergebnissicherung anzulegen).

Formate beleben, Arbeitspraktiken (weiter-)entwickeln

Die angekündigten und neu erdachten Formate galt es anschließend auszugestalten, indem die Wissenschaftler:innen zurück im Arbeitsalltag erneut zusammenkamen und somit zusammenblieben. Eben jene Formate, die zu weiteren kollaborativen Arbeitsprozessen und -praktiken einladen sollten, brauchten in diesem Ausgestaltungsprozess selbst solche Kollaborationen. Die Kulturwissenschaftler Stefan Groth und Christian Ritter merken in einem Beitrag an:

»Kollaborative Prozesse werden meistens von ihren Ergebnissen her gedacht und beurteilt, während das Prozesshafte selbst nur selten in den Blick genommen wird. Unsichtbar bleiben dabei die offenen oder versteckten Strukturen und Bedingungen, unter denen sich kollaborative Prozesse konstituieren und unter denen die Forschungsarbeit durchgeführt, modifiziert oder bewertet wird« (Groth/Ritter 2019: 7).

Im Sinne der eigenen Reflexivität versucht das ECF stets solchen Unsichtbarkeiten entgegenzuwirken, sie sichtbar zu machen und aus dem Bereich des Verborgenen zu holen (→ Situationsanalyse, situierte). Dadurch wird es möglich, auch »interpersonelle Prozesse, Wissensanordnungen oder Kommunikationsprobleme, die für das (Nicht-)Gelingen von Zusammenarbeiten konstitutiv sind« (Groth/Ritter 2019: 14) zu adressieren und (gemeinsam) zu bearbeiten. Die Arbeitspraktiken des ECF werden im Vorfeld gemeinsam diskutiert, aber auch erprobt und reflektiert und ggf. modifiziert, wobei dieses Vorgehen selbst als eine reflexive Arbeitspraktik zu begreifen ist.

So ist es bspw. ein zentrales Anliegen des Lab of Unfinished Thoughts »wissenschaftsinterne Hierarchien weitgehend außer Kraft zu setzen und einen niederschwelligen Austausch zu motivieren« (→ Lab of Unfinished Thoughts). Die ECF-Mitglieder schlüpfen zu diesem Zweck in verschiedene Rollen, in denen sie entweder Material in die Sitzung geben, zu diesem eine Respondenz erstellen oder das Material diskutieren. Diese verschiedenen Rollen sind wiederum mit verschiedenen Praktiken verbunden, die mit einer je spezifischen Auseinandersetzung des Materials einhergehen. Eine gemeinsame Praktik besteht im Lab in der Anfertigung eines kollaborativen Protokolls. Dabei hat jede:r die Möglichkeit, weiterführende Gedanken und/oder (Literatur-)Hinweise zu teilen. Dadurch wird die Expertise des interdisziplinären ECF zu einem bestimmten Material gebündelt und zugänglich gemacht. Eine weitere Praktik besteht in der gemeinsamen Reflexion des Lab: in einem abschließenden Slot haben Personen der verschiedenen Rollen die Gelegenheit, ihre Eindrücke und Erfahrungen zu teilen und zu diskutieren, um zukünftige Sitzungen des Lab mitzugestalten.

In regelmäßigen *ECF-Treffen*, die etwa alle zwei Monate stattfinden, werden digitale und analoge Arbeitspraktiken miteinander verbunden, da die Treffen hybrid stattfinden, um das Zusammenkommen möglichst vieler ECF-Mitglieder zu ermöglichen. Es bedarf dabei *vorbereitenden Arbeitspraktiken*, die bspw. in dem Sammeln von Tagesordnungspunkten und zu besprechenden Anliegen, aber auch der Beschaffung der technischen Ausstattung bestehen. Zudem sind *begleitende Arbeitspraktiken* notwendig, die u.a. darin bestehen, die Diskussion zu moderieren und dabei den physischen als auch virtuellen Raum gleichermaßen zu berücksichtigen[1] oder ein Protokoll anzufertigen. Die Protokolle werden alternierend in alphabetischer Reihenfolge von den ECF-Mitgliedern angefertigt – eine Arbeitspraktik, die durch Reflexion bisheriger Praktiken und Aushandlung entstanden ist. Nach den ersten ECF-Treffen zeichnete sich ab, dass sich tendenziell ausgewählte Personen als Protokollierende zur Verfügung stellten. Dieser Umstand wurde sichtbar gemacht und kommunikativ aufbereitet, sodass in einem reflexiven Aushandlungsprozess eine neue Arbeitspraktik entstehen und etabliert werden konnte. Zu den *nachbereitenden Arbeitspraktiken* zählt einerseits, dass die protokollierende Person das Protokoll aufbereitet und im gemeinsamen *sciebo-Ordner* ablegt und andererseits, dass die übrigen Personen dieses sichten, um es ggf. zu ergänzen oder sich zu informieren.

Ein weiteres Format ist das *Shut Up and Write! (SUAW)*. Mit einer durch den Namen geprägten Leitvorstellung finden ECF-Mitglieder zum gemeinsamen Arbeiten zusammen. Schreiben als akademische Schlüsselkompetenz (vgl. Kruse/Jakobs 2007: 20) lässt sich dabei aus Produkt- und Prozessperspektive betrachten (→ Text, plain). So gehören nach Baurmann und Pohl (2009) die Planungs-, Formulierungs- und Überarbeitungskompetenz zur Prozessperspektive und die Ausdrucks-, Kontextualisierungs-, Antizipations- und Textgestaltungskompetenz zur Produktperspektive (vgl. Baurmann/Pohl 2009: 96). Daran zeichnet sich ab, dass das *Write!* eine Vielzahl verschiedener Arbeitspraktiken adressieren kann; dazu gehört auch das *Lesen*, denn Schreiben und Lesen »sind keine getrennt voneinander bestehenden Aktivitäten, sondern sie laufen in der konkreten Arbeit an und mit Texten in eins. Es handelt sich hierbei um reflexiv aufeinander bezogene Haltungen, die Schreibende im Lesen ihrer eigenen Texte Lesende im Bearbeiten der Texte Anderer wechselseitig einnehmen« (Engert/Krey 2013: 381). Welche Praktiken im Format aktualisiert werden und ob die einzelnen ECF-Mitglieder als *Schreibende*, *Lesende* oder womöglich anderes teilnehmen, bleibt ihnen selbst überlassen. Gerahmt werden diese Praktiken lediglich durch die *Pomodoro Technik*, eine Methode des Zeitmanagements, bei der Timer gestellt werden und das zweistündige Format in mehrere Arbeitssessions geteilt wird: i.d.R. jeweils 20 Minuten Arbeitsphase, fünf Minuten Pause, insgesamt viermal. Diese Praktiken sind dabei stets offen für Veränderungen, wenn bspw. die Zeiteinteilungen an Bedarfe der jeweils Teilnehmenden angepasst werden.

Virtualität der Arbeitspraktiken

Die sich in den gemeinsamen Formaten aktualisierenden Arbeitspraktiken werden durch verschiedene → Kommunikationskanäle und Plattformen unterstützt, deren Nutzung durch bereits bekannte und etablierte Arbeitspraktiken einzelner ECF-Mitglieder mitkonstituiert wird und in neue, konkret im ECF situierte, Arbeitspraktiken überführt wird. Dabei schaffen »Kollaborationsplattformen [...] einen virtuellen Ort, an dem Mitglieder eines Teams oder eines Projekts zusammenarbeiten. Sie bieten zudem unternehmensweisen Zugriff auf Inhalte sowie die selbstge-

1 Im Laufe der Zeit wurde auf Basis der Erfahrung vergangener hybrider Veranstaltungen im gesamten SFB-Kontext ein *hybrides Moderations-Dreieck* entworfen und so bewährte Arbeitspraktiken gebündelt und festgehalten.

steuerte Bildung von virtuellen Gruppen (›Communities‹) zu bestimmten Fragen oder Aufgaben« (Hardwig et al. 2021: 113).

Allen Teams und Gruppen ist eines gemeinsam: virtuelle Lebenswelten in ihrer Komplexität und facettenreich beforschen. Dabei zeichnen sich die dazugehörigen Arbeitspraktiken selbst durch Virtualität aus. Sie sind gewissermaßen im »Bereich des Kontingenten« (Esposito 1998: 269) zu erkennen. In den Formaten und vielfältigen Anfängen zeigen sich die potenziellen Möglichkeiten des zukünftigen, gemeinsamen Arbeitens als konkrete Bestandteile, die von den ECF Mitgliedern ausgestaltet werden. So zeigt sich – mit Gilles Deleuze ausgedrückt: »Jedes Aktuelle umgibt sich mit einem Nebel von virtuellen Bildern« (Deleuze 2007: 249); wobei das *Aktuelle* als die stetigen Anfänge im Sinne des Zusammenkommens und die *virtuellen Bilder* als die Formen des möglichen Zusammenbleibens und Zusammenarbeitens begriffen werden können.

Literatur

Baurmann, Jürgen/Pohl, Thorsten (2009): »Schreiben. Texte verfassen«, in: Albert Bremerich-Vos/Diet-linde Granzer/Ulrike Behrens/Olaf Köller (Hg.), Bildungsstandards für die Grundschule. Deutsch konkret, Berlin: Cornelsen Scriptor, S. 75–103.

Deleuze, Gilles (2007): »Das Aktuelle und das Virtuelle«, in: Peter Gente/Peter Weibel (Hg.), Deleuze und die Künste, Frankfurt a.M.: Suhrkamp, S. 249–253.

Engert, Kornelia/Krey, Björn (2013): »Das lesende Schreiben und das schreibende Lesen. Zur epistemischen Arbeit an und mit wissenschaftlichen Texten«, in: Zeitschrift für Soziologie 42 (5), S. 366–384.

Esposito, Elena (1998): »Fiktion und Virtualität«, in: Sybille Krämer (Hg.), Medien – Computer –Realität. Wirklichkeitsvorstellungen und Neue Medien, Frankfurt a.M.: Suhrkamp, S. 269–296.

Groth, Stefan/Ritter, Christian (2019): »Zusammen arbeiten. Modalitäten – Settings – Perspektiven«, in: Stefan Groth/Christian Ritter (Hg.), Zusammen arbeiten, Bielefeld: transcript Verlag, S. 7–22.

Hardwig, Thomas/Klötzer, Stefan/Mönch, Alfred/Reißmann, Tobias/Schulz, Carsten/Weißmann, Marliese (2021): »Gestaltung der Arbeit mit Kollaborationsplattformen. Ergebnisse aus dem Verbundvorhaben *CollaboTeam*«, in: Wilhelm Bauer/Susanne Mütze-Niewöhner/Sascha Stowasser/Claus Zanker/Nadine Müller (Hg.), Arbeit in der digitalisierten Welt. Praxisbeispiele und Gestaltungslösungen aus dem BMBF-Förderschwerpunkt, Berlin: Springer Vieweg, S. 113–127.

Arbeitszeit, virtuelle

Jens Fehrenbacher

Abb. 1

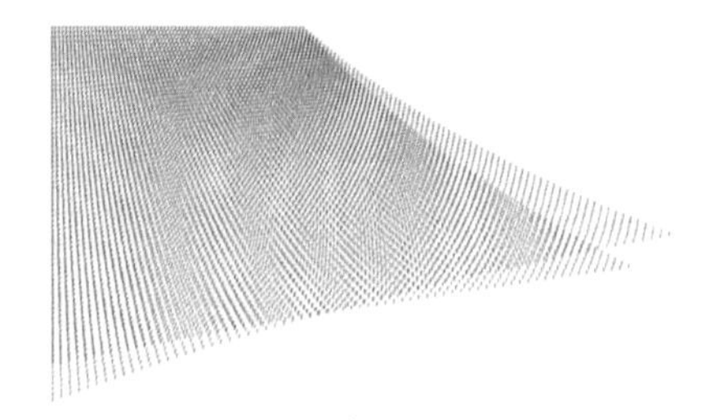

Abb. 2

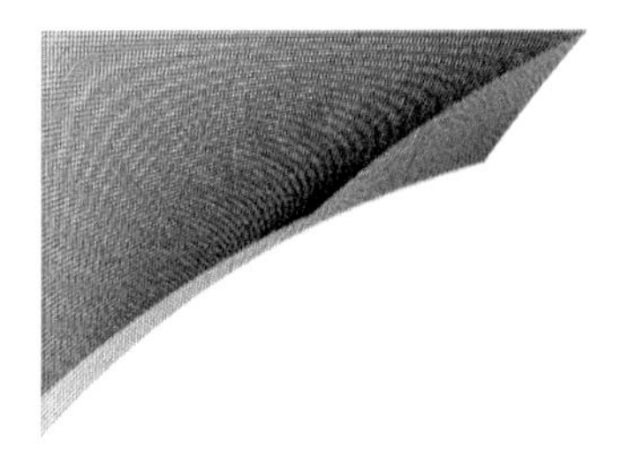

Abb. 3

Abb. 4

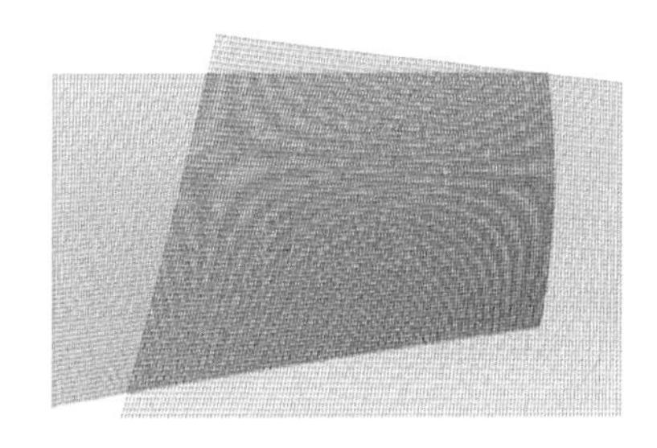

Abb. 5

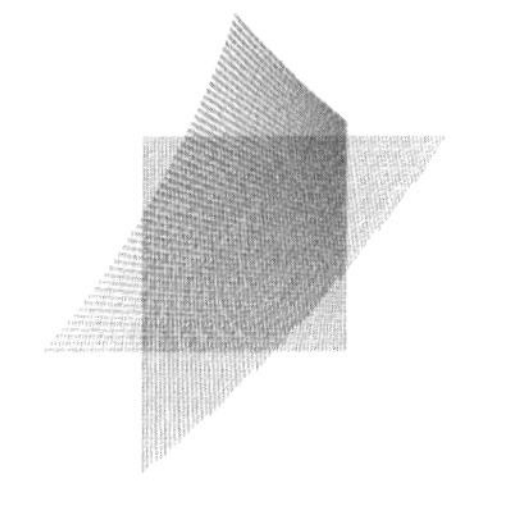

Abb. 6

Abb. 1–6: Rhythmische Studie über zwei Schlagbohrer zur Grundsanierung der Nachbarwohnung während des Lockdowns im Homeoffice mit Kleinkind beim Versuch des Verfassens einer Qualifikationsarbeit.

Archive, virtuelle

Philipp Künzel, Carmen Reidelbach,
Alex Schmiedel

Das Archiv geht zwar etymologisch auf das Griechische *ἀρχεῖον* als dem räumlichen Sitz des städtischen Verwaltungsorgans zurück. Doch auch Jacques Derrida, der diese sprachlichen Wurzeln zu Beginn seines Aufsatzes *Archive Fever* hervorhebt, bemerkt, dass das Archiv im Kern nicht an einen Raum gebunden sein kann, sondern nur an die Praxis des Zusammensammelns von Zeichen (vgl. Derrida 1995: 9f.). Werden Archive auf diese Weise als Komplexe von Praktiken gedacht, die sich der Auswahl und Bündelung sowie der Kuration und Ordnung von Zeichen widmen, lässt sich das Archiv, so wollen wir darlegen, als eine virtuelle Instanz verstehen, die mit dem Zielbild der Vollständigkeit, Wertigkeit und Permanenz die Praktiken strukturiert, in ihren situativen Aktualisierungen jedoch vielgestaltig und dynamisch auftritt. Der Zusammenhang von

Virtualität und Archiven soll auf Grundlage der Zusammenschau von Definitionen, Praktiken und Akteur:innen im Folgenden diskutiert werden. Dabei stellt sich die Frage, wie sich die Virtualität von Archiven angesichts ihrer stets steigenden Menge an Daten, ihrer zunehmenden Komplexitätsgrade und der neuen Konditionen von Vernetztheit innerhalb eines Archivs verändert, auch hinsichtlich der Vernetzung mehrerer Archive untereinander. Außerdem fragen wir: Wie beeinflussen die aktuellen Spielformen von Daten die Funktionen und Umgänge mit Archiven?

Die Virtualität digitaler Archive

Digitale Archive sollen hier exemplarisch als eine Form der virtuellen Archivpraxis herangezogen werden. Sie umfassen vor allem solche Archive, die computerbasierte Daten mit Hilfe ebenso computerbasierter Verfahren archivieren. Archive sind primär nicht über die archivierten Inhalte, sondern über die Strukturen und Systeme der Dokumentation und Archivierung bestimmt. So zeichnen sich die digitalen Archive dadurch aus, dass digitale Daten und Informationen stets nur auf der Grundlage anderer Daten, Codes, Software und Hardware entstehen und wahrgenommen werden können (vgl. Dekker 2019: 142). Dadurch muss das Selbstverständnis des Archivs neu gedacht werden. Es wird immer noch von der vermeintlichen Unveränderbarkeit von (in erster Linie schriftlichen) Dokumenten dominiert (vgl. Hoth 2019: 152). Dieses Umdenken umfasst allerdings nicht nur die neuen oder andersartigen Modi des Speicherns und Erinnerns, sondern gerade auch das Bedenken neuer Formen des Vergessens – etwa den Verlust von Metadaten oder das Veralten von Speichermedien und Dateiformaten als Fortschreibung von Verlustmomenten, die die Archivpraxis auch schon vor der Zeit digitaler Archive begleitet haben (vgl. Thylstrup 2018: 187).

Das drohende Vergessen stellt nicht bloß eine Herausforderung für die Fortführung der Archive dar, sondern bildet zugleich die Grundvoraussetzung für die Notwendigkeit der Archivpraxis. Erst die fortwährende Gefahr des Verlusts führt zu dem Bedürfnis nach der Erhaltung und Sicherung von archivierbarem Material. Da allerdings zu den bestehenden archivierbaren Inhalten stetig Neues hinzu kommt, entsteht eine Art Teufelskreis, den Derrida als *Archive Fever* beschreibt: die stetig wachsende Zahl an Daten, die drohen verloren zu gehen, erstreckt sich jenseits der »logic of finitude and the simple factual limits« (vgl. Derrida 1995: 19) der Archive. Die Erhaltungsarbeit der Archive wird somit unendlich und führt sich selbst aufgrund dieser Unendlichkeit fort. Vergleichbar mit Jean Baudrillards Überlegungen zum Sammler, für den die Vervollständigung der Sammlung das Ende des Sammelns und somit das Ende seiner selbst als Sammler bedeuten würde, ist auch die Archivarbeit aufgrund ihrer grundlegenden Struktur notwendigerweise immer unabgeschlossen (vgl. Baudrillard 2007: 118f.). Derridas Beobachtung ist allerdings besonders für das digitale Archiv relevant, da die Menge an archivierbaren Inhalten einerseits enorm gestiegen ist und andererseits die gegenwärtige Medienpraxis der umfassenden Datensammlung zur Entstehung neuer Archive »almost by default« (Lison et al. 2019: xvi) führt, wenn etwa bereits die alltägliche Smartphone-Nutzung Unmengen von Daten produziert (→ Spuren, virtuelle). Digitale Archivpraktiken steuern damit zu einem »Regime des Ubiquitären« (Thylstrup 2018: 185) bei, einer Allgegenwart von

Verdatung, die lebensweltliche Konsequenzen mit sich trägt. Die Relevanz der Auswahlpraktiken von Inhalten, die in das Archiv aufgenommen oder gerade auch vom Archiv ausgeschlossen werden sollen, wächst somit stetig und muss besonders in ihrer politischen Dimension in den Vordergrund gerückt werden (vgl. ebd.: 191).

Dies gilt es auch deshalb besonders zu betonen, da kontemporäre Archive nicht notwendigerweise von menschlichen Akteur:innen kreiert und geführt werden müssen. Eine Möglichkeit, digitale Archive neu zu denken, besteht darin, deren Inhalte nicht als unumstößliche, unilaterale oder ursprüngliche Quellen zu konzipieren, sondern diese als wiederverwendbare und dialogfähige Dokumente zu verstehen (vgl. Hoth 2019: 154). Hierdurch ließen sich nicht nur die digitalen Praktiken der Antizipation ergründen (etwa in Form von Verweisen oder Hyperlinks), sondern es ließe sich ferner auch der dem Digitalen essenzielle Modus des Dialogs in Form von Schreiben und Lesen bzw. Frage und Antwort ausdrücken (vgl. Thylstrup 2018: 188; Ketelaar 2006: 190).

Das digitale Archiv steht somit nicht nur deshalb exemplarisch für das hier verfochtene Verständnis virtueller Archive, da es, wie eingangs beschrieben, Abstand von der Idee des Archivs als Ort nimmt und die konkreten Praktiken des Archivierens betont. Im Archiv spiegelt sich ferner Peirces Verständnis des Virtuellen als Modus der Wirksamkeit bei abweichender, nicht-physischer Beschaffenheit (vgl. Peirce 1920: 763): Die ›wie von selbst‹ entstehenden Archive der kontemporären Medienpraxis decken sich nicht mit dem klassischen Verständnis des Archivs als Ort, weisen aber dennoch dieselbe Effizienz oder Wirkung wie diese auf, indem auch sie die Praktiken des Selektierens, Speicherns, Organisierens und potenziell auch der Distribution des Gesammelten strukturieren.

Archivierungspraktiken auf Social Media – eine Frage des Prinzips?

Die steigende Menge an archivierbaren Inhalten und die Frage nach ihren Auswahlkriterien erweisen sich gerade im Kontext der Archivierung von Inhalten auf sozialen Medienplattformen als relevant (→ Media, social). Die Plattformen dienen bereits in ihrer alltäglichen Nutzung als Archiv. Sie funktionieren – gewollt oder ungewollt – als Sammlung von Aufnahmen relevanter Ereignisse, die von ihren Nutzer:innen eingespeist werden, so z.B. auch in der Dokumentation von aktivistischen Aktionen und Bewegungen (vgl. Neumayer/Struthers 2018). Doch mit der Emergenz neuer Plattformen wird auch die Erzählung der *sterbenden* Plattform immer wieder aufgenommen, und mit ihr eine wiederkehrende Frage nach der Relevanz und Gewichtung von zu archivierenden Inhalten.

Ein Beispiel hierfür ist die Plattform *Tumblr*, deren Administration im Jahr 2018 beschloss, die Richtlinien für gepostete Inhalte strikter zu gestalten (vgl. Ogden 2022: 117). In Zuge dessen wurden nach und nach NSFW-Inhalte[1] blockiert und sanktioniert und sollten im Dezember 2018 gänzlich von der Plattform gelöscht werden (vgl. D'Onofrio 2018). Als Reaktion darauf entschied ein selbsternanntes *Archive Team* (kurz: *AT*) so viele Inhalte

1 Das Akronym NSFW steht für *Not Safe For Work* und bezeichnet explizite sexuelle Inhalte oder Gewaltdarstellungen (vgl. Ogden 2022: 115).

wie möglich zu ›retten‹, indem sie mithilfe von Crawling-Methoden und API-Zugängen NSFW-Inhalte verzeichneten und herunterluden (vgl. Ogden 2022: 122).

Die Bemühungen des *AT* wurden in einer ethnografischen Studie von Jessica Ogden zu Praktiken und Grundsätzen des Web Archiving innerhalb des *AT* beobachtet. Die ›Rettung‹ der NSFW-Inhalte erfolgte auf der Basis spezifischer Prinzipien, die Ogden und der Initiator des Teams unter den Leitsätzen: »Everything online is created equal« (ebd.: 119) und »Archive first, ask questions later« (ebd.: 120) zusammenfassen. Durch die unbedingte Archivierung aller verfügbaren Inhalte soll die Selektion den Nutzer:innen wieder selbst überlassen sein (vgl. ebd.: 119f.). Die Herausstellung dieser Grundsätze in den Praktiken des *AT* verdeutlicht zum einen ein zugrundeliegendes Selbstverständnis der Arbeit des *AT* als eine Art Online-Selbstjustiz im Dienste der Nutzer:innen und zum anderen ein angestrebtes Ideal der Neutralität bei der ›Rettung‹ von Inhalten (vgl. ebd.: 119).

Dieser Anspruch führt allerdings auch zu Diskussionen im Prozess des Archivierens; beispielsweise werden die Ideale des *AT* im Laufe des Tumblr-Archiv-Projekts von neuen Mitarbeiter:innen hinterfragt. Unter anderem wird diskutiert, weshalb eine spezifische, invasivere Zugangsmethode zu Plattformdaten unerwünscht ist, obwohl das *AT* in vielen Fällen keine Rücksicht auf die fehlende Einwilligung von Konzernen und Nutzer:innen nimmt (vgl. ebd.: 120, 126f.). Durch die genaue Beobachtung dieser Kontroverse im Archivierungsprozess kann Ogden die Diskurse herausstellen, in denen moralische Vorstellungen und Werte ausformuliert werden, die auch die Archivierungspraktiken mitgestalten (vgl. Ogden: 114).

Ebendiese Praktiken stehen aber gleichzeitig in Wechselwirkung mit den zu archivierenden Artefakten, z.B. mit Textposts, Bildern, Videos und Webdokumenten, die als nicht-menschliche Akteur:innen ebenso Teil der ursprünglichen Nutzungspraktiken der Plattformen sind oder waren (vgl. Paßmann/Gerzen 2024: 11). Sie können, wie Johannes Paßmann und Lisa Gerzen in ihrer Beobachtung und Analyse von Online-Kommentar-Praktiken anhand von archivierten Webinhalten zeigen, genutzt werden, um vergangene Online-Praktiken zu rekonstruieren. Dennoch bleibt der Zugang zu den vergangenen Praktiken an sich schwierig und diffus, wenn sie nicht konkret beobachtet werden können (vgl. ebd.: 1).

Interessant an diesen beiden Perspektiven auf Archivierungspraktiken und archivierte Web-Artefakte ist daher sowohl der Blick auf ›das Archiv‹ als eine Kombination von situierten, sehr individuellen und konstant veränderlichen Praktiken des Archivierens selbst, als auch als eine Sammlung von Spuren der Praktiken, in die die Archivobjekte eingebunden waren (vgl. Ogden 2022; Paßmann/Gerzen 2024). Mit Blick auf das virtuelle Archiv zeigen sich in dieser Verflechtung der inhärenten Komplexität von Archivierungspraktiken mit den Besonderheiten ihrer Rekonstruktion mithilfe digitaler Objekte die Anforderungen an die Erforschung virtueller Archive.

Zwischen nah und fern: Sensorarchive und ihre Virtualität

Da digitale Archive durch ihre Umgebung und Praktiken beeinflusst sind, lassen sie sich als soziotechnische Entanglements deuten, deren Verknüpfungspunkte von Wissen als virtuelle Umgebungen untersuchbar sind: Es umgibt sie und sie umgeben ein verknüpftes Gefüge menschlicher Individual- und Gruppenakteur:innen wie auch nichtmenschlicher, technischer Akteur:innen (vgl. Ben-David/Amram 2018). Dabei produzieren sie parallele wie auch sich kreuzende Wissensstrukturen (vgl. ebd.). Diese Praktiken sind wechselseitig abhängig von den medialen Voraussetzungen ihrer Akteur:innen. Die Zusammensetzung ihrer Akteur:innen und deren Wechselwirkungen verändert, welche Möglichkeitsräume entstehen. Deswegen gilt es, die Aufmerksamkeit auf technische Akteur:innen zu lenken, deren Praktiken sich ebenso in Archive einschreiben, Archive formen und auch das Repositorium menschlicher Praktiken in Abhängigkeit zu ihnen neu strukturieren. Künstliche Intelligenz spielt dabei zunehmend eine Rolle in der Datenakquise und -verarbeitung in Archiven: Sei es, wie zuvor beschrieben, im Kontext von Webcrawling- und Scrapingverfahren oder in der Verwendung von algorithmischen Verfahren, wie sie beispielsweise das Kriegsarchivprojekt *Mnemonic* verwendet (vgl. Mingo 2023). Im Zusammenspiel mit KI stellt sich jedoch eine weitere Technik als maßgeblich für kontemporäre virtuelle Archive heraus: Sensoren. Diese bringen ein Repertoire an Möglichkeiten von Praktiken hervor, die Archive im Hinblick auf ihre Virtualität neu gestalten.

Zentral für Veränderungen der Virtualität von Archiven durch sensoralgorithmische Strukturen sind veränderte Distanzverhältnisse innerhalb von Archivpraktiken, da die technischen Akteur:innen zu erweiterten Konfigurationen von Archiven als Möglichkeitsräumen führen. Das Archiv ist heute entkoppelt von einem festen Standort: Es ist mobil aufgebaut, als Labor und Rezeptionskontext. Das zeigt sich an *Augmented Reality Archiven* (vgl. Smith et al. 2021) (→ Reality, augmented), an zu Luft-, Wasser- und Land agierenden multisensorischen Mappingverfahren (vgl. Terraciano et al. 2017; Sayre et al. 2017) und an alltäglichen Archiven für unterwegs und zuhause, wie etwa Smartphones und Tablets (vgl. Mortensen 2019; Lomborg 2019; Tebeau 2016). Sensorisch ist sowohl die abrufende als auch die produzierende Arbeit mit Archiven *embedded* und *embodied*, wie die Dokumenation und Messung von Körper- und Umgebungsdaten durch *Wearables* wie *Fitbits* oder mit Cloudspeichern synchronisierter *Action-Camcorder* und Wärmebildkameras und deren *Tracking* exemplifizieren. Die Veränderung der Distanzverhältnisse lässt sich an den Sensortechniken konkret nachvollziehen: Archive sind (körper)nah (als *Wearables*) und dislokal abrufbar (über dezentrale Serverinfrastrukturen). Doch Archive können dank Sensoren nicht nur näher, sondern auch ferner sein: Das heißt, dass das Archiv in dreierlei Hinsicht als Tele-Medium verstanden werden kann. Sensoralgorithmische Archivstrukturen wie *Remote Sensing Image Archives* (vgl. Sumbul/Kang/Demir 2021), sensorvermittelte Datensammlung durch beispielsweise *LiDAR*-Dronen zur Vermessung von Baumkronen (vgl. Münzinger/Prechtel/Behmisch 2022) und archäologischen Ausgrabungsstätten (vgl. Lozić/Štular 2021) stellen eine räumliche Ausdehnung des Archivs und des Archivierens dar (→ Behinderungen, virtuelle, → King Uthal.zip). Währenddessen werden in Archivorten selbst Sensoren eingesetzt, von der Messung von Temperatur und Feuchtigkeit bis zu ›Elektronischen Nasen‹ zum Aufspüren von Schimmelsporen (vgl. Pinzari et al. 2004; Huerta et al. 2016). Auf diese Weise konfigurieren sensoralgorithmische Strukturen die Bedingungen von Archiven als virtuelle Umgebungen.

Mél Hogans (2015) Ansatz zu Archiven folgend, lassen sich Archive als *mediale Frage* interpretieren, die sich stets auch hinsichtlich Verantwortungsketten sammelnder oder kuratierender Praktiken und ihrer Folgen stellt. Im Kontext eines *situierten Lexikons*, das ein *Vokabular des Virtuellen* versammelt, rückt das Archiv deswegen, insbesondere, aber nicht ausschließlich gemäß seiner sensoralgorithmischen Qualitäten, als ein situiertes, virtuelles *Entanglement* in den Fokus, das als Ort politischer und machtstruktureller Aushandlungen, auch im Kontext ihrer technischen Akteur:innen verstanden werden kann. Für anknüpfende Forschung einerseits und eigene Umgänge mit Archiven andererseits ergeben sich folgende Fragen: Welche Verantwortlichkeiten haben die einzelnen technischen und menschlichen Akteur:innen und wie können und müssen wir Verantwortung für die unterschiedlichen Konfigurationen von Virtualität in unseren Archivpraktiken, auch als Forschende, übernehmen?

Das virtuelle Archiv als Kontinuum möglicher Archive

Werden Archive im Kontext ihrer Situierung gedacht, rücken die Kriterien der Vollständigkeit, Transparenz und Eindeutigkeit der Agency sowie der virtuellen Entanglements von Archiven in den Vordergrund (→ Situierung). Diese Situierung umfasst Abhängigkeitsverhältnisse zwischen verschiedenen Entitäten, die zugleich archivieren und archiviert werden, wodurch Archive konstituiert sowie prozessual geformt werden. Durch eine Perspektive auf Archive als Netzwerke wechselseitig produktiver Abhängigkeiten entstehen neue methodische Zugriffe für die Rekonstruktion von Archivierungspraktiken. Eine definitorische Re-Perspektivierung ist entscheidend, um den Archivbegriff operativ für seine posthumanistische Erforschung und Diskussion nutzbar zu machen.

Literatur

Baudrillard, Jean (2007): Das System der Dinge. Über unser Verhältnis zu den alltäglichen Gegenständen, Frankfurt a.M.: Campus Verlag.

Ben-David, Anat/Amram, Adam (2018): »The Internet Archive and the socio-technical construction of historical facts«, in: Internet Histories 2(1-2), S. 179–201.

Dekker, Annet (2019): »Between Light and Dark Archiving«, in: Oliver Grau/Janine Hoth/Eveline Wandl-Vogt (Hg.), Digital Art through the Looking Glass, Krems a.d. Donau: Edition Donau-Universität, S. 133–144.

Derrida, Jacques (1995): »Archive Fever: A Freudian Impression«, übers. von Eric Prenowitz: Diacritics 25(2), S. 9–63.

D'Onofrio, Jeff (2018): Tumblr (3.12.2018). Online unter: https://staff.tumblr.com/post/180758987165/a-better-more-positive-tumblr (letzter Zugriff: 18.03.2024).

Hogan, Mél (2015): »The Archive as Dumpster«, in: Pivot: A Journal of Interdisciplinary Studies and Thought, 4(1), S. 7–38.

Hoth, Janine (2019): »Historicization in the Archive: Digital art and originality«, in: Oliver Grau/Janine Hoth/Eveline Wandl-Vogt (Hg.), Digital Art through the Looking Glass. New strategies of archiving, collecting and preserving in digital humanities, S. 145–158.

Huerta, Ramon/Mosqueiro, Thiago/Fonollosa, Jordi/Rulkov, Nikolai/

Rodriguez-Lujan, Irene (2016): »Online decorrelation of humidity and temperature in chemical sensors for continuous monitoring«, in: Chemometrics and Intelligent Laboratory Systems 157, S. 169–176.

Ketelaar, Eric (2006): »Writing on Archiving Machines«, in: Sonja Neef/José van Dijck/Eric Ketelaar (Hg.), Sign Here! Handwriting in the Age of New Media, Amsterdam: Amsterdam University Press, S. 183–195.

Kockelman, Paul (2017): The Art of Interpretation in the Age of Computation, New York: Oxford University Press.

Larcher, Jonathan/Leyokki (2018): »The instability of the digital archive: How to deal with pixels by hand«, in: NECSUS. European Journal of Media Studies 7(1), S. 123–144.

Lison, Andrew/Mars, Marcell/Medak, Tomislav/Prelinger, Rick (Hg.) (2019): Archives. Lüneburg: meson press.

Lozić, Edisa/Štular, Benjamin (2021): »Documentation of Archaeology-Specific Workflow for Airborne LiDAR Data Processing«, in: Geosciences 11(1), S. 26.

Mingo, Maria (Mnemonic, London)(2023): »Archiving for justice, racing against time«, Growing Virtuality, Ruhr-Universität Bochum: ECF Konferenz, [16.11.-17.11.2023], in: sfb1567.ruhr-uni-bochum.de (25.10.2023), Online unter: https://www.virtuelle-lebenswelten.de/blog-post/growing-virtuality (letzter Zugriff: 19.03.2024).

Mortensen, Mette/Lomborg, Stine (2019): »The Mobile Archive of the Self: On the Interplay Between Aesthetic and Metric Modes of Communication«, in: International Journal Of Communication 13(15).

Münzinger, Markus/Prechtel, Nikolas/Behnisch, Martin (2022): »Mapping the urban forest in detail: From LiDAR point clouds to 3D tree models«, in: Urban Forestry & Urban Greening 74, S. 1–13.

Neumayer, Christina/Struthers, David M. (2018): »Social media as activist archives«, in: Mette Mortensen/Christina Neumayer/Thomas Poell (Hg.), Social Media Materialities and Protest, London: Routledge, S. 86–98.

Ogden, Jessica (2022): »›Everything on the internet can be saved‹: Archive Team, Tumblr and the cultural significance of web archiving«, in: Internet Histories 6(1-2), S. 113–32.

Paßmann, Johannes/Gerzen, Lisa (2024): »Follow the updates! Reconstructing past practices with web archive data«, in: Internet Histories. Online unter: http://dx.doi.org/10.13140/RG.2.2.10223.20646 (letzter Zugriff: 16.05.2024), Preprint.

Peirce, Charles Sanders (1920): Art. »Virtual«, in: James Mark Baldwin (Hg.), Dictionary of Philosophy and Psychology, 2, New York: The Macmillan Company, S. 763–764.

Pinzari, Flavia/Fanelli, Corrado/Canhoto, Olinda et al. (2004): »Electronic Nose for the Early Detection of Moulds in Libraries and Archives«, in: Indoor and Built Environment 13(5), S. 387–395.

Sayre, Roger G./Wright, Dawn J./Breyer, Sean P. et al. (2017): »A Three-Dimensional Mapping of the Ocean Based on Environmental Data«, in: Oceanography 30(1), S. 90–103.

Smith, David H./Egan, Michael/Detlor, Brian et al. (2021): »Digital Storytelling: An Augmented Reality Approach For Historical Archives«, in: EDULEARN21 Proceedings, S. 2497–2503.

Sumbul, Gencer/Kang, Jian/Demir, Begüm (2021): »Deep Learning for Image Search and Retrieval in Large Remote Sensing Archives«, in: Gustau Camps-Valls/Devis Tuia/Xiao Xiang Zhu/Markus Reichstein (Hg.), Deep Learning for the Earth Sciences: A Comprehensive Approach to Remote Sensing, Climate Science, and Geosciences, Hoboken: Wiley.

Tebeau, Mark (2016): »Engaging the Materiality of the Archive in the Digital Age«, in: Collections 12(4), S. 475–487.

Terracciano, Alda/Dima, Mariza/Carulli, Marina/Bordegoni, Monica (2017): »Mapping Memory Routes: a Multisensory Interface for Sensorial Urbanism and Critical Heritage Studies«, in: Proceedings of the 2017 CHI Conference Extended Abstracts on Human Factors in Computing Systems (CHI EA '17), New York: Association for Computing Machinery Digital Library, S. 353–356.

Thylstrup, Nanna B. (2018): »Cultural Memory in the Digital Age«, in: Golo Föllmer/Alexander Badenoch (Hg.), Transnationalizing Radio Research: New Approaches to an Old Medium, Bielefeld: transcript, S. 183–195.

Autor:innen, Liste der

Autor:innen, Herausgeber:innen

Die in diesem Lexikon versammelten Artikel wurden von vielen Autor:innen verfasst. Die Nennung ihrer Namen unter den Artikeln markiert ihre Mühen, denn sie sind verantwortlich, können angesprochen und kritisiert werden. Gleichzeitig wäre das Lexikon ohne Zusammenarbeit nicht möglich gewesen (→ Anfänge, → Editorial, → Text, plain). Einige Texte sind in Teilen als *Virtuelles Objekt des Monats* auf der Website des SFB 1567 *Virtuelle Lebenswelten* veröffentlicht (→ 1567, → Objekt, virtuelles). Schließlich existieren Texte und Autor:innen, die im Rahmen dieses Projekts begonnen wurden, aber in dieser Version des Lexikons nicht auftauchen.

Patrizia Breil (Dr.) ist Wissenschaftliche Mitarbeiterin im Teilprojekt C02 *Virtuelle Körper: Zu einer Epistemologie des Embodiment* und forscht zu Erfahrungen eigener und fremder Körperlichkeit und Materialität in virtuellen Räumen. Interessen: (Leib)Phänomenologie, Philosophische Bildung, Medienphilosophie, Philosophie der Digitalität.

Ida Brückner ist Wissenschaftliche Mitarbeiterin und forscht im Teilprojekt B01 *Mögliche Welten: Virtualität im Roman des 18. und frühen 19. Jahrhunderts* zu Fiktion und möglichen Welten. Interessen: Medien- und Literaturtheorie, Kulturtechnikforschung, Medien und Operationen von Literatur.

Leman Çelik researches the connection between scientific knowledge production, data practices and data infrastructures in the subproject A02 *Virtuelle Informationsinfrastrukturen: Das Datenzentrum als Infrastrukturkurier*. Interests: Science and Technology Studies, Ethnographic Research, Data Practices, Infrastructure Studies.

Lena Ciochon ist Wissenschaftliche Mitarbeiterin und forscht im Teilprojekt B02 *Virtuelles Mittelalter: Geschichtswissenschaft, Geschichtskultur, Public History* zu Virtualität und öffentlicher Geschichtsvermittlung. Interessen: Digitale Geschichtskultur, Geschichte in immersiven Medien (VR), Public History, Erinnerungskultur, Kulturanthropologie, Deutsch-polnische Beziehungsgeschichte.

Robert Dörre (Dr.) ist assoziiertes Mitglied des Teilprojekts D04 *Virtuelle*

Affekte: Geschichte, Techniken, Darstellungspolitiken und Wissenschaftlicher Mitarbeiter am Lehrstuhl für Theorie, Ästhetik und Politiken digitaler Medien an der Ruhr-Universität Bochum. Interessen: Digital- und Bewegtbildkultur, Soziale Medien, Virtuelle Realität, Theorie und Geschichte der Rezeptionsästhetik, Medien als eingreifende Agenten.

Manischa Eichwalder ist Wissenschaftliche Mitarbeiterin und forscht im Teilprojekt C03 *Virtuelle Kunst: Welt-, Körper- und Objektbezüge in VR-Experiences* zu ästhetischer Erfahrung und Kritikalität von Kunst in Virtual Reality. Interessen: Gegenwartskunst, Installative Medienkunst, Postkoloniale und Feministische Praktiken, Institutionskritik.

Jens Fehrenbacher ist assoziiertes Mitglied des Teilprojekts A03 *Virtuelle Environments: Sensoalgorithmische Virtualität bei autonomen Fahrzeugen* und Wissenschaftlicher Mitarbeiter im Forschungsprojekt *InVirtuo 4.0: Experimentelle Forschung in virtuellen Umgebungen* an der Universität Bonn. Interessen: Extended Realities in therapeutischen und erinnerungskulturellen Kontexten, Medienkunst und Interaktivität, STS, ästhetisch-soziale Aushandlungsprozesse.

Kristin Flugel ist Wissenschaftliche Mitarbeiterin im Teilprojekt B03 *Virtuelle Bildung: Formationen und Transformationen von Bildungswissen* und forscht ethnografisch-gegenwartsbezogen. Interessen: Studentische Wissenpraktiken, (diskriminierende) Praktiken des Differenzierens, Bildung Erwachsener, qualitativ-rekonstruktive Sozialforschung.

Gerrit van Gelder ist IT-Techniker in der Teilprojektvariante INF *Informationsinfrastruktur: Technik und Praxeologien*. Interessen: Künstliche Intelligenz, Computer-Grafik, Open-Source-Soft- und Hardware.

Raphaela Gilles ist als Wissenschaftliche Mitarbeiterin Teil der Promotionsgruppe *Virtuelle Geisteswissenschaften* der Teilprojektvariante WS *Wissenschaftliches Serviceprojekt: Methoden und Didaktik*. Interessen: Theorie und Praxis virtueller Didaktik, Hochschuldidaktik, Forschendes Lernen, Partizipation in Lehr-/Lernprozessen.

Katja Grashöfer (Dr. des.) ist Wissenschaftliche Mitarbeiterin und forscht im Teilprojekt D04 *Virtuelle Affekte: Geschichte, Techniken, Darstellungspolitiken* zu affektiven Interaktionen in Mensch-Roboter-Relationen. Interessen: Human-Robot-Interaction, Robotik und KI, Virtuelle Autor:innenschaft, Wikipedia, Medienbildung.

Vanessa Grömmke ist Wissenschaftliche Mitarbeiterin und forscht im Teilprojekt D01 *Virtuelle Streitwelten: Foren und Tribunalisierungsdynamiken* zu literarischen Auseinandersetzungen mit Konflikten und Empörungswellen in sozialen Medien. Interessen: Autofiktion und Selbstdokumentation, Hate Speech, Social-Media-Literatur, Gegenwartsliteratur.

Suzette van Haaren (Dr.) researches virtual objects in medieval research in the subproject B02 *Virtuelles Mittelalter: Virtuelle Objekte in der mediävistischen Forschung*. Interests: Medieval Manuscripts, Media Studies, Digital Heritage, Materiality and Object Theory, Reception and Sociology of Historical Heritage.

Ann-Carolyn Hartwig ist Wissenschaftliche Mitarbeiterin und forscht im Teilprojekt B01 *Mögliche Welten: Virtualität im Roman des 18. und frühen 19. Jahrhunderts* zur Medienpoetik einer vordigitalen Virtualität. Interessen: Literatur und (vordigitale) Virtualität, Inseln und Karten in deutschsprachiger Literatur.

Jane Lia Jürgens ist Wissenschaftliche Mitarbeiterin und forscht im Teilprojekt

Essen in der virtuellen Lebenswelt: Food Studying in der Universität zu Social Eating in der Lebenswelt Universität. Interessen: studentisches Medienhandeln, studentisches Ernährungs- und Essensverhalten, Social Eating, Vergemeinschaftungspraktiken, virtuelle Körper- und Selbstbilder.

Tim Krauß ist IT-Techniker in der Teilprojektvariante INF *Informationsinfrastruktur: Technik und Praxeologien*. Interessen: Mensch-Maschine-Schnittstellen, Messverfahren, Telemedizin.

Philipp Künzel ist Wissenschaftlicher Mitarbeiter und forscht im medienwissenschaftlichen Teilprojekt D04 *Virtuelle Affekte: Geschichte, Technik, Darstellungspolitiken* zu Kulturen der Affekterkennung. Interessen: Medientheorie und -philosophie, Game Studies, Zeit und Zeitlichkeit, Virtual Reality.

Stefan Laser (Dr.) ist Wissenschaftlicher Mitarbeiter und forscht im Teilprojekt A02 *Virtuelle Informationsinfrastrukturen: Das Datenzentrum als Infrastrukturkurier* zur Verflechtung von Wissensproduktion und planetaren Relationen am Beispiel von Rechenzentren und mit einem Fokus auf Vietnam und Taiwan. Interessen: Science and Technology Studies, Ethnographie, digitale Methoden, sozial-ökologische Transformationen, Abfall.

Kira Lewandowski ist Wissenschaftliche Mitarbeiterin im Teilprojekt C01 *Essen in der virtuellen Lebenswelt: Food Studying in der Universität* und forscht zu Ernährung auf dem Campus und virtueller Selbstvermessung. Interessen: Studentisches Medienhandeln, studentisches Ernährungs- und Essverhalten, Selbstvermessung und individuelle Praktiken, virtuelle Körper- und Selbstbilder, Nachhaltigkeit.

Marco Lorenz arbeitet im Teilprojekt B03.2 *Virtuelle Bildung: Formationen und Transformationen von Bildungswissen* und ist Wissenschaftlicher Mitarbeiter am Lehrstuhl für Historische Bildungsforschung. Interessen: Praktiken des Lesens und Schreibens in historischer Perspektive, literarische Nachwuchsförderung in der DDR, Digital Humanities in der Historischen Bildungsforschung.

Mace Ojala is a doctoral researcher in the group *Virtuelle Geisteswissenschaften* in the subproject *Wissenschaftliches Serviceprojekt: Methoden und Didaktik*. Mace researches the ongoing tragedy of the PDF file format, drawing from and contributing to software studies, format theory and Kulturtechnik, science and technology studies, and Philosophy.

Fabian Pittroff (Dr.) ist Wissenschaftlicher Mitarbeiter in der Teilprojektvariante INF *Informationsinfrastruktur: Technik und Praxeologien*. Interessen: Digitale Kultur, Ethnografie virtueller Forschung, Soziologie der Intelligenz.

Matthias Preuss (Dr. des.) ist Wissenschaftlicher Mitarbeiter und forscht im Teilprojekt D02 *Virtualität in deutschsprachiger Gegenwartsliteratur: Quantität und Konnektivität.*

Nicola Przybylka ist assoziiertes Mitglied im Teilprojekt C01 *Essen in der virtuellen Lebenswelt: Food Studying in der Universität*, forscht zu Medien der Augmented und Virtual Reality in Bildungskontexten und ist Wissenschaftliche Mitarbeiterin im Forschungsprojekt *Digitalisierungsbezogene und digital gestützte Professionalisierung von Sport-, Musik- und Kunstlehrkräften (DigiProSMK)* an der Universität Duisburg-Essen. Interessen: Medien(kultur) und Bildung, Augmented und Virtual Reality in Bildungskontexten, Japanische Ideen- und Technologiegeschichte der Robotik, Selbstvermessungspraktiken via Self-Tracking.

Carmen Reidelbach ist als Wissenschaftliche Mitarbeiterin Teil der Promotionsgruppe *Virtuelle Geisteswissenschaften* der Teilprojektvariante WS *Wissenschaftliches Serviceprojekt: Methoden und Didaktik*. Interessen: Soziotechnische Strukturen sozialer Medien und Plattformen, Historien von Online-Kultur(en) und -Praktiken, technografische Methoden der Social-Media-Forschung.

Alex Schmiedel ist Wissenschaftlicher Mitarbeiter und forscht im Teilprojekt A03 *Virtuelle Environments: Sensoalgotithmische Virtualität bei autonomen Fahrzeugen* zur Invisualität und Virtualität von Sensorbildern. Interessen: Sensortechnik, LiDAR-Sensor-Systeme, Disability Media Studys, autonome Autos, mobilitäre und medientechnische Teilhabe.

Roman Smirnov ist als Wissenschaftlicher Mitarbeiter Teil der Promotionsgruppe *Virtuelle Geisteswissenschaften* der Teilprojektvariante WS *Wissenschaftliches Serviceprojekt: Methoden und Didaktik*. Interessen: Digital Public History, Erinnerungsforschung, Popularität der Erinnerungsorte, Geschichte in immersiven Medien, Geschichtsdidaktik.

Leonie Ullmann ist Wissenschaftliche Mitarbeiterin und forscht im Teilprojekt C04 *Normative Bildräume: Virtuelle und imaginäre Dynamiken epistemischer Topologien* zur Virtualität der Verhandlung. Interessen: Normativität, Sozialgeschichte, Exempla und Gerechtigkeitsdarstellungen in der frühen Neuzeit.

Manuel van der Veen (Dr. des.) ist Wissenschaftlicher Mitarbeiter und forscht im Teilprojekt C03 *Virtuelle Kunst: Welt-, Körper- und Objektbezüge in VR-Experiences* zu virtuellen Objektensembles. Interessen: Medien- und Kunstphilosophien, Theorien der Digitalität, Raumtheorie, Kunstgeschichte der Augmented Reality, Geschichte und Theorie der Malerei.

Ronja Weidemann ist Wissenschaftliche Mitarbeiterin und forscht im Teilprojekt C02 *Virtuelle Körper: Zu einer Epistemologie des Embodiment* zum Verhältnis von (virtuellem) Körper, Psychotherapie und VR-Anwendungen. Interessen: Healthcare Technologies, Virtual Reality, Medienwissenschaft, Game Studies, medien- und akteur:innenzentrierter Forschung.

Behinderung, virtuelle

Alex Schmiedel

In autonomen Fahrzeugen ist eine Vielzahl von Sensoren verbaut. Die zusammengeführten Daten verschiedener Sensortypen sind mit algorithmischer Auswertung die Grundlage automatisierter Fahrmanöver. LiDAR-Sensoren sind Teil dieses Sensorapparates. LiDAR steht für *Light Detection And Ranging*. Es ist ein zeitbasiertes Messverfahren von Entfernungen von Messwerten, relational zueinander und zum Messgerät. Dafür misst der Sensor, wie lange ein ausgesendeter Lichtstrahl unterwegs ist: vom Sensor hin zu einem Objekt, das den Lichtstrahl reflektiert, zurück zum Sensor. In Sekundenbruchteilen produziert ein LiDAR-Sensor Entfernungspunkte – auch in autonomen Autos. Damit ist die von Auto zu Auto unterschiedliche Konfiguration von LiDAR-Sensoren eine wichtige Stellschraube in Unfallvermeidungsstrategien. Je nach Eigenschaften, Menge und Positionierungen der Sensoren entstehen unterschiedliche virtuelle Welten, die ein autonomes Auto durchquert. Denn Sensoren sind Medien der Welt(en)erzeugung (vgl. Sprenger 2023) (→ Roboterliebe). Sie erzeugen eigene Welten, die keine reinen Abbildungen *unserer* Welt in einer vermeintlich eindeutigen und objektiven Form. LiDAR-Sensordaten sind fluide Objekte, die stetig

Transformationen in einer maschinell und menschlich vorangetriebenen Übersetzungskette durchlaufen.

Menschen als *Wahrscheinlichkeiten*

In meiner Forschung zu LiDAR-Sensoren und virtuellen Environments haben sich diese als vielschichtige Austragungs- und Aushandlungsorte der menschlich-maschinellen Produktion von → Virtualität herausgestellt. Denn den Ansammlungen von Datenpunkten, die sie produzieren, wird in menschlich vorprogrammierten und dann automatisierten Übersetzungsschritten räumliche Orientierung zugeschrieben (→ Daten, → Roboterliebe). Zudem weisen Clickworker im Training von SLAM-Algorithmen den Datensätzen Bedeutungen und Kategorisierungen zu. Die Datensätze lassen sich als Schnittstelle für die (sehende) menschliche Weiterverarbeitung in eine visuelle Form übersetzen. Jeder Messwert ist durch einen Punkt in einem relativen Verhältnis zu anderen repräsentiert. Zusammen ergeben sie dreidimensionale Echtzeit-Darstellungen – *Punktwolken* genannt. Menschen, oft Clickworker, und Maschinen, beispielsweise in simulierten Fahrten, nutzen die Punktwolken im Training (teil-)autonomer Autos: Anhand der Eigenschaften dieser Punktwolken leiten sich Regeln ab (vgl. Kretschmer 2023; Cai et al. 2023). Diese beziehen sich auf relative Punktverhältnisse und ihre Winkel, Verteilungen, Formen, Abstände, Höhen und Tiefen. Punktwolken werden so in Kategorien unterteilt und operativ nutzbar. Das, was virtuell zum Beispiel als Körper gilt und als Mensch kategorisiert wird, ist also abhängig davon, wie Algorithmen trainiert und welche Regeln in die Welt eingeschrieben werden. Der trainierte Algorithmus übersetzt diese in Wahrscheinlichkeiten von Zuordnungen wie Mensch, Mülltonne oder Hund (vgl. Abb. 1). Jede Kategorie hat andere Fahrmanöver als Konsequenz: Wann wird gebremst, wann weitergefahren? Die Zuordnungen entscheiden darüber, wie das Auto mit Objekten interagiert oder kollidiert.

Abb. 1: LiDAR-Punktwolkenvisualisierung einer Straßenkreuzung mit Passant:innen, Autos und Mülltonnen. (Das Bild besteht aus einem schwarzen Hintergrund und weißen, in gestaffelten Linien radial auseinandergehenden Punkten. Die Punkte setzen sich zu einer Topografie zusammen. Diese Topografie referiert auf Einheiten wie Menschen, Autos, Bäume, eine urbane Landschaft, Bürgersteige, Straßen und Mülltonnen.)

Sensoren als Transformatoren von Zugänglichkeiten

Dieses Verhältnis von Punktwolken, Fahrmanövern und Umgebung ist ein Beispiel für die »zunehmende Verschränkung real-geografischer und virtuell erfahrbarer Environments«, die Kanderske und Thielmann (2020: 298) in Bezug auf virtuelle Geografie beschreiben. Es handelt sich dabei um virtuelle Geografien, da physische Geografie *in* Medien übersetzt werden, die jedoch auf den physischen Raum zurückwirken, etwa den Straßenverkehr (vgl. ebd.: 285). Dieses von LiDAR neustrukturierte Zusammenspiel real-geografischer und virtuell erfahrbarer Umgebungen wirkt sich auch auf die Verhältnisse von (Un-)möglichkeiten im Hinblick auf Barrieren und, in Umkehrung, Zugänge aus. Denn Barrieren und Zugänge sind etwas Gemachtes, Gestaltetes, die spatiotemporal und soziokulturell behindern und ermöglichen (vgl. Hamraie 2017).

Verändert sich die Struktur einer Umgebung oder wird eine neue Umgebung geschaffen, wirkt sich das auch auf die Verhältnisse von (Nicht-)Behinderung aus. (Un-)möglichkeiten virtueller Umgebungen finden entsprechend in Barrieren und Zugängen gleichermaßen eine materialisierte Form. Dieser Umstand lädt dazu ein, Spielformen topografischer Transformation wie Terraformen, Infrastrukturen und Architekturen im Hinblick auf ihre virtuellen Dispositionen für Barrieren und Zugänge zu untersuchen: Für LiDAR bedeutet das beispielsweise die Frage: Haben alle Menschen die gleiche Chance als solche erkannt zu werden? Der Frage liegt eine andere zu Grunde: Werfen alle Menschen Licht mit derselben Verteilung zurück in LiDAR-Sensoren? – Nein. Denn je nachdem, wie der Körper einer Person geformt ist oder wie sie sich fortbewegt, haben Körper unterschiedliche Topografien. Dadurch hat eine sitzende Person beispielsweise eine andere Verteilung von Erhöhungen, Vertiefungen, Abständen und vermeintlicher Größe als eine stehende.

Menschen als *Unwahrscheinlichkeiten*

In Sensordaten autonomer Fahrzeuge sind Körper nicht gleich Körper. Denn Menschen, die sich nicht mit zwei Beinen gehend oder fahrradfahrend fortbewegen, sondern beispielsweise einen Rollstuhl nutzen oder einbeinig sind, werden von den aktuellen Regelbildungsnormen nicht bedacht, wodurch *virtuelle Behinderungsverhältnisse* produziert werden: LiDAR-Sensoren (re)produzieren Behinderung, lässt sich festhalten, ausgehend von einem *kulturellen Modell von Behinderung* (vgl. Waldschmidt 2020). Die Art, wie und in welcher Zahl Sensoren am Auto montiert sind, beeinflusst die Datenproduktion. Der Umfang und die Gestaltung nicht erfasster Zonen verändern Fahrmanöver, indem sich die virtuellen Fahrzeugumgebungen räumlich wie zeitlich unterschiedlich zusammensetzen. Wenn sich die Grundvoraussetzungen verändern, anhand derer Navigationsszenarien gewählt werden, bedeutet es, dass sich die Möglichkeiten für Navigationsentscheidungen virtuell in Abhängigkeit zu den Sensordatensätzen unterschiedlich zusammensetzen. Auf Ebene der Algorithmen kommen Regeln hinzu, die das Menschsein implizit an das Vorhandensein von zwei Beinen, bestimmten Proportionsverhältnissen und ihrer aufrechten Nutzung knüpfen. So ist beispielsweise in der *International Organization for Standardization* (ISO) zur Erkennung von Personen auf Fahrbahnen von autonomen Autos die Bemessung des Winkels von Beinen, ein normierter Erwartungswert des Verhältnisses von Körpergröße zu Proportionen und Körperhaltungen, eine zentrale Vorgabe (vgl. ISO 19206–2). Damit ist in der branchenüblich genutzten Norm das Ausklammern bestimmter Personen aufgrund körperlicher Merkmale eingeschrieben.

Die Dualität von Erkennbarkeit: Barriere und Privileg

Gesellschaftlich wird so ein Behinderungsverhältnis – eine Gruppe von Personen wird daran gehindert im gleichen Maße von Unfallvermeidungsstrategien erkannt zu werden – durch den Umgang mit Sensoren und ihren Daten medial vermittelt und produziert, beziehungsweise ein bereits bestehendes Behinderungsverhältnis wird verschärft und auf virtuelle Körper übertragen. In den Übersetzungsketten von Umwelt, Sensoren und Algorithmen fallen Menschen dadurch aus der Kategorie *Mensch*; sie sind maschinell als solche nicht oder weniger lesbar – aufgrund diskriminatorischer Verzerrungen und struktureller Leerstellen. In Kontexten wie (teil-)autonomem Fahren kann dies von gravierendem Nachteil sein. Doch Erkennbarkeit und ihr Mangel kennzeichnen eine Dualität: Sie ist Zugang und Barriere, Privileg und Marginalisierung zugleich. Denn in anderen Kontexten, wie der Nichterkennung durch Kriegsdronen oder der Identifikation von Demonstrationsteilnehmenden kann Nichterkennen von Vorteil sein. Hier, genau wie im Fall von Hinderniserkennung in (teil-)autonomem Fahren, gilt: Dieser Status Quo ist nicht in Stein gemeißelt; Virtualitätsforschung kann diese Biases zentralen Akteur:innen in den Erforschungs-, Produktions-, Regulations- und Distributionsketten von autonomen Fahrzeugen kommunizieren und aufzeigen. Denn nur, wenn diese Leerstellen diskutiert werden und ein Bewusstsein für sie geschaffen ist, können Normen angepasst und verkehrspolitische Interventionen fallspezifisch entwickelt werden, die eine inklusive Qualitätssicherung von Kategorisierungsschemata in autonomen Autos oder die Art- und Anzahl der Sensorverteilung in (teil-)autonomen Autos betreffen. Sensoren, ihre Daten und die sie verarbeitenden Algorithmen sind entsprechend Teil eines Vokabulars des Virtuellen, das Möglichkeiten und Unmöglichkeiten unserer virtuellen Umgebungen ausbuchstabiert. Sie sind Teil einer Grammatik, die unsere virtuellen Infrastrukturen und Körper transformiert, auch im Hinblick auf ihre Barrieren und Zugänge.

Literatur

Cai, Xinyu/Jiang, Wentao/Xu, Runsheng/Zhao, Wenquan/Ma, Jiaqi/Liu, Si/Li, Yikang (2023): »Analyzing Infrastructure LiDAR Placement with Realistic LiDAR Simulation Library«, in: IEEE International Conference on Robotics and Automation (ICRA), London, United Kingdom, S. 5581–5587.

Hamraie, Aimi (2017): »Normate Template. Knowing-Making the Architectural Inhabitant«, in: Building access. Universal Design and the Politics of Disability, Minneapolis: University of Minnesota Press, S. 19–37.

Kanderske, Max/Thielmann, Tristan (2020): »Virtuelle Geografien«, in: Dawid Kasprowicz/Stefan Rieger (Hg.), Handbuch Virtualität, Wiesbaden: Springer VS, S. 279–302.

Kretschmer, Christian (2023): »Wie Klickarbeiter in Kenia ausgebeutet werden«, in: Tagesschau.de (24.08.2023). Online unter: https://www.tagesschau.de/wissen/technologie/ki-klickarbeiter-trainingsdaten-100.html (letzter Zugriff: 26.10.2023).

ISO 19206-1-7 (2018–2020) Roadvehicles: Test devices for target vehicles, vulnerable road users and other objects, for assessment of active safety functions. Part 1-Part 7. Online unter: https://www.iso.org/standard/70133.html (letzter Zugriff: 16.05.2024).

Sprenger, Florian (2023): »Temperatursensor TMP36 und Arduino-Microcontroller. Wie ein Objekt Welten übersetzt« (07/2024). Online unter: https://www.virtuelle-lebenswelten.de/blog-post/vom-juli-temperatursensor-tmp36 (letzter Zugriff: 16.05.2024).

Waldschmidt, Anne (2020): Disability Studies. Zur Einführung, Hamburg: Junius.

Abbildungsverzeichnis

Abb. 1: Point cloud of Yandex SDG proprietary lidar. Online unter: https://en.m.wikipedia.org/wiki/File:YandexLidarCloud.png (letzter Zugriff: 16.05.2024).

Bell, virtual

Leman Çelik

A familiar sound wakes me from my slumber. Sometimes it beckons me to wake up gently with its soothing, natural melodies, while at other times it is a more urgent tone, resembling a persistent siren. I reluctantly open my eyes, my hand fumbling for my phone. As my groggy gaze fixes on the screen, I'm confronted by a bell icon, swaying rhythmically. The decision weighs on me: postpone or switch it off? What time is it anyway?

I am standing in a bell tower, looking out of a small window at the city below. Suddenly, a resounding ringing pierces my ears, lingering like an echo long after the source of the sound has ceased.

The bell works seamlessly, often with minimal human intervention, in an age of advanced technology. The use of the bell, which conveys different social meanings through the way it is used in public, the way it is rung and the number of times it is rung, is now much more individualised in virtual environments. While the bell is often perceived as a symbol intertwined with Christian culture, it is worth noting that it is one of the oldest percussion instruments, having had a remarkable journey through different cultures over the past four millennia (Whitehead 2022). My focus is on the virtual bell as a socio-technical object and its manifestation in virtual environments, where I explore its shaping sociality in different contexts.

The meaning and function of the bell has evolved throughout history, yet it persists as a socio-technical artefact. By decentering the bell from its Euro-American centrality legacy (Law 2002), we gain a broader perspective that allows us to explore its social relevance across different contexts and practices. When I wake up to the sound of my morning alarm, my mind shifts to the ringing icon on my phone – an object and its virtual representation. According to Star (2010: 63), objects, as non-human actors, are »something people act towards and with« (→ Objekt, virtuelles).

Although we use similar terminology for both, the social life and materiality of the bell as an object and the sociality of its virtual counterpart are not identical. If we consider the bell as a notification infrastructure, it can be seen as an all-encompassing socio-technical assemblage that facilitates ongoing interactions between human and non-human actors (de la Bellacasa 2011; McLoughlin/Badham/Couchmanet 2000) (→ Proteine). Science and technology studies (STS) have long focused on the social life of objects and objects that change and are changed by social life (Bijker et al. 1987). At the forefront of rethinking materiality, Latour (1993) emphasises that technology, as intertwined with society, participates in processes of transformation, mobilisation, circulation and negotiation; in collaboration as part of social systems. »Socio-technical assemblages« highlight the intricate and interwoven networks of social and technological components that work together to perform specific functions within a broader system or context (Law/Callon 1992). These assemblages include not only technological components but also social practices, institutions and cultural norms, all of which shape and are shaped by technology.

Turning my attention to the diverse applications of the bell icon in the virtual world, I discuss its integration into infrastructures that have become an integral part of our daily lives. Star and Ruhleder's (1994) work on infrastructures highlights how objects are embedded in their environment, becoming almost invisible in everyday practices. By examining the different roles and different social dynamics of the virtual bell icon, I seek to understand its sociality. Latour (1996) suggests that we can explore the engagement of an object in different practices across time and place. Different uses of this symbol and the subjective meanings it acquires in each context, depending on the user, it may be possible to examine an object as both an artefact and a virtual icon.

The bell icon can take on different forms. It can appear as an angled bell, with brackets surrounding the bell to indicate that it is ringing, or with numbers added to the bell when a notification arrives. It can also be crossed out. What do these differences mean? What socio-technical roles do they play? Are they connected to our everyday practices? How can we explore the materiality of symbols and their relationships in different contexts? Following these questions, I will reflect on different uses of the bell symbol in virtual environments, focusing on its role as a symbol and its embeddedness.

Let's start with push notifications. These are messages sent by various apps, companies and social media platforms such as Twitter, Facebook and Instagram that serve as reminders of important events, news updates or other information. Often marked with a bell icon of various designs, they are part of the *notification infrastructure* and can only be sent with the user's permission (→ Kommunikationskanäle). However, this bell icon can also be used maliciously. It can deceive or alert users, acting as a lure that can lead to spam emails, clicking on infected links or falling victim to mass marketing scams. The bell icon is often associated with subscriptions, particularly on digital platforms such as channels or newsletters. In recent years, online content creators have encouraged users to subscribe verbally and with accompanying gestures, such as »don't forget to subscribe to my channel«. Subscribing is similar to bookmarking a favourite channel or newsletter, making it easily accessible and showing support. The bell icon also plays an important role in alarms and reminders through applications such as alarm clocks and calendars on phones and computers. It is increasingly used to alert users to natural disasters. Many electronic devices with reminder and alarm functions also display the bell icon prominently on their digital screens. In addition, the bell icon has a practical function in volume control. It allows the user to adjust the sound level to lower, higher or mute, similar to the speaker icon on headphones.

As an object with a rich historical legacy, the bell is a universal symbol within the virtual notification infrastructure. It embodies a social materiality and is one of the icons that represents an invisible, automated everyday practice in virtual life. Have you clicked a virtual bell today?

References

Bijker, Wiebe E./Hughes, Thomas P./ Pinch, Trevor/Douglas, Deborah G. (1987): The Social Construction of Technological Systems: New Directions in the Sociology and History of Technology, Cambridge, MA: The MIT Press.

De la Bellacasa, Maria P. (2011): »Matters of care in technoscience: Assembling neglected things«, Social Studies of Science, 41(1), p. 85–106.

Mcloughlin, Ian/Badham, Richard/ Couchman, Paul (2000): »Rethinking Political Process in Technological Change: Socio-technical Configurations and Frames«, Technology Analysis & Strategic Management, 12(1), p. 17–37.

Latour, Bruno (1993): We Have Never Been Modern, Cambridge: Harvard University Press.

Latour, Bruno (1996): Der Berliner Schlüssel. Erkundungen eines Liebhabers der Wissenschaften, Berlin: Akademie Verlag.

Law, John (2002): Aircraft Stories: Decentering the Object in Technoscience, Durham: Duke University Press.

Law, John/Callon Michel (1992): »The life and death of an aircraft: A network analysis of technical changec, in: Wiebe E. Bijker and John Law (ed.), Shaping Technology / Building Society, Studies in Sociotechnical Change, Cambridge, MA: The MIT Press, p. 21–52.

Star, Susan L. (2010): »This is Not a Boundary Object: Reflections on the Origin of a Concept«, Science, Technology, & Human Values, 35(5), p. 601–617.

Star, Susan L./Ruhleder, Karen (1996): »Steps Toward an Ecology of Infrastructure: Design and Access for Large Information Spaces«, Information Systems Research 7(1), p. 111–134.

Whitehead, Jaan (2022): Bells: Music, Art, Culture, and Politics from Around the World, Seattle, WA: Girl Friday Books.

Bete, rote

Jane Lia Jürgens, Kira Lewandowski

Virtualität und Essen (in der Universität)

Ernährung erfordert täglich das Treffen von vielfältigen Entscheidungen, die durch das Angebot von Essen (mit)bestimmt werden, wobei solche Angebote stets angenommen oder abgelehnt werden können (vgl. Meyer 2021: 52). Zu solchen Entscheidungen zählt also auch, *wie* man sich ernährt, wobei eine Zunahme einer veganen Ernährungsweise bzw. die Annäherung an einen veganen Ernährungsstil zu verzeichnen ist (vgl. Statista 2023). Diese Entwicklung bleibt auch von universitärer Seite nicht unberücksichtigt. »Neu unter den Top-Mensen präsentiert sich in diesem Jahr die rein vegane Mensa *Rote Bete* des Akademischen Förderungswerks Bochum [Herv. i.O.]« (Bollag 2023). Die auf dem Campus der Ruhr-Universität Bochum eröffnete *Rote Bete* ist als »vegan-freundlichste Mensa 2023« (ebd.) von PETA ausgezeichnet worden. Durch die Auszeichnung von PETA eröffnen sich respektive der Virtualität verschiedene Vorstellungswelten: PETA kann unterschiedliche Vorstellungen bei den Studierenden hervorrufen, die sich auf das Essensangebot übertragen und die Essensentscheidungen mitbestimmen können. Dadurch eröffnet sich ein Spannungsfeld, in dem entsprechende Rahmungen erfolgen, mögliche Vorstellungen aber durchaus auch verstellt werden können. Damit erweitert sich für Studierende der Ruhr-Universität Bochum das gastronomische Angebotsspektrum und der ohnehin von ernährungsbezogenen Entscheidungen betroffene universitäre bzw. studentische (Ernährungs-)Alltag wird angereichert. Im Spannungsfeld von *Essensangebot* und *Essensentscheidungen* werden verschiedene Faktoren, wie bspw. der gelebte Ernährungsstil, eigene Unverträglichkeiten oder ernährungsbezogene Wertvorstellungen relevant und moderieren dieses ebenfalls. Virtualität kann diesbezüglich als Möglichkeitsraum verstanden werden, denn: Essensangebote auf dem Campus rahmen Ernährungsverhalten und -praktiken von Studierenden insofern, als sie bestimmtes Verhalten ermöglichen, aber auch begrenzen. Studierende müssen sich zu den Essensangeboten auf dem Campus verhalten, indem sie entscheiden, welche Angebote sie in Anspruch nehmen oder ablehnen. In der Ermöglichung von Verhalten manifestiert sich das Virtuelle (des studentischen Ernährungsalltags): der Bereich des kontingent Möglichen (vgl. Esposito 1998: 269). Der Campus als Ort ist dafür relevant, da bspw. die Mensa etwa dreimal wöchentlich von Studierenden besucht wird (vgl. Hirschfelder/Pollmer 2016: 572). Des Weiteren haben 86 Prozent der befragten Studierenden in einer Erhebung von Middendorff und Kolleg:innen angegeben, eine Hauptmahlzeit zu sich zu nehmen, wobei diese bei 49 Prozent ein Mittagessen sei (vgl. Middendorf et al. 2016).

Virtualität in der Roten Bete

Mittagessen auf dem Campus kann – die Ruhr-Universität Bochum betreffend – allerdings nicht nur in der Mensa verzehrt werden. Im Kontingenzraum des (Mittag-)Essens am Campus müssen sich Studierende orientieren und verorten. Dazu werden verschiedene Hilfsmittel bereitgestellt, wie bspw. die Campus-App oder die Webseite des Studierendenwerks *AKAFÖ*, die über das Essensangebot informieren und auf die entsprechenden gastronomischen Einrichtungen verweisen. Damit wird eine technologisch hervorgebrachte Virtualität adressiert, indem digital gestützte Webseiten über Essen und Preise informieren und das Mögliche aufzeigen, zu dem sich die Studierenden dann verhalten, indem sie entsprechende Essensangebote wahrnehmen oder vermeiden und so Ernährungspraktiken realisieren.

Exemplarisch soll nachfolgend die Webseite der Roten Bete als Bestandteil alltäglicher, studentischer Lebens- und Ernährungswelten begriffen werden und als *Artefakt* mithilfe einer Artefaktanalyse (vgl. Lueger/Froschauer 2018) untersucht werden. Mithilfe der Artefaktanalyse lässt sich die Bedeutung von Artefakten in Alltags- und Lebenswelten sowie deren sozialer Sinn perspektivieren (vgl. ebd.: 74). Dazu werden sowohl soziale Bedeutungen, involvierte Akteur:innen und die Situierung des Artefakts im entsprechenden Umfeld betrachtet (vgl. ebd.: 74–77). Exemplarisch zählen hierzu die Angebote auf der Webseite und ihre Beschreibung sowie Darstellung, die verwendeten Begriffe und deren Bedeutungen sowie davon ausgehende Signale und angestrebte Zielgruppen.

Artefakt – what's that?

Mithilfe der Artefaktanalyse lässt sich die Bedeutung von Artefakten in Alltags- und Lebenswelten sowie deren sozialer Sinn in den Blick nehmen (vgl. Lueger/Froschauer 2018: 74). Dazu werden sowohl soziale Bedeutungen, involvierte Akteur:innen und die Situierung des Artefakts im entsprechenden Umfeld betrachtet (vgl. ebd.: 74–77). Alfred Schütz zufolge spielen »Artefakte [...] im sozialen Kontext schon deshalb eine herausgehobene Rolle, weil sie durch Menschen erzeugt werden und folglich unlösbar mit der sozialen Welt verbunden sind: Ohne Berücksichtigung der damit verbundenen Vorstellungen und Handlungen blieben uns Artefakte fremd« (Schütz 1981: 186, zit. nach Lueger/Froschauer 2018: 37).

Aus dem Zitat geht sowohl die besondere Relevanz und Verbundenheit von Artefakten mit der *sozialen Welt* hervor als auch, dass Artefakte als *menschengemacht* betrachtet werden. Dadurch rückt weniger ihr *Sein* als vielmehr ihr *Gewordensein* in den Vordergrund ihrer Analyse (vgl. ebd.: 35), wobei sich in ihnen ein spezifisches Wissen und spezifische Fähigkeiten niederschlagen und sie zur Beeinflussung von Denk-, Wahrnehmungs- und Handlungsschemata beitragen (vgl. ebd.: 289). Dementsprechend ist die soziale Dimension immanent, da sich in Artefakten »zwangsläufig menschliche Vorstellungen und Handlungsweisen materialisieren« (ebd.: 290). Artefakten kommt dementsprechend eine *Repräsentationsfunktion* für verschiedene menschliche Aktivitäten zu (vgl. ebd.: 293).

Die Rote Bete als Artefakt

Die Webseite der Roten Bete kann als Artefakt verstanden werden, da sie *menschengemacht* ist. Dementsprechend kumulieren sich in ihr verschiedene menschliche Vorstellungen, die als Positionierungen zum Restaurant einerseits und zum veganen Lebensstil andererseits verstanden werden können. Wie im nächsten Kapitel en détail beleuchtet wird, finden sich auf dem Webseitenauftritt Positionierungen, Impressionen und ein Interview mit dem leitendenden Koch. Dahinter stecken zahlreiche menschliche Aktivitäten – bspw. der Ernährungsstil des Kochs, aber auch die Entstehungsgeschichte und Einrichtung des Restaurants – die sich in schriftlicher und bildlicher Form im Webseitenauftritt als Artefakt materialisieren und *repräsentieren*. Die *soziale Dimension/Welt* zeigt sich dementsprechend kontinuierlich. Durch diese verschiedenen Materialisierungen drücken Artefakte sowohl etwas über soziale Herstellung als auch über kontextualisierte kommunikative Handlungen, in denen sie zum Vorschein kommen, aus (vgl. Froschauer 2009: 326).

Wie beschreibt sich die Rote Bete selbst?

Der Webseitenauftritt des veganen Restaurants *Rote Bete* ist in den Webseitenauftritt des *AKAFÖ* eingebettet. Von dort aus kann mit vier Reitern auf der linken Seite des Interface auf übergreifende Inhalte des *AKAFÖ* (Speiseplan, Öffnungszeiten, BaföG, Feedback) zugegriffen werden. Der eingebettete Auftritt der *Roten Bete* enthält eine kurze Beschreibung auf der Startseite, auf der wiederum drei Rubriken zu finden sind, die sich spezifisch auf die *Rote Bete* beziehen: *Speiseplan*, *Interview mit dem leitenden Koch* und *Impressionen*. Seit dem Wintersemester 2022/2023 sind auf der Startseite des Restaurants die Preise der verschiedenen Tellergrößen sowie des Aktionsgerichtes aufgelistet. Die Rote Bete bietet neben einem festen Aktionsgericht, Nachtischen und einer Suppe, ein warmes und kaltes Buffet an, das von den Gäst:innen selbst zusammengestellt wird. Bezahlt wird dabei nach Tellergröße, wobei für Studierende der kleine Teller 3,60 EUR und der große Teller 5,80 EUR kostet – unabhängig von der selbst zusammengestellten Menge. Das Bezahlsystem nach Tellergröße war zum Zeitpunkt der Analyse (2023) aktuell, ist inzwischen (2024) aber von einem Bezahlsystem nach Abwiegen abgelöst worden. Die damit einhergehenden Diskussionen und die Beteiligung unterschiedlicher Akteur:innen, bspw. die Reaktion von Fachschaftsräten auf diese bevorstehenden Änderungen oder Gründe des AKAFÖ für die Änderung des Bezahlsystems, sind z.B. unter Betrachtung von machttheoretischen Annahmen weiter zu untersuchen. Die drei Rubriken sowie die Startseite sollen nachfolgend beschrieben und auf die Aspekte *Selbstpositionierung* und *Essens-/Ernährungsangebot* hin analysiert werden, wobei Beschreibung und Analyse miteinander verwoben stattfinden. Auf der Startseite lassen sich zunächst allgemeine Informationen finden: Dazu zählen unter anderem das bereits genannte Eröffnungsdatum sowie die zuvor beschriebene vorherige Nutzung der Räumlichkeiten und der Name des Restaurants. Dabei heißt es, dass das Restaurant, das nach dem »beliebten Superfood-Gemüse« benannt wurde, am 11. Januar 2022 »seine Türen im natürlichen Look« geöffnet habe. Die Bedeutung dieses »natürlichen Looks« (AKAFÖ 2023a) wird nicht weiter beschrieben, jedoch lässt sich vermuten, dass hiermit ein moderner, zeitgenössischer Auftritt gemeint ist.

Das Gemüse Rote Bete wird als »Superfood« (ebd.) beschrieben. Daran zeichnet sich nicht nur das Spiel mit dem Namen des Gemüses und des Restaurants ab, sondern auch das Anknüpfen an aktuelle Trends und Diskurse. Die Benennung eines Restaurants nach einem Gemüse eröffnet Vorstellungswelten, die sich mit den Konnotationen von Ernährung verbinden lassen. Ein Superfood kann definiert werden als »a food considered especially nutritious or ortherwise beneficial to health and well-being« (Oxford English Dictionary 2022). Das öffentliche Interesse an gesundheits- und ernährungsbezogenen Themen kann dabei als ein möglicher Grund dafür angesehen werden, weswegen Superfoods auf Interesse stoßen bzw. im Trend sind (vgl. Schweiger/Haas 2020: 13). Ernährungstrends begründen sich dabei in einer einem bestimmten Lifestyle entsprechenden und dafür spezifischen Ernährungsweise, wobei diese ihren Ursprung oftmals in den USA haben und besonders populäre Ernährungstrends, also solche mit vielen Anhänger:innen, auch in Europa Anklang finden (vgl. ebd.: 15). Dabei zeichnet sich ein Zusammenhang des Ernährungstrends Superfood und veganer Ernährung/Rohkost ab (vgl. ebd.).

Dieser angenommene Zusammenhang schlägt sich ebenfalls im Restaurant nieder: Benannt nach selbigem Superfood wirbt die Rote Bete mit dem Slogan »Natürlich vegan!« (AKAFÖ 2023a). Mit dem selbstverständlich anmutenden Rekurs auf das Attribut *natürlich* liegt die Anspielung auf eine (vermeintliche) Naturgebundenheit und vegane Ernährung nahe. Zudem handele es sich bei den Gerichten um »Soulfood-Gerichte«, die die »geschmackvolle Vielfalt der veganen

Küche« eröffnen sollen (ebd.). Das Lunchangebot des Restaurants werde durch eine Salat- und Anti-Pasti-Theke, eine Rote-Bete-Suppe sowie Kuchen- und Puddingangebote erweitert.

Die Zielgruppe sei nicht auf sich vegan ernährende Personen begrenzt, sondern wolle losgelöst von »individuellen Ernährungsvorstellungen [...] Bewusstsein für Ernährung [...] schaffen sowie frische, gesunde und vor allem leckere Speisen auf dem Campus an[...]bieten« (AKAFÖ 2023a). Wodurch das Ziel, ein Bewusstsein für Ernährung zu schaffen, erreicht werden soll, wird nicht dargelegt. Zwar werden durch das Essensangebot Beispiele für vegane Gerichte präsentiert, jedoch kann davon ausgegangen werden, dass ein ernährungsbezogenes (Vor)Wissen der einzelnen Personen bzw. die Aneignung dieses Wissens vorausgesetzt wird. Dies betrifft insbesondere die Zusammenstellung einzelner Menükomponenten, in der sich unterschiedliche Wissensbestände aktualisieren können, die sich bspw. auf Nährstoffe beziehen können (→ Proteine).

Impressionen

Darüber hinaus verspricht der Auftritt erste Einblicke in das »Look and Feel« der *Roten Bete*. Dazu zählt bspw. ein Teil der Stühle, die der Farbe von roter Bete entsprechen. Ebenso erfahren die Lesenden etwas über die Hintergründe der Entstehung: »Das Konzept hinter der Roten Bete entstand dabei im Herzen des Ruhrgebiets, von dem Bochumer Designstudio Prinzträger. Mit innovativen Ideen sorgte das Team für einen neuen Look – und gestaltete das ehemalige Bistro kurzerhand zum hippen Trend-Restaurant um« (AKAFÖ 2023b). An dieser Stelle wird wiederum deutlich, dass das Restaurant modern wirken möchte – und sich diese Erscheinung nicht auf die Ernährung begrenzen soll, sondern auch die Möbel zum Gesamtbild zählen. Die *Natürlichkeit* des Essens sowie der Räumlichkeiten werden mehrfach hervorgehoben. Nachhaltigkeit hinsichtlich der Ernährung und Möblierung sei ohne Weiteres möglich – nachhaltige Praktiken und Komfort seien ohne Einbußen vereinbar. Das Konzept der Innenausstattung stamme vom regionalen Designstudio Prinzträger: Bei der Ausstattung handle es sich um »geerdet[e], warm[e]« Farben und Holzelemente führten in Kombination mit dem Rot für ein »natürliches Wohlfühl-Ambiente« (ebd.). Auf der Seite sind weitere Fotos der *Roten Bete* angezeigt, wobei ein Mix aus Mahlzeiten und der Inneneinrichtung vorherrscht. Auf den Fotos sind Burger, Nachtisch sowie Anti-Pasti abgebildet. An dieser Stelle sei auf das Spannungsverhältnis von der Darstellung einer gesunden sowie ausgewogenen Ernährung und dem Bestreben, ein möglichst breites Publikum anzusprechen, hingewiesen.

Das Restaurant wird mitsamt den bereits vollzogenen menschlichen Aktivitäten im Webseitenaufruf inszeniert und der Öffentlichkeit zugänglich gemacht. Auf dieser Grundlage können sich potentielle Besucher:innen zu dem Essensangebot verhalten, es annehmen oder ablehnen. Nehmen sie es an, wird die Rote Bete zum Raum, in dem sich konkrete Praktiken im Kontext von Essen und Ernährung abspielen: Als Beispiel für virtuelle Ernährungspraktiken sind hier die sogenannten Stapelpraktiken zu nennen. Studierende haben verschiedene Möglichkeiten, auf das freie Belegen der Teller zu reagieren. Aus der Beobachtung zeigte sich diese Praxis insofern, als Studierende möglichst viel auf einem Teller anhäufen bzw. stapeln. Diese Praktik wurde auch vom AKAFÖ wahrgenommen, welches daraufhin mit einem Hinweisschild mit der Bitte um Vermeidung dieser Praxis reagierte.

Was teilt uns der vegan lebende Koch zum veganen Essen mit?

Das Interview mit dem Koch stellt einen weiteren Reiter der Webseite dar. Der vegan lebende Koch führt an, dass die »hohe Nachfrage [der] Kund:innen sowie die aktuelle Bewegung auf dem Ernährungsmarkt« der Impuls für die Entstehung eines veganen Restaurants gewesen sei (AKAFÖ 2023c). Wie hoch die Nachfrage tatsächlich ist, wird nicht weiter ausgeführt. Hervorzuheben ist, dass bei keinem der sonstigen Essensangebote auf dem Campus auf Ernährungspraktiken der Köch:innen verwiesen wird.

Es wird auf die Vielfältigkeit des veganen Angebotes verwiesen, das »bis zu 5 verschiedene[...] Gerichte[...]« umfasse (AKAFÖ 2023c). An dieser Stelle wird ebenfalls auf die Buffetform des Restaurants, mit Ausnahme des Aktionsgerichtes, Bezug genommen.

»Der Gast bestimmt somit selber, wie viel er von welchem Gericht haben möchte. Letztlich wollen wir den Gästen dabei immer eine vollwertige Ernährungsweise gewährleisten, bei denen alle wichtigen Lebensmittelgruppen abgedeckt werden« (AKAFÖ 2023c).

Hierin zeigt sich eine Diskrepanz zwischen einer sog. »vollwertige[n] Ernährungsweise« und einer »freien« Wahl der Gäst:innen (AKAFÖ 2023c); d.h. es wird den Gäst:innen unterstellt, zu wissen, was eine solche Ernährungsweise kennzeichne – zumal eine Vielzahl von Ernährungspyramiden existiert, die je unterschiedliche Schwerpunkte setzen.

»Die Rote Bete ist modern, bunt und nachhaltig. Mit unseren Gerichten zeigen wir, wie simpel, aber genial die vegane Küche ist. Die Vielfalt, die die Pflanzenwelt hergibt, werden wir dabei ausschöpfen und in unseren neuen Ausgaben präsentieren« (AKAFÖ 2023c). Die Akteur:innen der *Roten Bete* positionieren sich selbst als *modern, bunt und nachhaltig*, was sich erneut sowohl auf die Einrichtung als auch auf die Ernährung bezieht.

Die vegane Küche sei »simpel, aber genial«, wodurch implizit eine Gegensätzlichkeit von *simpel* und *genial* in Bezug auf veganes Kochen offenbart wird. Highlights der Speisekarte von der *Roten Bete* seien »Burger, Flammkuchen oder Pizza« sowie »hausgebackene[r] Kuchen (für) den süßen Geschmack« (AKAFÖ 2023c). Der Fokus liegt hier auf Fast-Food-Gerichten, die sich durchaus als Kontrast zu einer zuvor genannten »vollwertigen Ernährung« lesen lassen (AKAFÖ 2023c). Dieses Spannungsverhältnis ist hierbei nicht negativ zu deuten, sondern eröffnet einen Bedeutungsraum von Virtualität. Es werden Assoziationen ausgelöst, die eine *vegane* Vorstellungswelt darlegen und sie ermöglichen sollen – dabei allerdings nicht ausschließlich an den Veganismus geknüpft sind. Darin äußert sich insofern die Bedeutung von Virtualität für die *Rote Bete*, als durch die Äußerungen des Kochs, sowohl die Beispiele als auch die Narrative betreffend, bestimmte – durchaus spannungsreiche – Vorstellungswelten eröffnet werden. Diese sind ebenso wie die möglichen Vorstellungswelten durch PETA als relevant für das studentische Ernährungsverhalten zu begreifen, da sie Essensangebot und -entscheidungen potenziell (mit)bestimmen. Dadurch werden viele Assoziationen auf Seiten der Studierenden möglich, die sich an verschiedene Begriffe und Phänomene, wie z.B. Veganismus, Superfood, Well-Being oder einzelne Gerichte, anhaften.

Virtuelle Verflechtungen

Der Webseitenauftritt der *Roten Bete* versucht, die vegane Ernährung mit einer Leichtigkeit zu verknüpfen, die nicht mit Einbußen verbunden ist. *Natürlichkeit* scheint ein übergeordnetes Motiv der Roten Bete zu sein: Sie erstreckt sich über das angebotene Essen bis hin zur Innenausstattung des Restaurants. Dies geschieht nicht ohne Widersprüche: Insbesondere die angestrebte ausgewogene Ernährung wird durch Angebote von bspw. Burgern nicht erfüllt. Das Design der Webseite ist auf das Gemüse Rote Bete als Leitmotiv ausgerichtet: Das farbliche Design orientiert sich hieran und auch auf Fotos ist das Gemüse zu sehen – entweder in unverarbeiteter Form oder verarbeitet in einem Gericht. Auffällig ist, dass neben dem Koch keine Personen abgebildet sind und somit nur eine sich vegan ernährende Person verbildlicht wird. Auch bei den Impressionen aus dem Restaurant werden keine möglichen Gäste, wie beispielsweise Studierende, abgebildet. Sicherlich ist eine – wie auch immer geartete – ausgewogene Ernährung in der *Roten Bete* umzusetzen, setzt aber das erforderliche Wissen und dementsprechendes Handeln von dem:der einzelnen Gast:Gästin voraus. Die Verantwortung für eine solche Ernährung liegt also bei den Gäst:innen.

Literatur

AKAFÖ (2023a): »Rote Bete? Natürlich vegan!«, in: akafoe.de. Online unter: https://www.akafoe.de/gastronomie/rote-bete (letzter Zugriff: 05.12.2023).

AKAFÖ (2023b): »Einblicke ins Look and Feel der Roten Bete«, in: akafoe.de. Online unter: https://www.akafoe.de/gastronomie/rote-bete/impressionen (letzter Zugriff: 05.12.2023).

AKAFÖ (2023c): »Interview des Akafö mit Rote-Bete-Koch Lukas Schmülling«, in: akafoe.de. Online unter: https://www.akafoe.de/gastronomie/rote-bete/interview (letzter Zugriff: 13.07.2023).

Bollag, Ilana (2023): »Vegane Mensa: Die vegan-freundlichsten Mensen Deutschlands 2023«, in: peta.de (08/2023). Online unter: https://www.peta.de/veganleben/vegane-mensa/ (letzter Zugriff: 05.12.2023).

Esposito, Elena (1998): »Fiktion und Virtualität«, in: Sybille Krämer (Hg.), Medien – Computer –Realität. Wirklichkeitsvorstellungen und Neue Medien, Frankfurt a.M.: Suhrkamp, S. 269–296.

Froschauer, Ulrike (2009): »Artefaktanalyse«, in: Stefan Kühl/Petra Strodtholz/Andreas Taffertshofer, (Hg.), Handbuch Methoden der Organisationsforschung, Wiesbaden: VS Verlag für Sozialwissenschaften.

Hirschfelder, Gunther/Pollmer, Patrick (2016): »Vom Freitisch zur Mensa. Ein Blick in studentische Ess- und Trinkgewohnheiten«, in: Forschung & Lehre 23, S. 570–572.

Lueger, Manfred/Froschauer, Ulrike (2018): Artefaktanalyse, Wiesbaden: Springer Fachmedien.

Lueger, Manfred/Froschauer, Ulrike (2021): »Die Sprache der Artefakte«, in: Marc Dietrich/Irene Leser/Katja Mruck/Paul Sebastian Ruppel/Anja Schwentesius/Rubina Vock (Hg.), Begegnen, Bewegen und Synergien stiften, Wiesbaden: Springer VS.

Meyer, Anne-Rose (2021): »Ernährung als soziales Phänomen«, in: Jasmin Godemann/Tina Bartelmeß (Hg.),

Ernährungskommunikation: Interdisziplinäre Perspektiven – Kontexte – Methodische Ansätze, Wiesbaden: Springer VS, S. 47–60.

Middendorff, Elke/Apolinarski, Beate/Becker, Karsten/Bornkessel, Philipp/Brandt, Tasso/Heißenberg, Sonja/Naumann, Heike/Poskowsky, Jonas (2016): »Die wirtschaftliche und soziale Lage der Studierenden in Deutschland 2016. 21. Sozialerhebung des Deutschen Studentenwerks durchgeführt vom Deutschen Zentrum für Hochschul- und Wissenschaftsforschung.« Online unter: https://dzhw.eu/pdf/sozialerhebung/21/Soz21_hauptbericht_barrierefrei.pdf (letzter Zugriff: 01.10.2023).

Oxford English Dictionary (2022). Superfood. in: oed.com. Online unter: https://www.oed.com/view/Entry/194186?redirectedFrom=superfood#eid69476470 (letzter Zugriff: 05.12.2023).

Schweiger, Franziska/Haas, Rainer (2020): Die Nahrung der Optimisten. Eine Konsumverhaltensstudie zu Superfoods und Nahrungsergänzungsmitteln, Wiesbaden: Springer VS.

Bodies, playing

Ronja Weidemann

In Videospielen spielen Körper und Körper werden gespielt. In dem Verhältnis zwischen Spieler:innen und Avatar kommt es nicht nur zu einer imaginativen, sondern auch körperlichen Verbindung. Aus der Beobachtung dieser wechselseitigen körperlichen Relationen resultiert dieser Beitrag, in dem das Körperverhältnis und -empfinden der Spieler:innen zu ihrem eigenen Avatar im Fokus steht. Gegenstand der Erörterung ist, wie der Körper des Avatars und der Körper der Spieler:innen aufeinander Einfluss nehmen und mit welcher Vorstellung sich ihr Verhältnis beschreiben lässt. Demzufolge wurden drei Fragestellungen entworfen, die als Haupthypothesen die Grundstruktur dieses Beitrags bilden: Ist der Avatar als eine Erweiterung des Spieler:innen-Körpers zu begreifen? Ist er ein zweiter, anderer Körper der Spieler:innen? Oder ist er als eigenständiger Körper aufzufassen, der mit dem Körper der spielenden Person interagiert und mit ihm in Wechselwirkung tritt?

Kontextualisiert wird diese Auseinandersetzung mit Praxisbeispielen aus Adventure-Games in Form von selbstbeobachteten Spieler:innenfahrungen mit Fokus auf expliziten Erfahrungsmomenten und punktuell auftretenden Körper-Wahrnehmungen. Ausgewählt wurden hierfür die Spiele *Life is Strange* (2015; kurz: *LiS*) und *What Remains of Edith Finch* (2017; kurz: *WRoEF*), insbesondere im Hinblick auf den prägnanten Fokus beider Spiele auf die Narration und ihre Charaktere und die damit anzunehmende Intensivierung der Avatar-Spieler:innen-Bindung. Ihre zentrale Differenz liegt in der Wahl der Perspektive: So konstruiert *LiS* seinen Avatar in Third-Person-, *WRoEF* in First-Person-Perspektive, was sich auf die körperlichen Relationen zwischen spielendem und gespieltem Körper auswirkt. Im Sinne der Forschungstransparenz und der → Situierung meiner Perspektive muss angemerkt werden, dass die Selbstbeobachtung als subjektive Methode einen Effekt auf die Analyse und Interpretation des Materials hat. Insbesondere vor dem Hintergrund der Komplexität individueller Spielerfahrung und körperlichen Erlebens wird daher auf Let's Play-Videos derselben Spiele des Let's Players *Gronkh* zurückgegriffen, in denen wiederum andere subjektive Perspektiven zur Geltung kommen.

My Playing Body

»My imagination is as real as my body« (What Remains of Edith Finch 2017)

Über die Körperlichkeit von Avataren zu sprechen, stellt eine Herausforderung dar: Im allgemeinen Verständnis zeichnen sich Körper u.a. dadurch aus, dass sie berührbar sind und eine feste Form haben (vgl. Fischer 2013: 73). Der Körper des Avatars scheint dies intuitiv nicht leisten zu können, da er (räumlich gedacht) von unserem durch den Bildschirm getrennt ist. In letzter Konsequenz ist er nicht mal dort zu verorten, besteht er doch eigentlich aus Codezeilen. Dennoch stelle ich die Hypothese auf, dass Avatare nicht körperlos sind. Sie sind (virtuelle) »Hybride zwischen zwei Welten« (Draude 2012: 28). Inwiefern sie Hybride eines digitalen Körpers und des Spieler:innenkörpers sind, ist zu diskutieren.

Zunächst fällt auf, dass beide Videospiele den Körper ihrer Avatare räumlich verorten: Sie werfen eigene Schatten und produzieren eigene Schrittgeräusche. Dadurch gewinnen sie an Dreidimensionalität und erhalten Wirksamkeit und Präsenz im digitalen Raum. Neben diesen gestalterischen Aspekten beeinflusst auch die Hardware die körperliche Konstruktion und damit die Beziehungen zum spielenden Körper. Das verwendete Gamepad erweitert den Kontakt zum virtuellen Körper etwa um ein taktiles Moment: So vibriert es an bestimmten Stellen des Spieles und sendet somit haptische Signale aus der Spielwelt in den Wahrnehmungsraum der Spieler:innen. Im Fall von *LiS* tritt die Vibration so bspw. in Verbindung mit den übernatürlichen Kräften der Protagonistin Max auf und bildet eine körperliche Verbindung zwischen Avatar und Spieler:innen, durch die dieser körperlich-anstrengende Akt physisch nachvollzogen werden kann. Zum Teil vibriert das Gamepad auch, wenn sich der Untergrund, über den wir als Spieler:innen mit dem Avatar laufen, verändert, wodurch wir auf die unterschiedlichen Beschaffenheiten schließen können.

Interessant ist auch der Aspekt des eigenen Körpergedächtnisses, der das Verhältnis von gespieltem Körper und Spieler:innenkörper intensivieren kann. Im Fall von *WRoEF* fällt bspw. eine Schaukel-Sequenz in First-Person-Perspektive auf (vgl. Abb. 1), in der persönliche Erinnerungen an die körperlichen Dimensionen des Schaukelns (z.B. Schwindelgefühle, das charakteristische Fallen im Magen, ggf. auch Höhenangst) reaktiviert werden können, unterstützt durch die entsprechende Spielmechanik. Es kann also angenommen werden, dass körperlich-affektive Beziehungen zwischen spielenden Körpern entstehen können, doch wie lassen sie sich beschreiben?

Abb. 1: Screenshot der Schaukel-Sequenz in First-Person-Perspektive in What Remains of Edith Finch (2017, Giant Sparrow/Annapurna Interactive)

My Expanded Body

Eine mögliche Lesart von körperlichen Interaktionen zwischen Spieler:innen und Avataren ist, dass der gespielte Körper eine Erweiterung des Spieler:innenkörpers darstellt, teilweise auch als Extension oder Ausdehnung des Spieler:innenkörpers beschrieben (vgl. z.B. Klevjer 2022: 98ff.; Wiemer 2014: 139; Butler 2007: 106f.).

Als Grundlage für diese Annahme dient die Medientheorie Marshall McLuhans, der in seinem Werk *Understanding Media* folgendes Konzept entwirft:

»Jede Erfindung oder neue Technik ist eine Ausweitung oder Selbstamputation unseres natürlichen Körpers, und eine solche Ausweitung verlangt auch ein neues Verhältnis oder neues Gleichgewicht der anderen Organe und Ausweitungen der Körper untereinander« (McLuhan 1970: 54).

Durch die Interaktion mit den technischen Erweiterungen des eigenen Körpers verändere sich der Körper fortwährend und bringe dadurch neue technische Erfindungen und somit Erweiterungen hervor (vgl. McLuhan 1970: 56). So lässt sich auch in der Spieleindustrie ein stetiger Wandel verzeichnen: Der Umgang mit dem Avatar modifiziert unsere eigene (körperliche) Wahrnehmung und führt in stetiger Veränderung zur Entwicklung neuer Techniken, die mehr Sinne ansprechen und unsere körperliche Bindung zum Avatar weiter erhöhen, so bspw. die Erfindung von Controllern mit Bewegungssensoren oder die Entwicklung von Virtual-Reality-Anwendungen (vgl. Nöth/Bishara/Neitzel 2008: 158).

In den beiden Spielen ergeben sich unterschiedliche körperliche Reaktionen und Erfahrungen, die auf eine Wahrnehmung im Sinne einer Erweiterung des eigenen Körpers schließen lassen: So werden meine eigenen Handlungsmöglichkeiten durch den Avatar in die Spielwelt hinein erweitert und ermöglichen mir die Erkundung der Spielwelt. Während jedoch in *LiS* der Eindruck entsteht, dass der virtuelle Körper eher ein funktionales Werkzeug als ein empfindsamer Körper zu sein scheint (und auch in der Spielmechanik selbst ähnliche Zuschreibungen erhält, die sich auf die Ausführung bestimmter Aufgaben wie »Suche«, »Hole« oder »Finde« beschränken), evozieren die abweichende Darstellung von Bewegungsabläufen in First-Person-Perspektive in *WRoEF* und der empfundene höhere Grad an körperlicher Autonomie (im Sinne reduzierterer Handlungsweisungen als in *LiS*) eine stärkere Wahrnehmung des Körpers im Rahmen dieser Tätigkeiten.

Das Gefühl einer Erweiterung meines eigenen Körpers durch den Avatarkörper kann sich aber auch als Illusion enttarnen, wenn die Technik an ihre Grenzen in der körperlichen Übersetzung meiner Bewegungen in die Spielwelt stößt: So muss ich bei einem ersten Spielversuch mit Tastatur und Maus bei *WRoEF* die Hand des Avatars durch eine Bewegung mit der Maus selbst von interaktiven Gegenständen zurückziehen. Für eine dieser Bewegungen benötigte ich einen überdurchschnittlich großen Radius mit meiner Maus. Um die Aktion auszuführen, musste ich die Maus also neu ansetzen und mein Avatar geriet dadurch in seiner Bewegung merkwürdig ins Stocken. Die daraus folgende Irritation forcierte die Erkenntnis, dass dies eben nicht meine Hand ist. Sie ließ mich eher an eine Marionette denken, die ich hier mit der Maus (statt mit Fäden) steuern konnte. Der Avatar bleibt zwar auch hier weiterhin Erweiterung und Werkzeug, offenbart aber seine Existenz als jenes Hilfsmittel und stört so meine körperliche Verbindung zu ihm. Jene Irritationsmomente forcieren zudem die Wahrnehmung der Eigensinnigkeit dieser Beziehung und konfrontieren mich mit der Frage nach Kontrolle. Die Komplexität dieser Frage und der Avatar-Spieler:in-Bindung fasst Jan Fischer so zusammen: »Ich bin das und gleichzeitig bin ich das nicht, ich habe Kontrolle und gleichzeitig habe ich sie nicht« (Fischer 2013: 72).

Nicht zuletzt klingt hier auch die Relevanz der Steuerung für die körperliche Beziehung zwischen Avatar und Spieler:in an: Die Arbitrarität der Initiierung von Avatarbewegungen durch die Bedienung von (mit den Ausführungen der Handlungen unverwandten) Knöpfe oder Tasten kann über den Lern- und Aneignungsprozess überwunden werden (vgl. Fischer 2013: 65). Die Steuerung ginge in unser Körpergedächtnis über, würde zu Reflexen (vgl. ebd.: 74) und zu einem Bestandteil unserer körperlichen Handlungsfähigkeit und damit ohne weitere Anstrengungen automatisch abrufbar (vgl. Wiemer 2014: 151). Mark Butler formuliert es wie folgt: »Die […] Einübung der Spielsteuerung stellt eine Verbindung zwischen dem Körper des Spielers vor dem Bildschirm und dem digital generierten Körper auf dem Bildschirm her« (Butler 2007: 102f.).

Hinsichtlich der Hypothese der Erweiterung des Spieler:innenkörpers durch den des Avatars konnten jedoch auch dezidiert Brüche identifiziert werden, die dieser Annahme widersprechen. Im Folgenden soll daher ein weiterer Interpretationsansatz für diese körperliche Beziehung geprüft werden.

My Second Body

Man könnte den Avatar, etwa vor dem Hintergrund von Dietmar Kampers Ideen zur Vielheit der Körper (vgl. Kamper 2001: 428), zudem als zweiten Körper der Spieler:innen begreifen. Die Differenzierung zum *Expanded Body* ist in der damit einhergehenden Verdopplung des eigenen körperlichen Empfindens und Verortung zu verstehen: Während die körperlichen Erfahrungen der Spieler:innen bei dem Avatar als Erweiterung eher auf dessen Konstitution als Verlängerung des eigenen Körpers in die Spielwelt zurückzuführen sind (u.a. im Kontext von Funktionalität, Interaktion und Werkzeug), impliziert die Hypothese des *Second Bodies*, dass der Avatarkörper auch als zweiter, separater Körper der Spieler:innen wahrgenommen werden kann. Hierbei kommt es zu einer Art Verdopplung der körperlichen Empfindungen durch die Verdopplung des Körpers vor und hinter dem Bildschirm. Hierdurch sind andere, ggf. auch umfassendere, d.h. den Körper als Ganzes stärker affizierende Empfindungen zu erwarten.

Auch Michel Foucaults Spiegelmetapher könnte sich nach Vera Rodewald im Sinne der Hypothese lesen lassen: So werde auch im Computerspiel die spielende Person durch die Wirksamkeit der eigenen Handlungen im digitalen Raum an die eigene körperliche Anwesenheit vor dem PC erinnert (vgl. Rodewald 2014: 47), wobei der Bildschirm als Spiegel fungiere:

»Indem es [das Subjekt beim Computerspielen, R.W.] ›durch den Spiegel hindurchgeh[t]‹ (Turkle 1998, 9), erlebt es sich als ›dezentriertes Selbst‹ (ebd., 17). Es fällt in die ›Dopperolle des Spielers als Beobachter und Teilnehmer‹ (Rafinski 2009, 217)« (Rodewald 2014: 49).

Auch in Benjamin Beils Ausführungen findet sich die Idee, den Avatar weniger als Werkzeug, sondern vielmehr als neuen Körper in der digitalen Welt zu begreifen (vgl. Beil 2012: 19).

In *Life Is Strange* und in *What Remains of Edith Finch* lassen sich Momente ausmachen, in denen die Spieler:innen Aspekte des Avatarkörpers sich selbst und der eigenen Körperlichkeit zuschreiben, was sich auch in *Let's Play*-Videos identifizieren lässt. So formuliert der Let's Player Gronkh im Moment des Scheiterns: »Das mit dem Zeit-Reisen muss ich noch nen bisschen üben.« (Gronkh 2015 #003: [00:24:59–00:25:02]) (→ Zeitreise, virtuelle), schreibt den Fehler also nicht dem Körper des Avatars als anderem Körper oder als fehlerhaftem Werkzeug zu, sondern seinem eigenen Körper. Dies ist im Kontrast zu Gronkhs häufiger Verwendung des Personalpronomens »wir« im Verlauf des Spieles auffällig. Ähnliches fiel in der Selbstbeobachtung auf: So habe ich festgestellt, dass ich mit meinem Spielkörper in *LiS* keine anderen Körper in ihrem Lauf stark beeinflussen kann, da sie mich lediglich wie ein Hindernis zur Seite schieben. Erst im Nachhinein bemerkte ich die Formulierung »*meinem* Körper« in meinen Notizen, die vermutlich auf den Versuch zurückzuführen ist, etwas zu tun, zu dem mich der Avatar nicht aufgefordert hat. In diesem Moment waren Spieler:innenkörper und gespielter Körper derselben Instanz zuzuordnen, was die Verdopplung des eigenen Körpers akzentuiert.

Auch bestimmte körperliche Reaktionen legen nahe, dass ich den gespielten Körper zumindest zeitweise als meinen eigenen wahrnehme: Bspw. zucke ich bei *LiS* durch ein unerwartetes Geräusch nicht nur mit dem gespielten Körper, sondern auch dem Körper vor dem Monitor zusammen, obwohl ich durch jedwede Gefahr im Spiel weder mittel- noch unmittelbar bedroht bin. Auch bei *WRoEF* tendiere ich bei unheimlicherer Musik und unerwarteten Geräuschen dazu, mich mit dem Avatar häufiger umzusehen und abzusichern, um Bedrohungen auszuschließen. Diese Reaktionen können auf eine Empfindung des gespielten Körpers als eigenen, zweiten Körper hindeuten, den man vor Gefahr schützen will.

Andere Aspekte des Avatarkörpers sind so prägnant, dass sie ein Körpergefühl evozieren können, etwa als ich in *WRoEF* am Körper meines Avatars herunterblickte und dabei nicht nur meine Füße sehen konnte, sondern auch die Atembewegungen und vor allem den Babybauch der Protagonistin (vgl. Abb. 2). Interessanterweise war dieser Anblick in meiner eigenen Körperwahrnehmung so irritierend, dass ich in meinem Spielverlauf stoppte, um auch in der Realität an mir herunterzublicken, meinen physischen Körper mit meinem digitalen Körper abzugleichen und deren Differenz wahrzunehmen. Dies lässt sich als Indikator dafür deuten, dass ich den Avatarkörper hier nicht als fremden Körper rezipiere, was einen rückversichernden Abgleich nicht notwendig gemacht hätte. Vielmehr warf mich diese Erfahrung meines digitalen Gegenstücks auf meine eigene Körperlichkeit zurück.

Abb. 2: Screenshot des Babybauchs des Avatars in First-Person-Perspektive in What Remains of Edith Finch (2017, Giant Sparrow/ Annapurna Interactive)

(In)dependent Body

Nicht zuletzt ist die Hypothese erwägenswert, dass der gespielter Körper und der Spieler:innenkörper eigenständige Körper darstellen, die sich aufeinander erstrecken, sich z.T. überschneiden und einander beeinflussen können. Unterstützt wird diese Hypothese bspw. durch die Ausführungen von Jan Fischer, der zwischen den Körpern des Spieler:innen und dem des Avatars differenziert und sie als »Körper, die da aufeinander treffen« (Fischer 2013: 64) bezeichnet. Dazu gehöre aber auch, dass die beiden Körper zwar teilweise verschmelzen würden, letztendlich der eine Körper aber immer noch den anderen steuern würde, wobei die Frage nach der kontrollierenden Instanz zu diskutieren wäre (vgl. Fischer 2013: 71). Britta Neitzel spricht von einer körperlichen Annäherung zwischen Avatar und Spieler:in und stellt diese einer Auffassung der Repräsentation der Spieler:innen durch den gespielten Körper entgegen (vgl. Beil 2012, zit. n. Neitzel 2004: 198f.). Nina Bishara und Kolleg:innen verwenden in diesem Kontext die Bezeichnung der »gegenseitigen Rückkopplung und gegenseitigen Vereinnahmung« (Nöth/Bishara/Neitzel 2008: 150).

In *Life is Strange* sind viele Handlungsaufforderungen sowie autonome Handlungen des Avatars zu verzeichnen. Dieser Eindruck verfestigt sich bereits zu Beginn der vierten Episode des Spiels: Über einen längeren Zeitraum hinweg verweigert das Spiel die Kontrolle über die Steuerung des Avatarkörpers. Die Handlungsmöglichkeiten der Spieler:innen beschränken sich auf die Auswahl von Dialogoptionen. Darüber hinaus existiert in beide Richtungen keine Kommunikation zwischen gespieltem Körper und meinem: Weder kommuniziert der Körper mit mir als Spielerin bspw. durch das Vibrieren des Controllers, noch reagiert er auf meine Steuerung. *LiS* inkludiert viele derartige Szenen, die zwar keine reinen Cutscenes (d.h. filmische Zwischensequenzen ohne Interaktivität) darstellen, aber primär auf verringerten Interaktivitätsmöglichkeiten basieren. Die erste Möglichkeit, den Avatarkörper nach dem Dialog wieder zu steuern (d.h. durch den Raum zu steuern), fällt zusammen mit der ersten deutlichen Handlungsaufforderung (ein Glas Wasser zu holen). In solchen Situationen ist der Point of View in Third-Person-Perspektive nah an Max und orientiert sich an ihren Bewegungen, man *ist* aber nicht Max. Ich kann den Körper durch den Raum bewegen und entscheiden, welche Gegenstände sie sich ansieht oder mit welchen sie interagiert, was Max dann kommentiert. Es entsteht daher der Eindruck, als könnte ich entweder Max‘ Persönlichkeit über Dialog-Optionen beeinflussen *oder* ihren Körper steuern. Beides gleichzeitig entzieht sich jedoch meiner Macht.

Ähnlich verhält es sich mit vielen Handlungen: Sie werden von mir durch Befehle ausgelöst (»öffnen«, »nehmen«), die Aktionen an sich werden aber, anders als bei *WRoEF*, vom Avatar allein durchgeführt und lassen sich von mir als Spielerin nicht dirigieren. Gleichzeitig scheine ich aber durch meine Steuerung die Interaktionsmöglichkeiten des Avatars zu erweitern und somit Max' Körper zu beeinflussen, indem durch meine Steuerung bestimmte Interaktionsoptionen erst angezeigt werden, also das, was Max sehen und erreichen kann. In Anlehnung an Jan Fischers Überlegungen ist auch bei *LiS* nicht immer klar, wer wen steuert: Manchmal kommt mir Max wie eine Marionette vor, die ich nutze, um die Spielwelt zu erkunden. An anderer Stelle scheine ich als Spielerin die Marionette zu werden, wenn ich auf Max' Handlungsanweisungen reagieren bzw. mich diesen unterordnen muss.

Mein Körper erstreckt sich also zum Teil auf den eigenständigen Körper des Avatars, kollidiert aber auch mit ihm am Rande seiner Möglichkeiten. So treten bspw. *Grenzerfahrungen* an den Rändern der programmierten Spielwelt auf: Will ich den Avatarkörper über diese Grenze hinaus steuern, übernimmt die Protagonistin wieder die Kontrolle, bleibt stehen und wendet sich wieder dem programmierten Bereich der Spielwelt zu. In dieser Bewegung ist mir jegliche Kontrolle entzogen, ich werde daran erinnert, dass dieser Körper seine eigene Beschaffenheit und seine eigenen Regeln hat und nur so lange meinen interaktiven Eingriff zulässt, wie dieser mit seinen Intentionen bzw. dem zugrundeliegenden Code übereinstimmt. Der Avatar kommentiert in dieser Szene die Kontrollübernahme sogar mit den Worten »I don't want to go that way« und fordert mich als Spielerin so auch ohne direkte Ansprache dazu auf, ein bestimmtes Handeln zu unterlassen.

Für die Idee des Avatars als eigenständigen Körper kann auch die Verwendung von Personalpronomen einbezogen werden: So fällt auf, dass Let's Player Gronkh sowohl für sich und Max, als auch für sich und Edith vermehrt das Personalpronomen »wir« benutzt.[1] Dies impliziert, dass er und Max bzw. er und Edith in seinem Empfinden nicht vollständig eins sind (was die Verwendung von »ich« nahelegen würde), was deutlicher für die Wahrnehmung des Avatars als eigenständigen Körper spricht. Die Personalpronomen ändern sich zu einer Bezugnahme auf den Avatar in dritter Person oder einer direkten Ansprache des Avatars in zweiter Person Singular, wenn Gronkh sich nicht mehr mit der Handlung identifizieren kann: Dann scheint er sich in seinem körperlichen Verhältnis zu dem Avatar zu distanzieren und die Handlungen dem eigenständigen Avatarkörper zuzuschreiben, obwohl noch immer er es ist, der die Handlungen vollzieht, so bspw. als er in der Geschichte der kleinen Molly im Körper eines Hais einen Seehund jagen soll: »Was ist mit dem Mädchen? [...] Ich liebe Seehunde, mach doch so was nicht!« (Gronkh 2017 #02: [00:07:46 – 00:07:54]). Es zeigt sich, dass Gronkh den Avatar trotz Egoperspektive als eigenständigen Körper wahrnehmen kann, wenn er dessen Handlungen von seinen eigenen Handlungswünschen differenziert.[2]

1 Zwar kann dieses ›wir‹ auch die Zuschauerschaft einbeziehen, allerdings legt die Verwendung in Bezug zur Körperlichkeit des Avatars einen Einbezug des Avatars in das verwendete ›wir‹ nahe.

2 Siehe hierzu auch: Weidemann, Ronja (2023): Playing (Game-)Identities. Identität-

Nicht zuletzt ergänzt Jürgen Fritz als Voraussetzung eines Körperbezugs zwischen Spieler:in und Avatar den Aspekt der Motivation: Sind die Spieler:innen nicht dazu bereit, sich auf die virtuelle Verkörperung einzulassen, wird dies divergierende körperliche Empfindungen zur Folge haben (vgl. Fritz 2013: 92f.). Dementsprechend muss konstatiert werden, dass individuelle Faktoren einen signifikanten Einfluss auf das körperliche Verhältnis zwischen Spieler:in und Avatar haben.

Abschließend lässt sich resümieren, dass sich das Verhältnis von spielendem Körper und gespielten Körper auf unterschiedliche Weise beschreiben lässt, wobei keine der drei dargelegten Hypothesen in ihrer Absolutheit bestätigt oder negiert werden konnten. Zwar schien die Spielperspektive rückblickend Einfluss auf die körperlichen Relationen zu haben (so ergab sich bei *WRoEF* in der First-Person-Perspektive eine Tendenz zum Avatar als zweitem, eigenem Körper der Spieler:innen, bei *LiS* in Third-Person-Perspektive eine Tendenz zum eigenständigen Avatarkörper), es kam jedoch nicht zu absoluten Zuschreibungen bzw. die Übergänge zwischen den divergierenden Relationen waren auch innerhalb der Spiele teilweise fließend und wurden im Kontext der Praxis durch Selbstbeobachtung und Let's Plays durch immer wieder auftretende Widersprüche und Brüche fraglich.

sprozesse in der Beziehung zwischen Let's Player:in, Avatar und Community, Baden-Baden: Tectum.

Literatur

Beil, Benjamin (2012): Avatarbilder. Zur Bildlichkeit des zeitgenössischen Computerspiels, Bielefeld: transcript.

Butler, Mark (2007): Would you like to play a game? Die Kultur des Computerspielens, Berlin: Kadmos.

Draude, Claude (2012): »Avatar«, in: Netzwerk Körper (Hg.), What can a body do? Figurationen des Körpers in den Kulturwissenschaften, Frankfurt/New York: Campus, S. 26–33.

Fischer, Jan (2013): »Harry Potter und der Muskelkater: Ein Selbstversuch aus verschiedenen Richtungen über das Verhältnis zwischen Körper, Controller und Spielfigur«, in: Inderst/Just (Hg.), Build 'em Up – Shoot 'em Down. Körperlichkeit in digitalen Spielen, S. 64–75.

Fritz, Jürgen (2013): »Mein virtueller Körper und ich. Zum „corpus virtualis" in digitalen Spielen«, in: Inderst/Just (Hg.), Build 'em Up – Shoot 'em Down. Körperlichkeit in digitalen Spielen, S. 76–120.

Kamper, Dietmar (2001): »Körper«, in: Karlheinz Barck/Martin Fontius/Dieter Schlenstedt/Burkhart Steinwachs/Friedrich Wolfzettel (Hg.), Ästhetische Grundbegriffe. Historisches Wörterbuch in sieben Bänden, 3, Stuttgart: J.B. Metzler, S. 426–450.

Klevjer, Rune (2022): What is the Avatar? Fiction and Embodiment in Avatar-Based Singleplayer Computer Games, Bielefeld: transcript.

Inderst, Rudolf Thomas/Just, Peter (Hg.): Build 'em Up – Shoot 'em Down. Körperlichkeit in digitalen Spielen, Glückstadt: vwh.

McLuhan, Marshall (1970): Die magischen Kanäle: Understanding Media, Frankfurt a.M./Hamburg: Fischer Bücherei.

Nöth, Winfried/Bishara, Nina/Neitzel, Britta (2008): Mediale Selbstreferenz. Grundlagen und Fallstudien zu Werbung, Computerspiel und den Comics, Köln: Herbert von Halem Verlag.

Rodewald, Vera Marie (2017): »Die Lust am Vorspielen. Zur theatralen Inszenierung des Computerspielens«, in: Judith Ackermann (Hg.), Phänomen Let's Play-Video. Entstehung, Ästhetik, Aneignung und Faszination aufgezeichneten Computerspielhandelns, Wiesbaden: Springer VS, S. 105–117.

Wiemer, Serjoscha (2014): Das geöffnete Intervall. Medientheorie und Ästhetik des Videospiels, Paderborn: Fink.

Ludografie

Life is Strange (2015), [Videospiel] (PS-Serie, Xbox-Serie, PC, Android, iOS) Dontnod Entertainment, Square Enix.

What Remains of Edith Finch (2017), [Videospiel] (PC, PS4, Xbox One, Nintendo Switch, iOS) Giant Sparrow, Annapurna Interactive.

Referenzen

Gronkh 2015 #003
Gronkh (2015): *LIFE IS STRANGE [003] – Campusleben Let's Play Life is Strange*, [Let's Play]. Online unter https://www.youtube.com/watch?v=Yjd2l8ugpyg (letzter Zugriff: 02.09.2023).

Gronkh 2017 #02 Gronkh (2017): *EDITH FINCH [02] ㊙ Molly war gerade mal 10*, [Let's Play]. Online unter https://www.youtube.com/watch?v=e1LmshRoCXk (letzter Zugriff: 02.09.2023).

C#

Herausgeber:innen

Ausdruck informationstechnischer Poesie und von Inkrementierungslogiken. Die Programmiersprache *C*, die die Weiterentwicklung der Programmiersprache *B* ist, wurde bereits durch *C++* erweitert, wobei *++* die programminhärente Funktion der Inkrementierung darstellt. *C#* oder auch *C-Sharp* setzt dieses Spiel mit der Inkrementierung fort, indem es auf die musikalische Erhöhung des Tons *C* um einen Halbton und gleichzeitig auf *scharfes Sehen* anspielt. Im Vergleich zu *C* und *C++* ist *C#* allerdings weiter entfernt von der Maschinensprache und bedarf deshalb eine *virtuelle Maschine* zur Zwischenübersetzung (→ Multiplizität). Als Default-Scriptsprache der Gaming Engine *Unity* steckt *C#* heute in zahlreichen AR/VR-Anwendungen, ohne dass deren Hintergrundarbeit, etwa zum Tracking der Nutzung, scharf gestellt ist (→ Reality, virtual, → Reality, augmented).

Daten

Herausgeber:innen

Daten sind nicht gegeben, sondern gemacht (→ Archive, virtuelle, → Behinderungen, virtuelle, → entgegnung, → File, empty, → Hypervisor, → Klappkiste, (→ Roboterliebe), → Spuren, virtuelle, → Text, plain).

Denkmal, virtuelles

Jens Fehrenbacher

»Ich werd' die schlechtesten Sprayer dieser Stadt engagier'n / Die soll'n nachts noch die Trümmer mit Parolen beschmier'n« (*Denkmal*, Wir Sind Helden)

Wenn etwas sprichwörtlich *noch nicht in Stein gemeißelt* ist, dann ist es noch nicht final abgeschlossen und offen für Veränderung. Das Denkmal dagegen, in Stein gemeißelt oder in Bronze gegossen, suggeriert eine Abgeschlossenheit, an der sich vorerst nichts mehr ändert. Mit dem Begriff der → Virtualität und gegenwärtigen Entwicklungen von Augmented-Reality (AR) Denkmälern lässt sich allerdings dieses *vorerst* genauer in den Blick nehmen: Aktuelle Debatten fordern Veränderungen an der öffentlichen Repräsentation von Erinnerung, sei es hinsichtlich der Repräsentation von weiblichen oder PoC-Personen oder auch der Kritik an der kolonialen Amnesie. Dabei zeigen Denkmalstürze, Forderungen zu Umwidmungen, Kommentierung oder Neuerrichtungen von Denkmälern, dass diese Aushandlungsprozesse durchaus zu materiellen Veränderungen oder auch nicht-physischen, etwa Software-basierten Denkmälern führen können (→ King Uthal.zip). Diese Spannweite von Dynamiken lassen sich unter dem Vorzeichen der Virtualität behandeln, um die Notwendigkeit der Aktualisierung als umformenden Aufgriff auszuformulieren. Andererseits lässt sich vor diesem Hintergrund auch der Virtualitätsbegriff dahingehend kommentieren, weniger einen freischwebenden Raum der Potenzialitäten als eine Dringlichkeit der verantwortungsvollen Veränderung zu implizieren. Durch die Arbeit des Ästhetikers Étienne Souriau, die ich hier in der Lesart der Wissenschaftsforscher:innen Isabelle Stengers und Bruno Latour skizziere, lässt sich der virtuelle Status von Denkmälern, ob physisch oder App-basiert, als eine drängende Unabgeschlossenheit verstehen, als etwas zu Vollbringendes oder zu Beerbendes.

In der derzeit noch zögerlichen Entwicklung von Augmented-Reality-Denkmälern[1] fällt eine Verbindung zur Virtualität als »Modus der Existenz« (Souriau 2015a: 85) auf, den Souriau im Jahre 1943 noch gänzlich ohne Bezug zu digitalen Medientechnologien ausarbeitet. So beschreibt Souriau etwa die virtuelle Existenz einer zu bauenden Brücke, die sich noch in der Planung oder im Bau befindet, oder auch nur als naheliegende Lösung für ein bestehendes Problem vorliegt (vgl. ebd. 136). Es handelt sich also um einen unvollendeten Zustand des »zu [V]ollbringenden« (Souriau 2015b: 195), wobei insbesondere der Kommentar von Stengers und Latour darauf pocht, dass es hier nicht um die Umsetzung eines vorgefertigten Handlungsentwurfes geht, sondern um eine Aufgabe, die keinen Weg zu ihrer Lösung vorgibt: »Alles entscheidet sich unterwegs« (Stengers/Latour 2015: 14)[2]. Virtuelle Existenzen steuern auf eine

1 Auch wenn in diesem Beitrag der Fokus auf Augmented Reality liegt, soll nicht verschwiegen werden, dass sich auch in einigen Virtual Reality Anwendungen Fragen zu virtuellen Denkmälern aufdrängen (vgl. Bunnenberg 2020) (→ Zeitreise, virtuelle).

2 Stengers und Latour weisen in diesem Zusammenhang auf die Parallelen zum Souriau-Leser Gilles Delleuze hin (vgl. Stengers/Latour 2015: 10), der in *Differenz und Wiederholung* beschreibt: »Das Virtuelle besitzt die Realität einer zu erfüllenden Aufgabe, nämlich eines zu lösenden Problems« (Deleuze 1992: 268). Dessen Verständnis von *Aktualisierung*, das im vorliegenden Beitrag aufgegriffen wird,

lebensweltliche Wirksamkeit hin, sind aber dabei hochgradig abhängig von den Praktiken ihrer Aktualisierung, von denen einige hier gezielt beleuchtet werden. Diese Vollzüge der Aktualisierung, das heben alle drei hervor, können jederzeit scheitern.

AR-Denkmäler als Rekonstruktionen

Vor diesem Hintergrund lassen sich zwei AR-Denkmäler betrachten, die explizit der Rekonstruktion verschrieben sind. Benno Elkans *Mahnmal für die wehrlosen Opfer des Bombenkriegs*[3] existiert in Souriaus Sinne nur virtuell: als Entwurf, der 2008 im Nachlass des 1960 verstorbenen Künstlers entdeckt wird. Laut eines ebenfalls nachgelassenen Briefes soll der gebürtige Dortmunder Elkan, der 1934 wegen seiner Verfolgung als Jude nach England flieht, eine Verwirklichung dieses Werkes in Dortmund gewünscht haben. Sieben schwarz-weiß Fotografien eines verschollenen Gips-Modells ohne weitere Angaben und Maßstäbe werden nun 2016 zur Grundlage einer dreidimensionalen, digitalen Rekonstruktion des Mahnmals. Halbnackte, flehende, verzweifelte, verschlungene, schmerzverzerrte, sterbende Körper in einer Kulisse aus Trümmern portraitieren das Leiden durch den Bombenkrieg, den Elkan selbst in London erlebt und der seine Heimatstadt Dortmund verwüstet. Diesem Erbe in Form von Fotografien und einem schriftlichen Wunsch nachzukommen, bedeutet also weit mehr als nur die computationale Aufarbeitung durch digitale Bildanalyse und Modellberechnung. Das Projekt muss nicht allein dem Entwurf Elkans gerecht werden, sondern ebenfalls seiner Biographie, einer historischen Konstellation sowie einem Anspruch der Aktualität, der über eine spektakuläre Präsentation technischer Innovation hinaus geht. Ästhetische Entscheidungen müssen getroffen werden, etwa hinsichtlich der Materialität, Farblichkeit, Größe, Platzierung, technischer Einbettung und Kontextualisierung des virtuellen Objekts. Dabei variieren erstere bei den zwischen der Präsentation auf der Projekt-Webseite und der AR-Anwendung auf dem Smartphone zwischen steinernem, stumpfem Grau und einer glänzenden, rotbräunlichen Optik, die an Bronze-Skulpturen erinnert (Abb. 1).

---

beschreibt kurz gefasst den Prozess der antwortenden Auseinandersetzung, der weder durch das Problem bzw. das Objekt, noch durch an dieses herangetragene Intentionen vorbestimmt ist.

3 Die Betitelung der Arbeit ist in der zugehörigen Webseite uneinheitlich. Teils wird sie als »Mahnmal für die Toten des Krieges«, teils als »Mahnmal für die wehrlosen Opfer des Bombenkriegs« bezeichnet (vgl. h ttps://benno-elkan.de/ (letzter Zugriff: 15.05.2023)).

Abb. 1: Screenshot der Anwendung Benno Elkan AR (2020) im Dortmunder Museum für Kunst und Kulturgeschichte. Virtuelle Augmentierung vor einem Bildschirm, in dem die App vorgestellt wird.

Bereits der *In der Wohnung*-Modus der entsprechenden App zeigt eindrücklich den Detailreichtum dieser affektiv wirksamen Darstellung, die, auf einem ausgedruckten QR-Code verankert, von allen Seiten betrachtet werden kann: Die Smartphone-Kamera erkennt den QR-Code als *Bildanker*, woraufhin das virtuelle Objekt auf dem Bildschirm in die abgefilmte Umgebung hineinmontiert wird. Um den Eindruck zu erwecken, es stünde tatsächlich an diesem Ort, wird es entsprechend der Bewegung des Smartphones gedreht und skaliert, sodass die Details der Skulptur einzeln aus der Nähe betrachtet werden können. Das Objekt behält dabei eine ephemere Qualität. Der visuellen Augmentierung haftet eine Schwerelosigkeit an, da sie trotz vieler technischer Kniffe nie gänzlich an ihrer *Verankerung* verbleibt und sich nicht den situativen Lichtbedingungen anpasst (→ Reality, augmented). Die digitale (mutmaßliche) Bronze-Simulation lässt doch in manchen Momenten an Kunststoff oder Videospielgrafiken denken. Gerade diese punktuellen Ungenauigkeiten erinnern daran, dass nicht nur die Entwicklung der Anwendung von einem komplexen technischen Gefüge und menschlichem Engagement abhängig ist. Auch das *fertige* AR-Denkmal ist nicht einfach physisch anwesend, es müssen erst die technischen Bedingungen hergestellt werden, damit es, in Sourius Sinne, *vollbracht* werden kann. Eine App muss heruntergeladen und der QR-Code ausgedruckt werden, was an technischen Inkompatibilitäten wie auch an schwierigen Lichtbedingungen oder einer verschmutzten oder defekten Handy-Kamera scheitern kann. In meinem Fall konnte lediglich der ausgedruckte QR-Code augmentiert und auch die kleine Version des Mahnmals am dafür vorgesehenen Ort im Dortmunder Museum für Kunst und Kulturgeschichte erzeugt werden. Die Suche nach dem im Stadtraum platzierten QR-Code dagegen führte zu einer Odyssee rund um das Dortmunder U, die trotz vieler, eher ratender Hilfestellungen durch Museumsmitarbeitende zu keinem Erfolg führte. So musste ich zumindest teils unverrichteter Dinge wieder abreisen. Ein Scheitern liegt in der Luft. Das AR-Format erhält auch nach einer vermeintlichen Realisierung des Projekts dessen »existenzielle Unfertigkeit« (Souriau 2015b: 196) aufrecht. Das AR-Denkmal ist somit ein virtuelles Objekt sowohl im Sinne von etwas *zu Vollbringendem* als auch im Sinne einer medientechnisch erzeugten, nicht-physischen Objekthaftigkeit und zeigt die Überschneidung beider Verständnisse auf.

AR-Denkmäler als Kritik öffentlicher Repräsentation

Jenseits der Rekonstruktion zeigt sich in anderen zeitgenössischen Denkmalprojekten der Versuch der Neuaushandlung von Sichtbarkeit angesichts eines als einseitig eingestuften kulturellen Erbes: Welche historischen Ereignisse, welche Narrative und auch welche Körper dominieren in Form von öffentlichen Denkmälern die Erinnerungskultur? Die konstitutive Unfertigkeit der Denkmalarbeit wird dabei insbesondere über ihre Leerstellen herausgestellt und als eine Forderung der Umgestaltung an Politik und Gesellschaft gerichtet: Welche Denkmäler sind noch zu errichten, welche womöglich zu entfernen? Das Projekt *denkFEmale*, das 2021 aus einer studentischen Initiative hervorgeht, greift den Umstand auf, dass Denkmäler in München zu größten Teilen Abbilder (oft kriegstreibender) Männer darstellen. Dieses Ungleichgewicht wird durch eine zu diesem Anlass neu entworfene AR-Skulptur der Frauenrechtlerin und Pazifistin Anita Augspurg thematisiert. Sie ist von nun an per Smartphone vor dem Bayerischen Nationalmuseum abrufbar und wird durch Zitate Augspurgs in Schrift und Ton ergänzt (Abb. 2). Interessant ist dabei, wie durch die klangliche Ebene zusätzliche Rückwirkungen auf die bespielten Räume in den Blick geraten. Bereits ohne Audioeinspielungen stellt das konzentrierte Fokussieren eines leeren Raums in unterschiedlichen Perspektiven eine sichtbare Abweichung von der konventionalisierten Raumnutzung dar, die andere Anwesende womöglich aufmerken lässt. Die Haltung und Bewegung könnte aber auch die Vermutung nahelegen, dass hier etwas fotografiert wird, während die nachgesprochen Zitate von Augspurg, je nach Lautstärke, auch für Unbeteiligte hörbar werden und so als eine akustische Intervention in jene Räume verstanden werden können.

Diesem ersten Protypen, der auf positives mediales Echo stieß, folgten zunächst weitere virtuelle Denkmäler in München, die Frauen abbilden und seit 2022 eine Ausstellungsreihe in Kooperation mit dem New Yorker Projekt *Make Us Visible*, durch die eine Vielzahl virtueller Denkmäler in New York, München und Venedig realisiert wurden. In Projekten wie diesen deutet sich eine Dynamisierung wie auch eine Dezentrierung der Denkmalarbeit an. Sie wird zum einen dynamischer, insofern u.a. Stilmittel der Animation, der klanglichen Ergänzung oder auch der Interaktion Verwendung finden und die AR-Skulpturen teils an unterschiedlichen Orten aktiviert werden können. Darüber hinaus bedarf die Entwicklung einer dreidimensionalen Skulptur (je nach Aufwand der Gestaltung) weniger Zeit und materielle Ressourcen und sie ist nicht *in Stein gemeißelt*, sondern per Update unkompliziert revidierbar. Damit hängt eine Dezentrierung des Prozesses zusammen: Solange keine physischen Eingriffe in den Stadtraum getätigt werden, hängt die Entwicklung nicht von behördlichen oder politischen Genehmigungs- und Entscheidungsverfahren ab. Studentische, künstlerische oder politische Gruppen, Kulturinstitutionen etc. können, ggf. mithilfe von Förderungen, eigenmächtig AR-Denkmäler entwerfen und verbreiten. Das Verhältnis zur kommunalen Administration kann dabei von der expliziten Guerilla-Aktion bis hin zur Institutionalisierung durch auf (temporären oder permanenten) Plaketten platzierte QR-Codes reichen.

Abb. 2: Filmstill aus der Videodokumentation von denkFEmale

Virtuelle Denkmalpflege

In der Kombination dieses Anspruchs auf dauerhaftes Fortwirken mit einem höchst ephemeren Medium lässt sich nun eine strukturelle Problematik ausmachen: eine ganz neu zu verstehende Frage der Pflege mit Hinsicht auf virtuelle Denkmäler. Das Projekt *Make Us Visible* formuliert den Vorsatz, an einer dauerhaften und wachsenden Sammlung von ortsspezifischen AR-Skulpturen zu arbeiten. So besteht die Mission des Projekts darin: »to create a framework to empower representation on a mass scale« (Extended Reality Enseble o.D.).[4] Ebenso impliziert der auf der Landing Page prangerte Slogan »You are surrounded – By Invisible Art« (ebd.) eine Gleichzeitigkeit von Flüchtigkeit und eine dauerhafte *virtuelle* Präsenz der Denkmäler, die eine langfristige Veränderung des repräsentationalen Ungleichgewichts anvisiert. Der Vorsatz, einem Denkmal Dauerhaftigkeit zu verleihen, ist indessen strukturell an gewisse Praktiken der Pflege gekoppelt. Dies gilt ebenso für die vernachlässigte Marmor-Statue, die zwar materiell auf Dauer ausgelegt ist, aber mit verwitterter Inschrift zum bedeutungslosen Hintergrunddekor von Parkanlagen wird, wie für die AR-App, die nach einmaliger Release-Aufmerksamkeit zu einer Karteileiche im App-Store verkommen und von späteren Betriebssystemen nicht mehr abgerufen werden kann.

Das AR-Denkmal ist allerdings in offensichtlicherer Weise abhängig von praktischen Vollzügen als das physische Monument. Es bedarf der Einbindung in institutionalisierte Kulturprogramme durch Flyer und Veranstaltungskalender, in schulische Ausflüge, Stadtführungen oder auch politische Aktionen, um überhaupt, im nutzenden Vollzug, situativ und temporär hervorgebracht zu werden. Es bedarf der ganz konkreten, informationstechnischen Aktualisierung der Software in Form von Updates, die Fehler oder Inkompatibilitäten beheben und auch nachträgliche inhaltliche Überarbeitungen erlauben. Als *Denkmalpflege* könnte also hier der Aufwand durch Einzelpersonen, Institutionen oder Communities verstanden werden, durch den die AR-Denkmäler auf immer wieder neue Weise *vollbracht* werden können – ein Commitment, dass auch davon abhängt, inwiefern die Arbeit als

4 Dieser wie der folgende Slogan waren zentral auf der Projektseite: https://makeusvisible.io/ (letzter Zugriff: 10.02.2023). Im Frühjahr 2023 wurde das Projekt in *Arora* umbenannt wurde und die Seite überarbeitet, der Slogan »You are surrounded – By Invisible Art« wird nicht mehr genutzt (letzter Zugriff 22.03.2024). Er findet sich lediglich in vergangenen Social-Media-Posts: https://www.facebook.com/SoExcitedAboutMusic/videos/you-are-surrounded-by-invisible-art-makeusvisible-reveal-31-magical-ar-sculpture/319298810176327/?_rdr (letzter Zugriff 22.03.2024).

relevant, künstlerisch wertvoll oder auch curricular anknüpfbar bewertet wird. Aus meiner forschenden Auseinandersetzung mit AR-Denkmälern muss ich dabei leider festhalten, dass die Anwendungen in vielen Fällen in Vergessenheit geraten und kaum noch auffindbar sind (vgl. Fehrenbacher 2024). Das hängt zum einen damit zusammen, dass die Projektförderungen, durch welche die Entwicklungen finanziert werden, nur auf einen bestimmten Zeitraum begrenzt sind und die fortlaufende Pflege nicht unterstützt wird, zum anderen fühlt sich der bundesdeutsche Denkmalschutz (noch) nicht für virtuelle Denkmäler zuständig.

Unabgeschlossenheit als Forderung

Dass diese Fragen der Dauerhaftigkeit und des Ephemeren sowie der praktischen Einbettung nicht auf diese genuin virtuelle AR-Technologie beschränkt sind, zeigen aktuelle Diskussionen wie jene um die Neukontextualisierung des monumentalen Hamburger Bismarck-Denkmals. Diese wird aufgrund Bismarcks zentraler Rolle im deutschen Kolonialismus gefordert und findet sich zum Zeitpunkt des Verfassens dieses Textes in Vorbereitung.[5] Wie die Künstlerin und Kuratorin Hannimari Jokinen, Mitglied der Arbeitsgruppe *Hamburg Postkolonial* beschreibt, stellt sich damit die Frage, wie ein zeitgemäßes bzw. postkoloniales Denkmal überhaupt beschaffen sein könnte und führt aus: »ich glaube das ist nicht etwas das man für die nächste Ewigkeit errichtet, sondern [...] etwas prozesshaftes und fluides [...], ein Raum an dem viele Menschen sich beteiligen können, auch gestalterisch« (Gläser/Jokinen/Schwarz 2020: o.S.). Die zentral organisierte Geste der Macht, die sich gerade in dieser 34 Meter hohen Statue manifestiert, soll also gerade nicht wiederholt werden, sondern andere Formate erprobt werden, deren Gestalt aber noch nicht absehbar ist. Es besteht ein Spannungsfeld zwischen der Ablehnung einer dauerhaften Manifestation und dem Versuch, ein nachhaltiges Wirken anzustoßen. Gerade ein postkoloniales Denkmal soll kein abschließendes Begleichen einer Schuld implizieren, sondern vielmehr die Forderung aufrechterhalten, sich unabgeschlossenen Vergangenheiten zu stellen, ohne diese Forderung durch einfache Lösungen entkräften zu können.

Über das Denkmal unter dem Vorzeichen der Virtualität nachzudenken, bedeutet also, die Offenheit der Frage der angemessenen Manifestation von Gedächtnis auszubreiten, von der sowohl physische Monumente als auch *Erinnerungs-Software* betroffen sind. Neue Medienformate wie die AR sind in der Lage, diese Unabgeschlossenheit, die Notwendigkeit der Aktualisierung wie auch die Möglichkeit des Scheiterns herauszustellen, sowie Wege eines möglichen Umgangs zu skizzieren. Doch auch sie müssen daraufhin befragt werden, welche Versprechungen sie formulieren. Gerade entsprechend den Logiken von Kunstförderung und Kulturinstitutionen verkommt das hohe Ideal fortlaufender, lebendiger Auseinandersetzung allzu schnell zu einem punktuellen Spektakel. Eine nachhaltige Wirkung von Denkmä-

---

5 Zu diesem Zweck lief bis Mitte 2023 ein Ideenwettbwerb. Vgl. https://www.hamburg.de/bkm/koloniales-erbe/16842042/bismarck-denkmal-ideenwettbewerb/ (letzter Zugriff: 15.05.2023). Keine der Einreichungen wurde jedoch zur Umsetzung empfohlen (vgl. https://issuu.com/shmh/docs/230810_1416_brosch_re_neu_digital/32 (letzter Zugriff: 22.08.2024)).

lern aller Art bedarf einer Aktualisierung durch rezeptive, künstlerische und nicht zuletzt auch strukturelle Praktiken, welche Zugänge herstellen und Kontexte eröffnen – was gleichermaßen bedeutet, diese Manifestationen immer wieder neu in Frage zu stellen.

Medientechnisch erzeugte Virtualität und Souriaus Verständnis der Virtualität als *zu Vollbringendes* überschneiden sich also in diesem Gegenstand: Jedes virtuelle Objekt in AR oder auch VR bedarf konkreter Praktiken der Aktualisierung, des Downloads, des Startens der Anwendung, des leiblichen Vollzugs. Andersherum wird so die Rezeption als Praxis mit Konsequenzen situiert: Welche Techniken und Anwendungen nutze ich und auf welchen Infrastrukturen beruhen sie (→ INF)? Welche problematischen Narrative oder auch Konzerne unterstütze ich mit meiner Rezeption? Welche anderen Geschichten lassen sich finden und weitererzählen?

»›Wie erben?‹, genau das ist die Frage, mit der wir uns, wenn wir Souriau lesen, konfrontiert sehen. Eine ›Befragungssituation‹ der er selbst keine Antwort beibringt, aber von der er die Kraft hatte, zu zeigen, ›dass sie uns betrifft‹ [Herv. i.O.]« (Stengers, Latour 2015: 75)

Diesen Beitrag beschließen möchte ich mit einem virtuellen Denkmal, das zunächst ohne digitale Medientechnik auskommt. Das *Denkmal für die Oper des deutschen Kolonialismus* existiert lediglich als Straßenschild, welches auf dieses Denkmal in 900 Meter Entfernung hinweist (Abb. 3). In Fotografien eines namenlosen Instagram-Accounts lehnt es am Fuß eines Berliner Sightseeing-Wegweisers oder auch in einer Hecke am Straßenrand. Eine Suche nach dem tatsächlichen, physischen Denkmal bleibt offensichtlich vergeblich. Und so konfrontiert das Straßenschild damit, dass hier eine Unabgeschlossenheit, etwas zu Vollbringendes vorliegt und zur Aushandlung auffordert, ohne dass eine angemessene, geschweige denn abschließende Antwort absehbar ist.

Abb. 3: Screenshot des Instagram-Accounts kolonialismusopferdenkmal

Literatur

Deleuze, Gilles (1992): Differenz und Wiederholung, übers. von Joseph Vogel, München: Fink.

Fehrenbacher, Jens (2024): »AR als Relationale Intervention. Dynamiken ästhetischer Aushandlung zwischen Medientechnologie, Nutzenden und Umwelten«, in: IMAGE Zeitschrift für interdisziplinäre Bildwissenschaft, Heft 1(20), Online unter: https://image-journal.de/ar-als-relationale-intervention/ (letzter Zugriff: 10.05.2024).

Gläser, Kodjo/Jokinen, Hannimari/Schwarz, Marietta (2020): »Debatte um Denkmäler. Wie Bismarck dekolonisieren? Kodjo Gläser und Hannimari Jokinen im Gespräch mit Marietta Schwarz«, in: Deutschlandfunk Kultur (18.07.2020). Online unter: https://www.deutschlandfunkkultur.de/debatte-um-denkmaeler-wie-bismarck-dek

olonisieren-100.html (letzter Zugriff: 15.05.2023).

Jaeger, Roland (1993): »Truppentriumph und Kaiserkult. Ephemere Inszenierungen in Hamburg«, in: Michael Diers (Hg.), Mo(nu)mente. Formen und Funktionen ephemerer Denkmäler, Berlin: Akademie-Verlag, S. 77–92.

Pely, Amadea/März, Lukas/Horban, Katharina (2021): »Denkmäler. Ein Selfie mit Anita Augspurg«, in: sueddeutsche.de (16.05.2021). Online unter: https://www.sueddeutsche.de/muenchen/muenchen-denkmaeler-frauen-digital-denkfemale-interview-1.5313421 (letzter Zugriff: 15.05.2023).

Souriau, Étienne (2015a): Die verschiedenen Modi der Existenz, übers. von Thomas Wäckerle, Lüneburg: meson.

Souriau, Étienne (2015b): »Über den Modus der Existenz des zu vollbringenden Werks. Supplement«, in: Ders.: Die verschiedenen Modi der Existenz, übers. von Thomas Wäckerle, Lüneburg: meson.

Stengers, Isabelle/Latour, Bruno (2015): »Die Sphinx des Werks. Vorwort«, in: Étienne Souriau. Die verschiedenen Modi der Existenz, übers. von Thomas Wäckerle, Lüneburg: meson, S. 9–76.

Vollmer, André/Retiet, Florian/Heuer, Thomas (2016): »Pokémon Go: Zeitzeuge, Medienkonvergenz und Möglichkeiten von Mixed-Reality«, in: Jahrbuch immersiver Medien 8, Marburg: Schüren, S. 146–158.

Abbildungsverzeichnis

Abb. 2: Filmstill aus DenkFeMale. Online unter: https://www.dailymotion.com/video/x7zm9cs (letzter Zugriff: 15.05.2023).

Abb. 3: Screenshot des Instagram-Accounts *kolonialismusopferdenkmal*. Online unter: https://www.instagram.com/kolonialismusopferdenkmal/ (letzter Zugriff: 15.05.2023).

Digitalität

Herausgeber:innen

Nicht der reine Kern der Virtualität, so lautet zumindest unsere These (zur Multiplizität des Begriffs siehe: → Virtualität). Gemeinhin: 0/1. Ein Umwandlungsprozess: Dinge werden als Informationen handhabbar- und rechenbar gemacht. Und gleichzeitig ist die digitale Form der Information flexibel und flüchtig.

Early Career Forum

Herausgeber:innen

Das Early Career Forum (ECF) umfasst die Gesamtheit der Wissenschaftlichen Mitarbeiter:innen des SFB 1567 *Virtuelle Lebenswelten* (→ 1567, → Anfänge, → Arbeitspraktiken, → Kommunikationskanäle, → Lab of Unfinished Thoughts, → Situationsanalyse, situierte, → Situierung).

Editorial

Jens Fehrenbacher, Kristin Flugel, Jane Lia Jürgens, Stefan Laser, Marco Lorenz, Fabian Pittroff

Ein *Vokabular des Virtuellen* kann anfangen, aber nicht abschließen. Mit dem vorliegenden Band beginnen wir ein Vokabular als Lexikon – als Nachschlagewerk, das Einträge in alphabetischer Reihenfolge versammelt. Dieses Lexikon ist durchaus eine Aktualisierung des Vokabulars des Virtuellen, doch »jedes Aktuelle umgibt sich mit einem Nebel von virtuellen Bildern« (Deleuze 2007: 249). Hier geschieht etwas. Das Virtuelle, so Gilles Deleuze, ist nicht Gegenteil des Realen, wie es in den (digitalisierten) Lebenswelten des 21. Jahrhunderts häufig verhandelt wird. Es steht vielmehr dem Aktuellen entgegen. Das Virtuelle muss sich nicht realisieren, weil es schon real ist, sondern allenfalls aktualisieren (vgl. Deleuze 1989: 122). Das Virtuelle hat eine eigene Form der Wirksamkeit (vgl. Peirce 1920: 763), ist ein eigener Modus der Existenz (vgl. Souriau 2015 [1943]: 135), der nicht losgelöst von Lebenswelten vorkommt, sondern Teil von ihnen ist (→ Virtualität).

Doch was passiert, wenn wir abstrakte, vordigitale Konzepte mit unseren gegenwärtigen Lebenswelten konfrontieren, in denen Virtualität vornehmlich unter dem Vorzeichen digitaler Technologien verhandelt wird? (→ Digitalität) Während das Schlagwort der virtuellen Realität (VR) impliziert, diese stehe in Opposition zu einer wie auch immer gearteten eigentlichen Realität, scheint es uns produktiver mit Verhoeff und Dresscher (vgl. 2020: 483) von einer Durchdringung unterschiedlicher Realitätsebenen unter Beteiligung digitaler Medientechnologien ausgehen (→ Reality, augmented, → Reality, virtual). Auch Hayles beschreibt Virtualität nicht als von der Realität abgegrenzt, sondern als ein Amalgam; »eine Ansammlung heterogener Komponenten, eine materiell-informative Entität, dessen Grenzen einer ständigen Konstruktion und Rekonstruktion unterliegen« (Hayles 1999: 3; Übersetzung d. Hg.).

Das vorliegende Vokabular ist in unserem gemeinsamen Arbeitszusammenhang entstanden, im Early Career Forum (ECF) des SFB 1567 *Virtuelle Lebenswelten* an der Ruhr-Universität Bochum (RUB) (→ 1567, → Arbeitspraktiken, → Bete, rote, → Early Career Forum, → Folienstift, → Kommunikationskanäle, → Lab of Unfinished Thoughts, → Lebenswelt, → Situationsanalyse, situierte, → Universität Bochum, Ruhr-, → Xtended Room). Die Krux, mit der wir kollektiv und individuell in unserer Forschungspraxis umgehen, besteht darin, Virtualität als einen Begriff mit weitreichender Tradition aufzunehmen und der derzeit populären Verengung auf VR gegenüberzustellen. Gleichzeitig bleibt anzuerkennen und aufzugreifen, dass technologische Entwicklungen dem Topos der Virtualität neue Brisanz und Dringlichkeit verleihen. Deshalb hat unser Lexikon nicht zum Ziel, die Spannung zwischen unterschiedlichen Begriffstradition durch eine noch umfassendere Theorie des Virtuellen aufzuheben. Stattdessen spüren wir gegenwärtigen Multiplizierungen und Hybridisierungen nach, die uns in Lebenswelten begegnen.

Die Form des Lexikons erlaubt es uns, Begriffe, Objekte und Gedankengänge nebeneinanderzustellen und für sich stehenzulassen, ohne gleich eine verbindende Dramaturgie oder Kohärenz zu unterstellen. Abseits konventioneller Aufsatzstrukturen und Argumentationsketten ermöglicht die knappe Form des Lexikonartikels, über Lemmata Phänomene und Konzepte anzusteuern und pointiert darzustellen. Zugleich lädt ein Lexikon zum Schlendern ein, zum plötzlichen Hängenbleiben an einem Begriff oder Bild, zu Einblicken in andere Perspektiven auf vertraute Begriffe oder Gegenstände, zur Überraschung durch Spezialfälle und Kuriositäten. Die Verweisstruktur eines Lexikons provoziert nicht-lineare Lesepraktiken, ein Springen zwischen Texten und unterschiedliche Lese- und Rezeptionspfade durch das Buch. Das alphabetisch sortierte Nebeneinander von Artikeln fächert die Vielgestaltigkeit von Virtualität auf. Jedoch sind Lexika nicht selten Instrumente, die mit einem Anspruch auf Universalität und Vollständigkeit vereinheitlichende Setzungen vollziehen. Um solche Schließungsbewegungen zu problematisieren, bricht unser Lexikon mit konventionellen Ansprüchen in zweifacher Hinsicht: durch die Auswahl der Gegenstände sowie die Situierung ihrer Darstellung.

Zum einen lässt sich der Anspruch auf Vollständigkeit konterkarieren, indem nicht die vermeintlich zentralen Begriffe systematisch durchgegangen und historisch kontextualisiert werden. Stattdessen beschäftigen sich unsere Artikel mit partikularen Phänomenen und Details, die vor dem Hintergrund der Virtualität an Relevanz gewinnen. Scheinbar gewichtige Begriffe des gegenwärtigen Virtualitätsdiskurses (→ Daten, → Media, social) besprechen wir nicht zentralisiert, sondern verteilt auf mehrere Artikel, unter unterschiedlichen Fragestellungen und hinsichtlich heterogener Facetten. Manche Schlagworte bleiben bewusst unberührt. Allen voran aktualisieren wir den Begriff der Virtualität, um ihn je nach konzeptueller und begrifflicher Rahmung unterschiedlich auszufächern. Zentraler Aspekt dieses Vorgehens ist es, die untersuchten Konzepte und Begriffe an die Orte, Zeiten und Akteur:innen unserer Forschung zurückzubinden, an unsere Forschung im ECF des SFB 1567 *Virtuelle Lebenswelten* an der RUB.

Zum anderen, und als Konsequenz dessen, verstehen wir unser Lexikon als situiert, insofern es weder auf Vollständigkeit noch Objektivität im klassischen Sinne abzielt, sondern die Multiplizität und Fluidität von Erfahrungen und Praktiken anerkennt. Wir folgen Donna Haraways (1995) Vorschlag, situiertes Wissen zu verfertigen, das die panoptische Geste und den »erobernden Blick von nirgendwo« (ebd.: 80) klassischer Lexika unterläuft. Das Lexikon folgt der Überzeugung, dass wir an konkrete Orte gehen und spezifischen materiell-semiotischen Praktiken folgen müssen, um zu entfalten, was der SFB *virtuelle Lebenswelten* (vgl. Rieger/Schäfer/Tuschling 2021) nennt. Entsprechend geht das Lexikon dem Projekt eines »situierte[n] Schreiben[s]« (Gramlich/Haas 2019) nach, indem wir unsere eigenen Positionen und Praktiken offenlegen und produktiv machen, ohne sie zu fixieren (→ Situierung, → Text, plain). Wir schreiben aus unterschiedlichen Interessen heraus, haben unterschiedliche Biografien und verfügen über unterschiedliche Privilegien hinsichtlich wirkmächtiger Differenzkategorien wie *race*, *class*, *gender* oder *dis/ability* (→ Behinderung, virtuelle). Wir befinden uns zudem an unterschiedlichen Positionen im akademischen System und wissenschaftlichen Feld. Aus diesen Offenlegungen sollen Sensibilitäten für mögliche Ausschlüsse und Asymmetrien im Schreiben resultieren, aber auch die Situierung als produktive Geste verstanden werden: Die partiellen Perspektiven situieren Virtualität anhand konkreter und lebensweltlich relevanter Gegenstände und Praktiken, die ein facettenreiches Gegengewicht zu großen Narrativen des Virtuellen bilden – von den entkörperten Virtualitätsfiktionen des Cyberpunk bis hin zu aktuellen Marketing-Versprechen des *Metaversum* (→ Meta, → Großinvestition).

Der Untertitel unseres Bands, der Ausweis unseres Vokabulars als *situiertes Lexikon*, erzeugt also eine Spannung zwischen dem situierten Partiellen und der zentrierenden Geste eines Lexikons. Diese Spannung wollen wir nicht tilgen, sondern fortwährend mitführen. Durch die Darstellung unterschiedlicher Virtualitäten sowie Virtualitätsverständnisse und ihrer forschungspraktischen Anwendung werden Unterschiede und Überschneidungen sichtbar und in der Folge adressierbar. Viele Artikel sind kollaborativ entstanden. Alle haben ein kooperatives Begutachtungsverfahren durchlaufen, um inhaltliche Verbindungslinien auszuweisen, aber auch Grenzen der Verständlichkeit zu verstehen. Wir folgen mit dieser Realisierung des Lexikons sozial- und geisteswissenschaftlichen, teils queer-feministischen Vorbildern, die in Gemeinschaftsarbeit und durch Multiplizität Neues freisetzen und mit Poesie und Spekulation Alternativen ermöglichen (etwa: Pinkus 2016; Howe/Anand 2020; Maguire/Winthereik 2023). Kurzum, mit dem Gerüst eines Lexikons lässt sich gut denken. Und irritieren. In Handbüchern und Taxonomien der Virtualität findet in den vergangenen Jahren eine Kanonisierung der Literatur statt (z.B. Kasprowicz/Rieger 2020; Grimshaw 2013). Wir nehmen daran teil, streichen den Kanon aber zugleich durch, um die kontroverse Gestalt des Virtuellen offenzuhalten. Erhalten möchten wir den Denk- und Handlungsraum, der dem Begriff innewohnt und der uns in Zeiten ökonomischer, sozialer und ökologischer Unsicherheit hilfreich erscheint. So liefert das Lexikon kein vereinheitlichendes Verständnis des Virtuellen. Es präsentiert eine Collage gegenseitiger Bezüge, die dadurch zum Thema gemacht und diskutiert werden können.

Wenn wir ansetzen, ein *Vokabular des Virtuellen* auszubuchstabieren, geht es also nicht darum, dem Gespräch über Virtualität ein systematisierendes Raster zugrunde zu legen. Wir wollen keinen Wortschatz mit definierten Bedeutungen festzurren. Wir wollen ein gemeinsames Sprechen ermöglichen – ohne Sprachregeln vorzugeben, die feststellen, was klar, diskutabel oder erweiterbar ist. Bestenfalls gelingt es uns, deutlich zu machen, inwiefern Differenzen in der Forschungspraxis und Theoretisierung des Virtuellen produktiv werden können: Manchmal hat Virtualität auf den ersten Blick nichts mit digitaler Medientechnologie zu tun (→ Insel, virtuelle, → Klappkiste, → Normenräume); manchmal lohnt es sich, den populären Anwendungsfall einer über eine VR-Brille vermittelten Realität auf seine Potenziale hin abzuklopfen (→ Anerkennung, virtuelle, → Bodies, playing, → Experience, → Zeitreise, virtuelle). In der Zusammenschau der Artikel wie auch in einzelnen Texten zeigt sich obendrein, dass Virtualität ein griffiges Konzept ist, um Kontinuitäten zwischen Medienformationen aufzuspüren und zu analysieren, vom Buch über den Film bis zu VR-Anwendungen (→ Emersion). Das Ergebnis ist ein Mosaik spezifischer, partieller und involvierter Positionen des Virtuellen. Das ist ein Anfang (→ Anfänge). Wie die Forschung im ECF und am SFB soll sich auch das *Vokabular des Virtuellen* weiterentwickeln. – Wir, die Herausgeber:innen, bedanken uns bei allen bisherigen Autor:innen (→ Autor:innen, Liste der) und künftigen Mitwirkenden. Unser besonderer Dank gilt Benjamin Braamt, Sylvia Kokot und Lynn Werner, die uns bei der Schlussredaktion unterstützt haben.

Gebrauchsanweisung, keine

Die Lexikon-Form des vorliegenden *Vokabulars des Virtuellen* lädt zu einem eigenständigen Gebrauch ein. Wer das Editorial bis hierhin übersprungen hat oder es gar nicht liest, sondern gezielt Artikel ansteuert oder die PDF-Version nach einem Wort durchsucht, macht nichts falsch – die eine *richtige* Umgangsweise mit dem Lexikon gibt es nicht. Die oft knapp gefassten Artikel ermöglichen einen Einblick in das wachsende situierte Wissen zu und um Virtualität. Lesende sollen an Titeln von Artikeln, Abbildungen, einzelnen Sätzen oder Querverweisen hängen bleiben und so ihren eigenen Lese- und Denkweg durch das Buch finden, der mutmaßlich von Vor- und Rückgriffen sowie Unterbrechungen gezeichnet ist. Aufgrund der Vielgestaltigkeit des Virtuellen haben wir als Herausgebende dazu aufgerufen, mit Beitragsformaten zu experimentieren, um Momente der Überraschung und Widerfahrnisse möglich zu machen. So wird das klassisch rigide Format des Lexikons auch dadurch zu durchkreuzen versucht, dass längere Artikel (empirisch und konzeptionell gesättigte Analysen) begleitet werden von randständigen Einträgen (Klärungen, Querverweise oder Irritationen, geschrieben von uns Herausgeber:innen: → 1567, → C#, → Daten, → Digitalität, → Early Career Forum, → INF, → Jahr, → Media, social, → Meta, → Objekt, virtuelles, → Reality, augmented, → Reality, virtual, → Universität Bochum, Ruhr-, → Vokabular des Virtuellen, → Wording, → Y-Achse) und Gedichten (freie Gedankengänge, Assoziationen, Öffnungen, siehe: → entgegnung, → Experience, → Kursieren, → Lebenswelt). Die Formate und ihre Komposition tragen dazu bei, eine Arretierung des Virtualitätsbegriffs zu hinterfragen.

Literatur

Howe, Cymene/Pandian, Anand (Hg.) (2020): Anthropocene Unseen: A Lexicon, Santa Barbara: Punctum Books.

Deleuze, Gilles (1989): Henri Bergson zur Einführung, Hamburg: Junius.

Deleuze, Gilles (2007): »Das Aktuelle und das Virtuelle«, in: Peter Gente/Peter Weibel (Hg.): Deleuze und die Künste. Frankfurt a.M.: Suhrkamp, S. 249–253.

Gramlich, Naomi/Haas, Annika (2019): »Situiertes Schreiben mit Haraway, Cixous und graue Quellen«, in: Zeitschrift für Medienwissenschaft 20, S. 38–52.

Grimshaw, Mark (Hg.) (2013): The Oxford Handbook of Virtuality, Oxford: Oxford University Press.

Haraway, Donna (1995): Die Neuerfindung der Natur: Primaten, Cyborgs und Frauen. Hrsg. und eingeleitet von Carmen Hammer und Immanuel Stieß. Frankfurt a.M./New York: Campus Verlag.

Hayles, Katherine N. (1999): How we became Posthuman. Virtual Bodies in Cybernetics, Literature, and Informatics. Chicago, London: The University of Chicago Press.

Kasprowicz, Dawid/Rieger, Stefan (Hg.) (2020): Handbuch Virtualität, Wiesbaden: Springer VS.

Maguire, James/Winthereik, Britt Ross (Hg.) (2023): Reclaiming Technology: A poetic-scientific vocabularly, Copenhagen: Ctrl+Alt+Delete Books.

Peirce, Charles Sanders (1920): »Virtual«, in: James Mark Baldwin (Hg.): Dictionary of Philosophy and Psychology, New York: Macmillan Company, S. 763–764.

Pinkus, Karen (2016): Fuel: A speculative dictionary, Minneapolis: University of Minnesota Press.

Rieger, Stefan/Schäfer, Armin/Tuschling, Anna (Hg.) (2021): Virtuelle Lebenswelten. Körper – Räume – Affekte, Berlin/Boston: De Gruyter.

Souriau, Étienne (2015 [1943]): Die verschiedenen Modi der Existenz, Lüneburg: meson.

Verhoeff, Nanna/Dresscher, Paulien (2020): »XR: Crossing and Interfering Artistic Media Spaces«, in: Larissa Hjorth/Adriana de Souza e Silva/Klare Lanson (Hg.), The Routledge Companion to Mobile Media Art, Milton: Taylor & Francis Group, S. 482–492.

Emersion

Robert Dörre, Matthias Preuss

»Emersion« ist ein seltenes Wort. Seine Frequenz ist seit dem Übergang ins 20. Jh. so gering, dass es praktisch nicht vorkommt.[1] Dennoch ist es sinnvoll, diese Rarität als Neologismus in die Diskussion virtueller Phänomene einzuführen, denn der Begriff »Emersion« erlaubt es, → Virtualität auf eine interessante Weise zu denken: als *Effekt eines dynamischen Widerstreits von emersiven und immersiven Zügen* und als jeweils spezifische räumliche, zeitliche und soziale *Konfiguration* von Realitäts- und Materialitätsebenen.

1 Vgl. die Wortverlaufskurven des Digitalen Wörterbuchs der deutschen Sprache: https://www.dwds.de/wb/Emersion (letzter Zugriff: 18.08.2023).

Diese spekulative Setzung ist ein Artefakt unserer Praxis: In der ersten Arbeitsphase des SFB *Virtuelle Lebenswelten*, in der wir immer wieder versuchten, Virtualität auf unterschiedliche Weise und in Bezug auf sehr verschiedene Gegenstände zu fassen, war in unseren Gesprächen wiederholt von »Emersion« oder »emersiven Techniken« die Rede. Diese Wörter tauchten auf und insistierten auf eigentümliche Weise, obwohl noch keine Einigung darüber bestand, was darunter zu verstehen sei. Üblicherweise stellen Lexika bereits vorhandenes Wissen zu einem Lemma synoptisch dar; dieser Eintrag hat dagegen eher spekulativen Charakter. Er trägt der Eigenmächtigkeit der Wörter im Forschungsprozess Rechnung, fasst sie selbst als Werkzeuge auf und tastet sich in das Gebiet unsicheren Wissens vor, indem er ausgehend vom Impuls der Emersion eine Perspektive auf Virtualität entwirft, die nicht wie in den 1990er Jahren von der Immersion ausgeht – also von einem metaphorischen Eintauchen in eine alternative oder gänzlich gegensätzliche Welt, deren Gestaltung selbst das Eintauchen noch Vergessen machen kann. »Emersion« ist hingegen zwar ein seltenes Wort, doch wo es vorkommt, *bezeichnet* es nicht nur ein Auftauchen, sondern *markiert* es immer auch zugleich. Die Durchdringung von Virtualität und Lebenswelt erfordert es, virtuelle Phänomene nicht auf ihre immersiven Aspekte zu reduzieren (→ Roboterliebe). In diesem Eintrag wird Emersion als praxisorientierte Theoriefigur vorgeschlagen, die es ermöglicht, Medien als *eingreifende Agenten* (Akteure, Aktanten) anhand inhärenter Brüche und Unterbrechungen zu verstehen und zu untersuchen.

Das Antonym »Immersion« hat eine lange Gebrauchs- und Theoriegeschichte. Im Gegensatz dazu gibt es nur wenige

Bereiche, in denen »Emersion« bisher terminologisch überhaupt vorkam. In der Geologie, genauer in der Geophysik, ist »Emersion« ein Begriff für das Auftauchen von Landmassen aus dem Meer aufgrund von tektonischer Hebung oder eustatischer Senkung (Meschede/Murawski/Meyer 2021: 76; Naumann 1849/1850: 1000). In der Astronomie bezeichnet »Emersion« das Heraustreten eines Trabanten aus dem Schatten eines Planeten, oder auch den »heliacische[n] Auf- oder Untergang eines Sterns« (Herders Conversations-Lexikon 1854–1857: 550).

Versteht man das Aufkommen des Begriffs »Emersion« als Vehikel zum Denken von Virtualität, so wird es unabdingbar, sich damit auseinanderzusetzen, wie sich Wörter als Beobachtungsinstrumente auf das Denken auswirken. Wie Lakoff und Johnson (1980) in ihren Überlegungen zu kognitiven Metaphern ausführen, ergeben sich bei der Überlagerung von Bildfeldern Interferenzmuster, das heißt bestimmte Bereiche werden erhellt, andere dagegen verdunkelt. Metaphern können an Gegenständen bestimmte Aspekte hervortreten lassen (daher ihre Bedeutung für kognitive Prozesse), allerdings verstellen sie dabei andere, vielleicht nicht minder wichtige Aspekte. Diese Verstellung ist auch bei der Perspektivierung von Virtualität durch Immersion wirksam. Gleichermaßen gilt das für den Zugang über den Gegenbegriff »Emersion«, auch wenn es jeweils andere Bereiche sind, die nicht einbezogen werden. Die Vorsilbe »ex«[2] (= aus, heraus, empor...) (Georges 1998: o.S.) hat allerdings eine besondere explosive Kraft, die dazu drängt, aus dem Kontext herauszutreten und die erweiterte Konstellation oder Beobachtungssituation in die Überlegungen einzubeziehen, um das Wechselspiel von Emersion und Immersion in den Blick zu bekommen.

Was war Immersion?

In den 1990er Jahren bestimmte der Begriff »Immersion« die Diskussion um Virtualität. Technologische Entwicklungen und das gezielte Marketing für neue Medien virtueller Realität (Head-Mounted Displays, Datenhandschuhe- und Helme etc.) beflügeln erneut den Topos vom Eintauchen in fiktionale Welten (Schweinitz 2006: 137–138). Virtuelle Realität wird in diesem Sinne häufig als computergenerierte Simulation einer Umgebung (*environment*) definiert, die eine »illusion of telepresence« erzeugen kann, also den Eindruck »[of] actually being present in the synthetic environment« (Ellis 1991: 324) vermittelt.

Auch Howard Rheingold ruft in einer technikhistorischen Bestandsaufnahme virtueller Realität (VR) eine phänomenologisch akzentuierte Immersionsrhetorik auf, wenn er etwa schreibt: »Im Zentrum der VR steht eine Erfahrung – die Erfahrung, in einer virtuellen Welt oder an einem fernen Ort zu sein [...]« (Rheingold 1992: 64). Janet Murray betont, dass VR einen medienspezifischen Immersionsmodus in Gang setzen kann, der nicht nur Präsenzerfahrungen ermöglicht, sondern partizipative Teilhabe am Geschehen verspricht: »*Immersion* is a metaphorical term derived from the physical experience of being submerged in water. [...] But in a participatory medium, immersion implies learning to swim, to do the things that the new environment makes possible [Herv. i.O.]« (Murray 1997: 98f.). Für Murray ist eine gewisse Distanz zum Geschehen Bedingung für eine gelingende Immersion,

2 Die Vorsilbe ›ex‹ wandelt sich vor dem Konsonanten m in ›e‹.

weil die Vermischung von »repräsentierter« und »tatsächlicher« Welt auf Seite der Rezipient:innen zu Irritationen führt, wie beim Durchbrechen der vierten Wand im Theater oder dem Verweis auf die eigene Materialität in Romanen (vgl. Murray 1997: 99–106).

Während bei Murray die Voraussetzungen für immersives Erleben im Vordergrund stehen, hat der immersionszentrierte Virtualitätsdiskurs stets auch kulturkritische Bedenken heraufbeschworen, etwa die Befürchtung, dass die Realität »hinter einem Bildschirm verschwindet« (Rheingold 1992: 22). Marie-Laure Ryan hat sich diesem Diskursstrang ausführlicher gewidmet und zeigt im Rekurs auf Jean Baudrillard, wie virtuelle Welten als Ausgangspunkt für eine absolute Immersion imaginiert werden, die den Platz des Realen einnimmt (vgl. Ryan 2001: 27–33). Zugleich wird die Verwendung des Begriffspaars »Virtualität« und »Immersion« seit jeher von einem Gestus begleitet, der in die Zukunft ausgreift und somit markiert, dass weder die Wirkungsversprechen einlösbar noch die Befürchtungen eingetroffen wären. In den fiktionalen Welten von Literatur und Film wurde hingegen schon häufiger ein technischer und gesellschaftlicher Status Quo bschrieben, der solche Szenarien möglich werden lässt.

Abb. 1: Filmstill aus The Matrix (1999) (USA, AUS, R: Lana Wachowsky, Lilly Wachowsky)

Der Ende der 1990er Jahre erschienene Film *The Matrix* (USA, AUS 1999) von Lana und Lilly Wachowski bebildert einerseits den Mediendiskurs des vergangenen Jahrzehnts und stellt diesen gebündelt dar, liefert aber am Ausgang der Epoche auch eine Kritik der mit virtuellen Welten verknüpften Versprechen von Freiheit und Fülle. Es ist allerdings bezeichnend, dass selbst diese Kritik sich nicht vom Paradigma der Immersion lösen kann. Auf den ersten Blick operiert der Film mit einer einfachen Opposition zwischen Realität und Virtualität, entlarvt die Scheinwelt, führt die User:innen als Benutzte vor, denen vitale Ressourcen entzogen werden, und plädiert dafür, die Verbindungen zu kappen.

Der Film praktiziert allerdings weit mehr als er predigt. Zwei Momente machen die Szene, in der Neo aus der ihm zeitlebens vorgespiegelten virtuellen Realität auftaucht, sich im Geléebad wiederfindet (Abb. 1) und schließlich mit den Worten »Welcome to the real world!« begrüßt wird, auch aus Perspektive der Emersion interessant. Erstens wird das Auftauchen reflexiv verdoppelt. Nachdem der Defekt (das Erwachen) durch einen fliegenden Überwachungsbot detektiert worden ist, wird Neo als Ausschuss in eine gigantische Kloake gespült. Aus dieser taucht er dann, von einem Greifarm gepackt, ein zweites Mal auf. Die Dopplung der Immersion (und Emersion) legt nahe, dass es mit einem einfachen Ein- bzw. Auftauchen nicht getan ist, da sich multiple Realitäten überlagern. Zweitens wird Neo zwar durch eine im Nacken (wohl am Stammhirn) sitzende zentrale Schnittstelle sowie kleine über den Körper verteilte Kabel angezapft, er wird aber auch durch in den Mund eingeführte Schläuche beatmet und ernährt. Dadurch wird die Innen/Außen-Dichotomie durchkreuzt:

Sind der Körper ins Bad und der Geist in die VR getaucht, so dringt die ›real world‹ im Gegenzug in den Körper ein, schädigt und versorgt zugleich. Die Assemblage ist vertrackt und schärft den Blick für die Verstrickung von vielschichtigen Materialitäten.

Medien als eingreifende Agenten

Die Dominanz, die das Immersionsparadigma in den 90er-Jahren besaß, drängt auf eine Ergänzung der Theoriebildung um Dimensionen des Emersiven. Auch wenn diese Neuperspektivierung für den Diskurs um VR besonders naheliegend scheint, beschränkt sich der Radius emersiver Effekte keinesfalls auf digitale Medientechniken. Grundsätzlich sind allen Medien emersive (und immersive) Potenziale inhärent. Das Kino hat beispielsweise mit spezifischen Genres und Bewegungen (wie dem Cinema of Transgression) beständig darauf gesetzt, emersive Effekte zu produzieren. Es verwundert daher nicht, dass eine der wenigen Studien, die den Begriff »Emersion« explizit aufgreift, sich in konkretem Bezug auf den Horrorfilm mit der »Bildattacke«, also dem »Angriff der Bilder auf ihr Publikum« beschäftigt (Fürst 2017: 12–13). Fürst zielt mit seinem Emersionsbegriff dabei weniger darauf, dem Bewegtbild den Status eines eingreifenden Agenten einzuräumen, sondern situiert Text und Leser:innen in voneinander abgetrennten Sphären, die reflexiv durchbrochen werden können. Interessant für die vorliegende Einordnung des Emersionsbegriffs ist jedoch, dass Fürst beobachtet, wie zuweilen das »Bild als Monster« inszeniert wird, wenn etwa mediale Dispositive »im Horrorfilm zu unsicheren Orten werden« (ebd.: 44).

Im Kontext der Verbreitung dokumentarischer Gewaltdarstellungen, die Teil terroristischer Medienstrategien sind, werden Bewegtbilder nicht nur als Repräsentation von Gewalt verstanden, sondern selbst als gewalttätig aufgefasst. Marwan Kraidy schlägt etwa für die Wirkungslogik der Exekution- oder Attentatvideos des sogenannten ›Islamischen Staats‹ den Begriff des »projectilic image« (Kraidy 2017) vor. An Diskursivierungen, in denen Bilder im emphatischen Sinne zur Waffe stilisiert werden (vgl. Dörre 2023), offenbart sich eine Vorstellung von Medien als eingreifenden Agenten, die jenseits einer medialen Realität Wirkung entfalten. Das wird besonders deutlich, wenn diese Bilder wiederum selbst zum Anlass für militärische Interventionen genommen werden.

Diskursgeschichtlich ist das Fokussieren emersiver Aspekte zudem stark an mediale Zäsuren geknüpft. So wird das Aufkommen neuer medialer Formen und neuartiger Verwendungsweisen bestehender Medientechniken nicht selten als grenzüberschreitend narrativiert. Von den ersten Vorführungen des Films *L'Arrivée d'un train en gare de La Ciotat* (F 1896) wird in älteren filmhistorischen Beiträgen gern berichtet, die Zuschauer:innen wären geschockt gewesen, hätten geschrien und teilweise sogar fluchtartig den Saal verlassen, weil sie befürchteten, der Zug, der von der Leinwand her perspektivisch auf sie zurollte, könnte die Grenze medialer Realität durchbrechen und den Ort der Vorführung verheeren (vgl. Gunning 2004). Zugleich wird an diesem Beispiel ein Wechselverhältnis deutlich, das die Metapher vom attackierenden Bild häufig bedingt. Während die dispositive Anordnung ein kontemplatives bis immersives Rezeptionserleben nahelegt, operiert der Film mit emersiven ästhetischen Mitteln wie der durch die Zentralperspektive erzeugten Illusion von räumlicher Übergängigkeit. Ein ähnliches mediales Ausgreifen in die Lebenswelt stellt die inzwischen ebenfalls zum Mythos deklarierte (vgl. Pooley/Socolow 2013) Massenpanik dar, mit der das Publikum 1938 zu Halloween auf die Ausstrahlung des Hörspiels *The War of the Worlds* von H. G. Wells im Radio und die darin geschilderte Alien-Invasion reagiert haben soll. Neuere Untersuchungen haben ergeben, dass diese imaginierte Reaktion diskursiv mit der Konkurrenz zwischen den etablierten Printmedien und dem Radio, aber auch mit einer Autoritätsanmaßung des Radios in einem Zusammenhang steht (vgl. Strupp 2011).

Nicht selten stehen die Analysen solcher Aus- oder Angriffe in der Tradition einer konservativen Medienkulturkritik (vgl. Passig 2013: 9–25). So wurde etwa im Zuge der Verbreitung des Walkmans in den frühen 1980er Jahren, das Hören mit Kopfhörern vermehrt in Analogie zu Drogeninfusionen gebracht (vgl. Weber 2008: S. 191–201); verbunden mit der Diagnose, dass die Technik zum einen destruktiv in den Körper eingreift (ein Topos der Emersion) und zum anderen ihn von der Außenwelt sozial wie physisch isoliert (ein Topos der Immersion).

Als Theoriefigur gehen mit Emersion aber häufig auch metaphorische Vorstellungen einher, die diese als ein Auftauchen begreifen und damit in ein antonymisches Verhältnis zur Immersion setzen. Wir verstehen Emersion (und damit implizit auch Immersion) komplexer und vielfältiger. Emersion und Immersion sind – das haben die bisherigen Beispiele demonstriert – keine einander ausschließenden Phänomene; sie stehen nicht in binärer Opposition zueinander. Emersion konturiert sich daher stärker durch Nuancen, Schichtungen und Facetten als durch Gegensätze, Absolutheiten oder Kontraste. Unterscheiden lassen sich lediglich Grade der Explizitheit von immersiven und emersiven Techniken.

Suggestion und Enttäuschung

Als Gradmesser für immersive Qualität kann beispielsweise gelten, in welchem Maß die *eigentliche* Welt in den Hintergrund tritt, verblasst oder ultimativ gar komplett verschwindet. Immersion ist in diesem Sinne nicht zuletzt ein Versprechen, das mit spezifischen Medientechnologien wie VR-Anwendungen in Verbindung gebracht wird. Medien sind Waren und als solche mit Claims und Kampagnen verknüpft, die sich nicht selten bis in die medienwissenschaftliche Analyse hinein fortschreiben. Das Reklamieren immersiver Techniken als das *Eigentliche* der Medien der Virtualität macht vergessen, dass diese erstens auch immer konfrontieren, abstoßen, ausschließen, angreifen, herauskatapultieren und zweitens das Vergessen-Machen selten glattläuft (→ Xtended Room). Virtualität lockt nicht nur mit dem Versprechen der Immersion, sie bricht es auch zwangsläufig. Oftmals ist das Auseinanderklaffen zwischen der zumeist paratextuellen Suggestion eines bestimmten Erlebens und der Realisierung des Erlebnisses derart eklatant, dass sich die Tragkraft des Versprechens erschöpft. Daher stellt sich in der Rezeption oft Enttäuschung ein. In der Forschungspraxis hat sich gezeigt, dass dieser Affekt ein Hinweis auf das Wirken emersiver Techniken sein kann.

Im Diskurs um aktuelle Entwicklungen im Bereich der VR-Technologie lassen sich Tendenzen ausmachen, die von der reinen Immersion weg und hin zur Implementierung emersiver Techniken führen.

Dieser Paradigmenwechsel lässt sich am Beispiel der *Quest 3* von Meta beobachten. Dieses seit Oktober 2023 angebotene HMD, wird als Hybrid beworben: Es liefere sowohl »atemberaubende VR« als auch »bahnbrechende Mixed Reality, in der virtuelle Elemente mit der physischen Welt um dich herum verschmelzen« (Meta 2023). Das Gerät verheißt nicht mehr ein Eintauchen in eine Welt, sondern das Management einer Simultaneität und die Überlappung von Welten. Das Hereinholen der Ausstattung der Rezeptionssituation in die durch das HMD erzeugte Umgebung bildet dabei eine Gegenbewegung zur lebensweltlichen Dissemination der *devices*. Die *Vision Pro*, das seit Februar 2024 erhältliche erste HMD von Apple, soll dem Ankündigungstext zufolge nichts weniger als eine »neue Ära des Computers« einläuten, denn es handele sich um das »fortschrittlichste persönliche Elektronikgerät aller Zeiten« (Apple 2023). Dieser »Fortschritt« bestehe gerade darin, dass die Brille »räumliches Computing« ermögliche, wodurch »nahtlos digitale Inhalte mit der physischen Welt [verbunden] werden können, wodurch »Nutzer:innen [...] präsent und mit anderen verbunden [...] bleiben.« Die durch Apples Marketing-Offensive beschworene »Revolution« besteht im Release eines »räumliche[n] Computer[s]«, der explizit nicht nur Immersion, sondern auch Emersion bewirken soll, indem virtuelle Szenarien und physische Umgebung fließend ineinander übergehen. Auch wenn Virtualität immer schon von emersiven Zügen gekennzeichnet war, so richtet sich neuerdings auch das kommerzielle Begehren der Techkonzerne darauf, aus Emersion Kapital zu schlagen. Die *neuesten* Gadgets erschließen damit in den 2020er Jahren nach einer langen Latenzphase ein Potenzial, das im Immersionsdiskurs der 1990er Jahre bereits angelegt war.

Emersion als flexible Reflexionsfigur

Emersion lässt sich als technisch induzierte Spielart der Reflexion beschreiben, die sich (zugleich) auf unterschiedliche Gegenstände richten kann. Reflexion wird hier *nicht* als epistemologisch privilegierter Gegenentwurf zu einer erlebenden, eintauchenden, mitfühlenden, mitfiebernden Rezeption in Stellung gebracht, sondern steht mit dem Erleben in einem engen Zusammenhang (vgl. Ryan 199). Kritik und Genuss schließen einander nicht aus. Virtualität impliziert ein »nichtnaives Lesen« (ebd.), einen vielschichtigen Rezeptionsmodus, der Analyse, »Lust am Text« (vgl. Barthes 1973) und weitere Aspekte des Lesens bündeln kann.

Es gibt eine Fülle vor- und nicht-digitaler emersiver Techniken, die ebenso Aufmerksamkeit steuern und Denken orientieren. Jedes in Bezug auf ein Medium unterscheidbare Element lässt sich potenziell emersiv einsetzen, aufladen oder auffassen. Zwar ist deshalb dessen emersive Wirkung kaum kalkulierbar, allerdings lassen sich Elemente benennen, die eine hohe Affinität zur Emersion aufweisen. Dazu zählen etwa deiktische Ausdrücke, narrative Metalepsen (vgl. Genette 1969–1976: 152–154; Genette 2004), Formen der Adressierung, der Anrufung und des Appells (vgl. Allerkamp 2005), Situationen, in denen Medien als Handelnde in sozialen Netzwerken erkennbar werden, zum Beispiel als kognitive Agenten (vgl. Hayles 2021: 35) und Faktoren, die auf die Rezeptionssituation *zurückwerfen*. Ein Beispiel dafür sind etwa das Umblättern beim Lesen oder das Zuklappen eines Buchs. Ein weiteres Beispiel ist die *passthrough-*

Funktion von VR-Brillen (→ Multiplizität), die das Gerät durchlässig macht für die durch zusätzliche Kameras vermittelte Umgebung, wenn Nutzer:innen einen vordefinierten Bereich verlassen (Abb. 2).

Abb. 2: Screenshot der Verfasser der passthrough-Funktion einer Meta Quest HMD

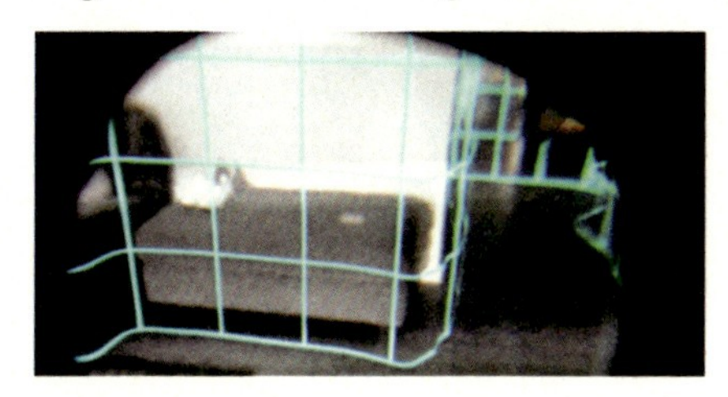

Besonders wichtig ist in diesem Kontext der Bereich der Paratextualität. Dieser umfasst mit einem Text lose oder eng verbundene, die Rezeption steuernde Textelemente (vgl. Genette 1998). Von dieser narratologischen Kategorie und ihrer medienwissenschaftlichen Perspektivierung (vgl. Stanitzek 2010) ausgehend, lässt sich beobachten, wie Bewegungen zwischen Materialitätsebenen suggeriert oder verhindert werden sollen. Paratexte sind aus dieser Perspektive keine simplen Schwellen zwischen Innen und Außen, sondern Navigationssysteme für komplex gestaffelte Materialität und Medialität. Ein paratextuelles Element, das Rezeptionssteuerung interaktiv gestaltet, sind in VR-Umgebungen aufrufbare Menüs des Interfaces, die sich *vor* die Realität der fiktionalen Welt schieben (Abb. 3, → Foto, virtuelles).

Abb. 3: Screenshot der Verfasser der Meta Quest-Bedienoberfläche

Als flexible Reflexionsfigur erlaubt es Emersion, neu über Virtualität nachzudenken. Die Reihe von Beispielen für emersive Elemente legt es nahe, Virtualität als Effekt einer Schichtung von verschiedenen Realitäten und Materialitäten zu beschreiben. Dieser Gedanke gewinnt bereits in der Virtualitätsdiskussion der 90er Jahre Kontur. Anhand der Figur der Augmentation (= Erweiterung) wurden Formen des Übergangs zwischen erweiterter Realität und erweiterter Virtualität diskutiert, die sich auf einem Spektrum bewegen. Interessant ist an diesem »reality-virtuality continuum« (Milgram et al. 1995: 282) vor allem die Möglichkeit von Zwischenstufen, die durch eine Überlagerung verschiedener Ebenen konfiguriert wird. Ein gutes Modell für diese Version von Virtualität ist die Anordnung verschiedener Ebenen bei der digitalen Bildbearbeitung. Die Software (z.B.: GIMP) erlaubt es, einzelne Layer eines Bildes ein- und auszublenden oder durchlässig zu machen. Während immersive Techniken darauf abzielen, den Übergang von Ebenen zu kaschieren oder abzuschatten, heben emersive Techniken die Differenz der Ebenen hervor, beleuchten sie. Daraus ergibt sich für uns die Aufgabe, Virtualität im Zusammenspiel beider Aspekte zu erforschen.

Literatur

Allerkamp, Andrea (2005): Anruf, Adresse, Appell. Figurationen der Kommunikation in Philosophie und Literatur, Bielefeld: transcript.

Apple (2023): »Apple Vision Pro – Apples erster räumlicher Computer«, in: apple.com (05.06.2023). Online unter: https://www.apple.com/de/newsroom/2023/06/introducing-apple-vision-pro/ (letzter Zugriff: 31.10.2023).

Barthes, Roland (2010 [1973]): Die Lust am Text, übers. von Ottmar Ette, Frankfurt a.M.: Suhrkamp.

Dörre, Robert (2023): An Epilogue of Images. On Theorizing and Archiving Daesh's Videos of Violence, in: Simone Pfeifer/Christoph Günther/Robert Dörre (Hg.), Disentangling Jihad, Political Violence, and Media, Edinburgh: Edinburgh University Press, S. 329–359.

Ellis, Stephen R. (1991): »Nature and origins of virtual environments: a bibliographical essay«, in: Computing Systems in Engineering 2(4), S. 321–347.

Fürst, Michael (2017): Emersive Bilder: Angriff der Bilder auf ihr Publikum, Paderborn: Fink.

Genette, Gérard (2001 [1987]): Paratexte. Das Buch vom Beiwerk des Buches, Frankfurt a.M.: Suhrkamp.

Genette, Gérard (2010 [1969–1976]): Die Erzählung, Paderborn: Fink.

Genette, Gérard (2018 [2004]): Metalepse, Wehrhahn: Hannover.

Georges, Karl Ernst (Hg.) (1998): Ausführliches lateinisch-deutsches Handwörterbuch, 2. Bände, Darmstadt: Wissenschaftliche Buchgesellschaft. Online unter: http://www.zeno.org/georges-1913 (letzter Zugriff: 31.10.2023).

Gunning, Tom (2004): »An aesthetic of astonishment: Early Film and the (In)Credulous Spectator«, in: Film theory: Critical concepts in media and cultural studies 3, S. 76–95.

Hayles, N. Katherine (2021): Postprint. Books and Becoming Computational, New York: Columbia University Press.

Herders Conversations-Lexikon (1854–1857), Freiburg im Breisgau: Herder'sche Verlagsbuchhandlung. Online unter: http://www.zeno.org/nid/2000331653X (letzter Zugriff: 31.10.2023).

Kraidy, Marwan M. (2017): The projectilic image: Islamic State's digital visual warfare and global networked affect, in: Media, Culture & Society 39(8), S. 1194–1209.

Lakoff, George/Johnson, Mark (1980): Metaphors We Live By, Chicago/London: University of Chicago Press.

Meschede, Martin/Murawski, Hans/Meyer, Wilhelm (Hg.) (2021): Geologisches Wörterbuch, 13. Aufl., Berlin, Heidelberg: Springer Spektrum.

Meta (2023): »Jetzt neu: Die Meta Quest 3«, in: meta.com. Online unter: https://www.meta.com/de/quest/quest-3/ (letzter Zugriff: 31.10.2023).

Milgram, Paul/Takemura, Haruo/Utsumi, Akira/Kishino, Fumio (1995): »Augmented Reality. A Class of Displays on the Reality-Virtuality Continuum«, in: Proceedings of SPIE 2351, Telemanipulator and Telepresence Technologies. 21. Dezember 1995, S. 282–292.

Murray, Janet Horowitz (1997): Hamlet on the Holodeck. The Future of Narrative in Cyberspace, New York: Free Press.

Naumann, Carl Friedrich (Hg.) (1849/1850): Lehrbuch der Geognosie, Bd. 1, Leipzig: W. Engelmann.

Passig, Kathrin (2013): Standardsituationen der Technologiekritik, Berlin: Suhrkamp.

Pooley, Jefferson/Socolow, Michael (2013): »The Myth of the War of the Worlds Panic", in: slate.com (28. Oktober 2013). Online unter: https://slate.com/culture/2013/10/orson-welles-war-of-the-worlds-panic-myth-the-infamous-radio-broadcast-did-not-cause-a-nationwide-hysteria.html (letzter Zugriff: 31.10.2023).

Rheingold, Howard (1992): Virtuelle Welten. Reisen im Cyberspace, Reinbeck: Rowohlt.

Ryan, Marie-Laure (2001): Narrative as Virtual Reality. Immersion and Interactivity in Literature and Electronic Media, Baltimore: Johns Hopkins University Press.

Schweinitz, Jörg (2006): »Totale Immersion, Kino und die Utopien von der virtuellen Realität. Zur Geschichte und Theorie eines Mediengründungsmythos«, in: Britta Neitzel (Hg.), Das Spiel mit dem Medium. Partizipation – Immersion – Interaktion, Marburg: Schüren, S. 135–152.

Stanitzek, Georg (2010): »Buch: Medium und Form – in paratexttheoretische Perspektive«, in: Ursula Rautenberg (Hg.), Buchwissenschaft in Deutschland, Berlin/New York: De Gruyter, S. 157–200.

Strupp, Christoph (2011): »Mediale Massenpanik? Orson Welles' Radio-Hörspiel ›War of the Worlds‹ (1938)«, in: Zeithistorische Forschungen 8, S. 322–327.

Weber, Heike (2008): Das Versprechen mobiler Freiheit. Zur Kultur- und Technikgeschichte von Kofferradio, Walkman und Handy, Bielefeld: transcript.

Filmographie

L'Arrivée d'un train en gare de La Ciotat (1896) (F, R: Louis Lumière).

The Matrix (1999) (USA, AUS, R: Lana Wachowsky, Lilly Wachowsky).

entgegnung

Katja Grashöfer

technische umarmung
vielfältiger daten
aufdringlich genaht
welche liebe
welche faszination

Experience

Ann-Carolyn Hartwig

Das Virtuelle,
Es schwebt,
Zieht dich mit und reißt dich fort
In eine andere Zeit, an einen anderen Ort.

Das Auge blickt durch eine Brille:
Ein Augenblick in einer anderen Welt.
Der Fuß schwebend in dieser Umgebung.
Die Bewegung dort macht krank.

Über ein Kabel stolpernd,
Die Immersion missglückt.
Augen zu und zurück
Und das Virtuelle schwebt davon.

File, empty

Mace Ojala

Consider the empty file. You will have seen many of them during your computer life. Did you already see one today? Perhaps it was a new document in your familiar word processor, a spreadsheet, a new image in graphics design software, or a new file for code? A configuration file, perhaps? How did you encounter it?

Fig. 1: An empty file (All images by the author)

Although not always, files often start out empty. One convenient way to study empty files is therefore to simply make some. Many programs have *create*, *new* or something equivalent as the top item in the *File* menu. Some software even invites us to do so by default immediately, once they open. What a prominent invitation to potent action!

Fig. 2: Empty file

Fig. 3: Empty file

Let's resist intervening in the blankness by typing or pasting with⌘-v. Instead, let us hesitate and observe the surface qualities and materialities of the empty file. Suppress the *horror vacui* and welcome the liminal! How does the emptiness appear to us, what does it look like and what does it feel like? In other words, what is the phenomenology of an empty file? Is the file framed by interface elements like buttons, sliders, menus, status bars or ready-made content? Does a tutorial, a wizard, or a tip dialog pop up? The empty file might be a rectangle of white pixels, each at full luminosity (255, 255, 255; blinding enough to illuminate the room). How many corners are there? What affordances are in place for us to navigate the topology and establish ourselves in this liminal space? A new file may by default extend beyond the screen, activating the scrollbars. Just as well a new file might have no space at all, or extend to infinity in all directions. Can you drag the edges to change the size of the emptiness? Can you move beyond the blank? What's there? Is there a flipside?

It would be reasonable to assume empty files won't take up storage space when saved, but this isn't the case. Further, empty files for different purposes may vary greatly in size: extreme ones can be multiple gigabytes. The implication is that piling enough empty files will fill up your disk or a data center. Wright et al. (2014) studied empty, peer-reviewed academic publications, and evaluated the extent to which they were indeed empty. According to this fascinating and confusing research, and disappointingly for anyone who paid the full price of 30 US dollars for this peer-reviewed publication, most of the single-page PDFs contained the text »This page is intentionally left blank«. The authors discovered one truly empty publication, but it too took 8353 characters of space. You can try this by creating different empty files and comparing their sizes via your familiar file manager.

Besides being multiple and full of fascinating variability, digital emptiness is also modal (→ Multiplizität): while the new file discussed above is still empty, others are possibly empty, and some will always be empty: a useful special file called the »null device« on your computer provides reliable, standard-compliant, high-quality emptiness (POSIX 2018). Others are already empty, empty again, hopefully empty or not, never empty (to-do lists, apparently), or empty by mistake (did you ever lose the contents of your working file?). If the swap file of your computer runs out of emptiness, the memory reserves have been used up, programs start crashing, and you are in trouble. Following Gilles Deleuze's interpretation of Henri Bergson's philosophy of duration and memory, we can distinguish the virtual not from the possible but from the actual (Deleuze 1988) (→ Virtualität). Virtuality of the digital void undulates and modulates throughout the normal operation of computational systems – in Bergsonian terms, sometimes expanding (*détente*), sometimes contracting.

Fig. 4: Empty file

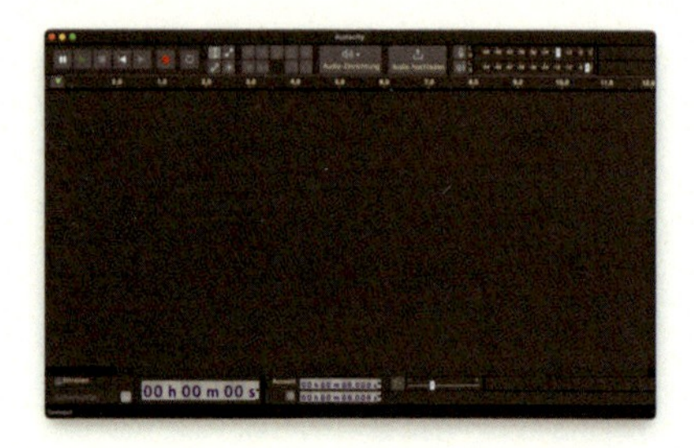

Fig. 5: Empty file

Fig. 6: Empty file

Formats enable and limit how transformations, performativity and information take shape across media (Fahle et al. 2020). To think with Karen Barad, formats are a way how matter comes to matter (Barad 2019). No matter how you live with computers, you will recognize the PDF, Word (*.doc*, *.docx*), Excel (*.xls*, *.xlsx*), PNG and JPG from your desktop. If you were to dig deeper beneath the graphical user interface, you would encounter *JSON*, *.pem*, *.h*, *.c++*, *.ini* and many more. Many computer file formats exist, and perhaps even more have already fallen into obsolescence, meaning fallen out of love, but not quite yet out of existence (Peters 2015). Some formats have re-emerged: famously, of course, the GIF (Wentz 2020), humbly pointing to the contingent and unexpected foldings of digital lifeworlds and legacies therein (Cohn 2016; Ojala 2021). All these formats carry cultural meanings, exemplified by an observant joke appropriate for the 21st century: the relevant difference between Machine Learning and Artificial Intelligence is that the former is achieved in *Python* (*.py*, *.ipynb*), the latter in *PowerPoint* (*.ppt*, *.pptx*) (→ Folienstift).

While file formats are abstract and themselves without content, as constructs and artefacts, they are nevertheless real and exercise material-semiotic agency. Emptiness in one file format is incommensurable with emptiness in another one. An experiment to conduct on your own computer: try applying the familiar cultural technique (*Kulturtechnik*) of copy-pasting of some emptiness from a Word document and pasting it into an MP3, or from a Unity project into a PDF – it won't do! Instead, you will encounter not a difference in intensity, but a genuine difference in kind: computational emptiness is not interchangeable. Returning now to Bergson, each occurrence of the empty is surrounded by a cloud of virtuality, a cloud of formats to actualize in. To put it precisely, what differentiates one empty file from another are their formats.

What holds for the extreme case of empty files, holds for computation generally. Therefore, where computation finds true difference in kind are lines drawn by the file formats. Attending closely to the expansion and contraction of the multiplicity of empty files and how each one embodies its formats is a method of heightening the sense of these differences at the limits of virtuality.

The actuality of computation in a collection of different empty files invites us to appreciate the beauty and liminality of what was, what could have been, and what might yet become.

References

Barad, Karen (2018): »Posthumanist Performativity: Toward an Understanding of How Matter Comes to Matter«, in: Cecilia Åsberg/Rosi Braidotti (Hg.), A Feminist Companion to the Posthumanities, Cham: Springer International Publishing, p. 223–239.

Cohn, Marisa Leavitt (2016): »Convivial Decay: Entangled Lifetimes in a Geriatric Infrastructure«, in: Proceedings of the 19th ACM Conference on Computer-

Supported Cooperative Work & Social Computing, CSCW '16. New York, NY, USA: ACM, p. 1511–1523.
Deleuze, Gilles (1988): Bergsonism, New York, NY: Zone Books.
Fahle, Oliver/Jancovic, Marek/Linseisen, Elisa/Schneide, Alexandra (2020): »Medium | Format. Einleitung in den Schwerpunkt«, in: Zeitschrift für Medienwissenschaft 12(1), p. 10–18.
Ojala, Mace (2021): Maintain-Ability. On Life Alongside Computer Software. Master's Thesis, Tampere: Tampere University/Trepo. Online at: https://urn.fi/URN:NBN:fi:tuni-202202031820 (last accessed: 16.05.2024).
Peters, John Durham (2015): »Proliferation and Obsolescence of the Historical Record in the Digital Era«, in: Babette B. Tischleder/Sarah Wasserman (Hg.), Cultures of Obsolescence: History, Materiality, and the Digital Age, New York: Palgrave Macmillan US, p. 79–96.
Portable Operating System Interface (POSIX) (2018): IEEE Standard 1003.1-2017, Institute of Electrical and Electronics Engineers, Volume 1, section 10.1. Online at: https://pubs.opengroup.org/onlinepubs/9699919799/ (last accessed: 16.05.2024).
Wentz, Daniela (2020): »Das GIF. Geschichte und Geltung eines Formats aus dem Geist des Tanzes«, in: Zeitschrift für Medienwissenschaft 12(1), p. 41–52.
Wright, Glen/Coudert, FX/Bentley, Martin/Deville, Sylvain/Steel, Graham (2014): »This Study Is Intentionally Left Blank – A Systematic Literature Review of Blank Pages in Academic Publishing«, in: figshare.com (06.11.2014). Online at: https://doi.org/10.6084/m9.figshare.1230110.v6 (last accessed: 16.05.2024).

Folienstift

Kristin Flugel

Forschungsmemo vom 12.05.2023: *In ihr GoodNotes-Seminarnotizbuch, das ich als PDF-Datei von der Studentin nach Seminarende per AirDrop erhalten habe, hat die Studentin sechs Folien als ganzseitige Bilder/Notizbuch-Seiten eingefügt. Die Originalfolien wurden mit verschiedenfarbigen und unterschiedlich dicken Folienstiften beschriftet. Auf einer Folie ist bspw. die Schrift schwarz, die Kurzdefinition von [Begriff] rot eingerahmt. Offensichtlich sind die Folien Ergebnisse einer Gruppenarbeit, in der alle dieselbe Aufgabe bearbeitet haben. Nach einer linierten Notizbuchseite (GoodNotes-Standardvorlage, weiß), auf der unterhalb handschriftlicher Notizen auch der Screenshot einer PowerPoint-Folie der Dozentin eingefügt wurde, finden sich erneut sechs Folien als ganzseitige Bilder/Notizbuch-Seiten. Die Folien sind teilweise mit Nummern überschrieben, etwa »Gruppe 1« oder »Gruppe 3«, sind also ebenfalls Ergebnisse einer Gruppenarbeit. Alle Folien sind gut lesbar, lediglich eine, die mit einem mitteldicken grünen Stift beschriftet wurde, ist an einigen Stellen verschmiert. In der Folienstiftfarbe haben sich Fingerabdrücke verewigt. Auf anderen Folien sind Spuren von Korrekturen zu sehen: Wie Nebel bildet verwischte Folienstiftfarbe je den Hintergrund für das korrigierte, nun zu lesende Wort. Auf einer Folie sind zwei Begriffe dick durchgestrichen. Insgesamt wirken die Folien ein wenig schmuddelig, chaotisch und unfertig. Sie fallen in dem zunächst sehr ›clean‹ wirkenden, als bloß digitales Objekt gegebenen Notizbuch mit unbeschriftetem schwarzem Coverbild sofort auf. Die Beschriftung der Folien scheint um Struktur (z.B. in ihrer Ausrichtung – ob da jemand beim Schreiben ein liniertes oder kariertes Papier unter die Folie gelegt hat?), Sauberkeit und Ordnung bemüht, aber ihr haftet der Status eines ›work in progress‹ an. Die digitalisierten Folien sind jetzt zwar nicht mehr verknickbar oder verschmierbar, die Schrift ist als Kombination aus Nullen und Einsen fixiert, aber auch die digital vorliegende Version der Folien zeugt von ihrer vormaligen Nutzung, d.h. der Beschriftung, Korrektur und Neubeschriftung durch die Studierenden. Vielleicht sind die Fingerabdrücke auch erst beim Einscannen in die Folienstiftfarbe gedrückt worden. Die ebenfalls handschriftlichen, aber per Apple Pencil (2. Gen.) auf dem iPad angefertigten Seminarnotizen der Studentin, die auf vielen anderen Seiten des Notizbuchs zu finden sind, entfalten eine ganz andere Wirkung auf mich. Sortiert, ordentlich und makellos. Die Handschrift sieht fast aus ›wie gedruckt‹. Möglicherweise vorgenommene Korrekturen haben keine Spuren hinterlassen.*

Dass der Folienstift Mitte der 2020er Jahre in einem situierten Lexikon vorkommt, das ein *Vokabular des Virtuellen* anbietet, mag überraschen. Denn die Rede vom Folienstift verweist auf seine Nutzung: Folienstifte werden von ihren Herstellern wie *Schneider Schreibgeräte* oder *Faber-Castell* in Onlineshops als lichtbeständige ›Universalmarker‹ angepriesen, die in verschiedenen Strichstärken und leuchtenden Farben dazu geeignet seien, auf Folien, Glas, CDs, laminiertem Papier und vielen anderen glatten Oberflächen permanent oder, weil wasserlöslich, temporär zu haften. Der Folienstift wird aber auch als ›OHPen universal‹ betitelt (Eigenname der Marke *Stabilo*), was ihn als Stift ausweist, der in besonderer Weise für die Beschriftung von speziellen Transparentfolien für einen Overheadprojektor geeignet ist. Folienstifte wurden eigens zum Schreiben auf derlei Acetat-Folie entwickelt, lässt uns der Schreibwarenhersteller *Edding* wissen. So erinnert die Rede vom Folienstift alle, die um seine ursprüngliche Gebrauchsweise wissen, an Overheadfolien und Overheadprojektoren (kurz: Overhead oder OHP). Diese Medien scheinen aus der Zeit gefallen und werden in unserer Alltagssprache nicht mit virtuellen Welten und Realitäten assoziiert, da diese zumeist als *digital* generiert gelten (→ Experience, → Reality, virtual, → Zeit, virtuelle, → Zeitreise, virtuelle).

Overheadprojektoren, die auch als Tageslichtprojektoren oder Polylux bezeichnet werden, sind laut der *Wikipedia* hingegen *nicht-digitale* »optische Bildwerfer […], die auf transparente Folien angebrachte Schrift, Bilder und Grafiken zum optischen Vermitteln von Informationen vergrößert diaskopisch auf eine Bildwand projizieren.«[1] Sie standen (oder stehen?) seit den 1960er Jahren in Deutschland in den allermeisten Klassenzimmern (vgl. Gansing 2024: 86), Hörsälen und Seminarräumen und waren (oder sind?) als »profane […] Klassenzimmertechnologie« (ebd.) selbstverständlicher Teil der technisch-medialen Infrastruktur schulischer und universitärer Wissensvermittlungs- und Wissensaneignungsprozesse (gewesen). Aus ethnografischen Beobachtungen weiß ich: An der Ruhr-Universität Bochum (RUB) finden sich Overheadprojektoren noch heute in den für Seminare eingerichteten Räumen in den Gebäuden GA, GB und GABF, die zu Beginn der 1970er Jahre fertiggestellt wurden und in denen damals wie heute die Geisteswissenschaften (und auch der SFB 1567 *Virtuelle Lebenswelten*) untergebracht sind (→ 1567, → Universität Bochum, Ruhr-). Obwohl gegenwärtig in allen Seminarräumen auch Videoprojektoren (Beamer) fest installiert sind und die Corona-Pandemie die sog. ›hybride

1 S. https://de.wikipedia.org/wiki/Overheadprojektor (letzter Zugriff: 15.04.2024).

Ausstattung‹[2] ausgewählter Räume noch einmal erheblich vorangetrieben hat, steht in fast jedem Seminarraum ein OHP auf einem Tisch (oft fest verschraubt, unverrückbar, und damit ggf. im Weg) oder auf dem Boden, randständig. Die Overheadprojektoren werden auf der Website der IT.SERVICES der RUB, die sich um die Seminarraum-Technik kümmern, nicht erwähnt. Im Seminar werden Overheadprojektoren nicht häufig benutzt, anders als Beamer. Fällt der Blick einer Lehrenden auf das vom Beamer auf die Leinwand projizierte Bild, wird oft dessen schlechte Qualität bemängelt. Fällt der Blick von Lehrenden oder Studierenden überhaupt einmal auf den OHP, wird in vielen Fällen leicht kopfschüttelnd geschmunzelt. Wenn es so etwas gibt wie einen »appellierenden Grundzug der Dinge« (Meyer-Drawe 1999: 333), dann rufen die Affordanzen des OHP dieser Tage eher ein Belächeln denn eine Benutzung hervor, so meine Beobachtung. Der OHP ist damit im Seminarraum »immer noch sehr präsent« (Gansing 2024: 86), gehört aber zu den »›Restmedien‹ (residual media)« (ebd.). Dieser Umstand könnte nun, wie es Kristoffer Gansing anregt, hinsichtlich seiner disruptiven Kräfte befragt werden, indem der Bereich des Residualen als »Gegenspieler zum Paradigma der geplanten Obsoleszenz [verstanden wird; K.F.], das aus dem industriellen Kapitalismus hervorgegangen und integraler Bestandteil der technologischen Entwicklungen seit dem frühen 20. Jahrhundert und darüber hinaus ist« (ebd.). Es stellt sich dann die Frage, inwiefern im Sinne von »Philosophien und Praktiken des Postwachstums (*degrowth*) [...] die Nutzung analoger Technologie als politischer Akt gewertet werden [Herv. i.O.]« (ebd.: 87) oder ein OHP für eine »›unitendierte‹ kreative Verwendung« (ebd.: 86) z.B. in der Kunst eingespannt werden kann.

Folienstift, Bildungswesen und ›digitaler Wandel‹

Als Erziehungswissenschaftlerin drängen sich mir andere Gedanken auf. Ich nehme an, dass der OHP und mit ihm der Folienstift von den Akteur:innen als Symbole für ein Bildungswesen angesehen werden, das den vielbeschworenen *digitalen Wandel* verpasst hat. So betrachtet wäre das Wissen um diesen Umstand der Grund dafür, dass Lehrende und Studierende, die ggf. darüber nachdenken, inwiefern sie in einer »Kultur der Digitalität« (Stalder 2016) leben, beim Anblick des OHP bestenfalls schmunzeln, vielleicht aber auch nur noch resignativ lächeln und den Kopf schütteln können. Das gilt insbesondere für Studierende in der Studieneingangsphase, die noch unter dem Eindruck von vielen Jahren Schule stehen und nun, neu an der Universität, den OHP (wieder-)entdecken. Das schmunzelnde Kopfschütteln kann als Akt der Distinktion interpretiert werden, in dem sich Personen als diejenigen zeigen, die eine digitalisierte Lernumgebung bevorzugen und ›mit der Zeit gehen‹. Diese Positionierung ist allerdings stark abhängig vom Funktionieren der entsprechenden technischen Ausstattung und wird im Schul- und Universitätsalltag oft konterkariert. Immerhin: Die Landesregierung in Nordrhein-Westfalen ist laut

2 So nennen die IT.SERVICES der RUB eine Ausstattung, die mindestens einen PC, eine schwenkbare Webcam, ein Grenzflächenmikrofon und den *Zoom*-Client als Software für Videokonferenzen beinhaltet. S. https://www.it-services.ruhr-uni-bochum.de/services/sl/seminarraeume_und_hoersaele_mit_hybrider_ausstattung.html.de (letzter Zugriff: 15.04.2024).

eigener Website »fest entschlossen, bei der Digitalisierung der Schulen in NRW den begonnenen und umfassenden Aufholprozess konsequent fortzusetzen«.[3] Der *DigitalPakt Schule* stellt dafür über eine Milliarde Euro bereit. Von *Hoch*schulen ist nicht die Rede.

Mir stellt sich die Frage, ob das für die Geschehnisse an dem Ort, an dem ich die Overheadprojektoren und ihre (Nicht-)Nutzung beobachtet habe, überhaupt ein Problem darstellt. In den Seminarräumen in GA, GB und GABF finden geisteswissenschaftliche Seminare statt. Das Seminar gilt laut Selbstbeschreibung der Universitäten als »Ort der systematischen Sozialisation und Wissensvermittlung« (Wenzl/König/Kolmer 2023: 584). Für Jürgen Habermas (1986: 716) sind es »die kommunikativen Formen der wissenschaftlichen Argumentation [...], wodurch die universitären Lernprozesse in ihren verschiedenen Funktionen zusammengehalten werden« (ebd.: 86), was sowohl für Forschende als auch Studierende gilt, die seiner Hoffnung nach alle »von der Anregungs- und Produktivkraft eines diskursiven Streites« (ebd.) leben. In geisteswissenschaftlichen Seminaren geht es »vor allem um eine gemeinsame Diskussion von Texten und Theorien« (Wenzl/König/Kolmer 2023: 584), so heißt es programmatisch bis heute. Empirisch zeigt sich, dass das geisteswissenschaftliche Seminar vor allem »die Gelegenheit [bietet; K.F.], sich in einem diskursiven Schonraum im fachwissenschaftlichen Reden zu üben« (ebd.). Die entscheidende Frage ist demnach, ob es für zeitgemäße Praktiken der Recherche, Rezeption, Verhandlung, Ordnung und (Re-)Produktion von (Fach-)Wissen im geisteswissenschaftlichen Seminar eine ›durchdigitalisierte‹ Universität braucht, verstanden als bestens ausgebaute digitale Infrastruktur und modernste technische Raumausstattung? Oder reicht ein OHP, reicht eine Großtafel, reicht ein Buch, reicht ein Collegeblock? Reicht nicht schon der diskursive Streit mit gesprochenen Worten?

Studierende arbeiten längst *auch* digitalisiert, entweder zweigleisig oder in einer Art mobilem und äußerst flexiblem *papierlosen Büro*, in jedem Fall mit *Seminartisch-und-Stuhl-Sharing*. Sie sind zuweilen auf dem neuesten Stand der Technik und bringen ihr Smartphone ebenso mit ins Seminar wie ein Tablet (oft *iPad*, oft mit entsprechendem weißen Tabletstift/Smartpen und auch mit Tastatur, selten *Microsoft Surface*) oder einen Laptop. Arbeiten sie zweigleisig, haben sie zusätzlich einen Ordner aus Pappe, gefüllt mit DIN A4-Papier, kleine Notizhefte, Karteikarten, ausgedruckte Thesenpapiere oder eben einen Collegeblock und einen Kugelschreiber, Bleistift und/oder Textmarker im Gepäck. Lehrende gehen immer noch davon aus, dass Studierende irgendeinen Stift dabei haben, um sich in die Anwesenheitsliste einzutragen, die ausgedruckt herumgereicht wird. Das ist längst nicht immer der Fall. Es kommt vor, dass ein einzelner Kugelschreiber mehrere Namen schreiben muss. Lehrende gehen inzwischen ebenso davon aus, dass alle Studierenden internetfähige (und funktionierende, d.h. aufgrund der wenigen Steckdosen im Seminarraum: zuhause aufgeladene) Endgeräte mitbringen. Das ist der Fall. Dieses Wissen ist im Sinngebiet der alltäglichen Lebenswelt der Lehrenden postpandemisch schlicht gegeben, wird als fraglos selbstverständlich erlebt (→ Lebenswelt). Meist gehen Lehrende zudem davon aus, dass im Se-

3 S. https://www.schulministerium.nrw/digitalpakt (letzter Zugriff: 15.04.2024).

minarraum das WLAN funktioniert und Studierende z.B. ad hoc Ergebnisse von Gruppenarbeitsphasen auf der von der RUB genutzten Lernplattform *Moodle*[4] hochladen können.

Doch wie arbeiten die Lehrenden im Seminarraum? Meinen Beobachtungen nach bringen sie weniger viele digitale Endgeräte mit als die Studierenden. Die Gestaltung der Seminare basiert auf der Hard- und Software-Ausstattung der Seminarräume, d.h. die Lehrenden passen sich auf unterschiedliche Weisen dem an, was der Raum anbietet, und reagieren auf einige seiner Affordanzen.[5] Ihr didaktisches Handeln, das Wissen vermitteln will, muss damit als durch die technisch-mediale Infrastruktur wesentlich mitbedingt aufgefasst werden (→ Hochschuldidaktik, virtuelle).[6] Lehrende in der Philosophie bspw. machen oft das Raumlicht an, und sie nutzen vielleicht einmal Kreide auf der Großtafel. Lehrende in der Geschichtswissenschaft bringen einen USB-Stick (Typ A) zur Nutzung des fest installierten Computers mit, sofern dieser vorhanden ist, und verlangen das z.T. auch von ihren Studierenden, wenn diese Referate halten. Auf dem PC läuft das Betriebssystem *Windows 10 Enterprise*. Auf dem Stick ist mind. eine *PowerPoint*-Präsentation (als .pptx-Datei) gespeichert, die per vorinstallierter Software über den Beamer und auf dem PC-Monitor ausgespielt wird. Lehrende in der Erziehungswissenschaft tun es ihren Kolleg:innen aus der Geschichte oftmals gleich, bringen manchmal aber zusätzlich Flipchartmarker und, wenn nicht vorhanden, auch Flipchartpapier für Gruppenarbeiten mit. Darüber hinaus konnte ich hier, im erziehungswissenschaftlichen Seminar, eine Rarität entdecken: Den Einsatz von Folienstiften auf Overheadfolien.

Folienstift, Bildungswissen und Virtualität

Im wissenstheoretisch und -geschichtlich ausgerichteten SFB-Teilprojekt B03 *Virtuelle Bildung: Formationen und Transformationen von Bildungswissen*, in dessen Rahmen ich die hier herangezogenen fokussierten Ethnografien (vgl. Knoblauch 2001) durchgeführt habe, untersuchen wir studentische Wissenspraktiken im Bereich der sog. höheren Bildung. Wir fragen im gegenwartsbezogenen Unterprojekt, wie sich Formen und Praktiken von *Bildungswissen* (vgl. Ricken/Reh/Scholz 2023) derzeit ausgestalten, durch welche Strukturmomente sie gekennzeichnet

4 S. https://moodle.ruhr-uni-bochum.de (letzter Zugriff: 15.04.2024).

5 Da die von mir beobachteten Seminare nicht in modernisierten Räumen stattgefunden haben, fehlt dem Medienpult z.B. ein USB-C Anschluss. Möchten Lehrende ein Tablet an den Beamer anschließen, müssen sie selbst ein Kabel mitbringen, das USB-C auf HDMI überträgt. Die Folgen der feinen Unterschiede in der Hardware-Ausstattung für die Seminargestaltung durch die Lehrenden wären eine eingehendere Untersuchung wert. Die Website der IT.SERVICES bietet Einblick in die unterschiedlichen Medienausstattungen: https://www.it-services.ruhr-uni-bochum.de/services/sl/hoersaaltechnik.html.de (letzter Zugriff: 15.04.2024).

6 Alle Lehrenden sind in der Lage, ihre Seminare spontan per *Zoom* durchzuführen und damit in den sog. *virtuellen Raum* zu verlagern. Allerdings wird diese Variante zumeist als verarmte, minderwertige Form des Seminars wahrgenommen, die nur reaktiv umgesetzt wird, z.B. bei Streiks im ÖPNV. Didaktisches Handeln im durch Videokonferenzsoftware ermöglichten Seminarraum wird in diesem Text nicht betrachtet.

sind und inwiefern in universitären Wissenspraktiken Virtualität (strukturierend) wirksam wird. Weitergehend interessiert uns u.a., welche Wissenskulturen bzw. -ordnungen aus diesen Praktiken resultieren. *Wissen* verstehen wir dabei sozialkonstruktivistisch als »interpretierte Information« (Breidbach 2008: 15), die sozial geteilt wird. Wissen gewinnt zwar seine »Geltung im Subjekt« (ebd.: 17), hängt aber unvermeidlich an den »Strukturen, in denen es gewachsen ist, und [an; K.F.] den Praktiken, die es vollziehen« (ebd.: 15). Vor diesem Hintergrund werden mit dem Konzept des *Bildungswissens* sodann spezifisch pädagogische und erziehungswissenschaftliche Perspektiven auf Wissen wie auch »ein elementares wie reflexives (Struktur-)Moment von Wissenskulturen selbst« (Ricken/Reh/Scholz 2023: 324) markiert. Gemeint ist mit *Bildungswissen* ein »Wissen über Wissen«, ein »Wissenswissen«, das »als eine besondere Thematisierungs- und Reflexionsform von Wissen in intergenerationaler Perspektive analysierbar« (ebd.) ist. »In der Wissensform des ›Bildungswissens‹ und den damit verbundenen Praktiken wird [...] das jeweilige (typologische) Gesamt historisch-spezifischer Wissenskulturen selbst, die in ihr implizierten Strukturen, Logiken und Funktionen von Wissen, reflektiert, selektiert und tradiert – und somit für uns beobachtbar« (ebd.). Zu rekonstruieren sind dann schließlich die mit Wissenspraktiken und -kulturen »verbundenen Generationenordnungen und die darin eingelagerten Selbst- bzw. Subjekt- und Welt- bzw. Objektverständnisse« (ebd.: 324f.).

Von diesen begrifflichen Vorüberlegungen und abstrakten Bestimmungen bin ich als ethnografische Beobachterin im Feld, im Seminarraum, erst einmal sehr weit entfernt. Die Frage nach den Formen und Praktiken des Bildungswissens mag eine nur »empirisch zu bearbeitende Frage« (ebd.: 339) sein, ethnografisch zu beobachten ist aber erst einmal *nur* das, was Studierende tun, und wie sie es tun, wie sie also etwa mit analogen Objekten wie Folien(stiften) und digitalen Objekten wie PDF-Dateien umgehen und als was sie diese begreifen. Ein Beobachtungsfokus muss – erst recht in einer fokussierten Ethnografie – gefunden werden, wenn Wissenspraktiken (auch) hinsichtlich ihrer Bezüge zu Virtualität untersucht werden sollen. Im Anschluss an die inzwischen als bewiesen geltende These, dass die Materialität von Aufschreibesystemen auch jeweilige Denk- und Wissensformen figuriert (vgl. Kittler 1995; Baecker 2017) und etwa das »Schreiben mit der Hand« (Gredig 2021) als Wissenspraktik spezifische Folgen zeitigt, wirft der Folienstift als Schreibgerät eine dringliche, große Frage auf: Inwiefern werden dem Virtuellen zuzurechnende Phänomene durch bestimmte Medien(techniken) begünstigt, überhaupt erst ermöglicht oder hervorgebracht? Lohnt es sich also, die Benutzung von Folienstiften durch Studierende genauer zu beobachten, wenn ich etwas über den Zusammenhang von Virtualität und Bildungswissen sowie die Aneignung desselben herausfinden möchte?

Meine Antwort ist: Ja. Es lohnt sich, zu prüfen, welche Praktiken der Hervorbringung und des Umgangs mit Wissen, das im Seminarkontext relevant gemacht wird, beim (von der Lehrenden beauftragten) Beschriften einer Overheadfolie beobachtbar werden, welche Irritationen und Störmomente der Einsatz von Folienstiften hervorbringt, wie Folienstifte Gruppenarbeitsprozesse strukturieren und wie mit den auf Overheadfolien gesicherten Arbeitsergebnissen weiter verfahren wird. Was bedeutet es z.B. für die Schreibenden, dass das Geschriebene potenziell in Übergröße an eine Leinwand projiziert werden wird? Im Vergleich verschiedener Arten, Gruppenarbeiten zu organisieren, stellt sich bspw. die Frage, welchen Raum für das (gemeinsame) Schreiben Folienstifte und Overheadfolien im Gegensatz zu Online-Kollaborationsplattformen wie *Miro*, Breakout-Sessions bei *Zoom* oder Plakaten eröffnen und wie sie ihn arrangieren. Welche Arten und Weisen, Wissen zu kondensieren, zu entwerfen, zu sortieren usw. werden möglich? Wie bedingt die Materialität die Wissenspraktiken (mit), etwa wenn der Folienstift nicht schreibt oder niemand schreiben möchte, weil alle ihre Handschrift ›nicht schön‹ finden? Als »Disziplinierungstechnologie« (Gansing 2024: 87) habe der OHP »uns die Bedeutung von Schlagwörtern, Zusammenfassungen, Auflistungen, Karikaturen und Diagrammen beigebracht« (ebd.), so Gansing. Denn eine Overheadfolie bietet einen begrenzten Raum.

»Mitte der 1980er wurde die erste Version von *PowerPoint* veröffentlicht, deren erstes Einsatzgebiet nicht die digitale Präsentationsfolie war […], sondern vielmehr die computergestützte Gestaltung von Folien, die wiederum ausgedruckt und über den OHP projiziert werden konnten. Der OHP verkörpert diesen Übergang vom Analogen zum Digitalen und wieder zurück [Herv. K.F.]« (ebd.).

Für mich verweist der Folienstift nahezu paradigmatisch auf eine Forschungsherausforderung: Virtualität hat eine kurze Technik-, aber lange Konzeptgeschichte (vgl. Rieger/Schäfer/Tuschling 2021: 3). Und doch drängt sich *Virtualität* immer wieder in ihrer *medientechnologisch implementierten Weise* (vgl. ebd.) auf, beispielsweise wenn der SFB *trotz* einer offensiv öffnenden Setzung *für* Konzepte einer auch vordigital zu denkenden Virtualität auf seiner Homepage seit jeher ein Foto einer *Virtual Reality-Brille* mitsamt zweier Controller zeigt. Das alltagssprachliche Verständnis von Virtualität, das eng gebunden ist an Vorstellungen einer *virtuellen Realität* (VR), bricht sich Bahn. Als Erziehungswissenschaftlerin sehe ich mich zudem konfrontiert mit Bezugnahmen auf »[v]irtuelle Hörsäle, *social reading*, *blended learning* [Herv. i.O.]« (ebd.: 2) und Ansprüche, die an VR-Apps als *Bildungsmedien* herangetragen werden (→ Xtended Room). Innerhalb der Erziehungswissenschaft ist momentan eine Perspektivierung von Virtualität üblich, die sie an den *Einsatz digitaler Medien* bindet – selbst dann noch, wenn dem widersprochen und das Verständnis zu erweitern versucht wird (vgl. etwa die Ausführungen von Beiler/Sanders 2020).

Inwiefern also sind Wissensaneignungs-, Lern- und Bildungsprozesse auch jenseits einer durch *digitale* Medien ermöglichten Virtualität mit ihr verbunden? Mit einem vordigitalen Virtualitätsbegriff kann festgehalten werden: *Alle* Medien »eröffnen einen Raum, dessen Zeitlichkeit, dessen Vorlauf und Entwurf, als Virtualität beschrieben« (Rieger 2003: 31) werden kann. (Lebens-)Entwürfe, Rückkopplungen und Neu-Entwürfe sind zentrales Moment insbesondere von Bildungsprozessen, die immer auch Vor-Griffe auf künftig Mögliches und Zukünftiges sind. Insbesondere der Prozess der Wissensaneignung ist in diesem Sinne durch Virtualität gekennzeichnet, ebenso das Wissen selber. Fragen nach Virtualität sind also Fragen nach einer möglichen Struktur(problematik) von Wissen (vgl. Rieger 2003 zur *Kybernetik des Wissens*) und insbesondere von Bildungswissen, das immer auch Wissen darüber sein muss, wie man mit Nicht-Wissen umgeht (vgl. Ricken/Reh/Scholz 2023: 324).

Damit zurück zum Forschungsmemo vom Anfang: Das *GoodNotes*-Seminarnotizbuch der Studentin zeigt Ergebnisse einer Form der (Zusammen-)Arbeit, in der sich Studierende als physisch Anwesende um ein Artefakt, um eine Overheadfolie versammeln und auf ihrer als DIN A4-Größe genormten Fläche gearbeitet und Wissen entworfen haben (→ File, empty). Der Handschrift nach hat meist nur eine Person pro Gruppe geschrieben, selbst wenn mehrere Folienstifte benutzt wurden, d.h. die Arbeit mit Folien erfordert eine Rollenverteilung innerhalb der Arbeitsgruppe. Würde *gleichzeitig* geschrieben, wie etwa in Online-Tools oder auf Plakaten, würde die Tinte verwischen. Zudem müssten sich die Studierenden sehr nahe kommen. Die Arbeitsergebnisse sind heterogen: Schriftarten und -farben unterscheiden sich ebenso wie die Schreibrichtung und Arten der Ordnung von Text (etwa in einer Mindmap oder Tabelle, zudem Verwendung von Folgepfeilen, bunten Unterstreichungen usw.). Auf vielen Folien ist sichtbar, dass Überlegungen verworfen, Wissen verhandelt und neu produziert wurde. Ich konnte beobachten, dass Studierende zum Waschbecken gehen und ein Papiertuch befeuchten, um ihre Folien abzuwischen. Auch diese Art der Infrastruktur strukturiert also den Prozess der Folienbeschriftung mit – und wurde von der Gruppe, die Text durchgestrichen hat, nicht genutzt. Hier wurde die Kategorie »peer groups«, jetzt durchgestrichen, zu »Freunde & Freizeit«. Offenbar hat jemand festgestellt, dass einige der Kategorie zugeordneten Elemente über sie hinausgehen. Anstatt eine weitere Kategorie zu entwickeln, wurde die Kategorie umbenannt und dabei erweitert. Die Genese des Wissens bleibt ein Stück weit im Ergebnis auf der Folie (und oft auch an den Fingern der Schreibenden) präsent. Die Zusammenarbeit wird zu einer (körperlichen Lern-)Erfahrung, für die insbesondere die Fachdisziplin Erziehungswissenschaft besondere Sympathien hegt.

Die Form, in der ich das Seminarnotizbuch erhalten habe, verweist zudem auf vielfältige Übersetzungen, die mit Overheadfolien möglich sind: Sie lassen sich seminaröffentlich an die Wand werfen und diskutieren, sie lassen sich aber auch abfotografieren oder abheften sowie einscannen (und damit sichern), in *Moodle* hochladen, in *GoodNotes* und *PowerPoint* einfügen und bearbeiten und dann auch, per PC und Beamer, (wieder) an die Seminarraumwand werfen usw. Mich interessiert, wie die Spannung einer *Derzeit-schon-längst-* und *Längst-noch-nicht-digitalisierten Universität* bearbeitet wird, wenn im Seminar Folien(stifte) genutzt werden (→ Digitalität). Und ich habe ein Interesse daran, vorschnellen Verallgemeinerungen zu widerstehen und weiterhin ganz genau zu beobachten, wie vielgestaltig studentische Bildungswissenspraktiken sich empirisch in einer virtuellen Universität ausgestalten (→ Hypervisor).

Literatur

Baecker, Dirk (2017): »Wie verändert die Digitalisierung unser Denken und unseren Umgang mit der Welt?«, in: Rainer Gläß/Bernd Leukert (Hg.), Handel 4.0. Die Digitalisierung des Handels, Berlin/Heidelberg: Springer, S. 3–24.

Beiler, Frank/Sanders, Olaf (2020): »Virtuelle Pädagogik. Orte virtueller Fort- und Weiterbildung«, in: Stefan Rieger/Dawid Kasprowicz (Hg.), Handbuch Virtualität, Wiesbaden: Springer VS, S. 501–519.

Gansing, Kristoffer (2024): »Overheadprojektor«, in: Zeitschrift für Medienwissenschaft 16(30-1), S. 86–88.
Gredig, Andi (2021): Schreiben mit der Hand. Begriffe – Diskurs – Praktiken, Berlin: Frank & Timme.
Habermas, Jürgen (1986): Die Idee der Universität – Lernprozesse, in: Zeitschrift für Pädagogik 32(5), S. 703–718.
Kittler, Friedrich A. (1995): Aufschreibesysteme 1800/1900, 3. vollständig überarbeitete Neuaufl., München: Fink.
Knoblauch, Hubert (2001): »Fokussierte Ethnographie: Soziologie, Ethnologie und die neue Welle der Ethnographie«, in: Sozialer Sinn 2(1), S. 123–141.
Meyer-Drawe, Käte (1999): »Herausforderung durch die Dinge. Das Andere im Bildungsprozeß«, in: Zeitschrift für Pädagogik 45(3), S. 329–336.
Ricken, Norbert/Reh, Sabine/Scholz, Joachim (2023): »Transformationen des Bildungswissens. Eine wissenstheoretische und -geschichtliche Perspektive auf digitale Wissenskulturen«, in: Sandra Aßmann/Norbert Ricken (Hg.), Bildung und Digitalität. Analysen – Diskurse – Perspektiven, Wiesbaden: Springer VS, S. 313–347.
Rieger, Stefan (2003): Kybernetische Anthropologie. Eine Geschichte der Virtualität, Frankfurt a.M.: Suhrkamp.
Rieger, Stefan/Schäfer, Armin/Tuschling, Anna (2021): »Virtuelle Lebenswelten: Zur Einführung«, in: Dies. (Hg.), Virtuelle Lebenswelten. Körper – Räume – Affekte, Berlin/Boston: De Gruyter, S. 1–10.
Stalder, Felix (2016): Kultur der Digitalität, Berlin: Suhrkamp.
Wenzl, Thomas/König, Hannes/Kollmer, Imke (2023): »Wissen ohne Geltung oder: Das Seminar als Ort eines kritiklosen Diskurses«, in: Zeitschrift für Pädagogik 69(5), S. 58.

Foto, virtuelles

Nicola Przybylka

Das virtuelle Foto, um das es im Folgenden geht, ist integraler Bestandteil der 2019 veröffentlichten Virtual Reality (VR) Anwendung *National Geographic Explore VR*, die von dem Entwicklerstudio *Force Field Entertainment* (jetzt *Vertigo Games*) in Kooperation mit National Geographic exklusiv für die VR-Brille *Meta Quest* (ehem. *Oculus Quest*) entwickelt wurde (→ Meta, → Reality, virtual). In *National Geographic Explore VR* erhält der:die Spieler:in den Auftrag, ein Cover-Foto für eine Ausgabe des National Geographic Magazins aufzunehmen: erstens von einer Pinguinkolonie in der Antarktis und zweitens von der Inka-Stätte Machu Picchu.

Über dieses Spielziel hinaus können während der virtuellen Expeditionen beliebig viele Fotos angefertigt werden. Es besteht die Möglichkeit, diese in einer Galerie zu arrangieren, die sich im loftartigen Startraum befindet, der zugleich als Hauptmenü der VR-Anwendung fungiert. Dieser Raum wird zudem mit stilisierten Tiertrophäen dekoriert, sobald optionale Fotos von ausgewählten Wildtieren ›geschossen‹ wurden. Bei der Expedition zum virtuellen Machu Picchu sind über das Cover-Foto hinaus weitere Fotoaufträge spielleitend. So sollen die Fotografien des Forschers Hiram Bingham, der 1911 die Ruinen von Machu Picchu archäologisch erforschte, nachgestellt und heilige Reliquien fotografisch dokumentiert werden, die der:die Spieler:in auf eine vorgegebene Weise arrangieren muss (Abb. 1 und 2).

Abb. 1: Auftrag zur Nachstellung eines Fotos von Bingham (eigener Screenshot, Meta Quest 2)

Abb. 2: Virtuelles Fotografieren einer Mumie samt arrangierter Reliquien

Virtuelles Fotografieren

Da mit Ausnahme der Hände der Körper der Spieler:innen nicht visualisiert wird, *schwebt* der Fotoapparat während der VR-Erfahrung auf Hüfthöhe in der Luft. Der Kameramodus wird aktiviert, sobald die Kamera mit dem rechten Controller gegriffen und vor die VR-Brille geführt wird. Das durch die VR-Brille wahrgenommene Sichtfeld erscheint als Blick durch einen Sucher; es lässt sich zoomen und in den Panoramamodus wechseln. Der Screenshot – oder treffender der Snapshot – erfolgt per Knopfdruck mit sicht- und hörbarem Verschluss des virtuellen Kamerasensors. Dem von Jens Schröter bereits 2003 diagnostizierten Fortbestand fotografischer Medien, ihrer Ästhetik und technisch-apparativen Merkmale in computergenerierten Bildern entsprechend wird das virtuelle Fotografieren als Anfertigung eines Screenshots damit zumindest ansatzweise als realphysische, fotografische Praktik inszeniert.[1]

Das virtuelle Foto hat wesentlich die Funktion, die Handlung der Anwendung voranzutreiben und ihr eine narrative, lineare Struktur und Zielperspektive zu verleihen. In einem Bericht über *National Geographic Explore VR* wird eben diese handlungsleitende Funktion positiv hervorgehoben: »Der fotografische Aspekt hat es mir angetan. In anderen Reise-Apps tut man in der Regel nicht viel: Man sucht einen Ort auf, geht ein paar Schritte, schaut umher und das wars« (Bezmalinovic 2022). Zudem fördern die Fotoaufträge einen suchenden, erkundenden Blick, der primär ästhetisch motiviert sein mag und weniger fachliches Interesse am fotografierten Gegenstand zum Ausdruck bringt.[2]

1 Bemerkenswerterweise ist es gerade ein Cover-Foto des National Geographic Magazins, mit dem Schröter seinen Artikel zur virtuellen Kamera sowie digital erzeugter und bearbeitbarer Bilder anekdotisch einleitet: »Bereits 1982 hatte die Zeitschrift *National Geographic* einen Eklat ausgelöst, als sie auf einem Titelblatt – der Gestaltung halber – die Pyramiden von Gizeh näher aneinanderrückte« (Schröter 2003: 3).

2 Diese Aussage beruht auf Beobachtungen der Autorin beim Einsatz der Anwendung in studentischen Seminaren (→ Universität Bochum, Ruhr-).

Zwischen Gamingfeature und kolonialistischer Aneignungspraktik

Das virtuelle Foto in *National Geographic Explore VR* kann zum Anlass genommen werden, über die medientechnischen, diskursiven und auch normativen Dimensionen der symbolischen Repräsentationen von und Zugängen zur Welt zu diskutieren. So wählen wir mit dem Sucher des virtuellen Kameraapparates einen für uns ästhetisch ansprechenden Bildausschnitt von einer ebenfalls kompositorisch aufbereiteten, computergenerierten Natur-Kulisse. Diese wechselt zeitweise in eine Rekonstruktion der Stätte aus dem 15. Jahrhundert (→ Zeitreise, virtuelle). Das virtuelle Modell des Machu Picchu wiederum ist selbst durch Photogrammetrie entstanden, also die digitale Verarbeitung mehrerer tausend Fotos der Inka-Stätte. In einem Making-Of der Anwendung wird darauf hingewiesen, dass Anpassungen dieser Fotografien für die Betriebssoftware der *Meta Quest* notwendig waren, ohne diese Veränderungen näher zu benennen. Die Praktiken zur Erstellung von ›Antarktis‹ und ›Machu Picchu‹, die datentechnischen Übersetzungsprozesse und sozio-technischen Einschreibungen in ebendiese werden in *National Geographic Explore VR* selbst jedoch verunsichtbart und der virtuelle Raum damit dekontextualisiert.[3]

Auch stellen sich machtkritische Fragen dazu, wer eigentlich was *bereist* und fotografisch dokumentiert. Die VR bietet mir eine Subjektposition an, die nach den heldenreichen Geschichten (überwiegend weißer, männlicher) Fotografen gestaltet ist, von denen die üblichen Formate von National Geographic erzählen. Anstatt von diesen Geschichten zu lesen, bin ich als Besitzerin eines kostspieligen VR-Headsets es nun, die die Natur entdeckt, ihren Unwägbarkeiten trotzt und am Ende mit einem ikonischen Cover-Foto belohnt wird. Eine facettenreiche, intakte Tier- und Pflanzenwelt (»There's life wherever you go«, Zitat aus der Anwendung) entfaltet sich nicht nur medientechnisch in 360° *um* mich als Trägerin der VR-Brille, sondern auch auf einer narrativen und ästhetischen Ebene *für* mich als zentrale Instanz in einer sonst menschenleeren Szenerie.[4] Wenn ich dabei qua Spieldesign – optional mit einem virtuellen Forscherhut auf dem Kopf, den ich mir zu Beginn des Spiels aufsetzen kann – für einen Schnappschuss heilige Opfergaben arrangieren, Ahnenriten der Inkas nachstellen und Fotografien einer US-amerikanischen Expedition von 1911 reproduzieren muss, dann perpetuiere ich körperlich-leiblich eurozentrische Blickregime und Aneignungspraktiken mit kolonialistischem Gestus. Auch mit der Tierfotografie und dem Sammeln von Tiertrophäen wird an Medienpraktiken der Natur- und Tierdokumentation angeknüpft, die auf eine gewaltvolle und gleichfalls kolonialistische Geschichte zurückblicken (vgl. Engels 2009).[5]

3 Zur Verunsichtbarung der »Technizität und Praktiziertheit der verhandelten Orte und Räume« im Kontext von Virtuellen Realitäten vgl. Kanderske und Thielmann 2019.

4 In Anbetracht des touristisch überlaufenden Machu Picchu war diese inszenatorische Entscheidung mit besonderem Aufwand verbunden, wie in dem Making-Of der Anwendung deutlich wird. So hätten es die Menschenmassen enorm erschwert, menschenleere Fotografien für die nachträgliche Modellierung der Stätte anfertigen zu können.

5 In einem Panel auf der jährlich veranstalteten Entwicklerkonferenz *Meta Connect* (damals noch *Oculus Connect*) von 2019

Die seit über 130 Jahren vollzogene medienstrategisch überaus erfolgreiche, kolonial geprägte (proto-)dokumentarische Praxis des Unternehmens National Geographic (vgl. Linseisen 2023) wird in die hedonistisch anmutenden, virtuellen Welten überführt und fortgeschrieben. Der Slogan *It's Your World*, mit dem der Tech-Konzern *Meta* seine VR-Technologie bewirbt, ist vor dem Hintergrund dieser virtuellen Form der Weltaneignung zusätzlich problematisch. Da *National Geographic Explore VR* exklusiv für die VR-Brillen von *Meta* produziert und eine Share-Funktion der Fotos via Facebook integriert wurde (Abb. 3), bietet sich das virtuelle Foto nicht zuletzt auch als Einsatzpunkt dafür an, die infrastrukturellen Möglichkeitsbedingungen und kapitalistischen Plattformlogiken zu problematisieren, die unsere Zugänge zu und Aneignungen von Welt bestimmen – eine Aneignung, die schlussendlich nicht nur die User:innen in Bezug auf die VR-Welt betrifft, sondern auf einer Meta-Ebene mit dem datentechnischen Zugriff auf die User:innen selbst einhergeht (→ Großinvestition).

wurde unter dem Titel »Transforming Conservation with National Geographic and Woodland Park Zoo« u.a. mit dem Creative Director von dem für *National Gepgraphic Explore VR* verantwortlichen Entwicklerstudio über die Möglichkeit diskutiert, mittels VR Empathie für unsere bedrohte Flora und Fauna herzustellen. Neben kritischen Auseinandersetzungen mit der Vorstellung von VR als Empathiemaschine scheinen auch Engels (2009) Ausführungen zur Tierdokumentation produktiv. So problematisiert er den »produktionstechnisch bedingten Objektstatus der Tiere« und den »Anspruch des Tierfilmers, als deren Anwalt zu handeln« (Engels 2009: 128) machttheoretisch und vor dem Hintergrund von Wissenschaftlichkeit, nachkolonialer Politik und Naturschutz.

Abb. 3: Die Galerie im Startraum mit den Menü-Optionen: Bild an der Wand platzieren, löschen oder auf Facebook teilen (eigener Screenshot, Meta Quest 2)

Literatur

Bezmalinovic, Tomislav (2022): »National Geographic VR im Test: VR-Reisen für Quest (2)«, in: mixed.de (2024). Online unter: https://mixed.de/national-geographic-vr-test/ (letzter Zugriff 05.01.2024).

Engels, Jens Ivo (2009): »Tierdokumentarfilm und Naturschutz in der zweiten Hälfte des 20. Jahrhunderts«, in: Maren Möhring/Massimo Perinelli/Olaf Stieglitz (Hg.), Tiere im Film – eine Menschheitsgeschichte der Moderne, Köln/Weimar/Wien: Röhlau Verlag, S. 127–139.

Kanderske, Max/Thielmann, Tristan (2019): »Virtuelle Geografien«, in: Dawid Kasprowicz/Stefan Rieger (Hg.), Handbuch Virtualität, Wiesbaden: Springer, S. 279–301.

Linseisen, Elisa (2023): »Protodokumentarisches für alle! Wirklichkeit applizieren mit der National-Geographic-App«, in: Tabea Braun/Felix Hüttemann/Robin Schrade/Leonie

Zilch (Hg.), Dokumentarische Gefüge. Relationalitäten und ihre Aushandlungen, Bielefeld: transcript, S. 23–52.
Nash, Kate (2018): »Virtual reality witness: exploring the ethics of mediated presence«, in: Studies in Documentary Film 12(2), S. 119–31.
Schröter, Jens (2003): »Virtuelle Kamera. Zum Fortbestand fotografischer Medien in computergenerierten Bildern«, in: Fotogeschichte 88, S. 3–16.

Abbildungsverzeichnis

Abb. 2: Screenshot der National Geographic Explore VR. Online unter: https://vertigo-games.com/games/national-geographic-explore-vr/ (letzter Zugriff: 07.04.2024).

Großinvestition

Stefan Laser

Virtuelle Technik ist auch ein Versprechen. Die Vorhersage läuft auf Dauerschleife: Die Technik soll kommen, werde kommen. Das Versprechen umgarnt Investitionen und Spekulationen. Unternehmen wie → Meta rechnen in Hunderten von Milliarden Dollar, um Erwartungen zu schüren. Arbeitskräfte werden eingekauft, Chips gestaltet, Rechenzentren hochgezogen, User:innen-Services angepriesen und weitere Investitionen in weitere Hochtechnologie angekündigt. Der Wert der dadurch produzierten virtuellen Lebenswelten hängt an Finanzmärkten und am Tropf von Venture Capital. Aber was genau wertvoll ist, gilt es zu verhüllen. Manchmal bleibt es abstrus. Proprietäre Märkte und Monopolbildung treiben zusammen (vgl. Staab 2019; Törnberg 2023). Das Kapital tanzt geschickt.

Mit den Investitionen einhergehen eingeschränkte Möglichkeiten und verengte Horizonte. Trajektorien erscheinen als alternativlos, Potenzialitäten werden unsichtbar gemacht. Virtualität meint dann nur noch eine virtuelle Realität hinter der VR-Brille (→ Reality, virtual). Spätestens angereichert mit Künstlicher Intelligenz wird es unheimlich, denn die Welten der Großinvestition füllen sich mit einer merkwürdigen Simulation von *agency*, die alles zeigen will, außer Nichts (vgl. Doctorow 2024) (→ File, empty, → Foto, virtuelles). Für die Größe.

Literatur

Doctorow, Cory (2024): »Pluralistic: AI art and uncanniness«, in: pluralistic.net. Online unter: https://pluralistic.net/2024/05/13/spooky-action-at-a-close-up/ (letzter Zugriff: 15.05.2024).
Staab, Philipp (2019): Digitaler Kapitalismus. Markt und Herrschaft in der Ökonomie der Unknappheit, Berlin: Suhrkamp.
Törnberg, Petter (2023): »How platforms govern: Social regulation in digital capitalism«, in: Big Data & Society 10(1).

Hochschuldidaktik, virtuelle

Raphaela Gilles

Als virtuelle Didaktik wird eine Didaktik verstanden, die auf eine Theorie und Praxis der Konzeption von Lehr- und Lernsettings fokussiert, welche den Einsatz digitaler Medien vorsehen und Lernerfahrungen in digital generierten künstlichen Welten ermöglichen sollen. Das Virtuelle wird im Feld der Didaktik demnach als Folge von Digitalisierungsprozessen gefasst. Durch die in virtuellen Welten potenziell angestoßenen Alteritätserfahrungen im Sinne der Erfahrung eines abstrakt Anderen (z. B. eines Avatars in einer virtuellen Umgebung) kann virtuelle Didaktik ein Reflexionsmoment mit einschließen, das Lernende zwischen Wissenserwerb und praktischer Anwendung für die eigene Standortbestimmung in Interaktionen sensibilisieren kann (→ Anerkennung, virtuelle). Virtuelle Didaktik zeichnet sich durch eine Orientierung am Konstruktivismus aus (vgl. Liu et al. 2017), da sie der Annahme folgt, dass in virtuellen Umgebungen Räume für Ko-Konstruktion und Reflexion von Lerninhalten bereitgestellt werden können. Des Weiteren können – im Sinne einer partizipativen Mediendidaktik (vgl. Mayrberger 2019) – beziehungsorientierte sowie partizipative Momente eingeschlossen werden. Mit Blick auf die Erprobung und Etablierung einer virtuellen Universität als Perspektivierung möglicher hochschulischer Zukünfte, an der auch der SFB 1567 *Virtuelle Lebenswelten* mitwirkt, rückt ein Zusammendenken von Virtualität und Hochschuldidaktik in den Mittelpunkt, der beide Konzepte in einen Dialog treten lässt (→ 1567, → Universität Bochum, Ruhr-). Ziel ist, Impulse einer virtuellen Didaktik für die Annäherung an ein Verständnis von virtueller Hochschuldidaktik aufzunehmen und diese auf ihre Merkmale sowie ihre Abgrenzung zu nahestehenden Konzeption hin zu befragen und Potenziale wie Grenzen kritisch zu reflektieren. Eine Imagination des Dialogs zwischen Didaktik und Virtualität könnte anhand des folgenden Protokolls dargestellt werden:

Wir befinden uns in einem Café, an einem öffentlichen Ort, der einen informellen Austausch erlaubt. Die Hochschuldidaktik beginnt mit der Vorstellung: Didaktik im Allgemeinen stamme etymologisch vom altgriechischen Verb ›διδάσκειν‹ (didaskein) ab, das mit ›Lehren‹ übersetzt werden kann. Sie verweist auf Arnold (2010: 64), der Didaktik als »Wissenschaft vom lernwirksamen Lehren bzw. Unterrichten« beschreibt. Die Hochschuldidaktik zieht ebenfalls die Didaktik-Definition von Porsch (2021: 25, Herv. i. Orig.) heran, die den Fokus auf die »[w]issenschaftliche Beschäftigung mit der Tätigkeit des Lehrens oder ›des Andere-lernen-Machens‹« legt. Eine einheitliche Definition scheint es jedoch nicht zu geben. Die Hochschuldidaktik verweist auf die Vielschichtigkeit hinsichtlich der Ausprägungen in Fach- oder Bereichsdidaktiken. Unter Hinzunahme von Klafki (2007: 160) beschreibt sie die Aufgabe der Didaktik als Beschäftigung »mit den konkreten Handlungen der Lehrenden und Lernenden sowie mit den sozialen Beziehungen zwischen Lehrenden und Lernenden untereinander im Unterricht«. Darunter falle auch die Herausarbeitung von Sinn, eine Bewusstmachung der Handlungs- und Entscheidungsstrategien der Lernenden (vgl. ebd.: 161). Hochschuldidaktik agiere derweil »als ein eigenständiges Wissenschaftsgebiet, das sich in Forschung und Entwicklung mit Lehr- und Lernprozessen« (Tenorth/Tippelt 2007: 324) »im institutionell-organisierten Kontext von Hochschullehre« (Merkt 2014: 94) befasst. Ihre Aufgabe sei die Qualitätsverbesserung in Lehre und Studium (vgl. Tenorth/Tippelt 2007). Ich frage mich, was unter einer guten Qualität in der Hochschullehre gefasst werden kann und wie diese evaluiert und z.B. gemessen werden kann. Die Hochschuldidaktik beendet ihre Vorstellung mit dem Hinweis, ein Konglomerat aus Theorie, Methodik, Praxis und Wissenschaft darzustellen, und bittet daraufhin auch die Virtualität, ein paar Sätze zur eigenen Existenz zu sagen.

Jene bedankt sich erst einmal und unterstreicht, dass es auch ihr an einer übergeordneten Definition fehle (→ Virtualität). Sie bezeichne »mehr und anderes als die Errichtung von artifiziellen Umwelten, in die Benutzer:innen mit Hilfe von technischen Interfaces eintreten« (Rieger/Schäfer/Tuschling 2021: 3), obgleich das Virtuelle im anglo-amerikanischen Raum vorrangig »zur Beschreibung spezifischer Eigenschaften der digitalen Technik« (Münker 2005: 244) diene (→ Experience, → Zeitreise, virtuelle). Es gebe Vorstellungen von Virtualität, die *virtuell* »nicht nur als Eigenschaft von VR-Anwendungen« (Matuszkiewicz/Weidle 2020: 172) begreifen, sondern den Begriff »in einem allgemeineren Sinne auf all jene (digital generierten künstlichen) Welten beziehen, die Nutzer:innen ein Handeln, Erleben und Erfahren im Spannungsfeld zwischen Potenzial und Umsetzung erlauben« (ebd.). Zugleich referiert sie auf die Termini des Potentiellen und der Möglichkeit als vordigitale Perspektiven, die sich in manchen Kontexten als Synonyme verstehen. Ich nehme wahr, dass die Hochschuldidaktik etwas skeptisch schaut und frage mich, ob sie mit der Komplexität des Begriffs zurechtkommt. Auch ich bin mir unsicher, inwieweit Verständnisse einer vordigitalen Virtualität produktiv Eingang in Hochschuldidaktik finden können, ist doch auch der Begriff der *virtuellen Didaktik* im wissenschaftlichen Raum noch nicht etabliert. Die Virtualität scheint die Unsicherheit wahrzunehmen. Sie fasst zusammen, dass sie nur transdisziplinär zu betrachten sei (vgl. Kasprowicz/Rieger 2020) und dass es noch an grundlegender Forschung fehle. Beide Gesprächspartnerinnen genehmigen sich einen Schluck Wasser – der Inbegriff von Transparenz, die diesem Gespräch zugrunde liegt. Sie schweigen.

Erst nach einer längeren Pause nimmt die Hochschuldidaktik den Gesprächsfaden wieder auf und versucht, das Treffen sowie ihr Anliegen zu kontextualisieren und Forschungslücken aufzuzeigen. Es gebe kaum eine systematische Auseinandersetzung mit Virtualität im didaktischen Bereich, dies werde in grundlegenden mediendidaktischen Veröffentlichungen wie etwa bei Kerres (2024) oder Mayrberger (2019) ersichtlich. Es zeige sich jedoch, dass vor allem der *virtuellen Realität* im Bildungsbereich ein großes Potenzial zugesprochen wird und der Diskurs um *virtuelle Realität* in Bildungsprozessen sogar international geführt werde (vgl. Dede/Jacobson/Richards 2017) (→ Reality, virtual). Die Virtualität nickt zustimmend und ergänzt, dass es um die Jahrtausendwende mehrere Publikationen zu virtuellen Seminaren oder virtuellen Universitäten gegeben habe, das Interesse jedoch zunehmend abflachte und somit auch eine weitergehende Thematisierung virtueller Bildungsarrangements ausblieb. Derweil verweist die Hochschuldidaktik euphorisch darauf, dass mit Köhler, Münster und Schlenker (2013) bereits ein Versuch existiere, beide Konzepte wissenschaftlich zusammenzuführen, indem Impulse aus Fallbeispielen abgeleitet werden, die Online-Welten oder bildliche Darstellungen von Objekten oder Artefakten zur Wissensvermittlung betrachten. Erneutes Schweigen. Beide Parteien scheinen intensiven Denkanstrengungen nachzugehen.

Es wird der Begriff der Mediendidaktik, ihre Weiterentwicklung in Form der partizipativen Mediendidaktik nach Mayrberger (2019) sowie der Begriff der e-Didaktik in den Raum geworfen. Ich bin mir unsicher, inwieweit die Begriffsvielfalt dem Anliegen, ein Konzept virtueller Hochschuldidaktik zu entwerfen, nicht kontraproduktiv entgegensteht oder die Etablierung eines neuen Begriffs womöglich obsolet macht. Ich erinnere mich daran, den Begriff der *virtuellen Didaktik* in der Vorbereitung auf das Gespräch schon einmal gelesen zu haben – zumeist im Zuge von Studien zu Lehre und Lernen im Kontext der Covid-19-Pandemie, aber nicht als klar abgegrenztes Konzept. Es scheint, als würden sich Didaktik und Virtualität derzeit noch um eine Arbeitsdefinition virtueller Didaktik bemühen. Sie referieren auf die bereits besprochene Vorstellung von *virtuell* nach Matuszkiewicz und Weidle (2020), aber auch auf die Rolle des Konstruktivismus als theoretische Basis mit Blick auf den Einbezug virtueller Realitäten im Bildungskontext (vgl. Liu et al. 2017). Lernende stünden im Zentrum des Lernprozesses; der Fokus läge weniger auf Instruktion als auf dem eigenständigen Erfahren und Ausprobieren. Dies müssten Werkzeuge, Infrastrukturen und Medien einer virtuellen Hochschuldidaktik ermöglichen. Mögliche Formen von Virtualität in Hochschullehre könnten VR-Anwendungen, digitale Spiele oder auch das Internet in Form von Bildern und Videos sowie Lernplattformen sein. Auch virtuelle Kommunikationsformen wie das e-Tutoring oder Blogs und Foren fallen darunter, ebenso der Umgang mit Künstlicher Intelligenz, wie ich notiere (→ Tribunal). Es wird darauf Bezug genommen, dass virtuelle Hochschuldidaktik ebenso Medien zu ihrem Gegenstand machen solle wie die Medien- oder die e-Didaktik. Der Austausch verläuft nun unstrukturiert und spontan. Die Hochschuldidaktik schaut aus dem Fenster und schlägt vor, erst einmal lose das Wort ›virtuell‹ in die bisherige Definition einzubauen.

So wird als Arbeitsergebnis festgehalten, dass virtuelle Hochschuldidaktik ein eigenständiges Wissenschaftsgebiet bezeichnet, das sich in Forschung und Entwicklung reflexiv mit virtuellen, d.h. digital ermöglichten Lehr- und Lernprozessen im institutionell-organisierten Kontext von Hochschule befasst und das Ziel einer Qualitätsverbesserung in Lehre und Studium verfolgt. Die Virtualität neigt den Kopf nach unten und scheint nachzudenken. Es wird nicht gesprochen. Dann hebt sie ihren Kopf, mustert ihr Gegenüber und beginnt zu lächeln. »Gut«, sagt sie, »das ist doch schonmal ein Anfang«. Die Hochschuldidaktik nimmt einen letzten Schluck ihres Wassers und bedankt sich für das Gespräch. Man bleibe in Kontakt, die letzten Worte seien noch nicht gesprochen. Wissenschaft sei ein dynamisches Feld und auf bestehende Kontakte angewiesen. Sie bittet mich, die Beobachtung zu beenden und das Protokoll zu schließen.

Literatur

Arnold, Rolf (2010): »Didaktik – Methodik«, in: Rolf Arnold/Sigrid Nolda/Ekkehard Nuissl (Hg.), Wörterbuch Erwachsenenbildung, Bad Heilbrunn: Julius Klinkhardt, S. 64–66.

Dede, Christopher J./Jacobson, Jeffrey/ Richards, John (2017): »Introduction: Virtual, Augmented, and Mixed Realities in Education«, in: Liu/Dede/ Huang et al., Virtual, Augmented, and Mixed Realities in Education, S. 1–16.

Kasprowicz, Dawid/ Rieger, Stefan (2020): »Einleitung«, in: Dawid Kasprowicz/ Stefan Rieger (Hg.), Handbuch Virtualität, Wiesbaden: Springer VS, S. 1–22.

Kerres, Michael (2024): Mediendidaktik. Konzeption und Entwicklung digitaler Lernangebote. 6. Aufl., Berlin/Boston: De Gruyter.

Klafki, Wolfgang (2007): »Didaktik«, in: Heinz-Elmar Tenorth/Rudolf Tippelt (Hg.), Beltz-Lexikon Pädagogik, Weinheim: Beltz Juventa, S. 160–161.

Köhler, Thomas/Münster, Sander/ Schlenker, Lars (2013): »Didaktik virtueller Realität: Ansätze für eine zielgruppengerechte Gestaltung im Kontext akademischer Bildung«, in: Gabi Reinmann/Martin Ebner/Sandra Schön (Hg.), Hochschuldidaktik im Zeichen von Heterogenität und Vielfalt. Doppelfestschrift für Peter Baumgartner und Rolf Schulmeister, Norderstedt: Books on Demand GmbH, S. 99–112.

Liu, Dejian /Dede, Christopher J./Huang, Ronghuai/Richards, John (Hg.) (2017), Virtual, Augmented, and Mixed Realities in Education, Singapore: Springer.

Liu, Dejian/Kumar Bhagat, Kaushal/Gao, Yuan/Chang, Ting-Wen/Huang, Ronghuai (2017): »The Potentials and Trends of Virtual Reality in Education. A Bibliometric Analysis on Top Research Studies in the Last Two Decades«, in: Liu/Dede/Huang et al., Virtual, Augmented, and Mixed Realities in Education, S. 105–130.

Matuszkiewicz, Kai/Weidle, Frankziska (2020): »Neue Welten erkunden. Die (hochschul-)didaktischen Potenziale der Welthaftigkeit virtueller Medienumgebungen«, in: Claude Müller Werder/Jennifer Erlemann (Hg.), Seamless learning – lebenslanges, durchgängiges Lernen ermöglichen, Münster: Waxmann, S. 171–176.

Mayrberger, Kerstin (2019): Partizipative Mediendidaktik. Gestaltung der (Hochschul-)Bildung unter den Bedingungen der Digitalisierung, Weinheim: Beltz Juventa.

Merkt, Marianne (2014): »Hochschuldidaktik und Hochschulforschung. Eine Annäherung über Schnittmengen«, in: die hochschule 23, S. 92–105.

Münker, Stefan (2005): »Virtualität«, in: Alexander Roesler/Bernd Stiegler (Hg.), Grundbegriffe der Medientheorie, Paderborn: Fink, S. 244–250.

Porsch, Raphaela (2021): »Allgemeine Didaktik«, in: Tobias Schmohl/Thorsten Philipp (Hg.), Handbuch Transdisziplinäre Didaktik, Bielefeld: transcript, S. 25–34.

Rieger, Stefan/Schäfer, Armin/Tuschling, Anna (2021): »Virtuelle Lebenswelten: Zur Einführung«, in: Dies. (Hg.), Virtuelle Lebenswelten. Körper – Räume – Affekte, Berlin/Boston: De Gruyter, S. 1–10.

Tenorth, Heinz-Elmar/Tippelt, Rudolf (2007): »Virtualität«, in: Heinz-Elmar Tenorth/Rudolf Tippelt (Hg.), Beltz-Lexikon Pädagogik, Weinheim: Beltz Juventa, S. 324.

Hypervisor

Stefan Laser

Digitales ist virtuell unterlaufen. Nein, das Virtuelle liegt sogar über dem Digitalen. Das illustrieren Rechenzentren, die Entwicklungen wie die Cloud, Big Data oder AI ermöglichen (vgl. Edwards/Cooper/Hogan 2024; Hu 2015; Pasek et al. 2023; Pickren 2018). Denn der Erfolg heutiger Rechenzentren ist direkt verbunden mit einem scheinbar allsehenden Supervisor: dem Hypervisor. Einzelne Operationen, Programme und Betriebssysteme laufen in modernen Rechenzentren oft nicht auf einzelnen physischen Maschinen. Es gilt: Software ist über Rechner verteilt und Operationen können dynamisch verschoben werden; Aufgaben und Daten sind logisch verbunden (vgl. Heintz 1993). Der Hypervisor ist damit eine logische Schicht und eine klar abgrenzbare Einheit, in der Operationen gesammelt, aufgeteilt, voneinander abgetrennt und wieder verknüpft werden, sodass User:innen, Programme oder Netzwerke nebeneinander liegen und ihre Ressourcen teilen können, ohne, dass die dadurch konstruierten Elemente voneinander mitbekommen oder sich stören können.

Der Hypervisor ist eine zentrale Technologie der Virtualisierung von Servern, und über die praktische Pflege des Hypervisors lässt sich eine eigene Ökologie der Virtualität entfalten, ein Lexikon im Lexikon. Ein Hypervisor lässt sich nicht ohne ein grundlegendes Verständnis von Chip-Technologie verstehen, er ist eng verwoben mit der Verwaltung und Verdrahtung von Speicher und Speicherplatz, mit Administration, und im Lauf der Geschichte hing der Hypervisor mit weiteren kleinen informatischen Innovationen zusammen, die mit Begriffen der Virtualität hantierten und durchaus kontrovers diskutiert wurden. Ich wage mich deswegen an eine umsichtige Grundbegriffsarbeit, bei der der Hypervisor im Zentrum steht und mich zu einigen Meilensteinen der Informatik führt.

Der Hintergrund für diesen Beitrag sind Gespräche mit Systemadministratoren und historisch-konzeptionelle Probleme der Arbeit am und im Rechenzentrum (siehe den Schwesterbeitrag zu → Multiplizität). Im Fokus stehen Hinweise aus Handbüchern und wissenschaftliche Artikel der Informatik, die Virtualisierungstechnologien geprägt haben. Generell folge ich Methodologien der *Science and Technology Studies*, blicke also auf Technik und Wissenschaft im Vollzug, widme mich aus einer symmetrischen Perspektive computerwissenschaftlichen Konzepten und ihren historischen und kulturellen Kontexten, Übersetzungen und kontroversen Entscheidungen (vgl. Beck/Niewöhner/Sørensen 2012; Laser/Ochs 2018; Latour 2018).

Eine falsche Fährte

Wir sind in empirischen Forschungsinterviews auf die Technologie des Hypervisors gestoßen, mit der wir ein universitäres Rechenzentrum historisch und materiell rekonstruieren. Besser gesagt: Wir sind auf die Virtualisierungstechnologie *gestoßen worden*. Und mit *wir* meine ich: Meine Forschungskollegin Estrid Sørensen und ich sprachen mit zwei Mitarbeitern aus der IT-Betreuung unserer Universität (→ Universität Bochum, Ruhr-). Wir führten das Thema der Verteilung von Ressourcen im Rechenzentrum als Problemfall ein (vgl. Sørensen/Laser 2023), die Schlagworte Bedarf und Nachhaltigkeit, und das Team des

Rechenzentrums verwies in ihrer Reaktion auf unseren Trigger fast im Vorbeigehen auf die unübertreffliche Effizienz ihrer virtuellen Maschinen. Ganz die Hobbybastler:innen hatten wir im Gespräch als Beispiel für eine *leichte* Rechenumgebung einen Raspberry Pi-Kleinstcomputer genannt. Dazu hatten wir im Vorhinein eine Mastodon-Instanz getestet, die Twitter-Alternative im langen Sommer dezentraler sozialer Medien (vgl. Laser et al. 2022) (→ Media, social). Wir wollten Interesse signalisieren, mit aktuellen Ideen und einem eigenen technischem Setup, einem scheinbar effizienten zumal.

»Ja, interessant«, so Thomas Kluge vom IT-Management (alle Namen pseudonymisiert).

Aber die IT war nicht begeistert. Nach kurzen Ausführungen zu aktuellen Cloud-Entwicklungen sagte Thomas: »Also ich glaube, was ein Riesenpunkt ist, und das beobachten wir selber, ein Riesengewinn an Effizienz ist, ist Virtualisierung.« Thomas begann zu rechnen:

»Also wir haben ja eine große VMware-Farm [eine Virtualisierungs-Technologie, auf die es zurückzukommen gilt; S.L.] an zwei Standorten, parallel gespiegelt, synchron gespiegelt aus Verfügbarkeitsgründen. Und das sind insgesamt (zögert) 24 Server, 12 auf jeder Seite, da laufen ungefähr etwas über 1.000 virtuelle Maschinen drauf. Und wir hatten mal geguckt, pro Seite ein Stromverbrauch von 6 Kilowatt, für 500 Maschinen. Also effizienter geht es, glaube ich, nicht.«

Er fügte hinzu: »Da kommt selbst ein Raspberry nicht mit«. Die konkrete Berechnung ist kompliziert und von diversen Unsicherheiten bestimmt, aber im Vergleich Virtuelle Maschine versus Pi benötigt die virtuelle Maschine maximal ein Drittel des Stromverbrauchs eines Pis.

Interessant, ja.

Wir merken, dass Virtualisierung den Kern des Rechenzentrums trifft: Mehrere digitale Systeme laufen flexibel und gleichzeitig nebeneinander, bei geringem Energieverbrauch (womit sich die Industrie zunehmend auseinandersetzen muss (vgl. Brodie 2020; Masanet et al. 2020; Pasek 2023)) und hoher Sicherheit (was ein klassisches Marketing-Instrument des Sektors ist (vgl. Dommann/Rickli/Stadler 2020)). Alles gut skalierbar. Aber: Was heißt das genau, wer handhabt eine solche virtuelle Infrastruktur mit welchen Tools? Daten sind für User:innen stets verfügbar, die Cloud weist den Weg (vgl. Velkova/Plantin 2023) und strukturiert Routinen (→ File, empty, → INF,→ Lab of Unfinished Thoughts, → Text, plain). Aber wo siedeln wir die Wolke an, in einem imaginierten schwerelosen Raum, hoch im Himmel (vgl. Mackenzie 2003: 367)? Das ist wohl kaum mit virtuellen Maschinen gemeint. Welche Anforderungen und Kompetenzen benötigt eine virtuelle Umgebung, welchen Unterschied macht sie in welchen Situationen (→ Situationsanalyse, situierte)? Ja, was für eine Form der Virtualisierung ist es eigentlich, von der wir hier im Interview hören?

Diese Fragen waren der Aufhänger für ein zweites Treffen mit dem Virtualisierungs-Team, bei dem uns ihr eigenes System demonstriert wurde, um den Hypervisor und seine informatische Komplexität besser zu verstehen.

Zur Geschichte und Aktualisierung der Kerntechnologie

Die Technologie des Hypervisors wurde bereits in den 1970er Jahren entwickelt. Sie sollte das praktische Problem lösen, Instruktionen, die für einen bestimmten Computer geschrieben wurde, auf ein neues System zu *übersetzen*. Die neuen Großmaschinen, die alle paar Jahre auf den Markt kamen, waren oft gänzlich anders verdrahtet und kodiert. Zur Handhabung der unterschiedlichen Logiken wurde als Hilfe ein Hypervisor in Form eines vorgeschalteten Kontrollprogramms konzipiert, um gleichzeitig auf einer Maschine einen Emulator und ein genuines Betriebssystem laufen zu lassen. Die Abbildung 1 macht dabei deutlich, wie erst das Kontrollprogramm die Trennung von Systemen ermöglichte. Emulator meinte dabei eine Mischung aus Hardware- und Software, ausgerichtet auf eine andere Architektur als die des eigentlichen Computers. Ein Hybrid. Er erlaubte reibungslosen Fortschritt in den Maschinenhallen. Der Begriff Emulator hat sich mittlerweile weiterentwickelt und nahezu von Hardware entkoppelt. Er ist auch vielen gewöhnlichen User:innen bekannt: Will ich etwa auf meinem PC ein Atari-Spiel aufsetzen, starte ich einen Emulator. Es ist auch ein Feature von neuen kommerziellen Cloud-Systemen und ferngewarteten Rechenzentren: User:innen können etwa emulierte Grafikkartenleistung auf lokale Systeme buchen, um sich sozusagen die eigenen Rechner mit Hilfe aus der Ferne aufzuwerten. Das sind kleine Errungenschaften, die jedoch auf eine größere Entwicklung verweisen. Der zusammen mit der Emulation entwickelte *Hypervisor* ist dank seiner Verankerung mit virtuellem Speicher, Partitionierung und durch die Erfahrungen mit Timesharing zur zentralen Schaltstelle im Rechenzentrum geworden (und auf diese Begriffe komme ich gleich zurück).

Mit dem zentralen Fachbegriff des Hypervisors begrüßten uns nun die IT-Admins bei unserer zweiten Software-Demonstration – mit der *Virtualisierungsschicht*, wie es unsere Gesprächspartner:innen auch formulierten. Dabei verwendet die Universität ein kommerzielles Hypervisor-System.

Abb. 1: Hypervisor Multiprogramming nach Katzan 1970: 111

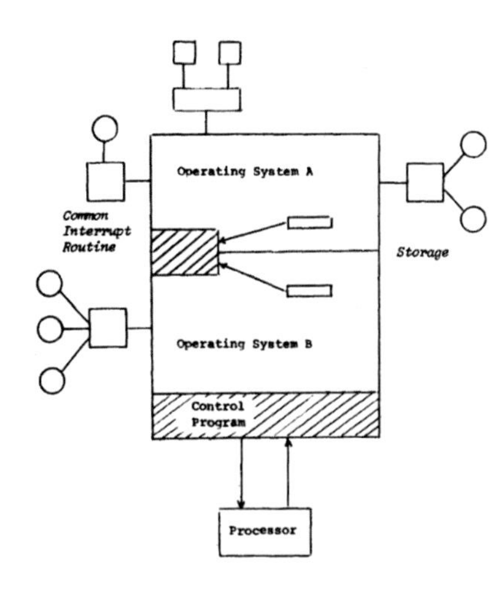

Die hier untersuchte Universität betreibt seit ihren Anfängen einen Maschinenraum, später ausgebaut und umfassend integriert in ein Rechenzentrum. Man begann mit einem systematischen Ausbau einer virtuellen Umgebung für das Rechenzentrum in den ausgehenden 2000er Jahren, mit einer Investition in *VMWare* – die damals und heute meistverbreitete kommerzielle Lösung virtueller Server. Schon vorher liefen einzelne virtuelle Systeme auf den universitären Rechnern. Es gab also Vorläufer, die allerdings Einschränkungen unterlagen. Wie es im Interview hieß: »Das Schöne war, man konnte dann nicht nur einen Dienst oder einen Server betreiben, sondern fünf, sechs, sieben, je nach Größe der Ausstattung. Aber das war es dann auch. Man konnte nicht wechseln, man hatte keine hohe Verfügbarkeit gehabt und gar nichts.« VMWare erlaubte die Multiplizierung und Öffnung, mit einem Hypervisor als Herzstück.

VMWare ist eine Software-Umgebung, die Virtualisierung auf »bare« oder »close to the metal« realisiert (Rella 2023): mit direktem logischen Zugriff auf die physische Hardware. Dieses virtuelle System steuert mehrere Betriebssysteme und wird als ein »Hypervisor Typ 1« bezeichnet, wie es etwa im Glossar von VMWare definiert ist. In der Informatik ist das Prinzip auch als »Virtual Machine Monitor« bekannt (Popek/Goldberg 1974). Wenn ein Betriebssystem ein *Supervisor* mit Überblick über alle Anwendungen ist, ist ein *Hypervisor Typ 1* der Supervisor unter den Supervisoren. So ist es möglich, auf vielen separaten virtuellen Maschinen und über mehrere Geräte hinweg individuelle User mit eigenen Betriebssystemen zu starten.

Der Hypervisor überblickt dabei alles; er ist für die korrekte Zuweisung und Verarbeitung von digitalen Operationen auf der physikalischen Ebene zuständig, jongliert also CPU- und Grafikkarten-Leistung sowie Arbeitsspeicher-Adressen, und weist diesen Programmen und Betriebssystemen zu. Ein Hypervisor nutzt eine komplexe Partionierungs-Technologie, die es ermöglicht, auf einer Festplatte gleichzeitig mehrere Betriebssysteme bzw. unterschiedlichste Programme auszuführen, die unabhängig voneinander laufen, ja, die so arrangiert sind, dass die Anwender:innen nicht einmal wissen, dass *neben ihnen* auf der physischen Maschine andere Programme und Daten Arbeit verrichten. Nur der Hypervisor kennt die logische Verteilung von Isolation und Partitionierung der einzelnen Elemente. Beim *Hypervisor Typ 2* hingegen ist das anders, den startet man auf einem Desktop-Betriebssystem als ein ordinäres Programm, um darin dann ein Betriebssystem oder einzelne Programme zu starten. Das kann hilfreich sein, um etwa ein Apple-System auf einem Windows-Rechner zu emulieren und Software in geschützten Umgebungen zu starten. Der *Hypervisor Typ 2* hat keinen vollen Zugriff auf Systemressourcen, ist langsam und für ein Rechenzentrum nicht in demselben Maße von Bedeutung.

Ein Hypervisor muss die Verschachtelungen und Logiken von Computerchips nutzen. Dabei sind Unterschiede zwischen den Chips wegweisend. Die Schaltkreise und Transistoren auf Mikroprozessoren werden nicht zufällig für jede Prozessorgeneration festgelegt, sondern folgen standardisierten Design-Richtlinien. Es ist zwar eine informatische Binsenweisheit, dass die Industrie nur eine Art des Computers kennt und bauen kann, eine universelle Maschine, die prinzipiell alle Programme lesen kann – wie von Alan Turing erdacht und von John von Neumann in einer Architektur skizziert: digital, binär, elektronisch, sequenziell (vgl. Heintz 1993: 213; Laser 2020: 238; Rammert 2013). Aber die Binse ist irreführend. Virtualisierung auf Servern mit Intel oder AMD-CPU (mit x86-Architektur) läuft zum Beispiel anders ab als auf *SoC*-basierten Smartphones (sog. simplifizierte *System-on-a-Chip*-Designs). Die Virtualisierungstechnik lässt sich nicht übertragen. (Auf *SoC*-basierten Smartphones ist Virtualisierung einfacher und sicherer; das als *Sandboxing* bekannte Vorgehen lässt insbesondere tradierte Desktop-Systeme alt, langsam und vulnerabel aussehen.) Dabei wird Ingenieur:innen von VMWare zugeschrieben, zur Jahrtausendwende erstmals die Virtualisierung von x86-Server-CPUs realisiert zu haben. Die Chip-Hersteller Intel und AMD folgten schnell mit Hardware-seitigen Optimierungen. Server-Systeme wuchsen an. Universitäten waren unter den ersten Kunden, von einem regen Austausch der Akteure ist auszugehen. Auf ihrer Unternehmensseite feiert das Unternehmen VMWare entsprechend ihre rasant wachsenden Buchungszahlen und ihr erstes Patent mit der ID 6397242, die 2002 für *System and Method for Virtualizing Computer Systems* ausgegeben wurde.

Arbeit an und mit dem Hypervisor

Wir sehen nunmehr seit 20 Jahren eine Großinvestition in die Technologie der Virtualisierung, mit Universitäten und privaten Unternehmen als Mediatoren (→ Großinvestition). In unserer Universität ist man stolz auf die solide Ausbildung, die man als Organisation mittlerweile den hauseigenen Expert:innen für VMWare bieten kann und über die Jahre geboten hat. Und in den 2020er Jahren sind es mittlerweile Cloud-Unternehmen, die vom Austausch der Expertise am meisten profitieren. Es gibt heute nur einen kleinen Markt an Anbietern, die virtuelle Serverumgebungen für konventionelle Server-CPUs mit x86-Instruktionsset mit vollem Service anbieten. Und das hier genutzte VMWare ist sowohl Pionier als auch Marktführer, mit wenigen großen kommerziellen Konkurrenten wie Oracle, Microsoft und Citrix und offenen Alternativen wie Openstack mit Xen-Chip. Markt-Analysen stellen ein starkes Wachstum des Software-Sektors fest und prognostizieren in den nächsten Jahren einen weiteren Sprung. Auch dank des Fokus auf individualisierte User:innen erkennt hier Tung-Hui Hu die Motivation des Kapitals, ökonomische Verschwendung zu reduzieren und billige (vgl. Patel/Moore 2018) Rechenleistung anzubieten:

»Acting as a sanitary partition between users, virtualization ensures user productivity by removing the ›wasted resources‹ of computing from the equation. These previously illiquid expenditures of capital include the physical hardware of disk drives and servers, but also the labor involved in assembling them, the labor of maintaining and removing unsanitary elements (malware, trash, spam, even the occasional worm or virus) from the servers, and the physical stream of waste that those computers ultimately produce« (Hu 2015: 64)

Wenn Software über mehrere Maschinen verteilt ist und nur noch ein Hypervisor logisch nachvollziehen kann, wann und wo etwas verarbeitet wird, verlieren Daten aus Sicht der User:innen scheinbar ihren Ort. Bits brechen aus den engen Schluchten von vereinzelten CPU- und GPU-Gravierungen aus, elektrische Signale werden über Server hinweg weitergereicht und Anfragen gemeinsam bearbeitet, Sicherheitsrisiken bleiben isoliert. Software löst sich von Hardware. User:in von physischen Grenzen. Virtuelle Server, anders gesagt, sind ein verdammt guter Trick. Die informatische Virtualisierung ist so gesehen auf Topologie ausgerichtet (vgl. ebd.: 67), und Admins achten darauf, dass Software über die Maschinen hinweg funktionsfähig bleibt, dass alle Orte auf der Karte erreichbar sind, dass Steuerung gelingt.

Wir sitzen in unserem Meeting mit den Systemadmins der IT-Infrastruktur und hören ihre Zusammenfassung der Situation. Operationen können flexibel Ressourcen zugewiesen werden, auf einem modernen VMWare-Hypervisor können Anwendungen und Speicherkapazitäten sogar im laufenden Betrieb zwischen Maschinen verschoben werden, automatisiert und je nach Auslastung angepasst; und der Hypervisor kann Leistung simulieren, um lokalen Anwendungen Potenzial und Kapazität zuzusichern, falls sie besondere Anforderungen zugesichert haben wollen. Auch normale User:innen und ihre Erwartungen werden so gehandhabt. Der Hypervisor spielt den Unterschied zwischen realem, geladenem und virtuellem Speicher voll aus. Kauft sich eine Professorin im Rechenzentrum einen großen Datenspeicher ein, mag ihr System zwar einen entsprechend großen, freien Speicher anzeigen. Das bedeutet jedoch nicht, dass die virtuelle Maschine aktuell *tatsächlich* diesen Speicher okkupiert. Das System glaubt nur, dass es die Kraft und den Speicher hat, den es angezeigt bekommt. Die Professorin glaubt nur, dass die volle Kapazität des Speichers vorgehalten wird. Das System bekommt die Ressourcen nur bei wirklichem Bedarf gestellt. Aus Gesamtsystemsicht ergäbe sich ansonsten eine große Verschwendung. Es ist ein Fake. Und dann doch nicht ganz.

Ein Hypervisor regt zu Planung und Pflege an, dafür braucht es die System-Admins. Und eine digitale Repräsentation der virtuellen Schichten.

VMWare ist nicht nur, aber wesentlich über Dashboards organisiert. Das zeigt uns die Software-Demonstration eindrucksvoll. Der Eintritt in das virtuelle Management ist denkbar einfach. Unsere Gesprächspartner schließen ihren Laptop an einen Beamer an und loggen sich über ein Browser-Fenster in das Management der virtuellen Server ein. Und direkt erscheinen die bunten Farben und ausdrucksstarken Zahlen des Systems auf Dashboards. Das tatsächliche Design der Dashboards ist äußerst individuell, also auf das jeweilige Rechenzentrum zugeschnitten. Zentrale Systemwerte sind bei unserer Demonstration auf der Startseite, hier gibt es etwa allgemeine Werte zu sehen, Dinge wie CPU- und Arbeitsspeicher-Auslastung (Abb. 2).

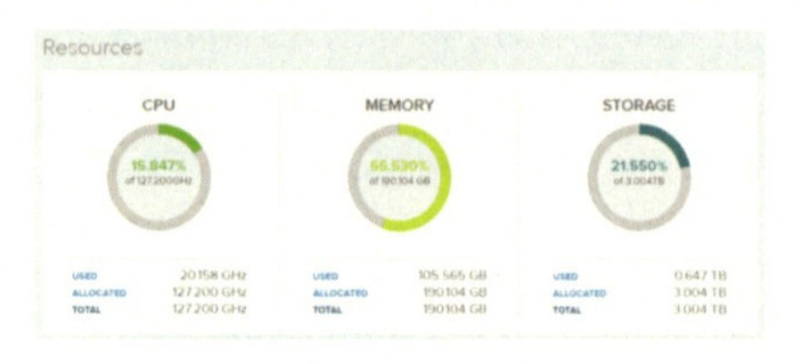

Abb. 2: Beispiel von rudimentären Dashboard-Daten über einen Blog-Post von VMWare (Screenshot S. L.)

Während des Gesprächs fällt auf, dass die Admins mit einem bestimmten Blick auf das System schauen. Das Dashboard versteht aktuelle Software und voll erreichbare, sprich voll einsatzfähige, virtuelle Maschinen als *Gesundheit* und bietet visuell ansprechende Symbole zur Repräsentation dessen an. Nur was ist und worum geht es bei *Gesundheit*, wie prägt es die Arbeit mit dem Rechenzentrum?

Gesundheit ist zunächst ein Sammelbegriff, der sich durch alltäglichen Betrieb zieht. Zentral ist, dass das System im Hintergrund laufend Updates durchführt, alle Systeme spiegelt (n+1) und so vor Datenverlust schützt. Die Universität hat dafür gleich zwei voneinander getrennte Standorte aufgebaut. Ebenfalls aufschlussreich ist der historische und prozessbasierte Blick auf Auslastung und potenzielle Unter- oder Überlast. Anders gesagt: Auch virtuell können sich Maschinen verlaufen. Wie es im Gespräch hieß: »Wir haben natürlich eine Überwachung für die Server, die uns sagt, wenn CPU zu viel benutzt oder wenn CPU über 100 Prozent, wenn Memory [...] 100 Prozent [erreicht], wenn der Server nicht läuft usw. usf.« Die virtuelle Technik voll auszuschöpfen, bedeutet, dass das System berechnet, wie viel Last ein virtueller Server *eigentlich* gerne hätte. Beim Management und der weiteren Planung hilft der kommerzielle Anbieter gerne aus; so sagt der Interviewte weiter: »Wir haben eigene VMWare-Software, die [...] Optimierungs- und Kapazitätsplanung kann und Sachen angibt.« Hier geht es um kurz-, wie auch langfristige Effizienz, Ausbau oder Einsparung, wie uns ein konkretes Beispiel zeigt:

»O.k. Hier gibt es jetzt einen Server, der hat im Moment vier CPUs. VMWare selber ist der Meinung, zwei müssten reichen. Und dazu ist der halt in der Lage, das rauszufinden. Und andersrum kann er das halt genauso. Er kann halt hier sagen: O.k. (überlegt kurz) Ja, das ist nicht immer nur CPU, das ist auch RAM [Arbeitsspeicher; S.L.]. So, dass er [...]. Er hat hier 16 Gigabyte RAM und eine Erhöhung um ein Gigabyte wäre sinnvoll, weil seine Metriken halt sagen: O.k. Der RAM-Verbrauch ist zu hoch im Moment.«

Maschinelle und menschliche (Selbst-)Beobachtung verschränken sich und prägen die Lebenswelt des Hypervisors. Im Kern fordert der Begriff Gesundheit dazu auf, den Status einzelner virtueller Maschinen zu beobachten und zu evaluieren. Virtuelle Maschinen laufen bei VMWare mit jeweils individueller Software, die etwa von Wissenschaftler:innen oder dem Verwaltungspersonal genutzt werden. Diese Maschinen haben demnach konkrete Anforderungen an Software-Aktualisierung, die sowohl mit den physischen Maschinen (z.B. Chip-Generationen) als auch der verwendeten VMWare-Software (das gebuchte Service-Paket) im Einklang sein müssen. Die Soft- und Hardware im Sinne des Anbieters aktuell zu halten, ist doppelt entscheidend: Es garantiert, dass Maschinen laufen, und es sichert der IT-Administration zu, dass sie als Kund:in bei VMWare zielgenauen Support bekommen. Es gibt strenge Vorgaben hinsichtlich Kompatibilität, die laut VMWare zu handhaben sind. Und die IT-Administration muss laufend Updates antizipieren. Mit manchen Anbietern wurden Non-Disclosure Agreements geschlossen, um vorab über neue Versionen und Schwachstellen zu lernen, auf die es zu reagieren gilt. Virtualität ist Handarbeit (→ Denkmal, virtuelles). Es wird angezeigt, wenn Hardware nicht kompatibel oder Versionen veraltet sind. Visuelle Aufarbeitung ist gerne gesehen, Skripte und Automatisierung machen die Arbeit leichter.

Das Dashboard lässt uns reisen, lässt Admins zur Pflege der Gesundheit kreativ werden. Ein ethnographischer Protokollauszug aus der Demonstration:

»Die Arbeit an der Umgebung ist spielerisch. Aber abgegrenzt. Die Dashboards der Virtualisierungsumgebung sind spezialisiert, und (der zweite anwende IT-Kollege) Jens Biermann weist mehrmals darauf hin, dass *ein* Dashboard schnell durch weitere Ansichten ergänzt werden muss, durch andere Dashboards, durch eigenen Code, durch Anwendungen, die von der Online-Community entwickelt und eingebaut werden können. Herr Biermann will demonstrieren, schnappt sich den Laptop von Kollege Weiß, und wählt sich mit seinen Daten bei spezifischen Anwendungen ein, die ebenfalls von VMWare angeboten werden oder die über die Website abgerufen werden können. Als Sonderfall stellt er uns die Kompatibilitätslisten vor, die offiziellen Kompatibilitätsmatrizen genannt werden.«

Bemerkenswert ist der Community-Teil der Entwicklung. VMWare ist kommerziell, aber System-Admins auf der ganzen Welt entwickeln kreative Formen, mit der Schnittstelle, den Dashboards oder Datenströmen umzugehen. Unser Gesprächspartner klingt fast begeistert davon, wie virtuelle Server eine eigene Welt entfesseln:

»Also, es gibt immer wieder Community-Produkte oder so Community-Versionen, die auch in die Produktiv Produktion von VMWare mit einfließen. Also, es gibt eine riesige Community bei VMWare, die alle irgendwelche Plug-ins für die Webseiten, für irgendwelche Konfigurationen, die dann mit in die Produkte auch einfließen hinterher. Also, das dauert natürlich ein bisschen, weil das ein Riesenaufwand ist, also auch für VMWare selber, aber die fließen dann hinterher auch, wenn das gute Ideen sind, mit ein.«

VMWare hat zudem eigene *Troubleshooting*-Dashboards, die Admins Lösungsvorschläge unterbreiten, neuerdings mit Künstlicher Intelligenz ausgeschmückt. Abbildung 3 gibt dafür ein Beispiel, bereitgestellt von der Öffentlichkeitsarbeit von VMWare.

Alles ist aus einer Hand, dafür schätzt die Leitung der IT-Administration den kommerziellen Anbieter VMWare. Mit nur wenigen Stellschrauben lässt sich das gesamte System koordinieren. Nicht alle an der Universität finden diese enge Anbindung an kommerzielle Software gut, vor allem, weil VMWare zugleich Beiträge aus der Online-Community vereinnahmt. Die Kritiker:innen wünschen sich eine freie und offene Alternative. Aber für die IT-Administration bedeutet der kommerzielle Service eine Sicherheitsgarantie: »Weil, auf der Umgebung da ruht ein Großteil der Infrastruktur der [Organisation]. Und wenn man da jetzt irgendeine Bastellösung macht, was man sicher auch machen kann, wo man aber im Prinzip keinen Support einkaufen kann, und dann hat man ein Problem, das wirklich betriebsverhindernd ist, und man hat dann keinen, der einem das Problem löst.« Das sind unterschiedliche Deutungen von dem, was der *Hyper* im *Hypervisor* leisten soll: größtenteils ausgelagerte vs. eigenständige Übersicht des Systems und ihrer Einzelteile. Dabei wird die Handlungsinitiative des Hypervisors verhandelt. Es ist ein Akteur, der Überblick in eine Situation bringt, die Menschen aufgrund der virtuellen Qualität nicht überblicken können.

Abb. 3: Troubleshoot a VM (Johnson 2019; Screenshot S.L.)

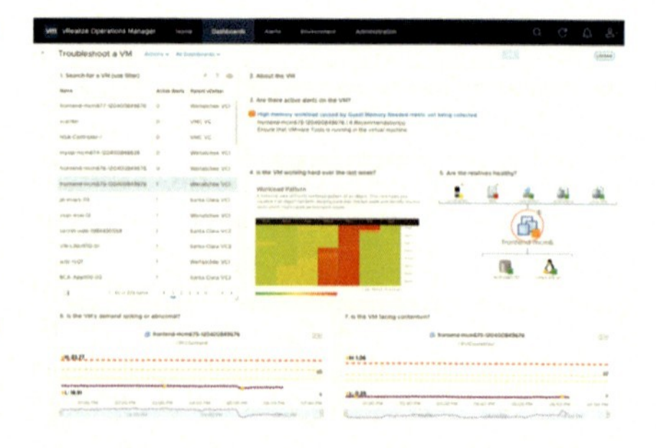

Der Hypervisor heute und morgen

Der Hypervisor ist angekommen. Aber wird er bleiben? Im universitären Rechenzentrum ist er als Instanz geschätzt und passt offenbar gut zu den Anforderungen der diversen, oft individualisierten User:innen. Aber im weltweiten Cloud-Markt gibt es bereits einen neuen Trend: Virtualisierung. Noch mehr Virtualisierung. Denn: Maschinen und Menschen sind zur Last geworden. Wieso muss ein Rechenzentrums-Management überhaupt einzelne Server handhaben, wozu braucht es mehr oder weniger händisch gesteuerte Updates und Upgrades, manchmal sogar gezielte Allokation von virtuellen Ressourcen? Und warum laufen diverse Betriebssysteme nebeneinander, wenn doch oftmals nur Applikationen gefordert sind? Das sind Fragen, die an die Vergangenheit der virtuellen Speicherverwaltung erinnern (→ Multiplizität), neue alte Fragen, die die praktische Informatik an die Industrie richtet – und die insbesondere von großen Cloud-Anbietern wie Google oder Microsoft aufgegriffen werden. Für Rechenzentrumsbetreibende sind das bisweilen unangenehme Fragen, denn Aufgaben, Kompetenzen und Ressourcen verschieben sich, erneut. Kurzum: Nach dem Hypervisor stehen nunmehr *Cluster Management Systeme* im Fokus der Aufmerksamkeit, eine neue Art der Virtualisierungsschicht. Ein solcher Cluster zerschneidet die scharfe Trennlinie zwischen Hypervisor *Typ 1* und *2* und setzt alles auf den Einsatz von virtuellen *Containern*, also das Management von Aufgaben und Prozessen in Form von Applikationen. Das Cluster-System betreut die Container über alle Maschinen hinweg, ja sogar über einzelne Rechenzentren hinaus. *Ein* Interface bleibt übrig. Bereitgestellt von *Docker* oder *Kubernetes*. Konzeptionell betrachtet treibt ein solches System den Grundgedanken des Hypervisors einen Schritt weiter, selbst wenn an der Automatisierung der verschiedenen Prozesse noch hitzig gearbeitet wird, wie Munn (2021) am Beispiel von Alibabas System nachzeichnet. Alles wird zur virtuellen Planungsaufgabe (dem *scheduling*). Die Cluster-Systeme wollen dabei maschinelle Ressourcen verstecken, neue Dashboards betrachten die Effizienz und sozusagen die gesunde Verteilung von Prozesslast, und die Cluster-Systeme sind darauf angelegt, Serversysteme über Orte hinweg miteinander zu kombinieren und ein global integriertes Rechensystem zu entwerfen. Es geht mehr um *infra* denn *hyper*.

Der Streifzug durch die virtuelle Serverlandschaft unserer Universität hinterlässt einen Eindruck von permanenter Ambivalenz. Das Adjektiv *virtuell* war im Lauf der Computer-Geschichte – von den Großrechnern zum heutigen Rechenzentrum – immer wieder eine kleine Provokation. »*Wie könnt ihr nur?*«, so lesen sich die Reaktionen im Rückblick. Verantwortungen wurden neu verteilt, neue Schichten hinzugezogen, neue Geräte dazwischengeschaltet, alte weggenommen (→ Multiplizität). Und doch trieb Virtualisierung oft Wandel an, verschränkte sich mit Digitalisierungspraktiken unterschiedlicher Art, letztendlich auch mit kommerziellen Plattformlogiken der Programmierbarmachung und Extraktion von digitalen Handlungen (vgl. Helmond 2015). So lässt sich der konzeptionelle Wert des Hypervisors einfangen. Mit Blick auf Computer-Architekturen hat laut Oxford English Dictionary »to virtualize« (O.V. o. J.) zwei Bedeutungen: in eine digitale Form übertragen einerseits und eine virtuelle Version von Computer-Ressourcen erzeugen andererseits. Gemeint ist bei virtuellen Servern definitorisch betrachtet letzteres: das effiziente Nutzen und Zuweisen von Server-Ressourcen. Nichts anderes leistet der Hypervisor: Ressourcen werden scheinbar von ihren materiellen Lasten befreit, kopiert, multipliziert, neue Möglichkeiten erscheinen am Horizont und setzen sich rasant durch. Das Alltagsverständnis eines Rechners wird infrage gestellt und die Hardware selbst bekommt eine virtuelle Komponente. Dabei entwickelt die Virtualisierungsschicht ein Eigenleben. Die Arbeit am Rechenzentrum verschiebt sich auf die Ebene des Codes und laufende Software-Updates, neue Unsicherheiten und neue Unzulänglichkeiten eingeschlossen. Es ist eine Pflegearbeit, die lästig sein kann. Aber in unseren Interviews schwingt auch immer mit, dass über Virtualisierung Digitalisierung möglich gemacht wird. Der Hypervisor treibt die digitale Transformation voran. Damit verweist er auf beide Bedeutungsebenen von Virtualisierung und steht im Zentrum des Begriffs.

Literatur

Beck, Stefan/Niewöhner, Jörg/Sørensen, Estrid (2012): »Einleitung. Science and Technology Studies aus sozial- und kulturanthropologischer Perspektive«, In: Stefan Stefan/Jörg Niewöhner/ Estrid Sørensen (Hg.), Science and Technology Studies: Eine sozialanthropologische Einführung, Bielefeld: transcript, S. 9–48.

Brodie, Patrick (2020): »Climate extraction and supply chains of data«, in: Media, Culture & Society 42(7–8), S. 1095–1114.

Dommann, Monika/Rickli, Hannes/ Stadler, Max (2020): Data centers: Edges of a wired nation, Zürich: Lars Müller.

Edwards, Dustin/Cooper, Zane Griffin Talley/Hogan, Mél (2024): »The making of critical data center studies«, in: Convergence (Online First).

Heintz, Bettina (1993): Die Herrschaft der Regel: Zur Grundlagengeschichte des Computers, Frankfurt a.M./New York: Campus.

Helmond, Anne (2015): »The platformization of the web: Making web data platform ready«, in: Social Media + Society 1/2.

Hu, Tung-Hui (2015): A prehistory of the cloud, Cambridge/Massachusetts: MIT Press.

Johnson, Josh (2019): »5 steps to effective dashboard design«, in: VMware design. Online unter: https://medium.com/vmwaredesign/5-steps-to-effective-dashboard-design-c1813455e159 (letzter Zugriff: 01.04.2024)

Katzan, Harry (1970): »Operating systems architecture«, In: Proceedings of the May 5–7, 1970, Spring joint computer conference, AFIPS '70 (Spring), New York: Association for Computing Machinery, S. 109–118.

Laser, Stefan (2020): Hightech am Ende. Über das globale Recycling von Elektroschrott und die Entstehung neuer Werte, Wiesbaden: Springer VS.

Laser, Stefan/Ochs, Carsten (2018): »Kontroversen bewertbar machen. Über die Methode des Mapping of Controversies«, in: Jonathan Kropf/Stefan Laser (Hg.), Digitale Bewertungspraktiken: Für eine Bewertungssoziologie des Digitalen, Wiesbaden: Springer VS, S. 97–125.

Laser, Stefan/Pasek, Anne/Sørensen, Estrid/Hogan, Mél/Ojala, Mace/ Fehrenbacher, Jens/Hepach, Maximilian Gregor/Çelik, Leman/Ravi Kumar, Koushik (2022): »The environmental footprint of social media hosting: Tinkering with Mastodon«, in: EASST Review 41(3).

Latour, Bruno (2018): Aramis: oder Die Liebe zur Technik, Tübingen: Mohr Siebeck.

Mackenzie, Adrian (2003): »These things called systems: Collective imaginings and infrastructural software«, in: Social Studies of Science 33(3), S. 365–387.

Masanet, Eric/Shehabi, Arman/Lei, Nuoa/Smith, Sarah/Koomey, Jonathan (2020): »Recalibrating global data center energy-use estimates«, in: Science 367/6481, S. 984–986.

Munn, Luke (2021): »Imperfect orchestration: Inside the data center's struggle for efficiency«, in: Computational Culture 8.

OED (o. J.): »to virtualize«, in: Oxford English Dictionary.

Pasek, Anne (2023): »On being anxious about digital carbon emissions«, in: Social Media + Society 9(2).

Pasek, Anne/Lin, Cindy Kaiying/Cooper, Zane Griffin Talley/Kinder, Jordan B. (2023): Digital energetics, Minneapolis: Meson Press.

Patel, Raj/Moore, Jason W. (2018): Entwertung: Eine Geschichte der Welt in sieben billigen Dingen, Berlin: Rowohlt.

Pickren, Graham (2018): »›The global assemblage of digital flow‹: Critical data studies and the infrastructures of computing«, in: Progress in Human Geography, 42(2), S. 225–243.

Popek, Gerald J./Goldberg, Robert P. (1974): »Formal requirements for virtualizable third generation architectures«, in: Communications of the ACM 17(7), S. 412–421.

Rammert, Werner (2013): Technik aus soziologischer Perspektive 2: Kultur – Innovation – Virtualität, Wiesbaden: Springer-Verlag.

Rella, Ludovico (2023): »Close to the metal: Towards a material political economy of the epistemology of computation«, in: Social Studies of Science 54(1), S. 3–29.

Sørensen, Estrid/Laser, Stefan (2023): »Towards artful sustainable integration of IT infrastructures: A report from the construction of a university data centre«, in: Patricia Jankowski/Anja Höfner/Marja Lena Hoffmann/Friederike Rohde/Rainer Rehak/Johanna Graf (Hg.), Shaping digital transformation for a sustainable society: Contributions from Bits & Bäume, Berlin: Technische Universität Berlin, S. 87–90.

Velkova, Julia/Plantin, Jean-Christophe (2023): »Data centers and the infrastructural temporalities of digital media: An introduction«, in: New Media & Society, 25(2), S. 273–286.

INF

Herausgeber:innen

Abkürzung der Teilprojektvariante INF *Informationsinfrastruktur: Technik und Praxeologien* am SFB 1567 *Virtuelle Lebenswelten*, deren Aufgabe es ist, Probleme zu lösen und zu machen (→ 1567, → Klappkiste, → Text, plain).

Insel, virtuelle

Ann-Carolyn Hartwig

Warum Insel, wenn Fragen von und über → Virtualität verhandelt werden sollen? Virtualität muss als Phänomen beschreibbar gemacht bzw. beschrieben werden – insbesondere dann, wenn Gegenstände einer vordigitalen Virtualität in den Fokus rücken. In den 1990er Jahren entwickelt sich aus dem Interesse an Inseln ein eigenes Forschungsfeld: die *Island Studies* (vgl. Breuer 2012: 184–185). Dieses Interesse ist v.a. darin begründet, dass Inseln »nicht nur Sehnsuchtsorte, sondern zudem sowohl form- und ordnungsstiftende Denkfiguren als auch epistemologische Analyseinstrumente« (Ramponi/Wendt/Wilkens 2011: 7) sind. Sie leisten also einen Beitrag zu kultur- und gesellschaftswissenschaftlichen sowie wissensgeschichtlichen Untersuchungen.

Vor der Folie der Virtualität ist die Insel bislang noch nicht betrachtet worden. Ihr Potential als Beschreibungsmuster des Virtuellen wird hier nun mit Blick auf zwei Robinsonaden des 18. Jahrhunderts, Daniel Defoes *Robinson Crusoe* (1719) und Johann Gottfried Schnabels *Insel Felsenburg*

(1731–1743),[1] aus einer literaturwissenschaftlichen Perspektive aufgezeigt.

Die einsame Insel

Hinter dem Begriff der Insel steht häufig das Bild oder die Idee der *einsamen* Insel. Vom Festland abgeschnitten und mitten im Meer liegend, ist sie ein Symbol von Isolation und Einsamkeit (vgl. Broser/Budějovice 2021: 292). Gilles Deleuze unterscheidet grundlegend zwischen kontinentalen und ozeanischen Inseln und damit zwischen akzidentiellen, abgedrifteten sowie ursprünglichen, wesentlichen Inseln. Beim ersten Typ dominiert die Trennung vom Festland, beim zweiten Typ der Neubeginn und das Neuerschaffen (vgl. Deleuze 2003: 10–11). In dieser Unterscheidung bezieht sich das Attribut ›einsam‹ zunächst auf die Lage oder Lokalisation. Die einsame Insel erweist sich als ein begrenzter, kleiner und überschaubarer Raum. Dieser bietet sich insbesondere für die Literatur an, um in der Begrenztheit und vermeintlichen Überschaubarkeit Welten entstehen zu lassen und Weltentwürfe auszuprobieren (vgl. Schmitz-Emans 1995: 201). Das ist auch deshalb interessant, weil die Insel eine Perspektive auf den für Literatur und Literaturwissenschaft zentralen Begriff der Welt eröffnet: »Jeder fiktionale Text entwirft eine eigene Welt« (Martínez/Scheffel 2019: 137) und für eine solche Welt liefert die Insel ein Modell.

Das die Insel umgebende Wasser »entspricht in seiner Funktion den Wänden eines Labors, in welchem ein Experiment stattfindet« (Schmitz-Emans 1995: 201). Die Insel ermöglicht also ein Probehandeln, dem zunächst eine Konsequenzlosigkeit für das Außen unterstellt werden darf. Darin kann eine erste Parallele zur Virtualität gesehen werden, der die Möglichkeit des Probehandelns im Modus des Als-Ob zugeschrieben wird (vgl. Kasprowicz/Rieger 2020: 6). Ferner steht die Virtualität selbst in einem Bezug zum Konzept der Welt: In der *virtual reality* (*VR*) können scheinbar unbegrenzte Welten dargestellt werden, in denen alles im zweifachen Sinne möglich ist: durchführbar und vorstellbar[2] (→ Zeit, virtuelle).

Die räumliche Abgeschlossenheit der Insel ruft weiterhin die Frage nach ihrer Zugänglichkeit bzw. Unzugänglichkeit auf, die zunächst auf das Problem stößt, dass Anfang und Ende, Wasser und Land nicht definitiv bestimmt und festgelegt werden können (vgl. Shah/Borgards/Kugler 2021: 8). Dort, wo jede Welle die unbestimmte Grenze zwischen Wasser und Land wegspült, verläuft im herumwirbelnden Sand der fließende Übergang zwischen Meer und Insel. Dieser Übergang ist daher besser als »unscharfe Zone«

---

1 Für das Format *Virtuelles Objekt des Monats* des SFB 1567 *Virtuelle Lebenswelten* wurde der Schauplatz des Romans, die Insel Felsenburg, in ein virtuelles 3D-Modell übersetzt: https://www.virtuelle-lebenswelten.de/blog-post/vom-november-die-insel-felsenburg-in-3d (letzter Zugriff: 16.05.2024).

2 Auffallend ist, dass Fragen nach der Virtualität oft als Fragen nach der virtuellen Realität oder virtuellen Welt verhandelt und dabei Virtualität und *VR* nicht selten gleichgesetzt werden. Die Vielfalt des Phänomens ›Virtualität‹ wird dadurch allerdings eingeschränkt, da im Kontext digitaler Möglichkeiten ihr räumlicher Aspekt in den Vordergrund rückt. Bei der Betrachtung von Inseln bietet sich der Bezug zu *VR* und auch zur Welt jedoch an, weil Inseln – z.B. durch die Bezeichnung *einsame* Insel – ihre räumlichen Verhältnisse oder Bedingungen selbst thematisieren und reflektieren.

(ebd.: 8) zu fassen. Zudem sind Inseln (in literarischen Texten) oft von Nebel um- oder verhüllt (vgl. Brunner 1967: 237). Horst Brunner zeigt dies in seiner Analyse an der mittelalterlichen Brandanlegende sowie Schnabels *Insel Felsenburg* und Georg Forsters Reisebericht über Tahiti aus dem 18. Jahrhundert.

Überdies liegen Inseln in der Literatur oft in unerforschten Teilen der Meere (vgl. ebd.: 237), sind also unbekannt und auf Karten nicht verzeichnet. Sie werden dann entdeckt und erkundet sowie im Zuge der Kolonialisierung häufig eingenommen und unterworfen, sodass sie nicht nur als einsam und isoliert wahrgenommen werden (können), sondern auch als fremde und andere Welt. Deleuze verlagert den Fokus vom Objekt ›einsame Insel‹ auf das Subjekt, das die Insel bzw. sich selbst auf der Insel als einsam erfährt: »Nicht mehr die Insel ist vom Kontinent getrennt, sondern der Mensch sieht sich auf einer Insel von der Welt getrennt. Nicht mehr die Insel wird mittels der Wasser aus der Tiefe der Erde geschaffen, sondern der Mensch erschafft die Welt mittels der Insel und auf den Wassern« (Deleuze 2003: 11).

Robinsonade: Schiffbruch und Isolation?

»[L]iterarische ›Robinsonaden‹ gab es der Sache nach bereits vor ›Robinson Crusoe‹ […], aber erst nach ihm bekommt das Genre diesen Namen« (Schwab 2022: 656). Die in Defoes Roman behandelten Themen – Schiffbruch, gesellschaftliche Isolation und die Überlebenssicherung auf einer einsamen Insel – bilden sodann die charakteristischen Elemente und Motive der roman- und abenteuerhaften Robinsonaden (vgl. Schlaeger 2007: 309). Robinson selbst sucht nicht etwa die Einsamkeit, sondern ist als einzig überlebender Schiffbrüchiger ein unfreiwilliger Inselbewohner. Fortan und ohne zu wissen, dass er fast 30 Jahre auf seiner Insel leben wird, erschafft er auf ihr eine Welt, die er jedoch wieder verlässt, um in ›die Welt‹ zurückzukehren. Anders verläuft die Erzählung in Schnabels *Insel Felsenburg*.[3] Der Protagonist Albert Julius gründet auf der Insel eine Familie, die sich zu einem Inselstaat entwickelt, indem er seine Kinder mit gestrandeten Schiffbrüchigen verheiratet. Die als Paradies bezeichnete Insel Felsenburg will keiner der Bewohner:innen mehr verlassen, um in ›die Welt‹ zurückzukehren.

Die Insel bietet den Protagonisten Robinson Crusoe und Albert Julius »abseits der Zivilisation spezifische Entfaltungsräume, deren Abgeschlossenheit von der Außenwelt sie der Idylle annähert« (Bauer 2022: 527). Die Entfaltungsräume ermöglichen das Welterschaffen, von dem Deleuze spricht. Die Merkmale der Abgeschiedenheit von der Außenwelt, des Herausholens aus der einen und des (immersiven) Hereintretens in die andere, die virtuelle Welt lassen sich ebenso auf *VR*-Anwendungen übertragen. Sie können eine inselgleiche Welt darstellen, in die ein- und abgetaucht werden kann.

Wie oben erwähnt, geht den Robinsonaden als konstitutives Merkmal der Schiffbruch voraus: Aufgrund eines Sturmes vom Kurs abgekommen, kann sich nur ein Teil der Besatzung oder gar ein:e Einzige:r auf eine unbekannte, einsame Insel retten. Der Schiffbruch »beraubt den Menschen eines techn. Mittels zur

3 Der Roman weist die grundlegenden Strukturmerkmale der Robinsonade auf, jedoch distanziert sich der fiktive Herausgeber von dieser Zuschreibung in der Vorrede des ersten Bandes.

Daseinsbewältigung und liefert ihn der existentiell bedrohl. Elementarnatur aus« (Krüger 2021: 540). Er stellt also einerseits den Übergang in die laborartige, modellhafte Situation der Insel dar und ermöglicht ihn als Medium oder Brücke andererseits. Der tatsächliche Ein- und Übertritt bleibt jedoch verschwommen: Der Schiffbruch beginnt mit dem Sturm und endet mit dem Anlanden und Aufwachen am Strand oder Treiben am Ufer. Der tatsächliche Schwellenübertritt in die ›andere Welt‹ der Insel bleibt undurchsichtig und wird, wie oben beschrieben, auch durch einen sie umgebenden Nebel verschleiert. Genau dieser nebulöse Schwellenübertritt, das Eintreten und immersive Abgeholt-Werden, lässt sich auch einer *VR* zuschreiben, die ebenfalls durch ein Medium (bspw. durch eine Brille) zugänglich und erreichbar gemacht werden muss.

Die ›einsame‹ Insel

Bei näherer Betrachtung erweist sich die Insel nur als scheinbar einsam: Deleuze beschreibt das Konzept der einsamen Insel als imaginär statt real, mythologisch statt geographisch. Sie ist in der Realität nie absolut getrennt und nie kann auf ihr ein absoluter Neubeginn vollzogen werden. Sie ist ein Mythos, da der Mensch ihre Einsamkeit, so Deleuze, sakralisiere (vgl. Deleuze 2003: 11–14). Um diesen Mythos zu verstehen und zu enttarnen, lohnt ein Blick auf die Unterscheidung von Insel-Welt und Inselwelt, die Ottmar Ette (2011: 25) ausführt: Unter einer Insel-Welt versteht er eine »abgeschlossene, in ihren Grenzen fest umrissene […] Insel […], die in sich und für sich eine von außen abgegrenzte Einheit bildet«. Die Inselwelt hingegen impliziert »das Bewusstsein einer fundamentalen Relationalität […], die die ›eigene‹ Insel in eine Vielzahl von Bezügen und Beziehungen zu anderen Inseln, Archipelen oder Atollen« (ebd.: 26) setzt. Das bedeutsame Verhältnis von Insel und Welt weisen Ettes Begriffe aus. Die Insel-Welt referiert auf das von der Literatur oft genutzte Potential, auf der Insel eine Welt zu bilden. Im Kontext der Inselwelt ist sie *ein* Referenzpunkt innerhalb der Welt und steht als Teil dieser Welt mit anderen Weltteilen in Verbindung(en). Wenngleich sich der Mythos der einsamen Insel hält, hat es sich in den *Island Studies* etabliert, »die Idee der einzelnen Insel um das Konzept des Archipels« (Shah/Borgards/Kugler 2021: 7) zu erweitern. Auch die von der einsamen Insel ausgehenden bzw. auf ihr handelnden Romane *Robinson Crusoe* und *Insel Felsenburg* sind nicht so einsam, wie es zunächst den Anschein hat: Während Robinsons Insel regelmäßig von Kannibalen aufgesucht und die vermeintliche Einsamkeit damit unterlaufen wird, tritt in Schnabels *Insel Felsenburg* die Nachbarinsel Klein-Felsenburg insbesondere in den letzten beiden Romanteilen als Schauplatz in den Vordergrund. Die einsame Insel steht folglich in Bezug zu anderen, sie umgebenden Orten. Sie ist nur eine ›einsame‹, also einsam erscheinende, Insel. Die Mauern des Weltenlabors Insel sind durchlässiger, als der sie sakralisierende Mensch es wahrnehmen möchte.

Auf der Insel – aus der Welt – in der virtuellen Lebenswelt

Die Idee der einsamen Insel ist perforiert. Ebenso lässt sich der Status oder Modus des Perforierten auf die Virtualität übertragen. Auch die virtuelle Welt stellt nicht eine isolierte dar, die in keinem, sondern in einem Bezug zur Welt steht.

Das Verhältnis von imaginär und real, mythologisch und geographisch, das Deleuze mit Blick auf die einsame Insel aufspannt, kann weiterhin als der neuralgische Punkt von Virtualität bezeichnet werden: Virtualität wird, auch literaturtheoretisch betrachtet, zumeist und immer noch mit Bezug auf das Reale, Fiktive und Imaginäre beschrieben. Die Differenzierungen und Abgrenzungen reichen jedoch nicht aus, um den Charakter und das Potential von Virtualität zu erfassen (vgl. Binczek/Schäfer 2021: 87).

Die Insel ermöglicht es weiterhin, eine andere Welt zu erfahren. Der Mythos der einsamen Insel suggeriert sogar ein Gefühl des »radikale[n] Aus-der-Welt-Sein[s], doch zugleich ist diese ›andere Welt‹ doch nicht das radikal Andere« (Breuer 2012: 190). Es ist ein Gefühl, das einer in der totalen Immersion aufgehenden Virtualität ebenso zugeschrieben werden könnte, und dennoch zeichnet sich auch für die Virtualität die Tendenz ab, dass sie nicht das radikal Andere ist und nicht in einer radikal anderen Welt stattfindet: Wenngleich der Begriff der *VR* eigentlich eine Synthese vorschlägt, hält sich das Gegeneinander-Ausspielen von Virtualität und der ›eigentlichen‹ Realität als unserer Alltagswelt genauso hartnäckig wie der Mythos der einsamen Insel. Doch virtuelle Welten sind entgegen der Prognose der 1980er und 1990er Jahre nicht zu Gegenwelten, zu ›den anderen‹ Welten geworden (vgl. Rieger/Schäfer/Tuschling 2021: 1). »Virtualität [ist; A-C.H.] in die unterschiedlichen Bereiche des Alltags vorgedrungen und legitimer Teil einer Lebenswelt geworden [...], zu der man sich verhalten muss« (ebd.: 2). Dies ist auch auf die Insel übertragbar: Sie ist nicht aus der Welt und führt nur vermeintlich in eine andere. Virtualität ist keine andere Welt, sondern begründet unsere Lebenswelt heute mit.

Literatur

Bauer, Matthias (2022): »Robinsonade«, in: Jan Gerstner/Jakob C. Heller/Christian Schmitt (Hg.), Handbuch Idylle, Stuttgart: Metzler, S. 527–529.

Binczek, Natalie/Schäfer, Armin (2021): »Virtualität der Literatur: Eine Sondierung«, in: Rieger/Schäfer/Tuschling, Virtuelle Lebenswelten, S. 87–101.

Breuer, Ingo (2012): »›Kammerspiele im Nirgendwo‹. Geschichte(n) in Judith Schalanskys *Atlas der abgelegenen Inseln*«, in: Zagreber Germanistische Beiträge 21, S. 181–199.

Broser, Patricia/Budějovice, České (2021): Art. »Insel« in: Butzer/Jacob (Hg.), Metzler Lexikon literarischer Symbole, Stuttgart: Metzler, S. 292–294.

Brunner, Horst (1967): Die poetische Insel. Inseln und Inselvorstellungen in der deutschen Literatur, Stuttgart: Metzler.

Butzer, Günter/Jacob, Joachim (Hg.) (2021): Metzler Lexikon literarischer Symbole, 3., erweiterte und um ein Bedeutungsregister ergänzte Aufl., Stuttgart: Metzler.

Defoe, Daniel (2022 [1719]): Robinson Crusoe. Erster und zweiter Band. Aus dem Englischen von Franz Riederer. Mit einem Essay von Hans-Rüdiger Schwab und einer Zeittafel. Mit den Illustrationen der Amsterdamer Ausgabe von 1726/1727, 5. Aufl., München: dtv.

Deleuze, Gilles (unveröffentlicht): »Ursachen und Gründe der einsamen Inseln«, in: Ders. (2003), Die einsame Insel. Texte und Gespräche von 1953 bis 1974. Hg. von David Lapoujade. Aus dem Französischen von Eva Molden-

hauer, Frankfurt a.M.: Suhrkamp, S. 10–17.
Ette, Ottmar (2011): »Insulare ZwischenWelten der Literatur. Inseln, Archipele und Atolle aus transarealer Perspektive«, in: Wilkens/Ramponi/Wendt, Inseln und Archipele, S. 13–56.
Kasprowicz, Dawid/Rieger, Stefan (2020): »Einleitung«, in: Dies. (Hg.), Handbuch Virtualität, Wiesbaden: Springer VS, S. 1–22.
Krüger, Tobias (2021): Art. »Schiffbruch«, in: Butzer/Jacob, Metzler Lexikon literarischer Symbole, Stuttgart: Metzler, S. 540–542.
Martínez, Matías/Scheffel, Michael (2019): Einführung in die Erzähltheorie, 11., überarbeitete und aktualisierte Aufl., München: Beck.
Ramponi, Patrick/Wendt, Helge/Wilkens, Anna E. (2011): »Vorwort«, in: Wilkens/Ramponi/Wendt, Inseln und Archipele, S. 7–11.
Rieger, Stefan/Schäfer, Armin/Tuschling, Anna (Hg.) (2021): Virtuelle Lebenswelten. Körper – Räume – Affekte, Berlin/Boston: De Gruyter.
Rieger, Stefan/Schäfer, Armin/Tuschling, Anna (2021): »Virtuelle Lebenswelten: Zur Einführung«, in: Dies. (Hg.), Virtuelle Lebenswelten, S. 1–10.
Schlaeger, Jürgen (2007): Art. »Robinsonade«, in: Jan-Dirk Müller (Hg.), Reallexikon der deutschen Literaturwissenschaft. Neubearbeitung des Reallexikons der deutschen Literaturgeschichte, 3. Band, Berlin/New York: De Gruyter, S. 309–310.
Schmitz-Emans, Monika (1995): »Die Suche nach einer möglichen Welt. Zur literaturtheoretischen Bedeutung der Utopie, des Insel- und des Reisemotivs«, in: Neohelicon 22 (1), S. 189–215.
Schnabel, Johann Gottfried (1997 [1731–1743]): Insel Felsenburg. Wunderliche Fata einiger Seefahrer Teil I-IV. Ausgabe in drei Bänden. Mit einem Nachwort von Günter Dammann. Textredaktion von Marcus Czerwionka unter Mitarbeit von Robert Wohlleben, Frankfurt a.M.: Zweitausendeins.
Schwab, Hans-Rüdiger (2022): »Robinsons Lektionen«, in: Defoe, Robinson Crusoe, S. 646–682.
Shah, Mira/Borgards, Roland/Kugler, Lena (2021): »Einleitung«, in: Roland Borgards/Mira Shah/Lena Kugler (Hg.), Die Zukunft der Inseln. Passagen zwischen Literatur und Wissenschaft, Hannover: Wehrhahn, S. 7–12.
Wilkens, Anna E./Ramponi, Patrick/Wendt, Helge (Hg.) (2011): Inseln und Archipele. Kulturelle Figuren des Insularen zwischen Isolation und Entgrenzung, Bielefeld: transcript.

Jahr

Herausgeber:innen

Das Jahr führt eine virtuelle Existenz (→ 1567, → Zeit, virtuelle). Virtualität erstreckt sich auf Zukünfte und eröffnet neue Perspektiven auf vergangene Jahre – ob als → virtuelle Zeitreise oder hinsichtlich divergierender Weisen der Aktualisierung von Vergangenheit (→ Denkmal, virtuelles, → Foto, virtuelles, → King Uthal.zip, → Medieval TikTok, → Normenräume). Kurze Jahrhunderte, lange Sommer, mal ein Herbst.

King Uthal.zip

Manischa Eichwalder

King Uthal ist eine künstlerische Arbeit der Künstlerin und Aktivistin Morehshin Allahyari. Es handelt sich um einen Download-Ordner, über den wir mit der ephemeren und diskursiven Dimension eines materiellen Artefakts in Interaktion treten und so zu Mitgestalter:innen eines künstlerischen Akt des Widerstands werden.

Abb. 1: Screenshot: Morehshin Allahyari, King Uthal.zip, courtesy of the artist and Rhizome 2015

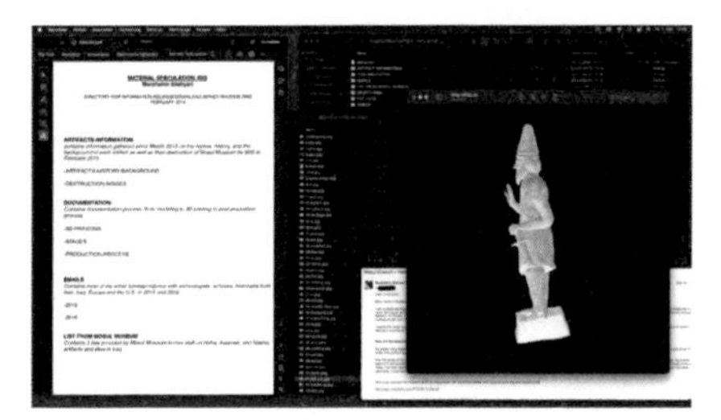

King Uthal ist Teil des digitalen Recherche- und Rekonstruktionsprojekts *Material Speculation: ISIS* (2015–2016), in dem sich Allahyari mit historischen Kulturobjekten aus dem Mosul Museum beschäftigt, die 2014 durch den sogenannten Islamischen Staat zerstört wurden. Dabei geht es weniger um die Wiederherstellung eines ursprünglichen Zustands oder um eine digitale Kopie des Originals als vielmehr um die *virtuelle Realität* dieser Objekte: der Fokus liegt auf der kulturellen und individuellen Bedeutung dieser Objekte, deren politischer Instrumentalisierung und medialer Zirkulation (→ Denkmal, virtuelles). Gestützt auf den eigenen Rechercheprozess und mithilfe von 3D-Techniken rekonstruiert Allahyari zwölf dieser zerstörten Artefakte. Sie fertigt durchsichtige 3D-Drucke der Objekte an und verewigt alle gesammelten und aufgearbeiteten Informationen zu diesen Objekten auf einer Memory Card: Fotos, Videos, Emailverläufe, Artikel und auch die CAD-Dateien der rekonstruierten Artefakte selbst. Diesen Informationsspeicher lässt sie in den Innenraum der 3D-Drucke ein, von wo aus er verheißungsvoll, jedoch für das Publikum unerreichbar durch das durchsichtige Material hindurchscheint. *King Uthal* ist allerdings ein besonderes Beispiel aus dieser Werkreihe, da die künstlerische Arbeit nicht als materielles Ausstellungsobjekt – als durchsichtiger 3D-Druck – gehandhabt wird, sondern in Form einer downloadbaren .zip-Datei über die Onlineplattform für digitale Medienkunst Rhizome zugänglich ist.

Durch den Download von *King Uthal* werden wir gleichsam zu Besitzer:innen und Koproduzent:innen des Kunstwerks wie auch unser Desktop zum Ausstellungsdisplay wird (vgl. Dekker 2021: 27). Wir können selbst entscheiden, in welcher Form wir die Virtualität des Objekts aktualisieren (vgl. Deleuze 1991: 110ff.) – ob wir uns die hochaufgelöste 3D-Rekonstruktion als bewegliches Bildobjekt auf dem Bildschirm anschauen oder eine materielle Kopie davon anfertigen möchten, ob wir zum Beispiel in den Ordnern »EMAILS 2015« oder »LIST FROM MOSUL MUSEUM« in die Tiefe von Allahyaris Suche nach Informationen zu den Artefakten abtauchen oder uns mit der dschihadistischen Ideologie hinter der medialen Inszenierung von deren Zerstörung auseinandersetzen möchten (vgl. Fuhrmann 2021, → Tribunal). Während all diese Informationen im musealen Kontext vor den Rezipient:innen innerhalb der 3D-Drucke verborgen bleiben und nur durch die Zerstörung ihrer materiellen Realität zugänglich werden würden, kehrt *King Uthal* als Download dieses Verhältnis um: erst unser Umgang mit den Daten, das Entpacken der .zip, erst die Aktivierung seiner virtuellen Realität lässt überhaupt ein Bild von *King Uthal* entstehen (→ File, empty).

Angewiesen auf unsere Interaktion mit dem Datenmaterial im Modus seiner ständigen Neuanordnung lässt sich *King Uthal* als *born-digital-art* beschreiben, also als Kunst, in die die partizipativen und distributiven Eigenschaften des Digitalen eingeschrieben sind (vgl. Paul 2016: 2). Und genau darin entfaltet *King Uthal* sein widerständiges Potenzial: der Status des Kunstwerks, das virtuelle Objekt bleibt prekär, selektiv und notwendigerweise unabgeschlossen. Es widersetzt sich traditionellen künstlerischen Kategorien, die etwa die Aura des Originals, die Frage nach Besitzverhältnissen oder den Rahmen der Präsentation betreffen (vgl. Ströbele 2023: 89). *King Uthal* als Download lässt also den eigenen Desktop zu einem Ort werden, in dem die Koproduktion und die Rezeption der künstlerischen Arbeit zusammenfallen. Indem wir dabei die Lesarten und medialen Darstellungsweisen von *King Uthal* vervielfältigen und immer wieder neu anordnen, werden wir zu Kompliz:innen in der künstlerischen Strategie des Widerstands, die sich gegen die eindimensionale Instrumentarisierung von kulturellem Erbe, gegen die polarisierende Konfrontation kultureller Werte als Machtinstrument richtet (→ Multiplizität).

Abb. 2: QR-Code zum Download von King Uthal.zip via Rhizome

Literatur

Dekker, Anett (2021): »Curating Digital Art. From Presenting and Collecting Digital Art to Networked Co-Curation«, in: Dies. (Hg.), Curating Digital Art, Amsterdam: Valiz, S. 14–33.

Deleuze, Gilles (1991): Das Zeit-Bild. Kino 2, Frankfurt a.M.: Suhrkamp.

Fuhrmann, Larissa-Diana (2021): »Contestations of the ›War on Terror‹ and the so-called Islamic State in Art«, in: Ausst. Kat: Mindbombs. Visuelle Kulturen politischer Gewalt, 10.09.2021–24.04.2022, Kunsthalle Mannheim, Bielefeld: Kerber, S. 145–152.

Paul, Christiane (2016): »From Digital to Post-Digital – Evolutions of an Art Form«, in: Dies. (Hg.), A Companion to Digital Art, Chichester, West Sussex, UK: Wiley, S. 1–19.

Ströbele, Ursula (2023): »Sculpting Digital Realities. Notes on Truth to Materials, the Aesthetic Limit, Site-Specificity and 3D-Printing«, in Mara-Johanna Kölmel/Ursula Ströbele (Hg.), The

Sculptural in the (Post-)Digital Age, Berlin/Boston: De Gruyter, S. 83–101.

Quellen

Allahyari, Morehshin: »Material Speculation: ISIS (2015–2016)«, in: morehshin.com, online unter: https://morehshin.com/material-speculation-isis/ (letzter Zugriff: 08.05.2024).

Soulellis, Paul: »The Download 2: The Distributed Monument«, in: rhizome.org (16.02.2016), online unter: https://rhizome.org/editorial/2016/feb/16/morehshin-allahyari/ (letzter Zugriff: 08.05.2024).

Abbildungsverzeichnis

Abb. 1: Screenshot: Morehshin Allahyari, *King Uthal* aus der Serie *Material Speculation: ISIS*, 3D model, courtesy of the artist and Rhizome, 2015.

Abb. 2: QR-Code zum Download von *King Uthal.zip*, courtesy of the artist and Rhizome, 2015.

Klappkiste

Gerrit van Gelder, Tim Krauß, Fabian Pittroff

Die Aufgabe der Klappkiste ist es, Dinge zu transportieren – etwa Kabel, Adapter und kleine Geräte von einem Raum in einen anderen. Im 8. Stockwerk des GB-Gebäudes der Ruhr-Universität Bochum befinden sich die Büros vieler Mitglieder des SFB 1567 *Virtuelle Lebenswelten* sowie weitere Räume, in denen diese zusammenkommen, um gemeinsam zu arbeiten (→ 1567, → Universität Bochum, Ruhr-). Wenn sich Wissenschaftler:innen hier treffen, brauchen sie häufig eine technische Infrastruktur – etwa um Kolleg:innen zuzuschalten, die nicht vor Ort sind, oder um gemeinsam über einen großen Bildschirm auf Materialien ihrer Forschung zu schauen. Dafür sind Kabel und Adapter notwendig, die persönliche Computer mit der Technik im Raum und dem Internet verbinden. Diese lagern bei Nichtbenutzung im Büro von INF im Raum GB 8|33 (→ INF). Dort werden sie immer wieder kurzfristig hervorgeholt, um sie in anderen Räumen zum Einsatz zu bringen – hier kommt die Klappkiste ins Spiel. Wer einmal versucht hat, drei Kabel und fünf Adapter von einem Raum in einen anderen zu tragen, versteht sofort ihren Nutzen.

Abb. 1: Die Klappkiste

Versucht man genauer herauszufinden, was die Klappkiste tut und was mit ihr getan wird, steckt man schon mittendrin in den Methoden von INF. Denn hier geht es darum, kleinteilig und ein wenig naiv mitzuverfolgen, was in solchen Situationen passiert, erst recht, wenn es ganz unauffällig und im Hintergrund abläuft. Dieses Verfahren der *Praxeografie* wurde von der Anthropologin Annemarie Mol (2017) entwickelt und will nachzeichnen, wie soziale und materielle Welten in und durch Praktiken entstehen und verändert werden. Praxeografische Forschung interessiert sich deshalb nicht so sehr für fixe Konstruktionen, sondern mehr noch für all jene fluiden Prozesse, in denen Menschen, Dinge und andere Wesen in wechselnden Rollen miteinander agieren.

Wenn man mit dieser praxeografischen Sensibilität an Situationen teilnimmt, erlebt man, wie Kabel an ihrem temporären Einsatzort aus der Kiste genommen und sorgfältig im Raum verteilt werden, um Dinge und Menschen miteinander zu verbinden. Nicht jedes Kabel passt überall, alle haben ihren Platz, der jedes Mal fast wie neu gefunden werden muss. Selten ist die Situation genau wie beim letzten Mal: wechselnde Teilnehmer:innen, veränderte Tischordnungen, unterschiedliche Geräte, spontane Präsentationswünsche, Defekte und Verbindungsprobleme. Alles das geschieht unmittelbar, bevor eine andere Situation beginnt – das Meeting, der Workshop oder der Vortrag, der die Kiste in Bewegung gebracht hat. Sobald die Veranstaltung beginnt, werden die Kabel und die Infrastruktur auf einen Schlag lautlos und unsichtbar; sie verschwinden in den Ritzen des Tisches und tun unbemerkt ihren Dienst – solange, bis dann doch wieder irgendetwas nicht funktioniert. »Hörst du uns? Du warst kurz weg«.

Währenddessen wartet die Klappkiste leer und geduldig am Rand des Raumes, bis alles wieder abgesteckt, zusammengerollt und weggebracht wird. Ist die Kiste nicht im Einsatz, ist sie zu einem flachen Objekt zusammengefaltet und kann keine anderen Objekte in sich aufnehmen. Die Klappkiste ist immer noch real, insofern sie weiterhin existiert, aber sie ist nicht als Kiste aktualisiert – sie ist virtuell (vgl. Deleuze 1989) (→ Virtualität). Sobald die eingefaltete, virtuelle Kiste, zu einer aufgefalteten, aktualisierten Kiste wird, besitzt sie außerdem die Fähigkeit, andere Objekte zu aktualisieren: Wie andere Behältnisse – wie Schalen, Körbe oder Beutel – kann auch die Kiste andere Objekte versammeln, verbinden und zu Dingen im Gebrauch machen (vgl. Le Guin 2020). Die Kiste bringt ruhende Objekte in einen aktiven Zusammenhang. Kabel und Adapter, die vielen kleinen Brücken und Bindeglieder der Infrastruktur, geraten mit Hilfe der Kiste für einen Moment ins Zentrum der Aufmerksamkeit, bevor sie sich an ihren vorgesehenen Plätzen wiederfinden und lautlos zurückziehen. Bevor Daten durch Kabel gehen können, müssen Kabel durch die Klappkiste gehen (→ Daten).

Literatur

Deleuze, Gilles (1989): Henri Bergson zur Einführung, Hamburg: Junius.

Le Guin, Ursula (2020): The Carrier Bag Theory of Fiction: Ignota Books.

Mol, Annemarie (2017): »Krankheit tun«, in: Susanne Bauer/Torsten Heinemann/Thomas Lemke (Hg.): Science and Technology Studies, Berlin: Suhrkamp, S. 407–470.

Kommunikationskanäle

Kristin Flugel, Jane Lia Jürgens, Philipp Künzel

Um als → Early Career Forum (ECF) des SFB 1567 *Virtuelle Lebenswelten* existieren und funktionieren zu können, müssen wir *gut* miteinander kommunizieren. Möglicherweise ist unser Forum überhaupt nur als Kommunikationszusammenhang adäquat zu verstehen (→ 1567, → Anfänge, → Lab of Unfinished Thoughts, → Situationsanalyse, situierte). Die Bewertung der Güte unserer Kommunikation wird dabei durch Kontext und Zielperspektive bestimmt: Es kann ebenso eine reibungslose, zielführende Kommunikation gemeint sein wie auch eine Art der Kommunikation, die wenig hierarchisierend, exkludierend und diskriminierend wirksam wird. Verstehen wir unter Kommunikation zunächst schlicht den Austausch von Informationen, der auf unterschiedlichen Wegen (etwa sprechend oder schreibend) und in unterschiedlichen Formen (etwa nonverbal oder technisch vermittelt) erfolgen kann, liegt es aus Perspektive der Finanzierer:innen der Forschung (in unserem Fall: der Deutschen Forschungsgemeinschaft) wie auch der Öffentlichkeit nahe, danach zu fragen, inwiefern die Kommunikation im ECF dem Erreichen der Förderziele des SFB zuträglich ist. Uns betrifft diese Frage immer dann, wenn wir über die (Un-)Möglichkeiten des Erreichens von Karrierezielen nachdenken. Angesprochen ist damit die Ebene der Effizienz und Produktivität der Kommunikation, die unsere Zusammenarbeit ausmacht (*Perspektive 1*).

Als Gesamtheit der Forschenden in Qualifikations- bzw. frühen Karrierephasen, als ECF, befragen wir unsere Kommunikation aber immer auch aus der Perspektive, wie sich unsere Zusammenarbeit in diesem Forum gestaltet, ob z.B. alle Beteiligten so ins Kollektiv integriert bzw. Bestandteil des Kollektivs sind, wie sie es gerne sein möchten, ob der Austausch zwischen Doktorand:innen, Postdoktorand:innen und schließlich auch Hilfskräften und Forschungsstudierenden in programmatisch hierarchiefreien Räumen funktioniert, ob wir Sprachen sprechen, die alle verstehen, und nicht zuletzt, ob die Arbeitslast bestmöglich unter uns verteilt wird. Angesprochen ist damit die Ebene der Atmosphäre und Inklusivität unserer Kommunikation, die wir auf Gemeinschaftlichkeit, Solidarität und die Möglichkeit einer harmonischen und konzentrierten Zusammenarbeit auszurichten versuchen (*Perspektive 2*). Schließlich fragen wir im Rahmen unseres interdisziplinären, durch den Gegenstand der *virtuellen Lebenswelten* thematisch gebündelten Arbeitskontexts auch danach, inwiefern unsere Kommunikation selbst als virtuell zu verstehen ist, beispielsweise wenn sie auf digitaler Medientechnologie beruht. Diese lässt einzelne ECF-Mitglieder bei Treffen an der Ruhr-Universität als anwesend erscheinen, macht sie sicht- und hörbar, obwohl ihre Körper nicht in Bochum, dem physisch-geographischen Ort des SFB – und damit auch des ECF – sind (→ Universität Bochum, Ruhr-). Sie sind in diesem Moment als virtuelle Andere »not-there« (Lévy 1998: 28) und doch dabei. Sie teilen sich mit, wann immer die Internetverbindung es zulässt (»Ich hoffe, ihr hört mich jetzt«), und hören dank unserer *Eule*, einer 360-Grad-Videokonferenzkamera mit Mikrofon und Lautsprecher, zumindest den Großteil dessen, was im Raum an der Ruhr-Universität gesprochen wird. Für die virtuellen Anderen, die per *Zoom* (Videokonferenztool) zugeschaltet sind, sind wiederum die von der *Eule* gefilmten ECF-Mitglieder virtuelle Andere, die dann in Berlin, Hanoi oder Philadelphia auf ihren Bildschirmen erscheinen – und möglicherweise zeitgleich im Posteingang ihres E-Mail-Clients, im Messenger-Chat auf dem Handy usw. auftauchen. Pierre Lévy schreibt im losen Anschluss an Michel Serres bereits vor der Jahrtausendwende: »A virtual community can, for example, be organized on the basis of its affinities through the intermediary of telematic communications systems. Its members are reunited by the same centers of interest and the same problems: geography, being contingent, is no longer a starting point or constraint« (ebd.: 29). Erleben wir also insbesondere in als ›hybrid‹ betitelten Settings die technische Umsetzung der »virtualization of a company« (ebd.: 26), oder genauer, die Virtualisierung des ECF? Oder ist das ECF von vornherein nur als *virtual community* angemessen zu beschreiben, wenngleich wir in unserer Zusammenarbeit spüren, dass die Beschaffenheit der Kommunikationssituation trotz ihrer Kontingenz durchaus Wirkungen zeitigt? Angesprochen ist mit derlei Fragen die Ebene der Virtualität wie auch der Virtualisierung unserer Kommunikation in einer potentiell längst schon virtuellen Universität (*Perspektive 3*) (→ Virtualität).

Ein Weg, sich der Analyse unserer Kommunikation im ECF explorativ zu nähern, liegt in der Betrachtung der von uns verwendeten *Kommunikationskanäle*, die wir nutzen, um miteinander im Gespräch zu bleiben und uns als Kommunikationszusammenhang fortwährend zu prozessieren. Die Kommunikationskanäle können aus allen drei Perspektiven bzw. für alle drei Ebenen reflektiert werden.

Effizient und produktiv?

Tragen unsere Kommunikationskanäle dazu bei, effizient und produktiv miteinander zu arbeiten? Auffällig ist, dass sich informelle und formalisierte Kontexte unserer Kommunikation abwechseln, überlagern und manchmal auch in die Quere kommen. Zufällig entstehende Büro-, Teeküchen-, Toiletten- oder Flurgespräche ›in Präsenz‹ beispielsweise scheinen für unser Forum ebenso wertvoll wie Mittagessensverabredungen, spontane Kaffee-Dates oder der Austausch von Textnachrichten per Messenger wie *WhatsApp* oder *Signal*. Die informelle Kommunikation ermöglicht es, ad hoc Themen zu besprechen, sich fernab institutionalisierter Veranstaltungen (wie etwa der ECF-Treffen, Workshops oder Tagungen) kennenzulernen oder einen kurzen gegenseitigen ›Stimmungscheck‹ vorzunehmen und ggf. aufgetretene Schwierigkeiten bearbeitbar zu machen. Dabei können insbesondere Face-to-face-Gespräche auf dem sog. *kurzen Dienstweg* Arbeitsprozesse beschleunigen, Verbindlichkeit und Vertrauen erzeugen und Problemkonstellationen umstrukturieren, bevor Herausforderungen so groß werden, dass ihnen auch im formalen Rahmen Aufmerksamkeit (und damit wertvolle Arbeitszeit) geschenkt werden muss (→ Arbeitszeit, virtuelle). Der *kurze Dienstweg* verkehrt gewissermaßen die (augenscheinlich häufig frustrierende) Logik formalisierter Kommunikationssituationen ins Gegenteil, die unzählige ›This meeting could have been an email‹-Memes hervorgebracht hat. Manches Mal verhindert der informelle Austausch aber auch die Erledigung anstehender, für das ECF wichtiger Kommunikations-, also Informationsaustauschsaufgaben: Wer sich auf dem Flur unterhält, schreibt gerade keine E-Mail, die zum nächsten Lab einlädt, gibt nicht im webbasierten Instant-Messaging-Dienst, den alle nutzen, die TOPs des nächsten ECF-Treffens bekannt, organisiert nicht per Online-Terminplaner ein Projektbereichstreffen usw.

Die (hauptsächlich) auf Schriftsprache ausgerichteten Kommunikationskanäle bieten gegenüber Face-to-face-Gesprächen zwar den Vorteil, dass auf diesem

Weg geteilte Informationen direkt in schriftlicher Form festgehalten werden (und nicht etwa protokolliert werden müssen). Sie verlangen ihren Nutzer:innen allerdings auch viel Aufmerksamkeit ab: Ist etwa der von allen ECF-Mitgliedern genutzte Instant-Messaging-Dienst während der eigenen Arbeitsprozesse im Hintergrund auf dem Computer geöffnet, erhält die Nutzerin, sofern sie die Voreinstellungen nicht verändert hat, für jede Nachricht eine Benachrichtigung – ganz gleich, ob dies etwa eine direkte, dringliche Nachricht an eine Einzelperson oder eine allgemeine, an das ganze ECF gerichtete Einladung zu einer anstehenden Veranstaltung ist. Dies geschieht mindestens per Markierung auf dem User Interface der Software, aber gerne auch per vertonter Desktop- oder gar E-Mail-Benachrichtigung. Die Nutzer:innen müssen somit auszusortieren wissen, welche Nachrichten einer unmittelbaren Reaktion bedürfen und was ggf. auch erst einmal warten kann, um nicht ständigen Unterbrechungen der eigenen Arbeit ausgesetzt zu sein. Es gilt, die Vielzahl der gleichzeitig genutzten und damit ›offenen‹ Kommunikationskanäle zu überblicken sowie die Software-Tools geschickt zu managen. Und es lohnt sich, Zeit in die Verwaltung von Benachrichtigungen über neue Aktivitäten zu investieren, und beispielsweise die Stummschaltung aller Töne zu bedenken (→ Bell, virtual). Die Komplexität und die Parallelität der Kommunikationswege erschwert das Onboarding für *neue* Mitglieder des ECF: Welche Informationen werden üblicherweise, der impliziten Regel nach, an welcher Stelle und wie kommuniziert? Einen Überblick über die Vielfalt an möglichen Kommunikationskanälen (E-Mail, Instant-Messaging-Dienst, Hochschul-Cloudservice *Sciebo*, Kursmanagementsystem *Moodle* etc.) zu bewahren, verlangt somit gerade von neuen Mitgliedern des ECF, sich in die relevanten Arbeitsprozesse einzuarbeiten, um herauszufinden, welcher Kanal für welche Art der Kommunikation angemessen ist.

Die genutzten digitalen Medientechnologien lösen hierbei nicht nur die bereits erwähnten *räumlichen* Differenzen (größtenteils) auf – mit der Konsequenz, dass Kolleg:innen sich (virtuell) auf dem eigenen (Laptop-)Bildschirm niederlassen und dabei einen Ton machen können –, sondern beeinflussen auch die *zeitliche* Dimension schriftlicher Kommunikation: da das Schreiben einer E-Mail oder gar einer Kurznachricht deutlich weniger planungsintensiv und schneller durchgeführt werden kann als etwa das Schreiben eines Briefs, sinkt die Hemmschwelle der Aufnahme einer solchen mittelbaren Kommunikation. Der Kommunikationsprozess an sich wird beschleunigt (vgl. McLuhan 2010: 103). Die Rate, mit der Informationen per Messengerdienst ausgetauscht werden, ist mit der Rate, mit der Faxgeräte und Postkutschen Informationen austauschen können, kaum zu vergleichen. Die Asynchronität schriftlicher Kommunikation scheint aufgehoben; im Jetzt schreiben und lesen zwei oder mehr Personen fast gleichzeitig.

Ist dies für den wissenschaftlichen wie zwischenmenschlichen Austausch grundsätzlich zuträglich, ergibt sich hieraus jedoch häufig auch eine größere Anzahl zu beantwortender Nachrichten. Auf E-Mails zu reagieren, die Antworten verlangen, gehört zum guten Ton der Zusammenarbeit. Nicht-Erreichbarkeit und Abwesenheit wird schnell zum Problem. Ferner entsteht zwischen den unterschiedlichen Kommunikationswegen ein Dringlichkeitsgefälle, da eine private Direktnachricht über einen Messaging-Dienst als informeller und weniger dringlich als etwa eine E-Mail wahrgenommen wird, der tendenziell eine höhere Relevanz zugeschrieben wird. (Wenn es nicht gerade heißt: ›This email could have been a short instant-message‹). Das hängt nicht zuletzt mit der Dichte der Kommunikation zusammen: Obwohl sowohl der Informationsaustausch per E-Mail als auch per Messaging-Dienst im virtuellen Raum stattfinden, der durch ähnliche Strukturmomente gekennzeichnet ist (Asynchronität, Computerschriftlichkeit, Benachrichtigung/Anzeige neuer Nachrichten durch das Software-Tool usw.) hat jeder Kommunikationskanal andere Affordanzen (Messaging-Dienst: viel, schnell, kurz schreiben; E-Mail: korrekt, umfassend, informativ, dicht schreiben).

Welcher Kommunikationskanal für welche Informationen der effektivste ist und produktiv gemacht werden kann, muss letztlich situativ entschieden werden. Auffällig ist, dass wir bisher von Informationsaustausch berichtet haben, der ›in Präsenz‹ oder computer- und internetvermittelt stattfindet. Manchmal schreiben wir uns auch handschriftliche (Notiz-)Zettelchen (*Post-Its*), um z.B. in der Teeküche anzuzeigen, wann ein Kaffee aufgebrüht wurde. Oder wir bedrucken einen Bogen DIN A4-Papier mit Infotext, um ihn als (meist exkludierendes) Hinweisschild an einer Tür zu nutzen. Diese Kommunikationskanäle funktionieren einwandfrei. Offenbar tauschen wir uns nur selten telefonisch aus, und wenn, dann per privatem Smartphone. Das mag u.a. daran liegen, dass die Ruhr-Universität Bochum die Telefonapparate im Jahr 2024 aus den Büros entnommen und eine ›neue Telefonanlage‹ eingerichtet hat. Auch Telefonie funktioniert jetzt per Computer: Die Software *Telefonie4You*, Bluetooth-Kopfhörer bzw. Headset, RUB-loginID, Internet und co. machen es möglich, aber nicht einfacher. Erreichbar sind nur diejenigen, die sich im Online-Status befinden.

Zugewandt und inklusiv?

Sind unsere Kommunikationskanäle inklusiv und tragen dazu bei, eine wertschätzende, konzentrierte Arbeitsatmosphäre für alle ECF-Mitglieder zu schaffen (→ Behinderung, virtuelle)? Es funktioniert bereits gut, dass Kolleg:innen, die neu im ECF zu arbeiten anfangen, von Kolleg:innen aus dem *Zentralen Verwaltungsprojekt* des SFB, die teilweise zugleich ECF-Mitglieder sind, Informationen über die unterschiedlichen offiziellen ECF-Kommunikationskanäle erhalten. Auf welchem Weg? In einem persönlichen Gespräch, das ggf. auch bei *Zoom* stattfinden kann. Mündliche Interaktion bildet hier die Grundlage der Kenntnis aller dienstlich vom SFB und ECF genutzten Tools. Zudem erhalten neue ECF-Mitglieder Einladungen zu einigen Tools bzw. mit den Tools eingerichteten Arbeitsumgebungen. Sie müssen sich eigenständig registrieren und anmelden. Nicht nur aus diesem Grund müssen Mitarbeitende schon grundlegend geübt im Umgang mit Computern, dem Internet und verschiedensten Softwareanwendungen sein, um sich im ECF zurechtzufinden. Als Faustregel gilt: Je erfahrener (und lernwilliger) eine Person ist, desto einfacher gelingt ihr kommunikationsinfrastrukturelles *Onboarding*. Dieses Lexikon bspw. wurde in *Markdown*, einer *vereinfachten Auszeichnungssprache* geschrieben. Mehrere *Markdown*-Dateien (.md) können etwa per *Obsidian*, einer Software zur Erstellung und Organisation von Dateien im *Markdown*-Format, in einem sog. *Vault* geöffnet und bearbeitet werden. Der Vault-Ordner kann dabei auch in der Hochschul-Cloud *Sciebo* liegen.

Der Umsetzung kollektiver Organisations- und Schreibpraktiken in *Markdown* mittels *Sciebo* und *Obsidian* geht immer ein Erlernen der Nutzungsweisen der einzelnen Bestandteile dieses zusammengesetzten Kommunikationskanals voraus (→ Text, plain). Ein anderes Beispiel für Herausforderungen mit (der Einrichtung von) Kommunikationskanälen ist der Aufbau von Infrastruktur für hybride Settings: Es kann stressig sein, die *Eule* ›ans Laufen‹ zu bringen, mit dem eigenen Laptop und einem Beamer zu verbinden (vor allem, wenn dem PC wichtige Anschlüsse fehlen, aber auch der Adapter nicht funktionieren möchte) sowie das *Zoom*-User Interface zu betreuen.

Neben den offiziellen Kommunikationskanälen werden, wie oben bereits angedeutet, auch weitere, ggf. eher dem Bereich des Privaten zuzuordnende Wege des Informationsaustauschs genutzt. Allerdings: Um per Anruf, SMS oder Messenger-Dienst mittels der privaten Handynummern in einen Austausch zu treten, müssen diese erst einmal bekannt, also wechselseitig freigegeben worden sein. *WhatsApp*-Gruppen o.ä. existieren (anders als unter Studierenden, die so ihr Studium organisieren) unseres Wissens nach nicht. Damit stellt sich die Frage, wer wessen private Nummer aus welchen Gründen und zu welchem Zweck hat. So können sich etwa durch ein vorheriges gemeinsames Studium bestehende oder neu geknüpfte private Kontakte mit dem Austausch in der Arbeitsumgebung vermischen. Überhaupt lässt sich Berufliches und Privates nicht klar trennen. Das ist spannend, auch mit Blick auf immer wieder beschworene Konzepte wie die *Work-Life-Balance* und den bereits angesprochenen *kurzen Dienstweg*, der ebenfalls zur Verfestigung asymmetrischer (Informations-)Strukturen und Exklusionen führen kann, falls er genutzt wird, um offizielle organisationale Abläufe zu untergraben.

Ein anders gelagerter, grundlegender Faktor erfolgreicher Kommunikation ist die (natürliche, nicht formale) Sprache, die für den Informationsaustausch gewählt wird. Zumeist ist das die deutsche Sprache. Die Wahl einer Sprache, die nicht alle beherrschen, kann zu Ausschlussmomenten führen. Eine inklusive Arbeitsumgebung ist eine, in der wir uns nicht nur akustisch verstehen, sondern einander zuwenden. In der schriftlichen Kommunikation (etwa in E-Mails oder Protokollen) können zwar vergleichsweise einfach englischsprachige Versionen – Englisch gilt als *lingua franca* – der zu kommunizierenden Information beigefügt werden, im direkten Face-to-face-Gespräch ist dies aber nicht ohne Weiteres möglich. Um niemanden (etwa bei wichtigen Abstimmungen in ECF-Treffen oder anderen Meetings) zu exkludieren, müssen in unserem Forum zentrale Informationen entweder auf Englisch wiederholt oder von Anfang an auf Englisch besprochen werden. Die Kommunikation vollzieht sich somit in einem ständigen Zwischen- oder Wechsel-Stadium und muss sich je nach Gegebenheit den Umständen des Kommunikationsereignisses anpassen. Es ist daher für unsere Zusammenarbeit ausschlaggebend, dass die Anpassungsfähigkeit der Sprache wie auch der Sprechenden aktiv reflektiert wird. Gerade für Forschende eines geisteswissenschaftlich orientierten Sonderforschungsbereichs ist es wichtig, diese Flexibilität produktiv zu machen, da Sprache in unserer Arbeit nicht bloßes Beiwerk, sondern unser primäres Handwerkszeug ist. Die Grundlagen unserer Kommunikation sind *in virtualiter*, also ihrer Wirkung nach, die Grundlagen unserer Zusammenarbeit.

Interessant ist mit Blick auf den vom ECF genutzten Instant-Messaging-Dienst auch, wie Sprache sich je nach Kommunikationskanal verändert. Die Schriftsprache in E-Mails ist eine andere, hier werden z.B. weniger Emojis genutzt, Emoji-Reaktionen sind nicht möglich und der sprachliche Stil ist formeller. Im Messaging-Dienst unternehmen Kolleg:innen immer wieder den Versuch, das virtuelle Forum im Sinne von *Social Media* zu nutzen, also z.B. Fotos, Audios, Memes oder Aufrufe zu abendlichen Treffen zu posten, was auf unterschiedliche Resonanz trifft (→ Media, social). Der Umgang mit dem Instant-Messaging-Dienst verweist auf die Frage, was dieser für uns ist und sein soll: Kanal zum bloß arbeitsbezogenen, wenig affektgeladenen Informationsaustausch oder (auch) ein Ort zum Wohlfühlen und sich (persönlich) ausdrücken, mitteilen und vernetzen? Hier zeichnet sich eine Spannung zwischen der sowieso schon großen Zahl an geteilten Informationen (s. oben) und dem Wunsch ab, auch virtuell im persönlichen, nahen Kontakt zu bleiben, eben *social* zu sein. In jedem Fall haben wir als Wissenschaftliche Mitarbeitende des ECF einen eigenen Workspace, der als *safe space* für uns gut funktioniert. Wir exkludieren hier Teilprojektleitungen und kommunizieren ›unter uns‹, peer-intern, im geschützten Rahmen. Allerdings exkludieren wir im selben Zuge auch Forschungsstudierende und Hilfskräfte, die nicht zur Teilhabe am Instant-Messaging-Dienst eingeladen wurden. Über diese Entscheidung lässt sich mit guten Gründen streiten.

Positionieren wir uns selbst(kritisch) anhand des *Rads der Macht und Privilegien*, welches wir im Rahmen eines Diversity-Awareness-Workshops thematisiert haben, sind wir als Wissenschaftliche Mitarbeitende in einigen Hinsichten eine privilegierte Personengruppe (hoher formaler Bildungsgrad, zumeist weiß, mittelalt, angestellt usw.). Insofern ist auch zu fragen, inwiefern wir mit dem ECF einen abgeriegelten Kommunikationsraum bilden, der Grenzen zieht. Wir haben uns auf eine gender-, class- und race-sensible Arbeitspraxis verständigt und müssen doch weiter daran arbeiten, aus dem Forum heraus in Richtung einer personell diverseren Zukunft zu kommunizieren. Zu fragen ist, wie bestehende Strukturen reflektiert und bestenfalls umgearbeitet werden können, um zukünftig weitere Personengruppen zu inkludieren. Dies meint nicht nur eine Kommunikation *innerhalb* des ECF, sondern darüber hinaus und vor allem auch *nach außen* und mit den diversen Akteur:innen von außen. Im SFB bemüht sich die Teilprojektvariante *Öffentlichkeitsarbeit* darum, das im SFB erarbeitete Wissen nach außen zu kommunizieren. Citizen Science kann und sollte hier Ziel und Lösung sein.

Schließlich sollten nicht nur die virtuellen, sondern auch die physisch greifbaren ›Präsenzräume‹ hinsichtlich ihrer Wirkmacht und Barrieren diskutiert und dann an die verschiedenen Bedürfnisse angepasst werden: Im sog. *Collaboration Space* wurden bspw. Vorrichtungen angebracht, um die Akustik zu verbessern und so den Kommunikationskanal von Ohr zu Ohr für alle ECF-Mitglieder offenzuhalten.

Virtuell?

Die Frage bleibt: Inwiefern tragen die von uns genutzten Kommunikationskanäle dazu bei, dass unsere Kommunikation virtuell (möglich) ist? Zunächst gilt es festzuhalten, dass die Kommunikation im ECF keine einheitliche Ganzheit aufweist, sondern sich in viele unterschiedliche Facetten aufspaltet: verbal/nonverbal, schriftlich/mündlich, digital/analog und viele weitere Formen, die stets keine Binärität, sondern vielmehr einen Verlauf mit zahlreichen Zwischenformen darstellen. Unsere Kommunikation sowie die im Titel dieses Textes versprochenen Kommunikationskanäle lassen sich somit im deleuzianischen Sinne als *virtuell* beschreiben, als dass sie vielmehr die Idee unseres zwischenmenschlichen (aber auch menschlich-maschinellen) Informationsaustausches umfassen, als ein tatsächliches ›etwas‹ beschreiben; die Kommunikationskanäle sind also virtuelle Entitäten, die sich in den vielseitigen Formen des Austausches per E-Mail oder Messenger, dem Gespräch auf dem Flur oder der Notiz an der Bürotür aktualisieren (vgl. Deleuze 1994: 269). Das *Virtuelle* an unseren Kommunikationskanälen darf hierbei aber nicht als Malus gelesen werden: es steht nicht entgegen einer ›realen‹ oder ›richtigen‹ Kommunikation. Gerade die vielseitigen Aktualisierungsformen unserer Kommunikation veranschaulichen, dass sie nicht das Gegenstück zu einer vermeintlich »unvermittelten Wirklichkeit« (Münker 2005: 247) darstellt, sondern immer nur auf der Grundlage bestimmter Situierungen konstruiert werden kann (→ Situierung). Auch das spontane Gespräch auf dem Flur bedarf zunächst der Grundlage, dass beide Personen ein Büro auf derselben Etage haben sowie zur selben Zeit eine Pause machen können. So ist es maßgeblich vom Setting des Arbeitsplatzes beeinflusst, genauso wie die Kommunikation über den Instant-Messaging-Dienst zunächst u.a. eine bestehende Internetverbindung benötigt.

Die Kommunikation im ECF ist somit nicht *die* Kommunikation, sondern ein Amalgam wechselnder Formen und Strukturen in sich wandelnden Kontexten und Situierungen; eben keine einheitliche Daseinsform, sondern ein Wechselspiel virtueller Kommunikationskanäle, die sich im Besonderen wie auch im Alltäglichen, im Formellen wie auch im Informellen aktualisieren und stetig neu herausbilden. Darüber zu reflektieren, wie wir miteinander kommunizieren, also welche Kommunikationskanäle sich wie aktualisieren, welchen (oft ungeschriebenen) Regeln sie folgen, wer von der Kommunikation *a priori* ausgeschlossen wird und welche Wirkmacht unser Kommunizieren hat, ist Grundlage und Ziel unserer guten Zusammenarbeit.

Literatur

Deleuze, Gilles (1994): Difference and Repitition, übers. von Paul Patton, London: Bloomsbury Academic.

Lévy, Pierre (1998): Becoming Virtual. Reality in the Digital Age, übers. von Robert Bononno, New York/London: Plenum Trade.

McLuhan, Marshall (2010): Understanding Media: The Extensions of Man, London: Routledge.

Münker, Stefan (2005): »Virtualität«, in: Alexander Roesler/Bernd Stiegler (Hg.), Grundbegriffe der Medientheorie, Paderborn: Fink, S. 244–250.

Kursieren

Ann-Carolyn Hartwig

Zwischen fiktiv und real,
zwischen analog und digital,
Wirklichkeit und Illusion,
Möglichkeit und Simulation...

Dazwischen – mittendrin
Aktualität?
Potentialität?
Eventualität?

Auf Fragen
Antworten ›Virtualitätstheorien‹
Unterdessen – währenddessen
Greifst du sie *praktisch* nie.

Lab of Unfinished Thoughts

Ida Brückner, Lena Ciochon,
Vanessa Grömmke

Das Lab of Unfinished Thoughts (kurz Lab) ist ein internes Kolloquium des SFB → 1567 *Virtuelle Lebenswelten* an der Ruhr-Universität Bochum. In mehreren Terminen pro Semester werden die verschiedenen Forschungsprojekte der wissenschaftlichen Mitarbeitenden in frühen Karrierephasen – dem sogenannten → Early Career Forum (kurz ECF) – diskutiert. Damit ist es der zentrale Ort des inhaltlichen Austauschs sowie der kollegialen Zusammenarbeit im ECF. Die gemeinsame Diskussion wird über verschiedene Medien ermöglicht, fokussiert eine materialbezogene Auseinandersetzung und experimentiert mit wissenschaftlichen Diskurs-Formaten. Deswegen ist die eigene Methodenreflexivität ein wichtiger Bestandteil des Labs. Es schafft nicht nur einen disziplinübergreifenden Austausch und Erkenntnisgewinn, sondern unterläuft auch die traditionelle Dichotomie von Natur- und Geisteswissenschaften und beweist die Produktivität einer Methodenoffenheit. Das Lab lässt sich als simulativer Möglichkeitsraum der Interdisziplinarität und Kontingenz begreifen, der alternative akademische Gesprächs- und Feedbackformate hybrid (online/in Präsenz) erprobt und zu etablieren sucht.

Obwohl der Begriff des *Laboratoriums* bereits im mittelalterlichen Sprachgebrauch verankert ist, werden ihm erst im späten 16. Jahrhundert die semantischen Qualitäten zugeschrieben, die ihn bis heute prägen (vgl. Schmidgen 2011).[1] Ge-

1 Das Labor bezeichnet im 16. Jahrhundert »Arbeitsstätten von Alchemisten,

genwärtig markiert er einen Arbeitsraum für wissenschaftliche und technische Versuche, in dem »Mensch und Maschine, Organismen und Mechanismen, Körper und Technik« (ebd.) in einem sogenannten Experimentalsystem zusammenfinden, um neue wissenschaftliche Erkenntnisse zu erzielen (vgl. Rheinberger 2021: 15f., 104). Laboratorien kreieren künstliche Ausnahmezustände (vgl. Felsch 2005: 31), insofern sie eine Struktur auftun, die außerhalb ihrer Räumlichkeiten nicht gegeben ist (vgl. Latour 2006: 109). Sie werden als Orte des Experiments verstanden, da durch die experimentellen Verfahren und Technologien Phänomene jenseits der Alltagswahrnehmung beforscht werden.

Ein solches Verständnis des Laboratoriums erlaubt eine Loslösung aus konkreten räumlichen und institutionellen Laborsituationen und eine Hinwendung auf den Vorgang des Experimentierens. Mit Michael Gamper lässt sich der Experimentalbegriff als »ein Verfahren [fassen; I.B./L.C./V.G.], das in einer Verschmelzung von performativen und repräsentativen Verfahren Kenntnisse hervorbringt – und zwar Kenntnisse, die sich einer bestimmten provozierten Erfahrung verdanken« (Gamper 2010: 11). Damit wird eine Erweiterung des Fokus von primär naturwissenschaftlichen Experimentalsystemen auf geisteswissenschaftliche Forschungsprozesse ermöglicht.

Es entstehen immer mehr Räume in Kunst und Geisteswissenschaft, die sich als Labor verstehen – sei es für künstlerische Auseinandersetzungen mit Theorie, sei es als interdisziplinärer Begegnungsraum wie im Falle des Labs,[2] das die Mitglieder des ECF zur Kollaboration sowie teilprojektübergreifenden Arbeit ermutigt. Primär ist das Lab ein Raum, in dem Gedanken und Ideen zur eigenen Arbeit geteilt werden können. Dieses Forum speist sich aus dem Einfall, der im Antrag des Sonderforschungsbereichs formuliert wurde und bis zum ersten Treffen nur eine schriftlich fixierte Möglichkeit mit viel Gestaltungsraum darstellte. Dort wurde beschrieben, wie sich das Lab inhaltlich und räumlich verordnen soll. Es wurde dabei althergebrachten Diskussionsformaten wie dem Kolloquium gegenübergestellt. Eine leichtere Partizipation und freie Dialogformen sollten demnach den interdisziplinären Austausch unterstützen. Angereichert und strukturiert wurde das Lab mit dem Engagement der Organisationsgruppe, der *Lab-AG*,[3] die für das ECF definierte, was das Lab ferner sein sollte und was nicht: ein bedarfsorientierter, niedrigschwelliger,

Apothekern und Metallurgen, um sich in der folgenden Zeit nach und nach auf alle Räumlichkeiten zu beziehen, an denen eine werkzeugbasierte Erforschung von natürlichen Phänomenen und Prozessen verfolgt wurde« (Schmidgen 2011).

2 Drei weitere Beispiele sind das *ArtSciLab* der University of Texas in Dallas (vgl. Topete/Lilly/Nazir/Malina 2021), der Masterstudiengang *Art and Science* der University of the Arts London (vgl. Barnett/Cohen/Holme 2021) und das interdisziplinäre Labor *Bild Wissen Gestaltung* der Humboldt-Universität zu Berlin (vgl. Interdisciplinary Laboratory o.J.). In Bochum, mit personeller Überschneidung zum SFB 1567 *Virtuelle Lebenswelten*, befindet sich zudem das *RUSTlab*, ein Forschungskollektiv mit Fokus auf Science and Technology Studies (vgl. RUSTlab 2024). Es nimmt Anleihen vom kanadischen *CLEAR-Lab* unter Leitung von Max Liboiron (2021).

3 Bei der Lab-AG handelt es sich um derzeit (Stand 08.09.2023) sechs Mitglieder des ECFs, die für die Planung und Organisation der Lab-Sitzungen verantwortlich sind. Die Autorinnen des Beitrags bilden einen Teil der AG.

hierarchiefreier und hybrider Raum der geteilten Verantwortung, der Solidarität und eines *work in progress*. Dagegen soll es nicht mit Perfomance-Druck, Konkurrenz und Bewertungsmechanismen einhergehen. In einer konstituierenden Sitzung wurden diese Ergebnisse und das Format des Labs auf theoretischer Basis mit allen Personen des ECF diskutiert und beschlossen, sodass aus dem Entwurf ein reales Lab wurde.

Wie andere Labore bietet das Lab einen Raum für Experimente: Ähnlich einem Präparat, das unter dem Mikroskop näher besehen wird, werden auch hier einzelne Materialien gezielt in den Fokus genommen. Eine Vorgabe zur Art des Materials gibt es dabei bewusst nicht. Ganz im Sinne der Bedarfsorientiertheit können zum Beispiel einzelne Dissertationskapitel, Artikelentwürfe, diskussionswürdige Theorietexte, interessante Archivfunde, problematische Untersuchungsgegenstände, zentrale Forschungshypothesen oder auch eigene Tagungsbeiträge eingereicht werden. Dafür tragen sich die ECF-Mitglieder in einen webbasierten Texteditor als Materialgeber:innen für eine bestimmte Session ein und schicken das Material inklusive einer kurzen Kontextualisierung an die Gruppe – analog zu den rahmenden Forschungsinteressen von Laborant:innen, die ein Experiment durchführen. Auf das eingereichte Material wird von einem:r zuvor bestimmten Respondierenden reagiert, der:die mit seinen:ihren Gedanken die Diskussion eröffnet. Das Verschicken des Materials gleicht der gezielten Manipulation eines Präparats, indem es im Versuchsablauf verschiedenen Veränderungen unterworfen wird, deren provozierte Reaktionen verzeichnet und ausgewertet werden. Hans-Jörg Rheinberger hebt die herbeigeführte Störung an einem Material oder Vorgang als die zentrale Bewegung von Experimenten hervor: Mittels Manipulationen werden Abläufe oder Substanzen derart verändert, dass neue Erkenntnisse über ihre Zusammenhänge und Bestandteile erlangt werden, die vorher nicht beobachtbar waren (vgl. Rheinberger 2021: 17f.). Die Versuche des Labs unterscheiden sich jedoch in einem Punkt signifikant von den naturwissenschaftlichen, wie sie Rheinberger beschreibt: In letzteren werden die Manipulationen meist in Form einer Serie durchgeführt, um die Validität der Ergebnisse zu sichern und zu prüfen (vgl. ebd.: 37). Im Lab wiederholen sich die Materialien hingegen nicht. Einzelne Sessions können zwar an vorherige anknüpfen, bilden diese aber aufgrund des neuen Materials und der ebenfalls anderen Respondenz nicht nach. Insofern handelt es sich beim Lab um einen Experimentalraum der gezielten Manipulation, dessen einzelne Versuche allerdings singulär verbleiben. Seriell ist das Lab nur als Format, das mehrmals im Jahr stattfindet.

Denn das zentrale Verfahren während der Lab-Sitzungen ist die gemeinsame Diskussion, die dezidiert kein bloßes Resümieren früherer Debatten sein soll und kann: Die Fragen aus der Kontextualisierung werden mit den Anmerkungen der Respondenz konfrontiert, woraus sich wiederum Pfade für neue Anregungen ergeben. Die Konfrontation mit anderen Beobachtungen, Theorien, Kommentaren und interdisziplinären Perspektiven produziert neue Beobachtungen und Ideen, neue epistemische Effekte und neue *unfinished thoughts*. Dieses kombinatorische Spiel verdankt sich der im Sinne Gampers provozierten Situation und Erfahrung des Labs. Auch wenn die methodische Adressierung perspektivischer Offenheit die Gefahr neuer Unsicherheiten und Unklarheiten birgt, wird sie im Lab als epistemische Ressource angesehen. In diesem Sinne »geht [es auch in diesem Labor; I.B./L.C./V.G.] nicht nur um Weiterungen, die aus dem vorhandenen Wissen abgeleitet werden können, sondern vor allem auch um nicht antizipierbare Wissenseffekte. [...] Alles dreht sich um diese experimentelle Kontingenz« (Rheinberger 2021: 117).

Experimentell ist das Lab auch, da neue Weisen der wissenschaftlichen Kommunikation, Präsentation und des Miteinanders exploriert werden: Indem es sich von etablierten Formaten der Academia abgrenzt, in denen Forschungsprojekte vorgestellt und beurteilt werden, zielt es darauf ab, wissenschaftsinterne Hierarchien weitgehend außer Kraft zu setzen und einen niedrigschwelligen Austausch zu motivieren.[4] Es bietet den Mitarbeitenden dezidiert die Möglichkeit, unfertige Gedanken/Ideen[5] ins Plenum einzubringen und diese mit anderen Mitgliedern des ECF in einem kollegialen und geschützten Raum (vgl. Latour 2006: 109) zu diskutieren. Denn nicht die festgelegten und unabänderlichen Definitionen ermöglichen neues Wissen; es sind *unfinished thoughts*, die einen Raum für Unbekanntes und Neues öffnen. Damit gehören die Experimente des Labs zu jenen, »die überhaupt Wissen und neue Tatsachen generieren, [und so; I.B./L.C./V.G.] einen Raum der Kontingenz, des Virtuellen oder Möglichen [eröffnen; I.B./L.C./V.G.]. Deshalb sind sie ›immer unklar, unfertig, einmalig‹« (Wolf 2010: 230). Die gezogenen interdisziplinären Querverbindungen und Zusammenhänge gleichen virtuellen Schichten, die in der Diskussion enthüllt und in die Form einer aktuellen Erkenntnis gebracht werden.

Neben dem zentralen Verfahren der Diskussion besteht das Experimentalsystem des Labs aus einer Vielzahl an Medientechnologien, die sich in einer virtuellen Durchführung der Sitzungen manifestiert. Konkret meint das hybride Sessions, an denen sowohl in Präsenz als auch über Videokonferenz partizipiert werden kann, damit möglichst viele Mitglieder des ECF am Lab teilnehmen können. So wird der Technik in den Lab-Sessions als Bündelung von dinghaften Akteur:innen ein hoher Stellenwert zuteil: Kabel, Lautsprecher, Mikrofone, Bildschirme, Kameras und digitale Endgeräte wie Laptops. Es sind die *mixed societies*, denen sowohl Personen als auch Dinge, Medien und Diskurse angehören, die in den Vordergrund rücken und an Relevanz gewinnen (vgl. Rieger 2021: 220). Die digitalen Endgeräte forcieren zwar die Störanfälligkeit der Diskussionen durch Unterbrechungen der Online-Übertragung sowie eine verzögerte Kommunikation zwischen Analog und Digital, etwa wenn die zugeschalteten Teilnehmenden Schwierigkeiten haben, die in Präsenz stattfindenden Gespräche akustisch zu verstehen. Sie regen jedoch zum Nachdenken über Optimierungsvorschläge an, beispielsweise durch die Umpositionierung von Mikrofonen und Lautsprechern im Raum.

Neben ergebnisorientierten Protokollen wird mithilfe eines webbasierten Texteditors ein kollaboratives Protokoll der Sitzungen erstellt, an dem die Mitglieder des ECF innerhalb eines hybriden Dialogs zeitgleich sowie zeitversetzt ar-

---

4 Dabei dient das Lab weder der Selbstinszenierung, noch nimmt es Züge einer tribunalisierten Kommunikation an, in der der:die Einzelne einer anklagenden Gruppe gegenübersteht und das eigene Forschungsprojekt verteidigt (→ Tribunal).

5 Die Relevanz des unfertigen Wissens wird von Karin Knorr Cetina ebenfalls im Zusammenhang mit Laboruntersuchungen betont (vgl. Knorr Cetina 1995: 141).

beiten können. In ihnen werden – für alle Teilnehmenden sichtbar – die besprochenen Inhalte dokumentiert, kommentiert und reflektiert. Auf diese Weise effizieren die digitalen Protokolle eine besondere Form des produktiven Austauschs, der es gelingt, möglichst viele Perspektiven des interdisziplinären Raums zu vereinen. Sie fungieren als virtueller Diskussionsraum bzw. virtueller Wissensspeicher, der ständiger Veränderung unterliegt (→ Archive, virtuelle). Indem das Protokoll keine zuvor festgelegte Aufmerksamkeitslenkung vornimmt, lässt es Spielraum für Assoziationen – sowohl in ihm als kollaborativen Text als auch in der experimentellen Durchführung der jeweiligen Lab-Sitzung. Damit erweisen sich auch die Protokolle des Labs als zentrale Techniken eines Experimentalsystems, die wie Laborprotokolle im Allgemeinen nach Hans-Jörg Rheinberger nicht nur »inerte Hilfsgerüste für die definitive Darstellung eines Befundes [sind; I.B./L.C./V.G.]. Sie stellen vielmehr ein produktives Medium zwischen den Gegenständen des Experiments und den Erkenntnisvermögen dar, die sich mit ihnen verbinden« (Rheinberger 2021: 115).

Neben dieser Beteiligung am Erkenntnisgewinn wird in Protokollen auch die Wissensarbeit und -genese ablesbar. Es ist vornehmlich die Kulturtechnik des Schreibens, die diesen Prozess in den Blick treten lässt (→ Text, plain). Wie die Anordnung und Formatvorgaben eines Protokolls bestimmte Momente hervorheben und andere nicht abbilden, werden im Schreiben Argumentationsketten entwickelt und Zusammenhänge orchestriert, sodass das Verständnis eines Sachverhaltes nicht unberührt von dem Schreibprozess bleibt. Gleichzeitig führt dieser sich selbst als Orchestrierungstechnik vor: Ein Satz wird begonnen, umgestellt, verworfen, neu geschrieben. Im Schreiben wird die eigene Wissensproduktion beobachtbar (vgl. Hoffmann 2010: 186). Als offenes digitales Tool eröffnen die webbasierten Texteditoren des Labs einerseits einen protokollarischen Freiraum für Neues und Unfertiges, der auch in der Zukunft ergänzbar bleibt. Andererseits führen sie als gemeinsames Schreibformat nicht nur die eigenen Argumentationsstrategien, Berührungspunkte und Sprünge vor, sondern machen auch das gemeinsame Experimentieren und Protokollieren für alle zugleich beobachtbar.

So wird das Lab durch eine Virtualität gekennzeichnet, die neben der Kontingenz der *unfinished thoughts*, den interdisziplinären Bezügen und der Hybridität der Sitzungen die Simulation von etablierten wissenschaftlichen Formaten umfasst. Schließlich versteht sich das Lab als Raum des kollegialen und niedrigschwelligen Dialogs zu laufenden Forschungsprojekten und bietet den Mitarbeitenden an, Auftrittsformen der Academia auszuloten, um den Prozess der wissenschaftlichen Ausbildung zu protegieren. Die Mitglieder des ECF erhalten die Möglichkeit, einerseits Vorträge, wie sie auf Tagungen, Workshops oder Kolloquien üblich sind, zu erproben und den Umgang mit sowie die Reaktion auf Feedback zu erlernen. Andererseits können sie sich im Umkehrschluss das Formulieren konstruktiver Kritik aneignen.

Es wird darauf gezielt, die differenten Vortrags- und Gesprächsbedingungen der Wissenschaft kennenzulernen und zu simulieren, also einen Raum des *Hyperrealen* zu kreieren, der sich zwar an Umständen der Realität orientiert, jedoch nicht mit dieser gleichgesetzt wird (vgl. Baudrillard 1978: 7). Das Lab berücksichtigt in seiner Konzeption etablierte Diskurs-Formate der Academia und die unterschiedlichen Format-Erfahrungen der Teilnehmenden, um den wissenschaftlichen Austausch außerhalb des Labs zu explorieren. Dabei werden die Erfahrungen der ECF-Mitglieder nicht eins zu eins nachgestellt, sondern es wird von ihnen ausgehend abstrahiert. Es werden Wege erprobt, möglichst empathische, sensible und faire Gesprächszugänge in die Wissenschaft auch außerhalb des Labs zu tragen.

Dass jener Raum jedoch besonders störanfällig ist, impliziert auch, dass er nicht gänzlich isoliert und die Realität nicht vollständig von ihm abgeschottet werden kann (vgl. ebd.: 36). Negative Erlebnisse, mit denen Mitglieder des ECF bereits konfrontiert wurden und die zu ihrer Sozialisation als Wissenschaftler:innen beigetragen haben, schreiben sich unaufhaltsam in die Kommunikation ein und erzeugen Irritationsmomente im geschützten Bereich. Eine elementare Aufgabe der Lab-AG besteht in der Identifikation dieser ›Störungen‹. Daher werden die abschließenden Reflexionsrunden der Sessions dezidiert dazu genutzt, um über das Befinden der Teilnehmenden und ihre individuellen Eindrücke zum Verlauf der Session zu sprechen.

Diese kleinteilige Reflexion ist ausschlaggebend für die weitere Gestaltung des Experimentalortes und für die Arbeit der teilnehmenden Personen. Insbesondere die interdisziplinäre Zusammensetzung des ECF führt zu einer stärkeren Rückbesinnung auf die jeweiligen Disziplinen. Das bedeutet, dass schon bei der Vorbereitung und während des Labs vermehrt über die eigenen Begrifflichkeiten, Kategorien und Schemata nachgedacht wird, als es in homogeneren Gruppen der Fall wäre. Durch den Zusammenschluss differenter Blickwinkel auf einen Gegenstand werden Grenzen der eigenen Disziplin und alternative Erklärungen reflektiert (vgl. Czada 2002: 31).

So ermöglicht der direkte Austausch im Lab das Verlassen der eigenen Wissensfilterblase, das Teilen eigener Sichtweisen und die Erweiterung der eigenen Denkweise, um teils routinierte Handlungen, die sich u.a. in ›Namedropping‹ manifestieren, durch konzise Explikationen zu ersetzen. Die Reflexion hilft dabei zu erkennen, dass die Teilnehmenden auch in diese Laborsituation mit entsprechenden Vorurteilen, Annahmen und Positionen hineingehen. Darüber hinaus führt die separate Reflexionsphase dazu, die eigenen Rollen und die Struktur des Labs zu hinterfragen und das Forum als lebendigen, wachsenden Ort zu begreifen, der sich den Bedürfnissen anpassen kann. Im Allgemeinen ist das Lab eine dynamische, in sich nicht abgeschlossene Veranstaltung. Es stellt sich als Möglichkeitsraum dar, der seine Kernaufgaben aufrechterhält, aber in seiner Ausführung fluide bleibt und bleiben muss, um seinem Anspruch der Bedarfsorientiertheit gerecht zu werden – oder es wenigstens stets zu versuchen.

Literatur

Barnett, Heather/Cohen, Nathan/Holme, Adrian (2021): »Polymathic pedagogies. Creating the conditions for interdisciplinary enquiry in art and science«, in: Rogers et al., Routledge Handbook of Art, Science, and Technology Studies, S. 369–383.

Baudrillard, Jean (1987): Agonie des Realen. Aus dem Französischen übersetzt von Lothar Kurzawa und Volker Schaefer, Berlin: Merve Verlag.

Czada, Roland (2002): »Disziplinäre Identität als Voraussetzung interdisziplinärer Verständigung«, in: Kilian Bizer/Martin Fuhr/Christoph Huttig (Hg.), Responsive Regulierung. Beiträge zur interdisziplinären Institutionenanalyse und Gesetzesfolgenabschätzung, Tübingen: Mohr Siebeck, S. 23–54.

Felsch, Phillipp (2005): »Das Laboratorium«, in: Alexa Geisthövel/Habbo Knoch (Hg.), Orte der Moderne. Erfahrungswelten des 19. und 20. Jahrhunderts, Frankfurt a.M.: Campus, S. 27–36.

Gamper, Michael (Hg.) (2010): Experiment und Literatur. Themen, Methoden, Theorien, Göttingen: Wallstein Verlag.

Gamper, Michael (2010): »Einleitung«, in: Michael Gamper (Hg.), Experiment und Literatur, Göttingen: Wallstein Verlag, S. 9–14.

Hoffmann, Christoph (2010): »Schreiben als Verfahren der Forschung«, in: Michael Gamper (Hg.), Experiment und Literatur, Göttingen: Wallstein Verlag S. 181–207.

Knorr Cetina, Karin (1995): »Laboratory Studies. The Cultural Approach to the Study of Science«, in: Sheila Jasanoff/ Markle, Gerald E./Peterson, James C./ Pinch, Trevor (Hg.), Handbook of Science and Technology Studies, Los Angeles: Sage Publications, S. 140–166.

Latour, Bruno (2006): »Gebt mir ein Laboratorium und ich werde die Welt aus den Angeln heben«, in: Andréa Belliger/David J. Krieger (Hg.), ANThology. Ein einführendes Handbuch zur Akteur-Netzwerk-Theorie, Bielefeld: transcript, S. 103–134.

Liboiron, Max (2021): Pollution Is Colonialism, Durham: Duke University Press.

Interdisciplinary Laboratory (o.J.): »Interdisziplinäres Labor Bild Wissen Gestaltung«, in: interdisciplinary-laboratory.hu-berlin.de. Online unter: https://www.interdisciplinary-laboratory.hu-berlin.de/de/bwg/ueber-uns/ (letzter Zugriff: 22.10.2023).

RUSTlab (2024): »RUSTlab Bochum—Science, technology and digital matters«, in: rustlab.ruhr-uni-bochum.de. Online unter: https://rustlab.ruhr-uni-bochum.de/ (letzter Zugriff: 03.04.2024).

Rheinberger, Hans-Jörg (2021): Spalt und Fuge. Eine Phänomenologie des Experiments, Berlin: Suhrkamp.

Rieger, Stefan (2021): »Virtual Humanities«, in: Stefan Rieger/Armin Schäfer/Anna Tuschling (Hg.), Virtuelle Lebenswelten. Körper – Räume – Affekte, Berlin/Boston: De Gruyter, S. 207–226.

Rogers, Hannah/Halpern, Megan/ Hannah, Dehlia/de Ridder-Vignone, Kathryn (Hg.) (2021): Routledge Handbook of Art, Science, and Technology Studies, London: Routledge.

Schmidgen, Henning (2011): »Labor«, in: ieg-ego.eu (03.01.2011). Online unter: http://ieg-ego.eu/de/threads/crossroads/wissensraeume/henning-schmidgen-labor (letzter Zugriff: 12.7.2023).

Topete, Alex Garcia/Lilly, Chaz/Nazir, Cassini/Malina, Roger F. (2021): »ArtSciLab. Experimental publishing and knowledge production in collaborative transdisciplinary practices«, in: Rogers et al. (Hg.), Routledge Handbook of Art, Science, and Technology Studies, S. 359–368.

Wolf, Burkhardt (2010): »Erzählen im Experiment. Narratologie und Wissensgeschichte am Kreuzweg der Kulturen«, in: Michael Gamper (Hg.), Experiment und Literatur, Göttingen: Wallstein Verlag S. 208–235.

Lebenswelt

Ann-Carolyn Hartwig

Teile und Zusammenhang
Längst wieder anders
Eben noch so
Wechselnde Modi
Sichtbar?
Nirgends fest.
Ergiebig bis zur (Un)möglichkeit
Bald und bereits
Erstreckt sich die virtuelle Verwirrung, die
Lakonisch daherkommt.

Media, social

Herausgeber:innen

Social Media sind unter anderem Orte spekulativer Vergangenheit (→ Medieval TikTok), Orte der Verurteilung (→ Tribunal) und Orte virtueller Urlaubsbilder (→ Foto, virtuelles). Gehören auch webbasierte Instant-Messaging-Dienste zu Social Media? (→ Kommunikationskanäle).

Medieval TikTok

Suzette van Haaren

Fig. 1: St Bartholomew Flay For Us 🙏🩸🙏, screenshot of Greedy Peasant, TikTok, 31 October 2023

When it comes to the TikTok content of creator @greedypeasant (Tyler Gunther), his own words say it best: it is »a queer medieval fever dream«. Populated with phantasmagorical creations, brightly coloured costume design with bold sleeves and tassels and chatty side aisle reliquaries—Greedy Peasant's short influencer-style TikTok videos are a vibrant and campy portrayal of an undefined late Middle Ages. This contemporary form of medievalism complicates the modern notion of time, entangling medieval sensibilities with the distinctly and blatantly current.

Medievalism (auf Deutsch: *Mediävalismus*) also referred to as *neomedievalism*, is the reception, interpretation, and re-creation of the European Middle Ages in post-medieval cultures (D'Arcens 2016: 1). Famous examples in the arts and popular culture include Richard Wagner's *Der Ring des Nibelungen*, John William Waterhouse's *The Lady of Shalott*, Castle Neuschwanstein, J.R.R. Tolkien's *Lord of the Rings*, *Monty Python and the Holy Grail*, *Age of Empires II*, Medieval Cat's Spotify album *Medieval Lofi Study Session Vol. 1*.

As Umberto Eco asserts in his eponymous essay, we have long been dreaming of the Middle Ages. Medievalism can be described as a collective yearning to a culture lost to time (cf. Eco 1998: 64). It is the Middle Ages as us moderns create them, where our ideas of the medieval period are a prism through which modern emotions, fantasies, technologies and trends are refracted. These creative re-imaginations are products, acts and gestures that draw together the past, the present and the future. History is, by definition, a narrative that is curated and shaped through modern eyes: an account of possibilities rather than of realities. History is a virtual realm that is shaped by scholarly rigour and guarded by academic conduct, but at the same time in conversation with larger culture. Popular medievalisms affect and produce historical virtualities by stepping out of sync with notions of linear time and by entangling different temporalities in new and unexpected ways (→ Virtualität).

In his dreaming of the Middle Ages, Greedy Peasant creates a feverishly offbeat experience that invites viewers into his joyful medievalism. It is a small example of medievalism in a fragmented digital landscape. He presents a queer imagination of the medieval period, where the bricolage of cultural elements reigns supreme (Greedy Peasant: About). In his virtual world, a self-identified queer peasant makes a living as a pageant planner, narrating his medieval life in the manner of a modern-day influencer. Greedy Peasant challenges prevailing ideas of the dark and dirty Middle Ages through his delight in colourful clothing and dramatic art and architecture (cf. Olmstead 2022). This subversion is evident in his unabashed queer pride: »As a queer medieval peasant, I am proud, this Pride Month, to partner with an industry I am deeply suspicious off: the reliquary trade 💀👀« (greedypeasant, 10.6.2022).

Greedy Peasant's TikTok videos disrupt our entrenched perceptions of the Middle Ages, revealing a world filled with colourful, campy pageantry, all the while engaging with modern implications. He is not the overly masculine, sword-fighting, rough man that we often encounter in portrayals of the Middle Ages. Instead Greedy Peasant presents himself in the aesthetics of late medieval and early modern extravagance, designing and dressing himself in flamboyant outfits that would not be misplaced in a 15th century manuscript image (see also his video on ›bringing back manly Christians‹ [greedypeasant, 13.5.2021]). While living his life as a queer influencer to the fullest, Greedy Peasant grapples with questions that would have been central to medieval religious life: »Is purgatory manageable? And if so, for how long? Because I know it's not supposed to be, like, super bad. And then: Am I going to hell for real? How bad will it be? Because based off of the present data, I will be going to 🔥🔥🔥🔥🔥🔥🔥 Based off of... you know... Catholicism. And it does sound bad« (greedypeasant, 11.12.2021). He brings together the alterity of medieval culture with his own queerness, ostensibly doubling the cultural remoteness that characterises our relationship with the Middle Ages (cf. Jauss/Bahti 1979).

Queerness invokes notions of ›otherness‹, asynchrony, and being of sync with the ordinary—»the open mesh of possibilities, gaps, overlaps, dissonances and resonances, lapses and excesses of meaning« (Sedgwick 2013: 8). Carolyne Dinshaw hears the queer voice as calling for another kind of time, one beyond modern understanding linearity and homogeneity, and filled with enthusiasm and amateurism (cf. Dinshaw 2012: 4–5). It is precisely Greedy Peasant's enthusiasm for otherness and for the over-the-top that draws the viewer into his medieval world. This is clear, for example, in his fondness for medieval sleeve design reminiscent of medieval fashion, such as the often flaring sleeves of the late medieval *houppelande*. In his video ›Medieval Barbie now with Changeable Sleeves‹ (greedyp easant, 08.06.2023) he shows many self-designed sleeves that play important roles in earlier videos. Though tapping into the homemade aesthetic, Tyler Gunther is not an amateur content creator: he has a background as professional costume designer (Tyler Gunther Art: About) and his Patreon seems to reveal that his online presence provides a steady stream of income (Greed y Peasant Patreon).

Absurd at times, engaging with Greedy Peasant's content is by no means an othering experience. The effect of this doubling of alterities brings the viewer closer to the medieval peasant, in both his medievalness and his queerness. Simultaneously, his distortion of the contemporary TikTok influencer-style video reminds the viewer back of their own place in time. Time and temporality, important terms for thinking about medievalism, are subverted in Greedy Peasant's medievalism. It distinctly ignores matters of historicity and temporal consistency: medievalism is not just a matter of bringing the past into the present; it is a matter of temporalities converging. A bricolage of cultural phenomena entangles a nostalgia for a lost or imagined past with the exploration of contemporary issues, technologies and trends.

Greedy Peasant's content is a mishmash of references, not just to the Middle Ages or to modern cultural events, like Ru paul's Drag Race: »four skulls stand before me. Tonight's runway theme are the rival reliquary skulls of St John Chrysostom« (g reedypeasant, 11.6.2023). But also to medievalist intermediaries like the distinct Monty Python-esque aesthetics in his designs and illustrations (Greedy Peasant: Museum; Kaufman 2010). Greedy Peasant plays with medieval aesthetics yet often steps outside of that box. Some major components in his videos are references to decorative tassels, costume design in, for instance, historical films during the Golden Age of Hollywood, and American historical cemeteries. He characterises all these elements as *medieval*. And yet, he positions his Middle Ages firmly in modern America. In a ›short presentation on Medieval New York‹ (greedypeasant, 3.9.2022) he complicates the temporalities of his own medievalism, explaining: »If you are trying to place Medieval New York on a historical timeline, it would be: today and tomorrow«. Greedy Peasant's queer, campy, dreamlike video content prompts us to reconsider the assumed rigid boundaries between past and present. It demonstrates that the notion of contemporary medievalism as synchronous and linear falls short in the face of the complexity of its temporal and cultural phenomena (cf. Dinshaw 2012).

This curious entanglement of time shows that dreaming of the Middle Ages shapes our perceptions of the past, just as our understanding of history informs these modern imaginations. Famous examples are the gargoyles of Notre Dame, fantastical stone creatures of 19th century post-romantic imagination. They represent what was thought the Middle Ages were (or what it should have been), and, at the same time, they are instrumental to how we experience the medieval origins of the modern city of Paris. Michael Camille describes them as modern ghosts that haunt us from an invented heroic medieval past (cf. Camille 2009). Imagination is a significant stage in world-forming, in how the world is perceived, and consequently in the production of knowledge. For there to be dragons in the world, we must first dream of them (cf. Ingold 2013). And this may indeed go wrong: medieval history and imaginations about it are appropriated to defend extreme political views, possibly even on TikTok. Too many times, this has had horrific and deadly consequences (cf. Elliott 2017; Albin et al. 2019; Wollenberg 2014). The virtual Middle Ages are thus shaped and reshaped in different cultural contexts, for good and for bad. The contemporary imagination of the medieval era (even if it is fanciful, a bricolage, or perhaps not directly related to anything *truly* medieval) significantly impacts knowledge production, as it shapes how we engage with and appropriate history, how we feel and enjoy it. Dismantling the myths of a homogeneous Middle Ages, medievalisms illuminate the period's longevity and diversity (cf. Aurell et al. 2023: 203–210). In performing his asynchronous queer medievalism on a highly popular social media platform, Greedy Peasant invites us into his virtual medieval realm, where the Middle Ages are continually (re)fashioned.

Medievalism is the medieval taken up, or the medieval continued, in contemporary culture. It is nostalgia and aversion; it is looking back and looking forward. Medievalism is a product of the imagination, it is the creation of knowledge, an unreal aspect within the real, simultaneously true, and fabricated. It suggests cultural remoteness, whilst at the same time creating a curious familiarity. It is a folding of time and space, a juxtaposition and entanglement of temporalities. Medievalism is complex, involving bricolage, re-use, re-contextualization. It holds political weight and can be perilous, yet it is also light-hearted and fun. It is a queer medieval fever dream.

Literature

Albin, Andrew/ Carpenter Erler, Mary/ O'Donnell, Thomas/Paul, Nicholas/ Rowe, Nina (ed.) (2019): Whose Middle Ages? Teachable Moments for an Ill-Used Past, New York: Fordham University Press.

Aurell, Martin/Besson, Florian/Breton, Justine/Malbos, Lucie (ed.) (2023): Les médiévistes face aux médiévalismes. Les médiévistes face aux médiévalismes. Histoire. Rennes: Presses universitaires de Rennes.

Camille, Michael (2009): The Gargoyles of Notre-Dame. Medievalism and the Monsters of Modernity, Chicago: University of Chicago Press.

D'Arcens, Louise (ed.) (2016): The Cambridge Companion to Medievalism. Cambridge Companions to Culture, Cambridge: Cambridge University Press.

Dinshaw, Carolyn (2012): How Soon Is Now? Medieval Texts, Amateur Readers, and the Queerness of Time. Duke University Press.

Eco, Umberto (1998): Faith in Fakes. Travels in Hyperreality. Translated from the Italian by William Weaver, London: Vintage.

Elliott, Andrew B. R. (2017): Medievalism, Politics and Mass Media. Appropriating the Middle Ages in the Twenty-First Century, Woodbridge: D. S. Brewer.

Greedy Peasant (n.d.), TikTok: https://www.tiktok.com/@greedypeasant (last accessed: 25.04.2024).

Greedy Peasant: About (n.d.), website: https://www.greedypeasant.com/team-3 (last accessed: 25.04.2024).

Greedy Peasant: Museum of Medieval Art (MOMA) (n.d.), website: https://www.greedypeasant.com/museum (last accessed: 25.04.2024).

Greedy Peasant Patreon (n.d.), website: https://www.patreon.com/greedypeasant (last accessed: 25.04.2024).

Hsy, Jonathan/Barrington, Candace (2022): »Queer Time, Queer Forms. Noir Medievalism and Patience Agbabi's Telling Tales«, in: David Hadbawnik (ed.), Postmodern Poetry and Queer Medievalisms, Time Mechanics, De Gruyter, p. 159–78.

Ingold, Tim (2013): »Dreaming of Dragons. On the Imagination of Real Life'«, in: Journal of the Royal Anthropological Institute 19 (4), p. 734–52.

Jauss, Hans Robert/Bathi, Timothy (1979): »The Alterity and Modernity of Medieval Literature«, in: New Literary History 10 (2), p. 181–229.

Kaufman, Amy (2010): »Medieval Unmoored«,in: Karl Fugelso (ed.), In Defining Neomedievalism(s), Boydell & Brewer, p. 1–11.

Olmstead, Molly (2022): »Make Medieval Stuff Queer Again«, in: Slate (17.09.2022). Online at: https://slate.com/human-interest/2022/09/greedy-peasant-tik-tok-christianity-medieval-middle-ages.html (last accessed: 21.03.2024).

Sedgwick, Eve Kosofski (2013): »Queer and Now«, in: Donald E. Hall/Annamarie Jagose (Hg.), The Routledge Queer Studies Reader, London/New York: Routledge, p. 3–17.

Trigg, Stephanie (2016): »Medievalism and Theories of Temporality«, in: Louise D'Arcens (Hg.), The Cambridge Companion to Medievalism, Cambridge: Cambridge University Press, p. 169–209.

Tyler Gunther Art: About (n.d.), website: https://www.tylergunther.com/about (last accessed: 25.04.2024).

Utz, Richard (2017): Medievalism. A Manifesto, Arc Humanities Press.

Wollenberg, Daniel (2014): »The New Knighthood: Terrorism and the Medieval«, in: Postmedieval. A Journal of Medieval Cultural Studies 5 (1), p. 21–33.

Videos

greedypeasant (30.10.2023): »St Bartholomew Flay For Us«, TikTok: https://www.tiktok.com/@greedypeasant/video/7295725599597907207 (last access: 25.04.2024).

greedypeasant (06.08.2023): »Which Barbie Sleeves would you select??«, TikTok: https://www.tiktok.com/@greedypeasant/video/7264250205338373377 (last access: 25.04.2024).

greedypeasant (11.06.2023): »Our final episode of Reliquary Drag Race (for now)«, TikTok: https://www.tiktok.co

m/@greedypeasant/video/7243454301601877250 (last access: 25.04.2024).
greedypeasant (03.09.2022): »A short presentation on #medieval #newyork for #cemtember«, TikTok: https://www.tiktok.com/@greedypeasant/video/7139165183930289410 (last access: 25.04.2024).
greedypeasant (10.06.2022): »A #collab for #pridemonth !!«, TikTok: https://www.tiktok.com/@greedypeasant/video/7107591561256439041 (last access: 25.04.2024).
greedypeasant (12.11.2021): »Stitch with @hankgreen1 Calming peasant thoughts«, TikTok: https://www.tiktok.com/@greedypeasant/video/7029684678286134530 (last access: 25.04.2024).
greedypeasant (13.05.2021): »Bring Them Back«, TikTok: https://www.tiktok.com/@greedypeasant/video/6961762098711973121 (last access: 25.04.2024).

Meta

Herausgeber:innen

Meta Platforms Inc.; ISIN US30303M1027, WKN: A1JWVX; Unternehmen der Absatzwirtschaft (→ Foto, virtuelles). Nichts zu sehen.

Multiplizität

Stefan Laser

Die gleichzeitige Ausführung mehrerer Programme gehört zu den Errungenschaften der Informatik und ist heute ein selbstverständlicher Bestandteil digitaler Rechenprozesse aller Art. Einige Beispiele: Ich lasse auf meinem Laptop mehrere Fenster nebeneinander offen und wechsle auf dem Smartphone mit einem Wisch zwischen Apps. Bei unserer ethnographischen Forschung zu universitären Rechenzentren (→ Hypervisor) schwärmt die IT-Administration von den Vorzügen virtueller Server, die nicht nur Operationen, nein, nicht einmal Programme, sondern ganze Nutzer:innen nebeneinander laufen lassen. Und Hersteller:innen von Headsets für Virtuelle Realitäten legen über die erdliche eine digital-virtuelle Realität. Als User erwarte ich Flexibilität, und bekomme sie, in vielfältiger Form, gleichzeitig. Das kann erstaunliche Erfahrungswelten hervorbringen (siehe etwa → Medieval TikTok, → Tribunal). Die Art und Weise, wie Gleichzeitigkeit gelingt, basiert auf in den 1960er Jahren etablierten informatischen Konzepten: der *Multiprogrammierung* und dann dem *Multitasking*. Das Prinzip ist in die Alltagssprache eingegangen und macht die Arbeit am und mit dem Rechner ubiquitär (vgl. Mattern 2003). Wir multitasken. Aber: Programme laufen eigentlich gar nicht gleichzeitig ab. Multiplizität ist eine Illusion. Sphären von Aktivitäten überlagern sich, es findet mehr als eine Handlung statt, aber niemals viele (vgl. Strathern 1991). Genau wegen dieser virtuellen Illusion ist die Technik so erfolgreich. Ein Blick in die (Geschichte der) Computerarchitektur erhellt das Thema.

Eine kurze Geschichte der Verdrahtung

Computerchips (CPUs, nach der englischen *Central Processing Unit*) arbeiten Aufgaben nacheinander ab, das heißt Prozesse warten auf ihre Exekution (vgl.

Bashe et al. 1986; Computer History Museum 2016; Heintz 1993). Das war in den 1950er Jahren äußerst ineffizient organisiert. Ursprünglich fiel eine CPU nach der Ausführung in den inaktiven Idle-Zustand und wartete lange auf neuen Input (etwa Tastaturbefehle) oder die Produktion von Output (bspw. den Druck einer Seite Papier). Systeme waren unflexibel und die Pause bedeutete: Rechenkapazität lag brach. Aber dank komplizierter Steuerprogramme und zeitlicher Optimierung bis auf einen Bruchteil einer Sekunde suggeriert der Rechner seit den 1960er Jahren die gleichzeitige Bearbeitung von Prozessen. Das war ein enormer Fortschritt und nunmehr geht es um Optimierungen auf die Nanosekunde (→ Zeit, virtuelle).

Trotzdem gilt: Noch heute kann eine einzelne CPU nur eine Aufgabe gleichzeitig ausführen. Genau so ist Multiprogrammierung ursprünglich definiert, als »time-sharing of a processor by many programs operating sequentially« (Critcklow 1963: 107). Ein »supervisory program«, so hält es das zitierte, einschlägige Papier fest, soll Prozesse möglichst effizient aneinanderketten und aufsplitten. Das darauf aufbauende Multitasking fügte dem weitere inkrementelle Innovationen hinzu; mehr Produktivität wurde freigesetzt.

Weitere Kniffe folgten, um auf einem Computer schnell und multipel unterwegs zu sein, nicht zuletzt beschleunigt durch Effizienz- und Produktivitätsgewinne der Microchip-Hardware. Die Ausarbeitung und Anreicherung des Multitasking ist dabei eng verwoben mit der Entwicklung von virtuellen Servern (siehe den Schwesterbeitrag zum → Hypervisor). Zwei soziotechnische Innovationen prägten die Entwicklung.

Ein erstes, radikales Denken und Arbeiten nach expliziter Virtualisierungslogik bot die *virtuelle Speicherverwaltung*. Eine CPU arbeitet mit einem separaten Arbeitsspeicher, dem primären Speicher, der anders aufgebaut ist als Festplatten oder SSDs (*Solid-State-Drives*), der sogenannte sekundäre, immer zugängliche Speicher. Dabei geht es um folgendes Problem: Prozesse einer CPU erhalten im Arbeitsspeicher eine separate Adresse, und bei mehreren Programmen in der Warteschlange kann der primäre Speicher schnell ausgereizt sein. Das Problem war in den 1950er und -60er Jahren wegen der hohen Speicherpreise und geringen Kapazitäten virulent, wobei die Nachfrage nach neuen Rechenmethoden bereits erkannt wurde (vgl. Hürlimann/Zetti/Joye-Cagnard 2009). Heute gilt das Problem durch rasant wachsende Anforderungen, die sich zum Beispiel in Hochschulen aufgrund von aufwändigen natur- und technikwissenschaftlichen Simulationen, Modelling oder Artificial Intelligence stellen (vgl. Edwards 2013; Silvast et al. 2020).

Früher konnten große Programme nur kompliziert händisch geladen werden. Programmierer:innen mussten nicht nur ihre mathematischen Modelle ausformulieren, sondern in die Skripte eigene Umwege einbauen, um den Speicher sozusagen freizuhalten. Viele Programme waren maßgeschneidert. Das wäre heute undenkbar kompliziert. Stattdessen ist es nun dank Virtualisierung möglich, dem Prozess zu *suggerieren*, dass er volle Kapazität hat und nicht händisch aufgeteilt werden muss (vgl. Denning 1970). Dazu wird im laufenden Prozess dynamisch und automatisch der physische Speicherplatz zugewiesen, aufgeteilt in kleine virtuelle Blöcke, in die der Rechenprozess gesplittet wird. Die Festplatte hilft als langsamer, aber stabiler Zwischenspeicher aus, um wartende Prozesseinheiten abzuspeichern. Das ist der Kniff der *virtuellen Speicherverwaltung*. So werden die Kräfte der Multiprogrammierung freigelegt und die händische Zuordnung von Speicher fällt weg.

Vom Speicher zu Timesharing und Partitionierung

Die virtuelle Illusion ist, dass im Speicher alle Prozesse zusammenhängen. Für Nutzer:innen entsteht der Eindruck von Gleichzeitigkeit, das Virtuelle ist hier also zu verstehen als eine verzerrte Wiedergabe der tatsächlichen Operation. In der Realität wird eine Informationseinheit dann (und nur dann) in den Arbeitsspeicher gezogen, wenn sie benötigt wird (vgl. ebd.). Mit diesem Trick zeigt sich »virtual memory« im Rückblick als »one of the great engineering triumphs of the computing age« (Denning 1997: 262), auch wenn die Technik zunächst umstritten war und Ingenieur:innen der hier vollzogenen, automatischen Allokation von Speicher nicht unmittelbar trauten und hitzige Debatten entflammten. Für die Informatik schwingt im Begriff des Virtuellen auch ein Hauch Unbestimmtheit mit, denn obwohl die Programmierer:innen unterstreichen, dass operative Handlungsketten unterbrochen werden, damit stets nur ein Prozess im Hauptspeicher ist, laufen die Arbeiten des Prozessors weiter. Wichtig ist in jedem Fall: Die virtuelle Speicherverwaltung kommt bei allen Computersystemen zum Einsatz. Aber im Rechenzentrum wird sie besonders genau evaluiert und laufend zentral abgefragt. Neben Prozessor, Grafikkarte und Netzwerktechnik sind primärer und sekundärer Speicher die entscheidenden Teile heutiger Rechenzentren; die basalen Dashboards von virtuellen Servern zeigen sogar ausschließlich CPU und Speicherauslastung an und leiten daraus Einsparpotenziale ab (s.u.).

Damit kann ich zur zweiten soziotechnischen Innovation kommen. Ein organisatorischer Vorgänger der virtuellen Server findet sich in den Großrechnern der 1960er und 70er Jahre, das sogenannte Timesharing (vgl. Agar 2006; Hu 2015). Hierbei geht es nicht direkt um das Innenleben der CPU, wie bei der Multiprogrammierung. Die Idee war und ist einleuchtend: Um die teure und ausladende Technik des Großrechners möglichst effizient und breit nutzen zu können, konnten User:innen an Institutionen wie Universitäten individuelle Rechenzeit buchen und separat abrechnen. Dazu erhielten sie Remote-Access auf Zeit. Im Zuge unserer ethnographischen Forschung zu Rechenzentren erzählten uns ehemalige Systemadministratoren von den zeitlichen Taktungen und Regulierungen, die das damalige User:innen-Leben streng ordneten – von nervenaufreibenden Wartezeiten mit Angst vor Tippfehlern und von raffinierten studentischen Hacks, um dank Bugs im System die Rechner nachts kostenlos nutzen zu können. Man »stritt sich um Rechenzeit«, »alles war in Konkurrenz zueinander«, wie uns im Interview erzählt wird, denn normaler Nutzer:innen konnten die wertvollen Großrechner nur über Fernschreiber und Lochkartenschreiber zu bestimmten Zeitpunkten ansprechen. Im Kontrast dazu hantierten die privilegierten Mitarbeiter:innen im Rechenzentrum mit Zugriff auf die Struktur und kümmerten sich um Vulnerabilitäten (die sie nicht selten übersahen) (→ Behinderung, virtuelle), technische Trends (für die in Deutschland oft monetäre Ressourcen fehlten) und den bereits damals »unheimlichen« Stromverbrauch (der noch heute das ökologische Kernthema der Rechenzentren bildet (vgl. Hogan 2018)). Kurzum,

User:innen waren geboren, fortan wurde Nutzung als Multiplizität konzipiert (vgl. Wilkie/Michael 2009). Und weil User:innen gleichsam über die Abrechnung in ökonomische Tauschverhältnisse integriert wurden (vgl. Hu 2015: 39), wurden sie ein Teil der Prozessoptimierung, den schon die Erfindung des virtuellen Speichers umgetrieben hat. Aber damit sich User:innen als solche begreifen konnten, musste auch ihnen Gleichzeitigkeit suggeriert werden, wie im Innenleben des Speichers. Das leistet das sog. Timesharing, es löst die Nutzer:innen scheinbar von ihren klaren Einzelslots, indem es Aufgaben in kleine Teile spaltet und im Hintergrund die Allokation verwaltet. Personen wähnen sich in einsamer Kontrolle des Terminals, wenn sie doch nur ein:e Nutzer:in unter vielen sind.

Vereinfacht wurde das Timesharing durch Partitionierung – oder, wie es 1984 beim Apple II hieß: das *virtual drive* (Abb. 1). Erstmals als Synonym für das Virtualisieren von primärem Speicher benutzt, setzte sich der Begriff der Partitionierung als zentrales Schlagwort durch, nachdem sekundärer Speicher in Form von Festplatten aufkam. Damit ging es um Geräte mit großem Speicherplatz, die langsam aber sicher Disketten und Magnetbänder als dominante Medien ablösten. Dank Partitionierung ließen sich Systeme nebeneinander installieren und booten, Programme komfortabel reproduzieren und Fehler schnell rückgängig machen. So konnten mehrere Personen gleichzeitig arbeiten und auch der virtuelle Speicher hat mehr Ressourcen erhalten, um die Illusion der Gleichzeitigkeit bei gleichzeitig steigender Komplexität und längeren Operationsketten aufrechtzuerhalten. Mit der 3.5 Zoll Festplatte etablierte sich über die 1980er Jahre ein standardisiertes Format, das bis heute die Rechenzentren füllt und flexiblen, ausreichend schnellen, günstigen Speicherplatz für virtuelle Partitionen bietet (vgl. Cooper 2021).

Abb. 1: Screenshot aus der Anleitung für den Apple II, Corvus Constellation Generation Guide (Corvus 1984: 71)

Any more virtual drives? [Y/N]:

Innovation und Illusion

Multiplizität als Illusion treibt aufwändige technische Innovationen voran, heute etwa im Umfeld der Virtuellen Realität. 2023 hat Apple Inc. bspw. eine eigene immersive VR-Brille auf den Markt gebracht, die sowohl eng mit der ›Cloud‹ und den optimierten Rechenzentren verknüpft ist, um Anfragen von User:innen zu verarbeiten, als auch innovative Speichertechnologie verwendet, um die virtuelle Erfahrung scheinbar reibungslos zu gestalten. Denn eine Besonderheit der sog. *Vision Pro*-Brille ist ihre eingebaute Illusion der Durchsichtigkeit (›passthrough‹). User:innen setzen eine Brille auf, die sie von der Umwelt abschottet; aber sie erhalten die Option, den Blick sozusagen freizuschalten und durch die Wände der Brille zu blicken, als ob sie mit unverdeckten Augen in den Raum hineinschauten. (Gleichzeitig bekommen dritte Personen Kamerabilder von den Augen der Nutzer:innen angezeigt, um den ›freien‹ Blick zu markieren. Multiplizität kann *creepy* sein.) Damit diese Illusion gelingt, kommen nicht nur mehrere hochauflösende Kameras und Bewegungssensoren zum Einsatz, sondern ein eigenes System an Chips. Sowohl die CPU- und Arbeitsspeicher sind auf das Gerät und seine Programme ausgelegt, als auch ein kleiner dritter Chip, der spezifisch auf die Datenverarbeitung der externen Sensorik und Kameras ausgelegt ist. Die Ingenieur:innen haben diesen Chip physisch möglichst nah an die CPU und den Hauptspeicher herangelegt und diverse Effizienzsteigerungen eingebaut. Außerdem ist ein statischer Speicher im Hauptprozessor für die hier verarbeiteten Daten freigehalten, um Berechnungszeiten ohne Unterbrechung zu ermöglichen. So werden User:innen Kamerabilder mit derart geringer Latenz und hoher Bildrate dargestellt, dass sie sogar Tischtennis spielen können, ohne dass sie Bälle verfehlen oder Spieler:innen schnell Kreislaufprobleme bekommen. Damit wird deutlich, welche nahezu absurden, aufwändigen Anforderungen die Multiplizität annehmen kann – sowohl hinsichtlich der Programmierung als auch der mobilisierten Ressourcen und Energie, die in die Entwicklung von Chips eingehen (vgl. Edwards/Cooper/Hogan 2024).

Ein moderner Chip, sei es im Rechenzentrum oder VR-Headset, knüpft an die hochkomplexe globale Wertschöpfung der IT-Industrie an. Die Illusion der Gleichzeitigkeit ist erkauft durch Landnahme, Ressourcen und Arbeitskraft in der Ferne. Es ist ein Investment, das nur unter ganz bestimmten Bedingungen stabil gehalten werden kann. Die eigentlichen Kosten und alle involvierten Akteur:innen sind nicht abschätzbar. Crawford und Joler (2018) haben einen Überblick gegeben über die notwendigen menschlichen Arbeitskräfte, Datenströme und planetaren Ressourcen am Beispiel eines Smart Speakers und Entgrenzung illustriert. In unserem Bochumer Forschungsprojekt zu Rechenzentren knüpfen wir an diese Ambition an und zeigen am Beispiel der aktuellen Chip-Investitionen, wie Dynamiken der Industrie Landschaften für Produktionsstätten in Asien freiräumen. Die unsichtbaren Ressourcen und zeitlich mehr oder weniger entkoppelten Arbeitskräfte in der Ferne sind Teil der Multiplizität der Rechenerfahrung; sie verweisen auf weitere Erfahrungen, die gleichzeitig involviert sind.

Virtuelle Server bauen auf Timesharing und Partitionierung auf und entfesseln den Grundgedanken der geteilten Ressourcen; virtuelle Realität blickt auf Jahrzehnte der informatischen Innovation zurück und fügt einen eigenen Twist hinzu, und das ist jeweils individuell zugeschnitten auf separat identifizierbare User:innen. Dieser informatorische und technologische Hintergrund von Timesharing und Partitionierung ist auch Grundlage des → Hypervisor. Durch Virtualisierung freigesetzte Multiplizität heißt bei digitalen Systemen, dass immer mehr als ein Programm zu laufen scheint, obwohl es nie mehr als eins ist. Es ist mehr als eins, aber weniger als viele (vgl. Mol 2002; Strathern 1991). Durch die Verschränkung mit dem Virtualitätsbegriff lässt sich der offene Horizont komfortabel aushalten und die reichhaltige Lebenswelt im ›>1‹ wertschätzen. Ein Computer muss gar nicht alles gleichzeitig bearbeiten; die Prozesse müssen nur so organisiert sein, dass User:innen die nacheinander abgearbeiteten Anfragen als gleichzeitig *wahrnehmen* – dass die Latenz gering genug ist; dass der Unterschied zwischen dem Nacheinander und dem Gleichzeitig zu klein ist, um wahrgenommen zu werden. Mehr als eine Illusion ist auch die weite Welt der materiellen Wertschöpfung der Kleinstteile in Rechnern. Es ist eine Wertschöpfung, die eine Technologie wie informatische Multiplizität erst ermöglicht. Und sie verweist auf diverse Erfahrungen, die mit den Technologien verknüpft sind, aber auch nicht voll in ihr aufgehen.

Literatur

Agar, Jon (2006): »What difference did computers make?«, in: Social Studies of Science 36(6), S. 869–907.

Bashe, Charles J./Johnson, Lyle R./Palmer, John H./Pugh, Emerson W. (1986): IBM's early Computers, Cambridge, Mass.: MIT Press.

Computer History Museum (2016): »ARM 1 microprocessor«, in: computerhistory.org. Online unter: http://www.computerhistory.org/revolution/digital-logic/12/286/1592 (letzter Zugriff: 01.04.2024).

Cooper, Zane Griffin Talley (2021): »Of dog kennels, magnets, and hard drives: Dealing with Big Data peripheries«, in: Big Data & Society 8(2). Online unter: https://doi.org/10.1177/20539517211015430 (letzter Zugriff: 16.05.2024).

Corvus (1984): »Corvus constellation generation guide, Apple II«, in: archive.org. Online unter: https://archive.org/details/bitsavers_corvuscons102ConstellationIIGenerationGuideAppleII_49464717 (letzter Zugriff: 01.04.2024).

Crawford, Kate/Joler, Vladan (2018): »Anatomy of an AI system: The Amazon Echo as an anatomical map of human labor, data and planetary resources«, in: anatomyof.ai. Online unter: https://anatomyof.ai/ (letzter Zugriff: 16.05.2024).

Critcklow, A.J. (1963): »Generalized multiprocessing and multiprogramming systems«, in: Proceedings of the November 12–14, 1963, fall joint computer conference, AFIPS '63 (Fall), New York, NY, USA: Association for Computing Machinery, S. 107–126.

Denning, Peter J. (1970): »Virtual memory«, in: ACM Computing Surveys 2(3), S. 153–189.

Denning, Peter J. (1997): »Before memory was virtual«, in: Robert L. Glass (Hg.), In the beginning: personal recollections of software pioneers, Los Alamitos/Calif: IEEE Computer Society Press, S. 250–271.

Edwards, Dustin/Cooper, Zane Griffin Talley/Hogan, Mél (2024): »The making of critical data center studies«, in: Convergence (Online first). Online unter: https://doi.org/10.1177/13548565231224157 (letzter Zugriff: 16.05.2024).

Edwards, Paul N. (2013): A vast machine: Computer models, climate data, and the politics of global warming, Cambridge, Mass.: MIT Press.

Heintz, Bettina (1993): Die Herrschaft der Regel. Zur Grundlagengeschichte des Computers, Frankfurt a.M./New York: Campus.

Hogan, Mél (2018): »Big data ecologies«, in: Ephemera 18(3), S. 631–657.

Hu, Tung-Hui (2015): A prehistory of the cloud, Cambridge, Mass.: MIT Press.

Hürlimann, Gisela/Zetti, Daniela/Joye-Cagnard, Frédéric (Hg.) (2009): »Gesteuerte Gesellschaft: Logistik, Automatisierung und Computer in der Nachkriegszeit«, in: Traverse 16(3), S. 7–13.

Mattern, Friedemann (2003): »Vom Verschwinden des Computers – Die Vision des Ubiquitous Computing«, in: Friedemann Mattern (Hg.), Total vernetzt. Szenarien einer informatisierten Welt, Berlin/Heidelberg: Springer, S. 1–41.

Mol, Annemarie (2002): The body multiple. Ontology in medical practice, Durham: Duke University Press.

Silvast, Antti/Laes, Erik/Abram, Simone/Bombaerts, Gunter (2020): »What do energy modellers know? An ethnography of epistemic values and knowledge models«, in: Energy Research & Social Science 66. Online unter: https://doi

.org/10.1016/j.erss.2020.101495 (letzter Zugriff: 16.05.2024).
Strathern, Marilyn (1991): Partial connections, Savage: Rowman & Littlefield.

Normenräume

Leonie Ullmann

Rats- und Gerichtssäle von städtischen Rathäusern im niederländischen Kulturraum des 15. Jahrhunderts [1] waren Räume, die eine Schnittstelle von virtuellen Konzepten der Ordnung, Normen, Tugenden und lebensweltlicher Konstitution jener Konzepte darstellten (→ Tribunal). Das Virtuelle dieser Konzepte kann durch die Vorprägungen des Virtualitätsbegriffs gefasst werden: *virtuosus* als Beschreibung einer moralischen Qualität (vgl. Biosca Bas 2015: 90) und *virtualis/virtualiter*, als Beschreibung einer Wirkmacht ohne verkörperte Präsenz, der Kraft entsprechend (vgl. Walch 1726: 2733) (→ Virtualität).

Für diese räumlichen Rathauskontexte entstanden großformatige Tafelbilder, in welchen das gerechte Handeln von Menschen in eine zentrale Position gesetzt wurde. Dass sich die Funktion der Gerechtigkeitsbilder nicht allein in einer moralischen Botschaft erschöpfte, sondern darüber hinaus in der Produktion von städtischen Normenräumen lag (vgl. Lefebvre 2006: 335), wird im Folgenden an der Komposition *Das Urteil des Kambyses und die Schindung des Sisamnes* exemplifiziert (Abb. 1). Die beiden Gemälde entspringen einem Auftrag für den Schöffensaal des Brügger Rathauses (vgl. Schild 1988: 161).

Abb. 1: Gerard David, Das Urteil des Kambyses und die Schindung des Sisamnes, 1498, Öl auf Holz, je 182,3 x 159,2cm, Groeningemuseum, Brügge

In der ersten Tafel verbildlichte Gerard David [2] die Festnahme des korrupten

1 Der niederländische Kulturraum des 15. Jahrhunderts umfasst die Burgundischen Gebiete, nordöstliche Teile Frankreichs und das angrenzende Rheinland.

2 Inzwischen befinden sich die Bilder im *Groeninge Museum* in Brügge.

Richters Sisamnes. Auf seinem Richterstuhl befindlich findet die Überführung durch König Kambyses und sein Gefolge statt. In der zweiten Tafel inszenierte der Maler die Konsequenz dessen: Umgeben von Kambyses und seinem Gefolge ist die Schindung Sisamnes im Mittelgrund auf der Folterbank lebensnah und eindrucksvoll abgebildet.

Die Tafelbilder ermöglichen es, über das Sujet und visuelle Bezüge, die Überschneidung von verschiedenen Raum-Kategorien zu beobachten: Zum einen den physisch greifbaren historischen Brügger Schöffensaal, zum anderen die immateriellen Strukturen des städtischen Recht- und Gerechtigkeitsraumes, die einen virtuellen Normenraum aufspannen. Der Bestimmungsort der Gerechtigkeitsbilder, der Brügger Schöffensaal, oder allgemeiner der Brügger Stadtraum, kann mit den Worten des Stadtsoziologen Henri Lefebvres als produzierter Raum beschreiben werden:

»Die räumliche Praxis einer Gesellschaft sondert ihren Raum ab; in einer dialektischen Interaktion setzt sie ihn und setzt ihn gleichzeitig voraus: Sie produziert ihn langsam, aber sicher, indem sie ihn beherrscht und ihn sich aneignet. In der Analyse lässt sich eine räumliche Praxis entdecken, indem man ihren Raum entziffert« (Lefebvre 2006: 335).

Prozessualität und Produktion sind nach Lefebvre entscheidende Charakteristika von sozialen Räumen. In der Produktion von Normenräumen können sowohl materielle als auch immaterielle Strukturen entstehen. Dabei sind Normenräume nach Ulrich Druwe-Mikusin als Räume zu verstehen, in welchen »kollektives Handeln« stattfindet, sie umfassen »die Menge aller in einer Gesellschaft bzw. einer Kultur vorhandenen normativen Systeme (Handlungen oder Aussagen)« (Druwe-Mikusin 1991: 149). Für die Handlungen oder Interaktionen, durch die Normen emporkommen (vgl. Homans 1972), werden physische Räume benötigt. Wir sehen, dass sich dafür bestimmte Interaktionsorte ausbildeten: Der Brügger Schöffensaal ist ein Beispiel dafür. Weitere wären Gerichtssäle, Kirchenräume, Klöster und Höfe. Geschaffen werden diese Räume nicht allein durch eine architektonische Hülle, sondern auch durch visuelle Kultur, zu der kulturelle Praktiken, Rituale und visuelle Artefakte, wie beispielsweise Gerechtigkeitsbilder, zählen.

Dass visuelle Kultur neben Interaktion erforderlich ist, um Normenräume zu schaffen, zu erhalten oder zu konstituieren, ist ein Aspekt, der innerhalb des Unterprojekts C04.2 *Virtualität der Verhandlung* des SFB 1567 *Virtuelle Lebenswelten* untersucht wird (→ 1567). Eine These aus diesem Kontext ist, dass sich die materiellen und die immateriellen Strukturen von Normenräumen in einer wechselseitig bedingten Interaktion entwickeln (vgl. Lefebvre 2006: 335). Visuelle Artefakte können indessen Teil beider Strukturen sein.

Die Gerechtigkeitstafeln Gerard Davids, die moralische Normen im Rahmen einer griechischen Legende thematisieren, berühren im Brügger Schöffensaal sowohl die materiellen als auch die immateriellen Elemente des städtischen Normenraums. Die beiden zusammengehörigen Gemäldetafeln mit dem *Urteil des Kambyses* und der *Schindung des Sisamnes* stellte Gerard David im Jahr 1488 fertig (vgl. Friedländer 1928: 72).[3] An den großzügigen Ausmaßen der Bilder mit jeweils

3 Gerard David war Maler, in Brügge ansässig und unterhielt dort eine Werkstatt (vgl. Stroo 2001: 239).

182x159 cm ist zu erkennen, dass es sich um einen bedeutenden Auftrag handelte.

Der Bildgegenstand ist ein Exemplum, das auf den Erzählungen Herodots und Valerius Maximus beruht (vgl. Schild 1988: 161). Nicht nur die Erzählung von Sisamnes und Kambyses, sondern auch die Erzählform der Exempla entspringt der Antike.[4] Nach Jacob Langeloh müssen Beispiele in der antiken Tradition als »Rhetorische Argumente, die in einem Argumentationszusammenhang vorgebracht werden« (Langeloh 2017: 103), bewertet werden. In Anbetracht des narrativen Potentials, das Bildern inne ist (vgl. Veits 2021: 126), lässt sich das bildliche Exemplum von Sisamnes und Kambyses vergleichbar zu einem literarischen Beispiel als Argument in einem Diskurs bestimmen. Genauer handelt es sich, aufgrund der Thematisierung von Gerechtigkeit und der (→ Situierung) im Schöffensaal, um ein Argument im stetigen Diskurs um Recht und Gerechtigkeit: Die Darstellung der Konsequenzen von Bestechlichkeit anhand des Richters Sisamnes ist als Warnung vor Betrug an alle Betrachtenden gerichtet und damit in erster Linie direkt an die Anwesenden im Schöffensaal adressiert. Diese Warnung appelliert an das Verhalten der Betrachtenden, wodurch das Werk als ein »präfigurierendes und wirklichkeitsstrukturierendes Medium« (Nünning 2019: 56f.) verstanden werden kann.

Übergreifend ist im niederländischen Kulturraum des 15. Jahrhunderts zu beobachten, dass der Konstituierungsprozess von Recht und Gerechtigkeit von mehreren Bezügen zur europäischen Antike geprägt ist: Die Übersetzung von Schriften antiker Philosophen gewann an Bedeutung und die Tugendlehre trat in den Vordergrund von Auseinandersetzungen mit der Gerechtigkeit (vgl. Schild 1995: 85).[5] Zeitgleich fand eine Transformation gerichtlicher Verfahren statt, inquisitorische Verfahren und römisches Prozessrecht wurden implementiert (→ Zeit, virtuelle). Letzteres drang ab der zweiten Hälfte des 15. Jahrhunderts in die Rechtspraxis des niederländischen Kulturraumes ein (vgl. Blümle 2011: 236f.). Die Initiative dafür ging insbesondere von den Städten aus (vgl. Van Caenegem 1980: 635).

In dem diskursiven Raum des Brügger Schöffensaals und weiter gefasst im städtischen Rechtsraum wurde das Exemplum von Kambyses und Sisamnes im Sinne einer argumentativen Setzung platziert. Dieser Rechtsraum gestaltete sich nicht statisch, da das Stadtrecht des 15. Jahrhunderts im niederländischen Kulturraum durch immer wiederkehrende Konflikte zwischen Städten und Herzog:innen Änderungen erfuhr.[6] Der Grad städtischer Autonomie hing von der Rechtslage und den von Herzog:innen abhängigen Rechtsbefugnissen ab (vgl. Wettlaufer 2006: 27). Hier wird deutlich, dass der Bildraum des

4 »Exemplum (paradiegma) ist ein Kunstausdruck der antiken Rhetorik seit Aristoteles und bedeutet ›eingelegte Geschichte als Beleg‹. Dazu tritt später (seit etwa 100 v.Chr.) eine neue Form des rhetorischen Exemplum, die für die Folgezeit wichtig wurde: die ›Beispielfigur‹« (Curtius 1987: 69f.).

5 Thomas von Aquin (gest. 1274 n.Chr.) erweiterte die Kardinalstugenden durch aristotelische und neuplatonische Grundzüge und begünstigte »die Ablösung der theologischen durch die philosophische Ethik« (Schild 1995: 85).

6 Die Auseinandersetzungen betrafen auch immer Rechtsangelegenheiten, so waren »Veränderungen des flämischen Stadtrechts als eine Funktion des Machtkampfs zwischen den Städten und den Herzögen« zu betrachten (Van Caenegem 1980: 651).

Gerechtigkeitsbildes in den Politik- und Rechtsraum übergreift und andersherum.

Das Werk Gerard Davids nimmt aufgrund der neuen und eigenwilligen Ikonografie innerhalb des Komplexes der Rathausdekoration im 15. Jahrhundert eine außergewöhnliche Stellung ein. Die Ausgestaltung von Fassade und Innenräumlichkeiten von Rathäusern war eine bedeutsame Angelegenheit. Allgemein zählten dazu Balken- oder Kassettendecken, Wappenscheiben, Intarsien, Schnitzereien, Weltgerichtsdarstellungen und Gemälde. Vergleichbar zu der besonderen Ausstattung des Chors in Kirchen wurde in Rathäusern ein besonderes Augenmerk auf die Hauptwand hinter den Richtenden gelegt, an jenen Wänden waren herausragende Bildprogramme zu finden (vgl. Damm 2000: 38, 49). Von den Recht- und Gerechtigkeitsdarstellungen waren insbesondere die Weltgerichtsbilder, also Darstellungen des *Jüngsten Gerichts*, in Rathäusern verbreitet (vgl. Cetto 1966: 24). Auch der im Jahr 1377 begonnene Brügger Rathausbau wurde im Laufe der Zeit durch mehrere Kunstwerke mit diesem Sujet ausgestattet.[7] Durch den Bildgegenstand des antiken Exemplums ist die Komposition Gerard Davids davon thematisch abweichend. Zudem waren Darstellungen, die auf Quellen der klassischen Antike beruhen, zur Entstehungszeit der Bilder Davids im niederländischen Kulturraum eine Seltenheit. Insbesondere ist von der Darstellung von Kambyses und Sisamnes nur eine weitere zeitgenössische Tafelmalerei der Geschichte bekannt (vgl. Van Miegroet 1988: 117).

Im Gegensatz zu den Weltgerichtsdarstellungen ist die Handlung der Festnahme und der Bestrafung des Sisamnes in Davids Bildern im irdischen Raum verankert. Diese Platzierung der Handlung im irdischen Raum – basierend auf einem historischen Exemplum – lässt Gerard Davids Werk mit den Gerechtigkeitsbildern Rogier van der Weydens für das Rathaus von Brüssel und Dieric Bouts Gemälde für das Rathaus in Löwen vergleichen, die ebenfalls im 15. Jahrhundert entstanden.[8] Gerard Davids Gerechtigkeitsbilder verweisen ebenso wie Rogier van der Weydens und Dieric Bouts Gerechtigkeitsbilder auf eine irdische Rechtsprechung.

Eine weitere Ebene, die von Gerard David aufgerufen wird, ist die des städtischen Raums und des Raums, für den die Gemälde vorgesehen waren: den Schöffensaal Brügges. Zum einen lassen sich Zitate aus dem architektonischen Stadtbild Brügges wiederfinden.[9] Zum anderen verteilte

7 Ein verlorenes Weltgerichtsbild von 1388 von Jan Coene (vgl. Troescher 1966: 21, Van Miegroet 1988: 116). Ein Weltgerichtsbild von Gilbert Walens aus dem Jahr 1475 für den Gerichtssaal (verschollen), eines von Jan Provost aus den Jahren 1524/25 für den großen Saal (vgl. Lederle 1937: 43, Damm 2000: 55f.). Gerard David erhielt für das Rathaus neben den Gerechtigkeitsbildern auch einen Auftrag für eine Weltgerichtsdarstellung, die nicht erhalten ist (vgl. Friedländer 1928: 72).

8 Rogier van der Weyden malte ab ca. 1432 vier Ölgemälde für das Rathaus von Brüssel (vgl. Cetto 1966: 31f.). Bildgegenstände waren die Legenden Trajans und Herkinbalds. Dieric Bouts malte zwei Ölgemälde mit der Legende Ottos III. für das Rathaus in Löwen, die Arbeit daran begann ca. ab 1471 (vgl. Blümle 2011: 11).

9 Im ersten Bild im rechten Bogen ist die ›Poorters Looge‹ abgebildet (vgl. Van Miegroet 1988: 125f., Ainsworth 1998: 66). Im Mittelgrund des zweiten Bildes identifiziert De Ridder einen Teil des Rathauses (vgl. De Ridder 1986: 132). Von Bodenhausen erkennt in der Reflektion auf dem Helm einer Figur die Johanneskirche (vgl. Von Bodenhausen 1905: 137).

der Maler Figuren im Bildraum, die als am Gericht tätige Personen beziehungsweise städtische Funktionsträger anhand ihrer – dem 15. Jahrhundert entsprechenden – Kleidung erkenntlich sind.[10] So fungiert Davids Werk als Repräsentation der städtischen Verwaltungsorgane Brügges. Darüber hinaus integrierte der Maler Verweise auf andere Bildräume: In den beiden Gerechtigkeitsbildern sind kompositorische Bezüge zu burgundischen Miniaturen präsent[11], aber auch zu zeitgenössischen Martyriendarstellungen aus Kirchenräumen.[12] Susanne Langer folgend resultiert aus visuellen und gestalterischen Übereinstimmungen, die Erschaffung »räumlicher Beziehungen« (Langer 2018: 164) – in diesem Fall zu höfischen und kirchlichen Räumlichkeiten, also ebenfalls Orte der Verhandlung von Normen.

Vor diesen vielfältigen historischen Bedingtheiten und Bezügen bildet der Schöffensaal Brügges ab, was Henri Lefebvre als »räumliche Praxis« (Lefebvre 2006: 335) beschreibt. Gerard Davids Gerechtigkeitsgemälde sind wiederum als Komponente einer solchen *räumlichen Praxis* zu verstehen. Das ambitionierte Bildkonzept zeugt von der Formung einer spezifisch städtischen Bildlichkeit, abweichend von Kunst in Sakralräumen oder höfischen Räumen, als Teil der Bildung einer materiellen *und* virtuellen städtischen Rechtsräumlichkeit.

10 Schwarze Kopfbedeckung und schwarze Talare verweisen auf den Status eines Gelehrten oder auf eine im Gericht tätige Person (vgl. Kocher 1992: 141). Parallel zu den in Dieric Bouts *Die Gerechtigkeit Ottos III.* dargestellten rotgekleideten Männern, können auch die Männer in Gerard Davids Gerechtigkeitsgemälde als Mitglieder einer Universität identifiziert werden (vgl. Blümle 2011: 209f.).

11 Unter anderen können die beiden Miniaturen *Presentation of a Manuscript to Philip the Good* (aus *Composition de la Sainte Ecriture*, Brüssel, BR/KB, Ms, 9017, fol.38v) und *Presentation of a Manuscript to Charles the Bold* (aus *Anciennes Chroniques de Pise*, Brüssel, BR/KB, Ms. 9029, fol.7) angeführt werden, vergleichbar ist vor allem der strukturelle Bildaufbau.

12 Vergleichbar zu zeitgenössischen Martyrien ist die intensive Zurschaustellung körperlicher Verletzung. Hierfür können zwei Beispiele von Dieric Bouts genannt werden: *Martyrium des heiligen Erasmus* um 1460, befindlich in der Peterskirche Löwen, und *Martyrium des Hl. Hippolytum*, 1470, in der Sankt-Salvatorkathedrale Brügge.

Literatur

Ainsworth, Maryan W. (1998): Gerard David. Purity of Vision in an Age of Transition, Amsterdam/Gent: Ludion.

Biosca Bas, Antoni (2015): »Origin of Virtuality«, in: Eikasia. Revista de Filosofia, H. 64, Oviedo: Eikasía Ediciones S.L., S. 81–110.

Blockmans, Wim P./ Prevenier, Walter (1986): Die burgundischen Niederlande, Weinheim: Mercatorfonds.

Blümle, Claudia (2011): Der Zeuge im Bild. Dieric Bouts und die Konstitution des modernen Rechtsraumes, München: Eikones.

Cetto, Anna Maria (1966): Der Berner Trajan- und Herkinbald-Teppich, Bern: Historisches Museum Bern.

Curtius, Ernst Robert (1987): Europäische Literatur und lateinisches Mittelalter, Basel/ Tübingen: Francke.

Damm, Melanie (2000): Iuste iudicate filii hominum. Die Darstellung von Gerechtigkeit in der Kunst am Beispiel einer Bildergruppe im Kölner Rathaus. Eine Untersuchung zur Ikonographie,

zum Bildtypus und Stil der Gemälde, Hamburg/London/Münster: Lit.
De Ridder, Juliaan H.A. (1986): Gerechtigheidstaferelen voor schepenhuizen in Vlaanderen in de 14de, 15de en 16de eeuw. Diss. Ghent.
Druwe-Mikusin, Ulrich (1991): Moralische Pluralität. Grundlegung einer analytischen Ethik der Politik, Würzburg: Königshausen & Neumann.
Friedländer, Max J. (1928): Die altniederländische Malerei. Memling und Gerard David, Bd. 6, Berlin: Cassirer.
Homans, George Caspar (1972): Theorie der sozialen Gruppe, Opladen: Westdeutscher Verlag.
Knauth, Katerina (Hg.) (2018), Susanne Langer, Fühlen und Form, Eine Theorie der Kunst, Hamburg: Felix Meiner.
Kocher, Gernot (1992): Zeichen und Symbole des Rechts. Eine historische Ikonographie, München: Beck.
Langeloh, Jacob (2017): Erzählte Argumente. Exempla und historische Argumentation in politischen Traktaten c. 1265–1325, Boston/Leiden: Brill.
Lederle, Ursula (1937): Gerechtigkeitsdarstellungen in deutschen und niederländischen Rathäusern, Diss. Philippsburg: Kruse & Söhne.
Lefebvre, Henri (2006): »Die Produktion des Raums«, in: Jörg Dünne/Stephan Günzel (Hg.), Raumtheorie. Grundlagentexte aus Philosophie und Kulturwissenschaften, Frankfurt a.M.: Suhrkamp, S. 330–342.
Nünning, Ansgar (2019): »Wie Erzählungen Kulturen erzeugen. Prämissen, Konzepte und Perspektiven für eine kulturwissenschaftliche Narratologie«, in: Gabriele Lieber/Irene Pieper/Bettina Uhlig (Hg.), Erzählen zwischen Bild und Text, München: kopaed, S. 31–68.
Peirce, Charles Sanders (1920): »Virtual«, in: James Mark Baldwin (Hg.), Dictionary of Philosophy and Psychology, New York: Macmillan Company, S.763-764.
Schild, Wolfgang (1988): »Gott als Richter«, in: Wolfgang Pleister/Wolfgang Schild (Hg.), Recht und Gerechtigkeit im Spiegel der europäischen Kunst, Köln: DuMont, S. 44–85.
Schild, Wolfgang (1995): Bilder von Recht und Gerechtigkeit, Köln: Du Mont.
Stroo, Cyriel/Syfer-d'Olne, Pascale/Slachmuylders, Roel et al. (2001): The Flemish Primitives. The Hieronymus Bosch, Albrecht Bouts, Gerard David, Colijn de Coter and Goossen van der Weyden Groups. Catalogue of early netherlandish painting in the Royal Museums of fine Arts Belgium, Bd. 3, Brüssel: Royal Museums of Fine Arts of Belgium.
Van Caenegem, Raoul C. (1980): »Das Recht im Mittelalter«, in: Wolfgang Fikentscher/Herbert Franke/Oskar Köhler (Hg.), Entstehung rechtlicher Traditionen, Freiburg/München: Alber, S. 609–658.
Van Miegroet, Hans J. (1988): »Gerard David's Justice of Cambyses. Expemplum iusticiae or Political Allegory?«, in: Foundation for Dutch Art-Historical Publications (Hg.), Simiolus. Netherlands Quarterly for the History of Art, Bd. 18, H. 3, Amsterdam: Nederlandse Universiteitspers u.a., S. 116–133.
Von Bodenhausen, Eberhard (1905): Gerard David und seine Schule, München: Bruckmann.
Walch, Johann Georg (Hg.) (1726), Philosophisches Lexicon, Leipzig: Gleditsch, S.2733.
Wettlaufer, Jörg (2006): »Zwischen Konflikt und Symbiose. Überregionale Aspekte der spannungsreichen Beziehung zwischen Fürstenhof und

Stadt im späten Mittelalter und in der Frühen Neuzeit«, in: Werner Paravicini/Jörg Wettlaufer (Hg.), Der Hof und die Stadt. Konfrontation, Koexistenz und Integration im Spätmittelalter und der Frühen Neuzeit, Ostfildern: Thorbecke, S.19-33.

Abbildungsverzeichnis

Abb. 1: Gerard David, Das Urteil des Kambyses, 1498, Öl auf Tafel, 182,3 x 318,6cm, Brugge, Groeninge Museum. Public Domain. Online unter: https://collectie.museabrugge.be/en/collection/work/id/0000_GRO0040_I-0041_I (letzter Zugriff: 14.05.2024).

Objekt, virtuelles

Herausgeber:innen

Was ein virtuelles Objekt *ist*, ist eine der verbindenden Fragen am SFB 1567 *Virtuelle Lebenswelten*. Auf dem Weg zu einer Antwort untersuchen wir unter anderem Avatare (→ Anerkennung, virtuelle), Hände (→ Bodies, playing), Fotos (→ Foto, virtuelles), Inseln (→ Insel, virtuelle), eine Zip-Datei (→ King Uthal.zip), eine Kiste (→ Klappkiste) sowie Brotkrumen (→ Spuren, virtuelle).

Proteine

Jens Fehrenbacher

Sie sind *Bausteine des Lebens*, und virtuelle Objekte in mehrfacher Hinsicht (→ Objekt, virtuelles). Als mikroskopische Moleküle, die sich dem menschlichen Blick ohne Vergrößerungstechnik entziehen, bedürfen Proteine der Virtualisierung in Form einer Umwandlung in rezipierbaren Darstellungsformen, um überhaupt Gegenstand eines menschlichen Diskurses werden zu können (→ Hypervisor). Da die Zusammensetzungen von Proteinen so komplex sind, dass sie mit durchaus mehr als hundert beteiligten Aminosäuren kaum mit einem einzeiligen Symbolsystem beschreibbar sind, haben die Naturwissenschaften unterschiedliche Darstellungsformen entworfen: von vereinfachten, zweidimensionalen Strukturformeln, bis hin zu 3D-Renderings, die die räumliche Gestalt der Proteine darzustellen versuchen. Nicht zuletzt lassen sie sich hinsichtlich ihrer Wirksamkeit beschreiben, ihrer konkreten Rollen, die sie in Körpern spielen: etwa als Antikörper, als Hormon oder Sauerstofftransporter.

Abb. 1: Strukturformel des Häm b, Teil des Proteins Hämaglobin, das Sauerstoff im Blut transportiert

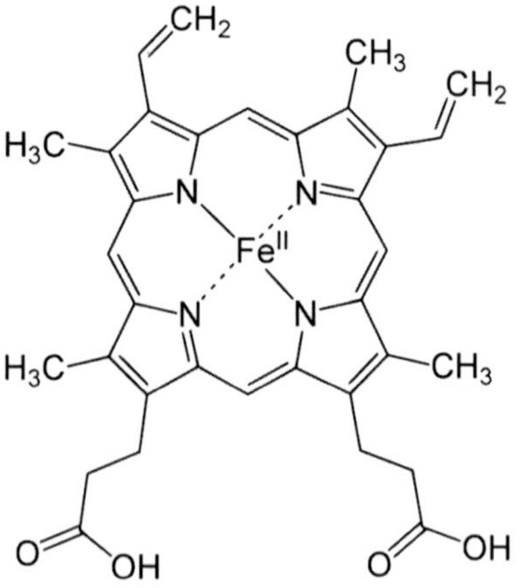

In aktueller Forschung treten nun die provisorischen Darstellungsweisen und potenzielle Wirksamkeiten in ein Wechselspiel. Mit deep-learning Modellen, die mit bereits erforschten Protein-Datensätzen trainiert wurden, lassen sich noch nicht erforschte und sogar noch nicht existierende Proteine in ihrer räumlichen Ausdehnung in einem computergenerierten, virtuellen Raum simulieren (vgl. Abramson et al. 2024) (→ Daten, → Virtualität). Dabei ist die Faltung der Moleküle von entscheidender Bedeutung dafür, welche Reaktionen mit anderen Molekülen erwartbar sind, was sich auch in der Benennung entsprechender Software, etwa als *Alphafold*, niederschlägt (vgl. ebd.). Durch ein Experiment mit spekulativen Protein-Wirksamkeiten, so die Hoffnung, lassen sich etwa Medikamente im virtuellen Raum, *in virtuo*, testen, um bereits vor dem Versuch im Reagenzglas (*in vitro*) oder an lebenden Organismen (*in vivo*) geeignete Substanzen für spezifische Anwendungsfälle zu qualifizieren (vgl. Desmeulles et al. 2006). Die Zeitung *Die Zeit* titelte: »Endlich eine KI, die wirklich hilft« (Erdemann/Schumann/von Lindern 2024). Voreilig? Aus Sicht der beteiligten Konzerne in jedem Fall eine willkommene Ausrufung unzweifelhaften Fortschritts in unsicheren Zeiten (→ Großinvestition).

Abb. 2: 3D-Modell des Proteins Myoglobin

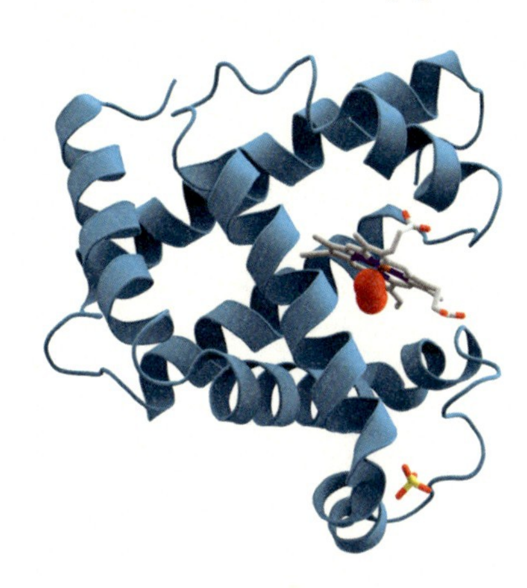

Die Wirksamkeit von Proteinen eines Körpers für einen anderen Körper lässt sich wiederum anhand weit simplerer Darstellungen bezeichnen: etwa als Nährstofftabelle, die den Proteingehalt beim Verzehr beziffert (→ Bete, rote, → Lebenswelt).

Literatur

Abramson, Josh/Adler, Jonas/Dunger, Jack et al. (2024): »Accurate structure prediction of biomolecular interactions with AlphaFold 3«, in: Nature. Online unter: https://www.nature.com/articles/s41586-024-07487-w?fromPaywallRec=false (letzter Zugriff: 16.05.2024).

Desmeulles, Gireg/Querrec, Gabriel/Redou, Pascal et al. (2006): »The virtual reality applied to biology understanding: The in virtuo experimentation«, in: Expert Systems with Applications 30 (1), S. 82–92.

Erdemann, Elena/Schumann, Florian/von Lindern, Jakob (2024): »Alphafold: Endlich eine KI, die wirklich hilft.«, in: Zeit Online vom 10.5.2024. Online unter: https://www.zeit.de/digital/2

024-05/alphafold-google-kuenstliche-intelligenz-molekuele-dna (letzter Zugriff: 16.05.2024).

Abbildungsverzeichnis

Abb. 1: Strukturformel des Häm *b*. Online unter: https://de.wikipedia.org/wiki/Hämoglobin#/media/Datei:Heme_b.svg (letzter Zugriff: 16.05.2024).

Abb. 2: Myoglobin 3D structure. Online unter: https://de.wikipedia.org/wiki/Protein#/media/Datei:Myoglobin.png (letzter Zugriff: 16.05.2024).

Qualitäten

Jane Lia Jürgens, Stefan Laser

Um eine Qualitätssicherung zu gewährleisten, müssen *Gütekriterien* erfüllt sein. So legt es die Methodenlehre nahe, so scheint es die Wissenschaft(spolitik) einzufordern, so läuft alles zusammen. *Objektivität*, *Reliabilität*, *Repräsentativität*, *Validität* und *Transparenz* lauten Stichworte, die Horden an Studierenden erinnern und prägen. *Back to qualitative research.* Hinsichtlich der Konzepte und Vorschläge rund um die Gütekriterien qualitativer Forschung besteht jedoch Uneinigkeit: Es lassen sich Unterschiede und Differenzierungen darin beobachten, wie Qualitätskriterien von der quantitativen Forschung abgegrenzt werden und wie sich Forschende an diesen Kriterien orientieren. Um Güte wird gerungen. Diskussionen werden angestoßen und vorangetrieben, Forscher:innen erproben und praktizieren Kriterien je nach Forschungsansatz (→ Situationsanalyse, situierte, → Hypervisor, → Text, plain, → Zeit, virtuelle, → Bete, rote, → Folienstift), mit Qualitäten wie *Gegenstandsangemessenheit*, *empirischer Sättigung*, *theoretischer Durchdringung*, *textueller Performanz* und *Originalität* (vgl. Strübing et al. 2018) oder Big Tent-Kriterien (*worthy topic*, *rich rigor*, *sincerity*, *credibility*, *resonance*, *significant contribution*, *ethics*, and *meaningful coherence*) (vgl. Flick 2014). »Qualitativ zu forschen bedeutet oftmals einen nicht-linearen, zyklisch-iterativen Prozess zu durchlaufen« (Stegkemper et al. 2018: 1). Sich und die Forschung zu hinterfragen und anzupassen, prägt auch die interdisziplinäre Beforschung der Virtualität, die medial, historisch und theoretisch sowie empirisch Möglichkeiten, Grenzen und Unbestimmtheiten abklopft. Eine Aktualisierung der Qualität zur Güte. Aktualisierung und Potenzialisierung als Güte (→ Virtualität)?

Literatur

Flick, Uwe (2014): »Gütekriterien qualitativer Sozialforschung«, in: Nina Baur/Jörg Blasius (Hg.), Handbuch Methoden der empirischen Sozialforschung, Wiesbaden: Springer Fachmedien, S. 411–423.

Stegkemper, Jan Markus/Grunau, Thomas/Rupp, Claudia/Huchler, Martin (2018): »Die Verschriftlichung qualitativer Forschung zwischen Verschleierung und Selbstdarstellung«. Überlegungen zu einem Grundproblem qualitativer Sozialforschung. Online unter: https://www.pedocs.de/volltexte/2018/15954/pdf/Stegkemper_et_al_2018_Die_Verschriftlichung_qualitativer_Forschung.pdf (letzter Zugriff: 16.05.2024).

Strübing, Jörg/Hirschauer, Stefan/Ayaß, Ruth/Krähnke, Uwe/Scheffer, Thomas (2018): »Gütekriterien qualitativer Sozialforschung. Ein Diskussionsanstoß«, in: Zeitschrift für Soziologie 47(2), S. 83–100.

Reality, augmented

Herausgeber:innen

Ebenso wie der Begriff der → Virtual Reality zeugt die Rede von Augmented Reality (AR) von der problematischen Vorstellung einer soliden, nicht-virtuellen Realität, die hier mit virtuellen Elementen überlagert oder erweitert wird. Jenseits geisteswissenschaftlicher Diskussionen ist das Wording rund um diese Formate Teil eines Aushandlungsprozesses kommerzieller Anbieter um Alleinstellung und Deutungshoheit, in dem Begriffe wie *Virtual Reality*, *Augmented Reality*, *Mixed Reality*, *Extended Reality* und neuerdings *Spatial Computing* häufig unscharf verwendet werden und primär Marketinginteressen dienen (→ Großinvestition).

Derzeit (und das kann sich ändern), bezeichnet Augmented Reality Formate, die auf Smartphones oder Tablets virtuelle Objekte in das Bild der abgefilmten Umgebung einfügen. Das aufwendige Tracking, durch das User-Bewegungen senso-algorithmisch erfasst werden, damit virtuelle Objekte so animiert werden, dass es scheint, als wären sie Teil dieser Umgebung, fällt wenig auf (→ Spuren, virtuelle). Häufig genutzt wird AR als Werbe-Gadget, sei es für die Anzeige von virtuellen Möbeln im eigenen Wohnzimmer oder als virtueller Grillkäse, der per QR-Code aus der Verpackung hervorgezaubert wird, oder auch in der Archiv- oder Erinnerungsarbeit (→ Archive, virtuelle, → Denkmal, virtuelles).

Reality, virtual

Herausgeber:innen

Virtual Reality (VR) ist nicht was sie scheint und begegnet uns als Immersion (→ Emersion), koloniale Aneignung (→ Foto, virtuelles), institutionelles Experiment (→ Xtended Room), Download (→ King Uthal.zip) und Reise in die Vergangenheit (→ Zeit, virtuelle). Sie ermöglicht eine Erfahrung (→ Experience).

Roboterliebe

Katja Grashöfer

Lovot ist ein ca. 43 cm großer und etwa 4,3 kg schwerer Roboter, dessen äußere Gestalt einem Pinguin ähnelt. Die Produktbezeichnung *Lovot* ist ein Kofferwort aus ›love‹ und ›robot‹. Der zentrale Werbeslogan lautet: »LOVOT was born for just one reason – to be loved by you.«[1] Der Roboter wird seit Dezember 2018 vom japanischen Unternehmen *Groove X* angeboten und verzeichnete in Japan während der Covid-Pandemie eine erfolgreiche Markteinführung.

1 S. https://lovot.life/en/ (letzter Zugriff: 10.05.2024).

Abb. 1: Lovot auf der Japan Mobility Show 2023 (Foto von Wikipedia-User RuinDig)

Lovot verfügt über eine Technikeinheit auf dem ›Kopf‹, im Firmenjargon als ›Sensorhorn‹ bezeichnet. Das Interface ist mit beweglichen Augen und Nase in Rundformen ausgearbeitet. Der ebenfalls rundlich gestaltete Körper ist mit Stoff überzogen und kann Wärme abgeben; zwei bewegliche Flügel liegen mal seitlich an, sind mal leicht abgespreizt, mal weit gehoben. Der Roboter bewegt sich mithilfe von Rädern. Es gibt eine passende Ladestation (›nest‹ genannt), eine App und einen Online-Fashion-Store, in dem für den Roboter diverse Outfits und Accessoires käuflich zu erwerben sind, sodass er – ähnlich einer Puppe – von potentiellen Käufer:innen mit Hemden, Halstüchern, Mützen, Brillen usw. eingekleidet werden kann.[2]

Der als zu liebendes Objekt erdachte und danach entworfene Roboter bietet basale Kontakt- und Interaktionsmöglichkeiten als Nutzungsvarianten an: Er folgt einer Person, fährt mit seinem Radantrieb an sie heran, hebt den Blick und gleichzeitig die Flügel, macht durch Laute auf sich aufmerksam. Ein Streicheln lässt ihn mit wohligen Lauten und freudigem Blick reagieren, ein Kitzeln lässt ihn lachen. Wendet sich ein:e Nutzer:in ab, simuliert der Roboter enttäuschten Rückzug (→ Anerkennung, virtuelle). Zur Schaffung der intendierten Interaktionsangebote tragen eine ganze Reihe technischer Komponenten bei. Dazu zählen 360°-Kameras, Mikrofone, Temperatur-, Bewegungs- und Berührungssensoren usw. Auf Ebene der Software sollen Machine Learning Mechanismen dazu verhelfen, dass der Roboter nutzer:innenspezifische Interaktionsmuster erkennt und bevorzugt anbietet (→ Daten). Die seitens der Entwickler:innen getroffenen Designentscheidungen zielen auf die Affizierbarkeit eines menschlichen Gegenübers: »When you look at LOVOTs, they will look back to you. Even the eye movements, speed of blinking, and wideness of the pupils were purposefully designed.«[3] Im Zentrum des Marketings steht ein affektives Angebot. Das technische Artefakt wird als Interaktionspartner:in produziert und narrativ zum Gegenüber eines Beziehungsgefüges erhoben (»will react to your moods«, »will warm your heart«, s. Fn. 1). *Lovot*-Nutzer:innen wird versprochen, dass emotionale Bedürfnisse auf Resonanz treffen und beantwortet werden. Zuneigung wird zur technischen Performance. Einzig: Nach ca. 45 Minuten muss *Lovot* zurück an die Ladestation. Energie tanken.

2 S. https://store.lovot.life/items/lovotitems (letzter Zugriff: 10.05.2024). Oliver Bendel analysiert diese und ähnliche Praktiken unter dem Begriff des ›Robot Enhancement‹ als Formen der Erweiterung robotischer Akteur:innen durch ihre Nutzer:innen (vgl. Bendel 2023: 274–275).

3 S. https://lovot.life/en/technology/ (letzter Zugriff: 10.05.2024).

Interaktionsintensive und interaktionsdezente Human-Robot-Interaction

Robotisch substituierte Affektgeschehen sind technisch arrangiert. Simulationen von Kontakt und Interaktion zwischen robotischen und humanen Akteur:innen bilden einen Attraktivitätsmarker im Verkaufsgeschäft der Tech-Industrie. Es wird viel dafür getan, Roboter als liebenswert darzustellen. Die interaktionsbefähigte Maschine hat – je nach Modell mehr oder weniger vielseitige – prädisponierte Formen des Miteinanders im Angebot. Sie zeigt sich in diversen Hüllen, wobei tier- und menschenähnlich gestaltete Verkörperungen häufig sind. So reagiert der einer Robbe nachempfundene *Paro* mit Bewegungen und Lauten auf Streicheleinheiten; er wird als Therapiemittel zur sogenannten ›Aktivierung‹ vor allem bei Senior:innen zum Einsatz gebracht. *Pepper*, ein humanoider Roboter, neigt im Frage-Antwort-Spiel mit freundlichem Augenaufschlag den Kopf; er findet sich als Serviceroboter in Hotels und Kaufhäusern, wird zudem in Bildungs- und Therapiekontexten verwendet. Dem industriell eingesetzten Roboter *Sawyer*, einem Greifarm, wird mittels zusätzlich montiertem Tablet ein Gesicht verliehen, um Interaktionen zu motivieren.

Die genannten Beispiele gehören – ebenso wie *Lovot* – zu einer bestimmten Gruppe von Robotern, deren Zweck maßgeblich durch die Schaffung affektiv engagierter Interaktionsangebote mit Menschen bestimmt ist. Häufig werden solche Roboter als ›soziale Roboter‹, ›companions‹ (Begleiter) oder ›Cobots‹ (kollaborative Roboter) bezeichnet. Doch die mit dieser Nomenklatur aufgerufene Differenz zwischen ›sozialen‹ und ›funktionalen‹ Robotern[4] ist nur schwerlich trennscharf zu stellen, weil damit implizierte Funktionalitäten parallel zur Anwendung kommen können. Stattdessen wird hier eine Beschreibung vorschlagen, die *interaktionsintensive und interaktionsdezente Formen der Human-Robot-Interaction (HRI)* benennt.

Zu den interaktionsdezenten HRI-Formen zählen spezialisierte Einsatzzwecke robotischer Akteur:innen mit minimierten Handlungsoptionen für die Nutzer:innen. Ein Saugroboter wird in der Regel mit einem wenig interaktionsorientierten Portfolio produziert. Er ähnelt in seiner Bedienbarkeit (häufig auch per App) mit Ein-/Ausschalter, Schmutzbehältnis und Stromzufuhr einem herkömmlichen Staubsauger. Hier darf die Interaktion so dezent wie möglich verlaufen. Zweck des Robotereinsatzes ist es, eine Routineaufgabe zu erledigen. Menschliche Akteur:innen sind bei der Aufgabe ›Bodenreinigung‹ so wenig wie möglich involviert. Demgegenüber sind interaktionsintensive HRI-Varianten darauf ausgelegt, Handlungszusammenhänge zwischen humanen und robotischen Akteuer:innen zu motivieren, in deren Kontext der Faktor ›Affizierbarkeit‹ programmatisch codiert, technisch umgesetzt und handlungsorientiert etabliert werden soll. ›Affective

4 Andreas Bischof arbeitet den Diskurs um ›soziale Roboter‹ in seiner Publikation »Soziale Maschinen bauen. Epistemische Praktiken der Sozialrobotik« (2017) auf (vgl. insbesondere Kapitel 1 und 4).

Engagements‹[5] sind ein Merkmal interaktionsintensiver HRI-Muster.

Maßgeblich für die Zuordnung interaktionsintensiver bzw. interaktionsdezenter Formen der HRI ist das Level an Involviertheit in der Interaktion mit dem:der robotischen Akteur:in.[6] Dabei geht es weniger um die technische Komplexität einer Anwendung. Diese kann bei interaktionsdezenten HRI-Formen höher sein als bei interaktionsintensiven. (Eine Flasche Wasser von einem Roboter aus einem Kühlschrank holen zu lassen, ist bspw. technisch wesentlich komplexer als Roboteraugen blinzeln zu lassen.) Entscheidend ist vielmehr, welches Level an Involviertheit in der Mensch-Roboter-Relation etabliert wird, um Interaktionen zu motivieren.[7]

Dabei scheint der Erfolg interaktionsintensiver Roboter weniger auf deren Avanciertheit als auf möglichst störungsfreien Interaktionen zu basieren. Immer da, wo Interaktionen nicht wie geplant funktionieren, kommt es zu Unterbrechungen im vorgesehenen Handlungsverlauf. Das Spiel kommt an seine Grenzen, der Roboter wird vom imaginierten ›companion‹ zum fehleranfälligen Gerät, die Interaktion zerfällt in ihre technischen Voraussetzungen (→ Emersion).

Roboter als ›Gemeinschaftsding‹

Was der Philosoph und Technikkritiker Günther Anders im zweiten Band seines Hauptwerkes »Die Antiquiertheit des Menschen« (1980) unter der Zwischenüberschrift »Monokratischer Endzustand« über Maschinen bemerkt, verfängt – ohne dass damit zugleich sein dystopischer Ton übernommen werden soll – auch heute: Roboter funktionieren nicht als Einzelapparate. Sie sind Teil einer Umwelt, in die sie platziert werden. Sie unterliegen ökonomischen, technischen, politischen, sozialen und infrastrukturellen Bedingungen, die dieses Feld präfigurieren und sind Teil einer Umgebung aus technischen wie humanen Akteur:innen. Anders schreibt:

5 Die Begrifflichkeit ›Affective Engagements‹ stammt aus der gemeinsamen Forschung im Teilprojekt D04 *Virtuelle Affekte. Geschichte, Techniken, Darstellungspolitiken* (Anna Tuschling, Katja Grashöfer, Robert Dörre, Philipp Künzel) des SFB 1567 (→1567). Sie war titelgebend für den ersten gemeinsamen Workshop »Affective Engagements with Robot Partners« (2023).

6 Britta Neitzel arbeitet am Beispiel von Games mit dem ähnlich gelagerten Begriff des ›Involvement‹ (vgl. Neitzel 2018). Für diesen Hinweis danke ich Philipp Künzel.

7 Die Einordnung von interaktionsintensiver und interaktionsdezenter HRI ist je nach Nutzer:innenperspektive fluide. Am Beispiel des Einsatzes von *Paro* in der Arbeit mir Senior:innen sowie am Umgang mit *Lovot* wird dies augenfällig. Der Betonung eines therapeutisch bzw. emotional förderlichen Anwendungsportfolios stehen Befürchtungen entgegen, der Einsatz der Roboter könne einer Reduzierung zwischenmenschlicher Kontakte Vorschub leisten. Jenseits einer häufig normativ geprägten Debatte um Ersetzungsszenarien lässt sich hier feststellen: Während die erstgenannte Perspektive in der robotischen Nutzung eine interaktionsintensive HRI sieht (Aktivierung als Engagement bei Senior:innen), ordnet die zweitgenannte Perspektive den Roboter als interaktionsdezentes Instrument ein: einmal eingeschaltet, erledigt er den Kontakt (Reduktion von Engagement durch Bezugspersonen). Dass das wiederum aus vielerlei Gründen – Komplexität der Installierung eines Roboters im therapeutischen Kontext, dauerhafte technische Pflege – nicht so einfach zu sagen ist und Roboter ggf. auch zusätzliches Personal binden können, zeigen Erfahrungen und Untersuchungen im Feld (vgl. Wright 2023).

»Wenn es eine ›Soziologie der Dinge‹ gäbe, dann würde deren Axiom lauten: ›*Es gibt keine Einzelapparate*‹. Vielmehr ist jedes ein ›zoon politikon‹; und außerhalb seiner ›Gesellschaft‹, als bloßes Robinson-Ding, bliebe jedes untauglich. Das Wort ›Gesellschaft‹ bezeichnet dabei aber nicht etwa nur seinesgleichen, nicht nur die Millionen von gleichzeitig funktionierenden Geräten oder deren Summe, sondern ein dem Apparat morphologisch entgegenkommendes Korrelat, eine ihn einbettende, nährende, reinigende, aus Rohstoffen, Produzenten, Konsumenten, Geschwisterapparaten, Abfallkanalisationen bestehende Behausung – kurz: eine *Umwelt*. Und da das perfekte Funktonieren [sic!] des individuellen Apparates allein dann gewährleistet wäre, wenn dessen ›Umwelt‹ ebenso tadellos funktionieren würde wie er selbst, ist diese ›Umwelt‹ selbst als Apparat vorgestellt [Herv. i.O.]« (Anders 2018 [1980]: 127).

Mensch-Roboter-Interaktionen sind in bestehende Kontexte eingebettet. Um mit Anders zu sprechen: Es gibt keinen ›Einzelroboter‹. Roboter sind bedingte Artefakte. Die argumentative Volte, die Anders hier schlägt, liegt insbesondere in seinem Hinweis darauf, dass die Umwelt selbst als Apparat gedacht werden müsse. Armin Beverungen hat unter Rückgriff auf Jesse LeCavalier diesen Gedanken in der Praxis nachgewiesen und gezeigt, wie Arbeiter:innen in der Logistik des Online-Händlers Amazon zum Teil einer Umgebung werden, in der Produktionsabläufe an optimalen Arbeitsbedingungen für Roboter, Scanner und Barcodes ausgerichtet werden (vgl. Beverungen 2021: 190ff.). Die Umwelt wird zum apparativen Gegenüber des Apparates, inklusive aller ihrer Komponenten, zu denen auch menschliche Akteur:innen zählen. Optimierte Geräte funktionieren in optimierten Umgebungen am besten. Auf der anderen Seite zeigen Diskussionen um die Fehleranfälligkeit automatisierter Prozesse – etwa bei Debatten zum autonomen Fahren (vgl. Zindel 2021, Matzner 2021) (→ Behinderung, virtuelle) – oder auch schlicht die Notwendigkeit, Roboter wie *Pepper* in neuen räumlichen Umgebungen neu zu kalibrieren, wie schwierig ein solches Unterfangen ist. Die Maschine bzw. der Roboter als »zoon politikon« ist ein ›Gemeinschaftsding‹. Er existiert in einem geteilten Raum, unterliegt Normierungen und Anpassungsprozessen. Das gilt auch in Bezug auf technisch induzierte ›affective engagements‹ als Varianten der Human-Robot-Interaction. Ein Zusammentreffen mit *Lovot* ist weniger eine Begegnung als eine → entgegnung.

Literatur

Anders, Günther (2018 [1980]): Die Antiquiertheit des Menschen. Band II: Über die Zerstörung des Lebens im Zeitalter der dritten industriellen Revolution. 4. Aufl., München: C. H. Beck.

Bendel, Oliver (2023): »Möglichkeiten und Herausforderungen des Robot Enhancement«, in: Orsolya Friedrich/Johanna Seifert/Sebastian Schleidgen (Hg.): Mensch-Maschine-Interaktion. Konzeptionelle, soziale und ethische Implikationen neuer Mensch-Technik-Verhältnisse, Paderborn: Brill mentis, S. 267–283.

Beverungen, Armin (2021): »The Invisualities of Capture in Amazon's Logistical Operations«, in: Digital Culture & Society 7(2), S. 185–202.

Bischof, Andreas (2017): Soziale Maschinen bauen. Epistemische Praktiken der Sozialrobotik, Bielefeld: transcript.

Matzner, Tobias (2021): »Die Fußgänger:innen der autonomen Kraftfahrzeuge. Eine informatische Dispositivanalyse«, in: Sprenger, Autonome Autos. Medien- und kulturwissenschaftliche Perspektiven auf die Zukunft der Mobilität, S. 229–256.

Neitzel, Britta (2018): Involvement, in: Benjamin Beil/Thomas Hensel/Andreas Rauscher (Hg.): Game Studies. Film, Fernsehen, Neue Medien. Wiesbaden: Springer VS, 219–234.

Sprenger, Florian (Hg.) (2021): Autonome Autos. Medien- und kulturwissenschaftliche Perspektiven auf die Zukunft der Mobilität, Bielefeld: transcript.

Wright, James (2023): »Inside Japan's long experiment in automating elder care«, MIT Technology Review. Online unter: https://www.technologyreview.com/2023/01/09/1065135/japan-automating-eldercare-robots/ (letzter Zugriff: 16.05.2024).

Zindel, Hannah (2021): »Simulierte Unfälle. Testfahrten autonomer Autos«, in: Sprenger, Autonome Autos. Medien- und kulturwissenschaftliche Perspektiven auf die Zukunft der Mobilität, S. 211–228.

Abbildungsverzeichnis

Abb. 1: Lovot auf der Japan Mobility Show 2023, Foto von Wikipedia-User RuinDig – Own work, CC BY 4.0. Online unter: https://commons.wikimedia.org/w/index.php?curid=147095812 (letzter Zugriff: 16.05.2024).

Situationsanalyse, situierte

Kristin Flugel, Jane Lia Jürgens, Kira Lewandowski

In welcher Situation befinden wir uns als Universitäts- und Projektangestellte, als Forschende, als Doktorand:innen (Docs) und Postdoktorand:innen (Postdocs), als Kolleg:innen, als Autor:innen, als konstitutive Bestandteile des Early Career Forums (ECF), das am SFB 1567 an der Ruhr-Universität Bochum (RUB) ›virtuelle Lebenswelten‹ zu erforschen sucht (→ 1567, → Early Career Forum, → Universität Bochum, Ruhr-)? *Wir befinden uns in einer sich immer wieder aktualisierenden (Selbst-)Beobachtungssituation.* Alltagssprachlich wird als Situation die Summe der Umstände verstanden, die momentan das Handeln einer Person rahmen. Der Begriff bezeichnet also die allgemeine Lage, in der sich eine oder mehrere Personen gegenwärtig befinden. Unsere (Selbst-)Beobachtungssituation geht in einem solchen Verständnis nicht auf. Beobachten wir als ECF unsere Situation, heißt das, wir beobachten unsere Forschungsgegenstände, wir beobachten uns selbst dabei, wie wir unsere Forschungsgegenstände beobachten, und wir beobachten uns gegen- und wechselseitig dabei, wie wir unsere Forschungsgegenstände und die Beobachtung unserer Forschungsgegenstände beobachten (→ Lab of Unfinished Thoughts). Darüber hinaus beobachten wir reziprok unser gemeinsames Denken, Organisieren, Verwalten und Zusammenarbeiten. Und wir versuchen, über all das ins Gespräch zu kommen und uns einander über disziplinäre Grenzen der Wissenschaft hinweg verständlich zu machen. Wir analysieren im Arbeitsalltag manches Mal beiläufig, manches Mal geplant unsere komplexe Situation mit den zu ihr gehörenden Objekten, belebten und unbelebten Dingen, Technologien und analogen wie digitalen Medien. Dabei treibt uns beständig die Frage um, welchen Stellenwert (die Rede von) → Virtualität für unsere Situation und in unserer Situation einnimmt, wenn *das Virtuelle* mutmaßlich »längst Teil unseres Alltags geworden«[1] und trotzdem so schwer dingfest zu machen ist. So werden wir uns unserer (Arbeits-)Situation *im* ECF immer wieder (neu und anders) gewahr, d.h. innerhalb der institutionellen Umstände des SFB, die unsere Handlungsmöglichkeiten konstituieren, aber auch unserer Situation *als* ECF, d.h. als raum-zeitlich begrenzter, durch uns gestaltbarer Beziehungs- und Interaktionszusammenhang.

Wir können festhalten: Die Antwort auf die Frage, in welcher Situation wir uns befinden, ist abhängig von unserer Situationsdeutung. Wir sind als individuelle Akteur:innen im ECF verortet, als ECF im SFB, als SFB an der RUB usw. Was *genau* wir als unsere Situation definieren, ist abhängig von unserer je situierten Interpretation unserer Lage (→ Situierung). Wir, die Autorinnen dieses Artikels, unternehmen hier als qualitativ-empirisch arbeitende Doktorandinnen aus der Erziehungswissenschaft den Versuch, die Situation des ECF methodisch angeleitet als (Selbst-)Beobachtungssituation zu fassen. Wir erhoffen uns, auf diese Weise zur Aufschlüsselung der Situiertheit dieses Lexikons beizutragen, das nicht nur von den einzelnen Beitragenden geschrieben wurde, sondern gleichermaßen Produkt des ECF als Format, als kollektiver Arbeitszusammenhang ist. Neben der Frage, auf welchen Ebenen virtuelle Phänomene und Virtualität als Phänomen das ECF umtreiben, beschäftigt uns die Frage, welche Zusammenhänge, die für das ECF wesentlich sind, im Arbeitsalltag häufig im Verborgenen oder Impliziten bleiben. Bestenfalls erfahren wir Neues über das Zusammenspiel von und Machtverhältnisse zwischen Akteur:innen, um deren Existenz wir abstrakt zwar bereits wissen, die wir aber explizieren müssen, um sie bearbeitbar machen zu können. Zugleich bietet unsere situierte Analyse der Situation des ECF *eine* Form der Dokumentation des status quo nach dem ersten Förderjahr des SFB.

Wie können wir unsere Situation methodisch angeleitet beobachten? Mit der Situationsanalyse nach A. Clarke.

Wie können wir unsere Situation methodisch angeleitet beobachten, um mehr über sie als eine (Selbst-)Beobachtungssituation herauszufinden und sie zugleich noch mehr zu einer solchen zu machen und auf diese Weise Neues über uns zu erfahren? Einen Ansatz mit einer »machtkritischen und emanzipatorischen Agenda« (Offenberger 2019a), der Analysen dessen erlaubt, »was nicht gesagt wird oder nicht sagbar ist, weil die Bedingungen der Möglichkeit dazu nicht gegeben sind« (ebd.), bietet die von Adele Clarke (2012) entwickelte *Situationsanalyse*. Als »a method used in the analysis of qualitative data in interpretive projects« (Clarke/Washburn/Friese 2022: 5) hat Clarke diese in Auseinandersetzung mit der klassischen *Grounded Theory Methodologie (GTM)* (vgl. Strauss 1998; Strauss/Corbin 1996)

1 So heißt es auf der Startseite der SFB-Homepage. Online unter: https://www.virtuelle-lebenswelten.de/ (letzter Zugriff: 01.04.2024).

ausgearbeitet, insbesondere als Weiterentwicklung der Arbeiten von Anselm Strauss. Die Situationsanalyse versteht sich dabei »als Grounded Theory nach dem postmodern turn bzw. der interpretativen Wende« (Offenberger 2019b) und wurde in jüngster Zeit von Clarke insbesondere in Zusammenarbeit mit Carrie Friese und Rachel Washburn weiterentwickelt und in ihrer Anwendung vielfach erprobt (vgl. z.B. Clarke/Washburn/Friese 2022).

Als komplexes »Theorie-Methoden-Paket« (ebd.), das im forschungspraktischen Vorgehen die Anwendung »verschiedene[r] Kartierungsstrategien« (Offenberger 2019a) beinhaltet, sogenannter *Mapping-Verfahren* (s. Abschnitt 5), verspricht die Situationsanalyse, »empirische Befunde über Macht als Effekt von Praktiken des Organisierens in und durch soziale(n) Welten und Arenen zu erarbeiten, und [...] damit auch soziale Ungleichheitsdynamiken zum Gegenstand von Theoriebildung zu machen« (ebd.). Clarkes Zugang zur Darstellung und Analyse qualitativer Daten bindet dabei verschiedene theoretische Perspektiven ein, so etwa Elemente »der feministischen Theoriebildung, des Poststrukturalismus und der Diskurstheorien« (Keller 2023: 68). In der Forschungspraxis basiert die Situationsanalyse

> »auf Interviews, ethnographischem, historischem, visuellen und/oder anderem diskursiven Datenmaterial [...] und kann in einem breiten Spektrum von Forschungsprojekten verwendet werden. [Die Situationsanalyse; K.F./J.J./K.L.] ermöglicht es Forscherinnen, die Untersuchung von Diskursen und Handlungsfähigkeit, Handlung und Struktur, Bildern, Texten und Kontexten, Vergangenheit und Gegenwart zu verknüpfen – und hochkomplexe Forschungssituationen zu analysieren« (Clarke 2012: 23f.).

Ziel ist es, auf diese Weise »die Darstellung von Verschiedenheit(en) und Komplexitäten aller Art zu verbessern – vor allem in Bezug auf Unterschiede in der Praxis und eben nicht abstrahierte Unterschiede« (ebd.: 75). Die Mapping-Verfahren »zielen darauf, das zu explorieren, was der Analyse ansonsten entgeht« (Keller 2023: 69). Am Ende der Analyse steht die »Konstruktion von Prozessen, sensibilisierenden Konzepten [...] und Theoretisierungen« (Clarke 2012: 76), und eben nicht mehr bloß die Analyse von »Interaktionsprozesse[n] in Organisationen« (Keller 2023: 69), wie sie die *GTM* nahelegt. Dass eine solche Analyse hochkomplexer Forschungssituationen ihrerseits komplex und oftmals unübersichtlich und zudem nur mit einigem Aufwand und viel Zeit zu bewerkstelligen ist, sei hier zumindest erwähnt. Für uns ist es dennoch einen Versuch wert, um dem »Wirken der Macht« (Clarke 2012: 71) »in allen Arten von sozialen Praktiken und Diskursen« (ebd.) auf die Spur zu kommen und beispielsweise Asymmetrien adressierbar zu machen. Bestenfalls trägt eine Situationsanalyse so dazu bei, dass bestimmte Fragen – die in unserem Fall das ECF betreffen – sich überhaupt erst herauskristallisieren und gestellt werden (müssen), sodass sie anschließend forschend weiter bearbeitet werden können.

Was wird in der Situationsanalyse als *Situation* gefasst? *Situation* ist ein dehnbares Konzept.

Was wird in der Situationsanalyse als *Situation* gefasst, wie bestimmt Clarke diesen Begriff? *Situation* ist für Clarke und innerhalb der Situationsanalyse ein weiter Begriff. Sie geht davon aus, dass es keinen ›Kontext‹ gibt, sondern dass alle Bedingungen einer Situation *in* der Situation enthalten sind (vgl. Clarke 2012: 112). »Die bedingten Elemente der Situation müssen in der Analyse der Situation selbst spezifiziert werden, da sie *für diese konstitutiv sind* und sie nicht etwa nur umgeben, umrahmen oder etwas zur Situation beitragen. Sie *sind* die Situation [Herv. i.O.]« (ebd.), so die Annahme. Clarke fragt mit der Situationsanalyse danach, wie diese Bedingungen innerhalb einer empirischen Situation auftauchen und es schaffen, als *folgenreich* empfunden zu werden (vgl. ebd.). Die Analyse der »Präsenz der Kontexte in der Situation« (Keller 2012: 69) – gemeint sind etwa »Diskurse, Akteurskonstruktionen, Streitpunkte, organisatorisch-institutionelle Elemente, Lokales und Globales, nicht-menschliche Elemente, menschliche Elemente« (ebd.) – kann mit Reiner Keller als *Bearbeitung der Komplexität von Wirkbeziehungen* verstanden werden, als Beobachtung und Analyse der »Komplexität der *Situiertheit von Situationen* [Herv. i.O.]« (ebd.) (s. Abschnitt 4).

In ihren früheren Schriften steht *Situation* für Clarke zunächst »für vier besondere wissenschaftliche Beiträge« (Clarke 2012: 65), denen sie »intellektuell außerordentlich zugetan« (ebd.) ist: 1. Den Arbeiten von William Thomas und Dorothy Swayne Thomas aus den 1920er Jahren entnimmt sie den Aspekt, »dass Situationen, die als wirklich definiert werden, in ihren Konsequenzen wirklich sind« (ebd.). 2. Den Überlegungen C. Wright Mills' zu *situiertem Handeln* aus dem Jahr 1940 entnimmt Clarke die Akzeptanz der »Begrenztheit der Analyse einer bestimmten Situation, anstatt zu versuchen, sie durch die Generierung einer formalen Theorie zu überwinden. Partiale Perspektiven sind hinreichend« (ebd.: 66). 3. Donna Haraways Ausführungen zu *situiertem Wissen* aus den späten 1980er Jahren entnimmt Clarke die Idee einer feministischen ›verkörperten Objektivität‹ und den Auftrag, »Verantwortung zu übernehmen« (ebd.) für die Möglichkeit der Eröffnung einer Einsicht in die »Beschaffenheit der Situation« (ebd.), in der (forschend) Wissen generiert wird. Aus der Einsicht in die Unmöglichkeit neutraler und universaler Wissensproduktion resultiert für Clarke die Erkenntnis, dass »Situationen [...] zum fundamentalen Untersuchungsgegenstand« (ebd.) werden. 4. Interaktionistischen Perspektiven entnimmt Clarke eine Aufmerksamkeit für die Bedeutung der *Gestaltung* von Situationen: »Eine Situation ist immer größer als die Summe ihrer Teile, da sie deren Relationalität in einem bestimmten zeitlichen und räumlichen Moment enthält.« (ebd.) Clarke meint, hier werde »der Situation an sich eine Art Handlungsmacht zugebilligt« (ebd.: 67). Zuletzt wurde die Definition des Situationsbegriffs von den Entwicklerinnen der Situationsanalyse eng mit den »Theoretical Foundations of Situational Analysis« (Clarke/Washburn/Friese 2022: 6) verbunden: Ausgangspunkt ist John Deweys (1938: 66) Bestimmung, dass eine »›situation‹ is *not* a single object or event [...] *but [...] [it] binds all constituents into a whole [and] it is also unique* [Herv. i.O.]«. Deweys Definitionsversuch wird eine Vielzahl weiterer Impulse zur Seite gestellt (vgl. Clarke/Washburn/Friese 2022: 6f.), die wir hier nicht ausfächern können. Keller (2023: 70) fasst für uns zusammen: Die *Situation* ist für Clarke »ein dehnbares Konzept.«

Was bedeutet ein solches Situationsverständnis für unseren Forschungsprozess? Er muss als *situiert* verstanden werden werden.

Welche Implikationen für unsere Haltung zu unserer Forschung und für die Forschungspraxis gehen damit einher? Keller (2023: 70) schlussfolgert aus dem bisher Zusammengetragenen: »*Situationsanalyse ist dann vor allem ein Projekt der reflexiven Gestaltung des Forschungsprozesses selbst*, der Konstruktion der Forschungssituation und der beforschten Situation[...]. Die Situation wird im Forschungsprozess hergestellt – *und der ist selbst als Situation begreifbar* [Herv. i.O.]«. Das heißt, vor dem Hintergrund einer zunächst noch *unbestimmten* Situation stellen Forschende Fragen und arbeiten heraus, was die Frage ist, die sie beschäftigt (vgl. ebd.: 77). So suchen und finden wir im ECF alle nach und nach Fragen, die wir in unseren Teilprojekten und Qualifikationsarbeiten beantworten möchten. ›Situationsanalytisch‹ reformuliert: Unsere »Forschung ist ein Prozess der *systematischen Erkundung, Erprobung und Veränderung von Situationsdefinitionen* [Herv. i.O.]« (ebd.: 79) und damit dem Zweifel zugewandt (vgl. ebd.) – auch und insbesondere bei (beständig [ver-]zweifelnden) Forschenden im Early Career-Stadium, die mit ihren Entscheidungen erst konstituieren, was genau sie beobachten möchten, und genau diese Entscheidungen immer wieder reflektieren, verteidigen und ggf. revidieren (müssen). So betrachtet impliziert auch dieser Text ein Engagement, denn er stellt eine Situation mit her: Er erkundet und verändert forschend das ECF und unsere Situation im ECF: Wir sind nun ECF-Mitglieder, die schon einmal über das ECF geschrieben und das Geschriebene veröffentlicht haben. Wir sprechen aus dem ECF heraus über das ECF und doch nicht *für* das ECF (→ Anfänge).

Keller (ebd.: 83) leitet aus Clarkes Situationsverständnis den Bedarf nach nicht nur einer Situations-, sondern auch einer »Situiertheitsanalyse« ab. Mit der Ablehnung der Vorstellung einer »natürlich gegebenen Situation« (ebd.) geht für ihn einher, dass die »Maxime der Situationsdefinition« (ebd.) auch für uns Forschende gilt. Das bedeutet auch:

»Im Prozess der Be-Forschung verändert sich die Situation permanent, nach Maßgabe von Analysestrategien, Resultaten und zufälligen Entdeckungen. D.h. der Begriff der Situation bezeichnet eine multidimensional konfigurierte und sich transformierende Konstellation von Elementen, deren *Zusammenhang als Situation wir als Forschende herstellen, verändern und zu begreifen versuchen* – entlang der Widerstände, die diese Elemente *uns* bieten, *und* den Teilnehmenden der Situation selbst. Situationsanalyse und Situiertheitsanalyse bezeichnen dann eine reflexive Forschung, die ihre eigenen Situationsdefinitionen als Selektionen begreift und dennoch kein *›beyond methods‹* oder *›after methods‹* vertritt, sondern die Methodendiskussion der interpretativen Forschung weiterführen will und dafür Fragen und Irritationen bereitstellt.« (Ebd.)

Diesem Anspruch, die eigene Forschung als *situiert* anzusehen und sie auch als situiert nachvollziehbar zu machen und zu reflektieren, wollen wir uns anschließen. Auch dieses Lexikon verfolgt – ausgehend von einem anderen Startpunkt – ein ähnliches Ziel (→ Situierung). Um einen ersten Anfang zu machen, wird im Folgenden probehalber eine sogenannte *Situationsmap* oder *Situational Map* zur Situation des ECF erstellt.

Wie und wozu werden Situationen gemappt? *Situational Maps* sind Werkzeuge der Konstruktion von Situationen.

Wie und wozu werden Situationen gemappt, welchen Status haben Maps innerhalb der Situationsanalyse und welche Arten von Maps werden unterschieden? Forschende, die mit der Situationsanalyse arbeiten,

»proceed by making (and remaking over the course of the project) four main kinds of maps: *situational, relational, social worlds/arenas and positional maps*. After making each map, the researcher follows through by writing a *memo* of that map generated through their analysis of the data – however partial or tentative at the moment [Herv. i.O.]« (Clarke/Washburn/Friese 2022: 9f.).

Maps sind demnach keine Befunde, sind nicht das Endergebnis von Forschungsprozessen, sondern Hilfsmittel und spezifische »Werkzeuge der reflektierten, begründbaren Konstruktion von Situationen als Gegenstand in den Situationen der Forschung« (Keller 2023: 80) selbst.[2]

Auch wenn die anderen Arten von Maps spannender für unsere Selbstbeobachtung wären, weil ihr Bedeutungsüberschuss stärker über die Eindrücke schneller erster Beobachtungen hinausgeht, starten wir hier mit dem basalsten ersten Mapping-Verfahren. Unsere Auseinandersetzung mit der Theorie, Methodologie und forschungspraktischen Umsetzung der Situationsanalyse hat gerade erst begonnen und wird am Beispiel der Situation des ECF erprobt.

»The first kind of map is the *Messy Situational Map*. This map lays out all the major human, nonhuman, discursive, historical, symbolic, cultural, political and other elements found in the research situation of concern *as framed by those in it and by the researcher*. Having most if not all the elements on the messy map also works as a reminder to return to them *analytically* as the project unfolds. [...] Significantly, you, the researcher(s), should also be on this map! By doing research on this situation, you become part of it, you will influence it, and your participation may well affect you as well [Herv. i.O.]« (Clarke/Washburn/Friese 2022: 10).

Ziel einer solchen *Messy Situational Map* »is to lay out the full range of elements in the situation under study« (ebd.). »Situational maps are very messy – intentionally so. Their very messy-ness makes them more accessible and manipulable by the researcher« (ebd.: 11). Je chaotischer eine Map, desto mehr sperrt sie sich einem vorzeitigen Abschluss und einem Beschneiden von möglichen ›analytischen Geschichten‹, die ihr ggf. abzutrotzen sind (vgl. ebd.). Darüber hinaus hat eine reichhaltige Chaos-Map Vorteile für das weitere Vorgehen: »The richer your messy map, the denser and more valuable your relational map can be. Messy mapping also encourages serious consideration of complexity« (ebd.: 11), und Komplexitätserhöhung ist erklärtes Ziel jeder (selbst-)reflexiven Forschungspraxis.

2 Kritisch kann eingewendet werden, dass die Darstellung von Konstruktionen in Maps – ähnlich wie auch die Rede davon, dass Situationen analysiert werden (können) – möglicherweise eine Arretierung oder gar Objektivierung darstellt, die zu problematisieren ist. Andererseits kann überhaupt nur etwas als etwas analysiert werden, wenn hinsichtlich des Forschungsgegenstandes Entscheidungen getroffen werden – auch, wenn damit für den Moment Festschreibungen und Ausschlüsse einhergehen (s. Abschnitt 4).

Wie kann ein Ergebnis der Analyse einer (Selbst-)Beobachtungssituation per *Messy Situational Map* aussehen? So. Let's geht messy!

Wie kann die Darstellung der Konstruktion einer (Selbst-)Beobachtungssituation per *Messy Situational Map* aussehen, die im Sinne erster explorativer Erkundungen von drei an der Situation beteiligten Forscherinnen erarbeitet wurde? Wir haben in einem geteilten Dokument alles gesammelt, was uns zum ECF eingefallen ist. Nun sind wir (Stand 10/2023) knapp über ein Jahr Teil des ECF und im Laufe dieser Zeit gab es einiges zu beobachten (Abb. 1):

Abb. 1: Messy Situational Map des ECF, eigene Darstellung

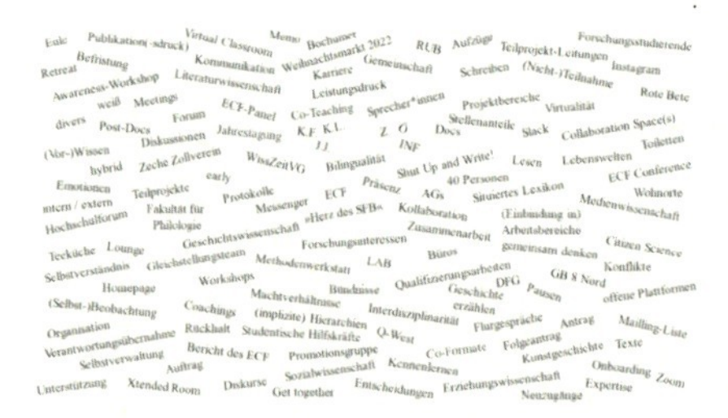

Das ECF, wir, als ›Herz des SFB‹ – wer und was zählt für uns zu dieser Situation und befindet sich darin? Welche Elemente sind bedeutsam (vgl. Clarke 2012: 124)? Zur Situation zählen, wie im vorherigen Abschnitt erwähnt, menschliche, nichtmenschliche, diskursive, historische, kulturelle, politische sowie räumliche, wirtschaftliche und zeitliche Elemente. Es erweisen sich beispielsweise die einzelnen Docs und Postdocs als wesentliche menschliche Akteur:innen, die sowohl für sich genommen, d.h. als einzelne Personen, aber auch als kollektive Gruppe(n) innerhalb des ECF konstitutiv sind. Einen Teil dieser Gruppen bilden die Arbeitsgruppen (AGs) des ECF, die sich im ersten Jahr des SFB gebildet und entwickelt haben. Inzwischen diskutieren wir Zuständigkeiten, Verantwortlichkeiten, AG-Größen und Arbeitsbelastungen. Die Gruppenkonstellationen verändern sich durch neue Mitarbeitende im ECF, die die Gesamtgruppe sowie AGs und informelle Gruppen erweitern und bereichern, aber auch ›in Bewegung halten‹ und zu Neusortierungen zwingen. Beispielsweise ist die Promotionsgruppe aus unserer Perspektive ›verspätet‹ zum ECF gestoßen und muss nun in einer Zeit, in der einige Gedanken schon auf den Folgeantrag gerichtet sind, ihre Rolle und ihren Ort, aber auch vier individuelle Promotionsprojekte finden. Denn an die menschlichen Akteur:innen sind ihre Qualifikationsarbeiten geknüpft, die sich über die Zeit weiterentwickeln und ein exemplarischer Gegenstand der (inhaltlichen) Diskussionsbewegungen des ECF und von unterschiedlichen Forschungsinteressen gefärbt sind. Interdisciplinarity is the key to our conversations. Bilingualism, English and German, is also part of it, so everybody can speak in the language in which they feel most comfortable. Unfortunately, this is often not so easy, so that those who speak little German feel uncomfortable. Gemeinsamer Austausch findet dabei nicht nur in den Räumlichkeiten des SFB auf der 8. Etage des RUB-Gebäudes GB statt (z.B. im *Virtual Classroom* oder *Collaboration Space*), sondern auch bei gemeinsamen Mittagessen in der *Roten Bete* oder in Flur- oder Aufzuggesprächen, die auch die Zuverlässigkeit der Aufzüge selbst zum Thema haben können (→ Bete, rote). Allerdings: Derart an der RUB miteinander ins Gespräch kommen können nur diejenigen, die auch mit ihrem Körper, nicht nur virtuell (z.B. per *Zoom*-Meeting) in Bochum sind. Die Idee zu diesem Lexikon (Arbeitstitel: *Situiertes Lexikon des Virtuellen*) entstand ebenfalls im Kollektiv (das damals personell noch ein anderes war) beim Retreat auf der Zeche Zollverein, wurde in der eigens eingerichteten *Lounge* des SFB weiter geschärft und vom ECF mit Leben gefüllt. Die sog. *Eule* ermöglicht für Zusammenkünfte eine hybride Kommunikation, um mehr Personen, z.B. mit Care-Verpflichtungen, aktiv am Kollektiv teilhaben zu lassen (→ Arbeitszeit, virtuelle). Neben den bereits genannten Arbeitsformen stellen Workshops ›in Präsenz‹ und Methodenwerkstätten einen formalen Rahmen für gemeinsames Denken und Arbeiten dar. Hier übernimmt das ECF Verantwortung in Form von Veranstaltungsorganisation und -durchführung und arbeitet eng mit Teilprojektleitungen, Hilfskräften wie Forschungsstudierenden zusammen. Die (Un-)Zugehörigkeit der letztgenannten Gruppe zum ECF ist immer wieder Thema. Ein Workshop zu den Machtverhältnissen in der Wissenschaft hat uns dafür sensibilisiert, wie wir davon betroffen sind, aber auch welche Ungleichheiten wir in unserer Konkurrenzsituation erzeugen und aufheben (können). Damit sind nur einige wenige Elemente genannt, die bedeutsam für das ECF sind und nun in ihrer Verbunden- und Verwobenheit weiter analysiert werden müssten.

»Als Forscher[innen; K.F./J.J./K.L] sind wir ständig mit dem Problem konfrontiert, ›wo und wie man anfangen soll‹« (Clarke 2012: 121) – *ein* Anfang zur Aufschlüsselung unserer *situierten Situation* als ECF ist hiermit gemacht. Die *Messy Map* legt unsere allererste Form der (Selbst-)Beobachtung des ECF offen. Sie ist Ergebnis unserer eingangs erwähnten Situiertheit und damit an unsere Perspektive als qualitativ-empirisch arbeitende Erziehungswissenschaftlerinnen gebunden, die alle schon längere Zeit an der RUB studieren und arbeiten. Es gilt nun, vor dem Hintergrund der *Messy Map* (problematisierende) Fragen zu entwickeln und zu bearbeiten, die mit den anderen Arten von Maps aufgegriffen werden könnten, z.B.: Wer ist ein Teil des SFB, wer ist aus welchen Gründen (kein) Teil des ECF und in welcher Relation steht die Eingebundenheit ins ECF zur Eingebundenheit in a) die Teilprojekte, b) die AGs, c) die Projektbereiche usw.? Welche Spannungen sind zu erwarten, wenn alle Akteur:innen in unterschiedliche formelle wie informelle Gruppen eingegliedert sind, die unterschiedlich viel übereinander wissen und an unterschiedlichen Zielen miteinander arbeiten (müssen)? Welche sozialen Kreise bzw. Lagen sind (nicht) durch die menschlichen Akteur:innen im ECF vertreten und warum (nicht)? Inwiefern zeigen sich Dimensionen von *race*, *class* und *gender*? Wie gehen wir mit unterschiedlichen Karrierephasen und damit verbundenen Handlungszwängen und persönlichen Zielen um? Welche Bedeutung haben Wohnorte, private Verpflichtungen und Herausforderungen und wie beeinflussen sie z.B. die Eingebundenheit ins ECF? Welche Unterschiede hinsichtlich der Ressourcen (z. B. unterschiedliche Stellenkonstellationen und damit verbundene Anforderungen) sind bedeutsam? Welche Machtdynamiken und Asymmetrien tun sich auf, sind sichtbar oder werden zu verbergen versucht und wie können sie adressiert und bearbeitet werden?

Auffällig ist: Virtualität kommt in unserer *Messy Map* nur als ›Platzhalter-Begriff‹ vor, der nicht weiter aufgefächert wird, sondern zunächst bloß auf die Klammer und Grundlage unserer gegenstandsbezogenen Zusammenarbeit in der Wissenschaft zu verweisen scheint. Öffnet Virtualität als thematisch-begrifflicher, fragloser Hintergrund unserer gemeinsamen Arbeit im ECF einen Möglichkeitsraum, der uns vernetzt und zur Vernetzung anregt? Bildet das ECF die virtuelle Struktur unseres kollektiven Arbeitens? Inwiefern ist das Virtuelle selbstverständliche und unbemerkte, und daher (kritisch) zu besprechende infrastrukturelle Bedingung der Möglichkeit von Arbeitspraktiken in einer virtuellen Universität, die zur Gewohnheit geworden sind, wie etwa der Austausch in *Zoom*-Meetings (→ INF)? Es lohnt sich, auf den verschiedenen Ebenen weiter nach dem Virtuellen zu fragen. Wir sind dann mal ein Memo schreiben und erstellen eine geordnete Situationsmap. Stay tuned.

Literatur

Clarke, Adele E. (2012): Situationsanalyse. Grounded Theory nach dem Postmodern Turn. Herausgegeben und mit einem Vorwort von Reiner Keller, Wiesbaden: VS Verlag für Sozialwissenschaften.

Clarke, Adele E./Washburn, Rachel/Friese, Carrie (Hg.) (2022): Situational Analysis in Practice. Mapping Relationalities Across Disciplines, 2. Aufl., New York: Routledge.

Dewey, John (1938): Logic: The Theory of Inquiry, New York: H. Holt and Co.

Keller, Reiner (2023): »Die Situiertheit der Situation«, in: Leslie Gauditz/Anna-Lisa Klages/Stefanie Kruse/Eva Marr/Ana Mazur/Tamara Schwertel/Olaf Tietje (Hg.), Die Situationsanalyse als Forschungsprogramm. Theoretische Implikationen, Forschungspraxis und Anwendungsbeispiele, Wiesbaden: Springer VS, S. 67–87.

Offenberger, Ursula (2019a): »Anselm Strauss, Adele Clarke und die feministische Gretchenfrage. Zum Verhältnis von Grounded-Theory-Methodologie und Situationsanalyse«, in: Forum Qualitative Sozialforschung 20 (2), Art. 6. Online unter: http://dx.doi.org/10.17169/fqs-20.2.2997 (letzter Zugriff: 28.10.2023).

Offenberger, Ursula (2019b): »Grounded Theory und Situationsanalyse: Die zweite Generation«, in: QUASUS. Qualitatives Methodenportal zur Qualitativen Sozial-, Unterrichts- und Schulforschung. Online unter: https://www.ph-freiburg.de/quasus/was-muss-ich-wissen/daten-auswerten/grounded-theory/grounded-theory-und-situationsanalyse-die-zweite-generation.html (letzter Zugriff: 28.10.2023).

Strauss, Anselm L. (1998): Grundlagen qualitativer Sozialforschung. Datenanalyse und Theoriebildung in der empirischen soziologischen Forschung, 2. Aufl., München: Fink.

Strauss, Anselm L./Corbin, Juliet (1996): Grounded Theory. Grundlagen qualitativer Sozialforschung, Weinheim: Beltz/Psychologie-Verlag-Union.

Situierung

Jens Fehrenbacher, Kira Lewandowski, Jane Lia Jürgens

Ein *situiertes Lexikon* muss sich dazu verhalten, was mit Situierung gemeint sein könnte. Dabei haben wir in der Kürze dieses Textes nicht den Anspruch, einen *generellen* Beitrag zur Situierung verfassen, sondern den Begriff seinerseits konkret in der Entstehungsgeschichte dieses Lexikons situieren und fragen, was Situierung *in diesem spezifischen Kontext*, in unserer

Forschung und diesem Buchprojekt, heißen kann. Mit dieser Schwerpunktsetzung gilt es dabei weniger die theoretische Einordnung zu umgehen oder zu vereinfachen; vielmehr soll deutlich werden, dass aus unterschiedlich situierten Perspektiven auch die Situierung andere Beschreibungen und Theoretisierungen erfährt, die durchaus in Spannung zueinander stehen können. Deshalb möchten wir zunächst die Bedeutung der Situierung im Publikationsprozess beschreiben, um anschließend zwei theoretische Einordnungen des Konzepts darzulegen.

Von der Idee zur Umsetzung

Die Wissenschaftler:innen des Early Career Forums (ECF) des SFB 1567 *Virtuelle Lebenswelten* fanden sich im Oktober 2022 zu einem dreitägigen Retreat auf dem Gelände der Zeche Zollverein in Essen zusammen (→ 1567, → Denkmal, virtuelles, → Early Career Forum). Die Situiertheit der ECF-Mitglieder hat sich seit diesem Zeitpunkt durchaus verändert, da einzelne wissenschaftliche Mitarbeitende, die sich zum Zeitpunkt des Verfassens dieses Beitrags nun auf Doc-Ebene befinden, formal noch wissenschaftliche Hilfskräfte in den letzten Zügen ihres Masterstudiums waren, von Doc auf Postdoc-Ebene gewechselt sind oder auch die Arbeitsstelle gewechselt haben. Die (angehenden) Wissenschaftler:innen lernten sich in diesem Zeitraum besser kennen, tauschten sich über inhaltliche Interessen aus und fanden sich bereits in Arbeitsgruppen zusammen, in denen sie erstmals gemeinsam über potenzielle inhaltliche Ausgestaltungen des Forschungsprogramms des SFB zu *virtuellen Lebenswelten* ins Gespräch kamen. In diesem Rahmen entstand auch die Idee, die erste Phase des gemeinsamen Arbeitens und Denkens zum Thema Virtualität in einer Publikation festzuhalten und diese zugleich sukzessive wachsen zu lassen – die Idee des situierten Lexikons war geboren, ohne dass diese Bezeichnung bereits gefallen war.

Der entstandene Schwung und die gemeinsame Arbeit in Essen wurden, zurück in Bochum, aufgenommen und fortgeführt. Die noch unbetitelte Publikationsidee hielt so Einzug in ein erstes Treffen des Noch-nicht-Herausgeber:innen-Teams, das sich zunächst noch mit verschiedenen Formaten des *co-writings* befasste, in der Lounge im SFB-Flur auf der Etage GB 8 (→ Universität Bochum, Ruhr-). Hier erfuhr zunächst die Idee der Umsetzung eines *Lexikons* Zustimmung. Anstelle des Aufspannens eines eng gefassten thematischen Bogens über die unterschiedlichsten im ECF vertretenen Forschungsrichtungen, -gegenstände und -perspektiven hinweg, die sich in vielen Fällen noch im Findungsprozess befanden, ermöglicht ein Lexikon ein Nebeneinander von gänzlich disparaten Begriffen, Themen und Zugangsweisen. Die Idee eines Lexikons eignete sich somit in besonderer Weise, um der theoretischen und methodischen Vielfalt des interdisziplinären SFB durch 16 – inzwischen, rund eineinhalb Jahre später, 18 – Teilprojekte und Teilprojektvarianten (→ INF) Rechnung zu tragen und die vielfältigen Zugänge zu und Nutzungsweisen von *Virtualität* in ihrem (auch widerstreitenden) Zusammenspiel darzustellen (→ Editorial).

Mit dem Begriff des Lexikons erschien es wiederum unausweichlich, diesem Inbegriff des Kanons und des universellen Wissens ein Gegengewicht zu geben. Das Voranstellen des *Situierten* entspricht genau dieser Geste, die Monumentalität des Lexikons ironisch zu konterkarieren. Gleichzeitig gelingt es durch die Betonung des *Situierten*, die Spannung zwischen einer Partikularität heterogener Perspektiven und dem gleichzeitigen Anspruch, gerade in dieser Partikularität einen Beitrag zu einem Diskurs leisten zu können, aufrechtzuerhalten. Das Konzept der Situierung erscheint vor diesem Hintergrund geeignet,

- das Format des Lexikons vom Anspruch der Universalität zu entkoppeln und als Gefüge vieler disparater Perspektiven zu verstehen, die sich durchaus widersprechen können,
- uns als Wissenschaftler:innen mit jeweils eigenen Vorerfahrungen, Denkweisen, Interessen, materiellen Verortungen und Identifikationen zu situieren
- und auch den Begriff der → Virtualität anhand seiner Vielschichtigkeit zu beleuchten, statt von einer vereinheitlichten Definitionsmacht auszugehen. So erscheint Virtualität als auf unterschiedlichste Weisen eingebettet in eine Vielzahl von Forschungsprojekten und andere lebensweltliche Zusammenhänge.

Auch wenn sich im späteren Verlauf des Publikationsvorgangs der Titel des Bandes von *Situiertes Lexikon des Virtuellen* zu *Vokabular des Virtuellen. Ein situiertes Lexikon* wandelte, stellt das *Situierte* für unseren Schreib- und Herausgabeprozess einen zentralen Ausgangspunkt dar. In der Genese der Beiträge zeigte sich dabei umso mehr, dass nicht nur unterschiedliche Situiertheiten zusammenkommen, sondern Situierung auch auf unterschiedliche Weise verstanden und praktiziert wird. Wenn der Beginn dieses Beitrags den Begriff der *Situierung* also noch recht weit fasst und mit einer Entstehungsgeschichte des Lexikons ausweicht, so hängt dies damit zusammen, dass wir keine in sich stimmige und für alle Beiträge im Lexikon passende Definition vorlegen, sondern auch hier auf die Vielschichtigkeit möglicher Umgangsweisen deuten wollen. Weit konkreter möchten wir in den folgenden zwei Abschnitten dagegen zeigen, was in zwei unterschiedlichen Perspektiven der Erziehungs- und Sozialwissenschaften einerseits und der feministischen Wissenschaftsphilosophie andererseits mit diesem Begriff gemeint sein und gemacht werden kann.

Situiertheit ohne Außen

Lernen und Wissen wird aus Perspektive insb. konstruktivistischer Erziehungswissenschaft grundsätzlich als situiert verstanden. Wissen wird »durch das wahrnehmende Subjekt konstruiert« (Siebert 2000: 22) ebenso wie das wahrnehmende Subjekt durch das Wissen mithervorgebracht (also subjektiviert) wird. Im Kontext des ECF lassen sich die Wissenschaftler:innen als unterschiedlich situierte, wahrnehmende Subjekte verstehen, die in verschiedene wissenschaftliche Situationen eingebunden sind, sich in verschiedenen Karrierephasen befinden und unterschiedliche *Denkschulen* kennengelernt haben. Diese Perspektivität ist konstitutiver Bestandteil jeder Forschung. Für uns (K.L., J.J.) ist dabei insbesondere die Situationsanalyse von Adele Clarke (2005, 2012) prägend (→ Situationsanalyse, situierte). Wie Clarke feststellt, können wir nicht von außen auf eine Situation schauen; wir sind immer bereits situativ verwickelt:

»*Die Bedingungen **der** Situation sind **in** der Situation enthalten*. So etwas wie ›Kontext‹ gibt es nicht. Die bedingenden Elemente der Situation müssen in der Analyse selbst spezifiziert werden, *da sie für diese konstitutiv sind* und nicht etwa nur umgeben, umrahmen oder etwas zur Situation beitragen. Sie *sind* die Situation [Herv. i.O.]« (Clarke 2012: 112).

Die Situiertheit der Wissenschaftler:innen umfasst u.a. jeweils eigene Vorerfahrungen, Denkweisen und Interessen. Die Vielfalt möglicher Ebenen der Situiertheit zeigt sich auf diverse Art im ECF. Im Noch-nicht-Herausgeber:innen-Team – wie auch im restlichen ECF – sind sowohl Doktorand:innen als auch Postdoktorand:innen vertreten. Doch auch auf vermeintlich selbiger Position sind Unterschiede zu verzeichnen: Befindet sich die promovierende Person am Anfang oder am Ende ihrer Promotionszeit? Ist die Dissertation theoretisch oder empirisch ausgerichtet? Wie sind wir wissenschaftlich sozialisiert? Ebenfalls zeigt sich die Situierung der Akteur:innen in ihrer Rolle im Entstehungsprozess sowie beim Wachstum des Lexikons: Schon bei den drei Autor:innen des vorliegenden Beitrags ist sowohl eine Person, die ausschließlich die Autor:innenrolle inne hat als auch die Doppelrolle als Autor:in und Herausgeber:in vertreten.

Durch all diese unterschiedlichen Situiertheiten wird sowohl die eigene Forschung als auch der gemeinsame Austausch (mit)bestimmt, ohne dass diese Situiertheiten als objektiv benennbar und abgeschlossen zu sehen sind. Stattdessen findet ein fortlaufendes, *situiertes Lernen* statt, »als gruppendynamischer und ›transformatorischer‹ Prozess [Herv. i.O.]« (Schmohl 2021: 302). Damit kann die Entstehungs- und Entwicklungssituation des situierten Lexikons als eine Fülle von Aushandlungsprozessen begriffen werden, in denen auch Selbstverständnisse und Verortungen durch den Prozess verschoben und erweitert werden können.

Situieren und Situiert-Werden

Wenn die Situiertheit als Grundzustand anerkannt wird, stellt sich die Frage, wie wir als Forschende mit der Partialität unserer Perspektiven umgehen können oder auch sollten. Die Wissenschaftsphilosophin Isabelle Stengers warnt etwa davor, Situierung als einen souveränen Sprechakt zu verstehen, der nach Belieben und losgelöst von einer konkreten Situation vollzogen werden kann (vgl. Stengers 2010, 2011). Zu schnell kann die Situierung zu einem zweizeiligen *Positional Statement* verkommen, in dem ich (J.F.) mich als *weißer*, heterosexueller Cis-Mann offenbare, ohne dass diese Positionierung einen Einfluss auf das Schreiben selbst hat.[1] Die Situierung läuft somit Gefahr, zur Objektivierung des eigenen Standpunktes sowie zu einer Kanonisierung der Situierungskriterien beizutragen: Welche Gesichtspunkte sollten schließlich genannt werden? Gehören sexuelle Orientierung, National- und Religionszugehörigkeit, (nicht-)akademischer Familienhintergrund dazu? In ihrem richtungsweisenden Artikel über das *Situierte Wissen* versucht die Gender- und Wissenschaftstheoretikerin Donna Haraway bereits, solch einem objektivierenden Verständnis der Situierung vorzubeugen:

»Feministische Verkörperung handelt also nicht von einer fixierten Lokalisierung in einem verdinglichten Körper, ob dieser nun weiblich oder etwas anderes ist, sondern von Knotenpunkten in Feldern, Wendepunkten von Ausrichtungen, und der Verantwortlichkeit für Differenz in

1 Florian Sprenger (vgl. Sprenger i.E.) entwickelt eine Genealogie der Situiertheit, in der insbesondere auch die Einseitigkeit der *Positional Statement* als Ausgangspunkt genommen wird.

materiell-semiotischen Bedeutungsfeldern« (Haraway 1995: 88f.).

Situierung lässt sich so als eine äußerst unsichere und provisorische Angelegenheit und gleichzeitig als eine performative Geste des Übernehmens von Verantwortung betrachten, die ihre Folgen jedoch nicht absehen kann. Dieser abstrakt anmutende Anspruch wird greifbarer, wenn diese *Verantwortung* konkret vom *Antworten* her verstanden wird, womit wieder Bezug zu Isabelle Stengers genommen werden kann: Ganz im Gegensatz zur souverän anmutenden Situierung in Form eines geregelten Sprechakts des Sich-Vorstellens verwendet sie das Verb *situieren* häufig in der passiven Form wie »it situated me« (Stengers 2010: 64, vgl. Stengers 2011: 134, 144, 2014: 196). So beschreibt sie bspw., wie eine Textlektüre oder eine Begegnung das Vermögen haben kann, die eigene Situiertheit anzusprechen und *als Verantwortung* mithervorzubringen – als eine Forderung, darauf zu antworten. Dabei beschreibt sie anhand ihrer eigenen Forschungstätigkeit in einem Chemielabor, wie sie durch die Begegnungen und Gespräche mit naturwissenschaftlichen Kolleg:innen dazu gebracht wird, aus einer vermeintlichen philosophischen Vogelperspektive herauszutreten und ihre eigenen, durchaus widersprüchlichen Interessen und Vorerfahrungen anzuerkennen (Stengers 2010: 64ff.).

Durchaus analog dazu lässt sich die interdisziplinäre Arbeit im ECF und auch an diesem Text als ein Prozess verstehen, in dem wir uns gegenseitig, durch unsere Beiträge und Fragen, situieren oder Situierungen provozieren. Die Begegnung mit eher sozialwissenschaftlichen Situationsbegriffen hebt gewissermaßen die Selbstverständlichkeit der von mir (J.F.) bisher verwendeten Situations- oder Situierungsbegriffe auf und fragt, in welchen Forschungsfeldern und Problemen diese Begriffe situiert sind und inwiefern sich Überschneidungen ergeben könnten. Insofern schließe ich mich dem oben genannten ›transformativen‹ Potential gruppendynamischer Aushandlungsprozesse gerne an. Im besten Fall kann sich aus diesen vereinzelten Gesten und Wechselspielen eine situierte wissenschaftliche Praxis entwickeln, die sich darin ausdrückt, fortlaufend »[d]ie eigene Situierung anzuerkennen und zu problematisieren« (Gramlich/Haas 2019: 45) und somit Verantwortung für die Partialität der eigenen Perspektive und ihre Folgen zu übernehmen.

Zuletzt ist hinsichtlich der Problematisierung stets auch zu fragen, welche Perspektiven nicht zugegen sind. Eine engagierte Masterstudentin antwortete einmal sinngemäß auf meine (J.F.) Frage, ob sie an akademischer Arbeit interessiert wäre, dass ihr als feministische Woman of Color der akademische Habitus und Kanon nach dem Studium zum Hals heraushänge und sie sich nicht damit identifizieren könne. Diese Aussage situiert meine (vielleicht auch unsere) Forschung jenseits von Disziplinen oder Vorinteressen mit Fragen, die keine einmalige Antwort, sondern eine dauerhafte Beschäftigung fordern: Welche Konventionen verkörpere ich und welche Ausschlüsse reproduziere ich damit? Und wie lässt sich dem entgegenwirken?

Literatur

Clarke, Adele E. (2005): Situational analysis. Grounded theory after the postmodern turn, Thousand Oaks, CA: Sage.

Clarke, Adele E. (2012): Situationsanalyse. Grounded Theory nach dem Postmodern Turn, Wiesbaden: Springer VS.

Gramlich, Naomi/Haas, Annika (2019): »Situiertes Schreiben mit Haraway, Cixous und graue Quellen«, in: Zeitschrift für Medienwissenschaft 20, S. 39–52.
Haraway, Donna (1995): Die Neuerfindung der Natur: Primaten, Cyborgs und Frauen, übers. von Dagmar Fink, Frankfurt a.M./New York: Campus Verlag.
Schmohl, Tobias (2021): »Situiertes Lernen«, in: Tobias Schmohl/Thorsten Philipp (Hg.), Handbuch Transdisziplinäre Didaktik, Bielefeld: transcript, S. 301–312.
Siebert, Horst (2000): »Der Kopf im Sand — Lernen als Konstruktion von Lebenswelten«, in: Dietmar Bolscho/Gerhard de Haan (Hg.), Konstruktivismus und Umweltbildung, Wiesbaden: VS Verlag für Sozialwissenschaften, S. 15–31.
Sprenger, Florian (i.E.): Von wo und von wem. Skizzen zu einer Genealogie der Situiertheit, Berlin: August Verlag.
Stengers, Isabelle (2010): Cosmopolitics I, Minneapolis/London: University of Minnesota Press.
Stengers, Isabelle (2011): »Relaying a War Machine?«, in: Éric Alliez/Andrew Goffey (Hg.), The Guattari effect, London/New York: Continuum, S. 134–155.
Stengers, Isabelle (2014): »Speculative Philosophy and the Art of Dramatization«, in: Roland Faber/Andrew Goffey (Hg.), The Allure of Things: Process and Object in Contemporary Philosophy, London/New York: Bloomsbury, S. 188–217.

Spuren, virtuelle

Jens Fehrenbacher

Ich gehe rückwärts über den Campus, das Smartphone vor meinem Gesicht. Auf dem Bildschirm sehe ich, wie auf dem Campus Würfel erscheinen, überall wo ich entlang gelaufen bin. Sie formen eine Spur. Ich bleibe stehen, um die Würfelspur zu betrachten, gehe weiter. Dort wo ich innegehalten habe, ist jetzt eine bizarre Skulptur aus Würfeln, welche meine Bewegungen während der Betrachtung dokumentiert.

Abb. 1: Nutzung der App AR-Brotkrumen auf dem Campus der Ruhr-Universität Bochum. Screenshot durch den Verfasser

Die Nutzung von Smartphones erzeugt Unmengen von Daten, wobei häufig nicht einmal klar ist, wo diese gespeichert werden und von wem sie genutzt werden (→ Archive, virtuelle). Im hier vorgestellten Experiment wird das Erheben von Daten in Augmented Reality (AR) erforscht, indem die Daten-Spur, welche die eigene Bewegung bei der Nutzung von AR hinterlässt, sichtbar gemacht wird. Die *AR-Brotkrumen*[1] sind ein Versuchsaufbau, der im Rahmen der Forschung im *Virtual Humanities Lab* der Ruhr-Universität Bochum entstanden ist. Es handelt sich um ein selbstgeschriebenes Programm mit der Programmiersprache *Processing* auf Basis von *ARCore*, dem AR-Toolkit für Android-Smartphones (vgl. Oufqir/El Abderrahmani/Satori 2020). Wie bei den meisten AR-Anwendungen geht es auch hier darum, dass durch die Kamera eines Smartphones die physische Umgebung abgefilmt wird und in dieses Kamerabild virtuelle Objekte eingefügt werden. Die Objekte verhalten sich dann in der Regel so, als wären sie in der physischen Umgebung verankert.[2] Somit ist ein Betrachten des Objekts oder auch der entworfenen Szenerien aus unterschiedlichen Perspektiven und Distanzen möglich. Es entsteht der Eindruck, ich könnte um das Objekt herumgehen.

Das Tracking an die Oberfläche bringen

In der hier vorgestellten AR experimentiere ich damit, wie die Positionen der Nutzer:innen getrackt und zu einem Teil der Gestaltung werden können. Die getrackten Positionsdaten des Smartphones werden durch das Programm gespeichert und ausgelesen. Entlang dieser gespeicherten Koordinaten werden in einem vorgegebenen Rhythmus automatisiert virtuelle rote Würfel im virtualisierten Raum platziert. Die roten Würfel ergeben somit eine Spur der Bewegung des Displays im Raum, von einer Kollegin treffend als ›virtuelle Brotkrumen‹ bezeichnet.

Technisch heißt dies, dass in einem festgelegten zeitlichen Abstand jeweils die gegenwärtige Position als X-, Y- und Z-Koordinate, relativ zur Startposition, in einer Liste des Programms abgespeichert und diese Daten zu Platzierung der Würfel abgerufen wird (→ Y-Achse). Gehe ich also rückwärts, sehe ich die Würfel rhythmisch direkt vor mir aufpoppen. Wenn ich in die Hocke gehe, das Handheld also näher zum Boden bringe, erzeuge ich tiefer schwebende Würfel, wechsle ich die Richtung, erzeuge ich Kurven aus Würfeln. Dabei war es überraschend, dass die Würfel auch über einen längeren Zeitraum sehr korrekt an Ort und Stelle verbleiben. Bei schnellen

1 Eine erste Version dieses Beitrags entstand im Rahmen des Formats *Virtuelles Objekt des Monats* des SFB 1567 *Virtuelle Lebenswelten* mit tatkräftiger Unterstützung durch Sylvia Kokot. Auf dem entsprechenden Artikel auf der Webseite des SFBs ist zusätzlich ein Video, wie auch der Link zum Download der App verlinkt. https://www.virtuelle-lebenswelten.de/blog-post/vom-februar-2024-ar-brotkrumen (letzter Zugriff: 28.03.2024). Ein ausführlicher Laborbericht ist unter https://publish.obsidian.md/vhl/Jens+Fehrenbacher/AR+in+Public+1+-+Skizze+und+Exploration (letzter Zugriff: 28.03.2024) abrufbar.

2 Während der XR-Pionier Ivan Sutherland 1968 beschreibt: »The fundamental idea behind the three-dimensional display is to present the user with a perspective image which changes as he moves« (Sutherland 1968: 757), wird mit aktueller Technik die Veränderung naturalisiert. Nun erscheint es so, als könnte ich mich um ein gleichbleibendes Objekt herumbewegen (vgl. Pardes 2017). Zu dieser Verschiebung siehe Fehrenbacher 2024.

Bewegungen oder wenn die Kamera verdeckt ist, geht zwar gewissermaßen die Orientierung verloren, und die Objekte lösen sich aus ihren Verankerungen. Aber sobald die Kamera wieder *ruhige und freie Sicht* hat, rücken die Würfel wieder an die richtige Position zurück. Besonders aufschlussreich für Fragen nach der sensor-algorithmischen Orientierung ist folgendes Experiment: Mit der aktiven App wird eine Route durch Büroflure gelaufen. Am Startpunkt wieder angekommen werden die ersten Würfel wieder exakt an derselben Stelle wie zuvor angezeigt.[3]

Abb. 2: Link zum Download der App für Android-Smartphones und Tablets samt Readme-Datei

Ein Gespür für die Tracking-Blackbox

Die *AR-Brotkrumen* erzeugen nicht nur eine Spur der Bewegung des:der Smartphone-Nutzer:in, sie dokumentieren ebenfalls zugrundeliegende Funktionsweisen und Infrastrukturen, sowie gewisse Naturalisierungstendenzen von Augmented Reality. In der AR-Standardfunktion – der Illusion, um ein virtuelles Objekt herumgehen zu können – wird der Eindruck erzeugt, ein in sich kohärentes und fest im Raum verankertes Objekt zu betrachten. Das Objekt reagiert also *natürlich* auf die neutral erscheinende Betrachtung (vgl. Pardes 2017; van der Veen 2020).

Dieses betrachtete digitale 3D-Modell muss jedoch in Echtzeit geneigt und verschoben werden – je nach Verhältnis zu Neigung und Bewegung des Ausgabedisplays –, um diesen natürlichen Eindruck zu erwecken. Es wird deutlich, wie umfangreich sowohl die physische Umgebung als auch die Bewegung des Devices getrackt und analysiert werden müssen. Bewegung und Raum werden, in Relation zueinander, virtualisiert. Betrachtung in AR bedeutet also immer auch Interaktion mit der Umgebung und den virtuellen Objekten. Auch wenn diese relationalen Bewegungsdaten nicht häufig in den Anwendungen selbst verwertet werden (Ausnahme ist etwa die künstlerische AR-Arbeit *LONGING* von Sarah Rothberg),[4] zeigen die *AR-Brotkrumen*, dass diese Analysen und die Daten der Bewegung im System vorliegen und potenziell genutzt werden können – sowohl für die Gestaltung als auch zur Nutzer:innenanalyse. Ebenso zeigt sich in den Experimenten der Re-Orientierung und dem Flur-Rundgang, dass auch die Umwelt in charakteristische Datenpunkte zerlegt wird, die nach verlorener Orientierung ›wiedererkannt‹ werden können. Die *AR-Brotkrumen* geben somit Einblicke

3 Das Video »VOM Februar 2024: AR-Brotkrumen. Wie in AR Bewegungs- und Umweltdaten nutzbar gemacht werden« von Gerrit van Gelder, Jens Fehrenbacher und Sylvia Kokot kann unter https://www.youtube.com/watch?v=jg4kga9NSIo (letzter Zugriff: 28.03.2024) abgerufen werden .

4 Siehe https://sarahrothberg.com/LONGING (letzter Zugriff: 28.03.2024).

in grundlegende AR-Infrastrukturen und speziell in die Blackbox des zugrundeliegenden *ARCore*-Toolkits, das in der Lage ist, dauerhaft Daten über die Bewegung und die Umgebung auszuwerten und nutzbar zu machen.

Abb. 3: Nutzung der App AR-Brotkrumen auf dem Campus der Ruhr-Universität Bochum. Screenshot durch den Verfasser

Literatur

Fehrenbacher, Jens (2024): »AR als Relationale Intervention. Dynamiken ästhetischer Aushandlung zwischen Medientechnologie, Nutzenden und Umwelten«, in: IMAGE. Zeitschrift für interdisziplinäre Bildwissenschaft 20. Online unter: https://image-journal.de/ar-als-relationale-intervention/ (letzter Zugriff: 28.03.2024).

Oufqir, Zainab/El Abderrahmani, Abdellatif/Satori, Khalid (2020): »ARKit and ARCore in serve to augmented reality«, in: International Conference on Intelligent Systems and Computer Vision (ISCV), S. 1–7. Online unter: https://ieeexplore.ieee.org/abstract/document/9204243 (letzter Zugriff: 07.09.2023).

Pardes, Arielle (2017): »Ikea's New App Flaunts What You'll Love Most About AR«, in: wired.com (20.09.2017). Online unter: https://www.wired.com/story/ikea-place-ar-kit-augmented-reality/ (letzter Zugriff: 07.09.2023).

Sutherland, Ivan E. (1968): »A head-mounted three dimensional display«, in: AFIPS Conference Proceedings 33(1), S. 757–764.

van der Veen, Manuel (2020): »The Occupation of the Natural by the UnNatural. About the Operation of Superimposition in Augmented Reality and Trompe-l'oeil«, in: SEQUITUR 6(2). Online unter: https://www.bu.edu/sequitur/2020/07/17/the-occupation-of-the-natural-by-the-unnatural-about-the-operation-of-the-superimposition-in-augmented-reality-and-trompe-loeil/ (letzter Zugriff: 07.09.2023).

Text, plain

Fabian Pittroff

Die Anordnung und Umordnung von Text gehört zum Alltag wissenschaftlichen Arbeitens. Sie ist niemals nur neutrale Ergebnissicherung, sondern – besonders in den Geisteswissenschaften – ein Verfahren der Forschung, das »so zugerichtet ist, dass einem etwas unterlaufen, dass sich Neues, nicht Vorwegnehmbares ereignen kann« (Rheinberger 2021: 17). Wer mit Text arbeitet, befindet sich in der alltäglichen

»Unterwelt der Forschungstechnologien« (ebd.). Diese Tätigkeiten der Aneinanderreihung von Zeichen zu Texten geschehen meist in Zusammenarbeit mit Computern. Für diese sind Texte eine bestimmte Form von Daten. Bestehen diese Daten aus nichts anderem als aus Codes, die Textzeichen repräsentieren, handelt es sich – im Sinne der Informatik – um *plain Text* (vgl. The Unicode Consortium 2023).[1]

Das situierte Lexikon des *Vokabular des Virtuellen* ist inhaltlich und infrastrukturell als Experiment angelegt; also als eine Anordnung, in der alte und neue Verbindungen von Handeln und Erleben in kontrollierter Weise manipuliert und dokumentiert werden (Dewey 2001, Rheinberger 2021) (→ Editorial, → Lab of Unfinished Thoughts). Ein entscheidendes Element der infrastrukturellen Seite dieses Versuchs ist der konzeptionelle Vorrang von Plain–Text-Dateien: Der Idee nach soll die gemeinsame Textproduktion möglichst weitgehend über einfache Text-Dateien in der Form von *plain Text* ablaufen. Der folgende Artikel berichtet von diesem Experiment ausgehend vom multiplen Ding *plain Text*, das als *Datei*, als *Praxis* und als *virtuelles Objekt* auftritt.

1 Ich nutze in diesem Artikel den englischen Begriff *plain Text*. Übliche deutsche Übersetzungen sind *einfacher* oder *reiner Text*. Beide Varianten sind bemerkenswert, insofern sie bestimmte Wertkomponenten des Begriffs betonen: Während »plain« mit »einfach« oder »schlicht« übersetzt werden kann und damit Bedeutungen wie »kompliziert« und »opulent« gegenübersteht, transportiert »rein« Bedeutungen von »sauber« und »pur« und steht »durchmischt« und »schmutzig« gegenüber.

Text als Datei

Plain Text ist ein lose definierter technischer Standard, der eine bestimmte Form von Daten beschreibt. An der Oberfläche der Interfaces ist *plain Text* eine Aneinanderreihung menschenlesbarer Zeichen – Buchstaben, Zahlen, Satzzeichen, Emojis und Leerraum. In der Tiefe des Computers ist *plain Text* eine Sequenz von Codes in Form von Zahlengruppen, die – abhängig von einem Codesystem – ein bestimmtes Zeichen repräsentiert. Folgt man etwa dem Standard *Unicode*, entspricht der Code *U+0041* dem Symbol für ein großes A, der Code *U+0020* einem Leerzeichen und der Code *U+1F64B* dem Emoji *Happy Person Raising One Hand*.

Der Unicode-Standard definiert *plain Text* als »reine Abfolge von Zeichencodes; einfacher, mit Unicode kodierter Text ist also eine Folge von Unicode-Zeichencodes. Im Gegensatz dazu ist *styled* Text, auch *rich* Text genannt, eine Textdarstellung, die aus reinem Text und zusätzlichen Informationen zur Kennzeichnung der Sprache, Schriftgröße, Farbe, Hypertext-Links usw. besteht« (The Unicode Consortium 2023: 18, meine Übersetzung, F.P.). Weniger neutral formuliert das Handbuch für Programmierer:innen *The Pragmatic Programmer*: »Wir glauben, dass das beste Format für die dauerhafte Speicherung von Wissen *plain Text* ist. Mit *plain Text* haben wir die Möglichkeit, Wissen zu manipulieren, sowohl manuell als auch mittels Programmen, mit praktisch jedem uns zur Verfügung stehenden Werkzeug« (Thomas/Hunt 2020: 74; meine Übersetzung, F.P.). Die Formulierung ist gesättigt von Werten und Semantiken der Welt der Informatik: Wissen ist wertvoll, aber vor allem eine Frage der Speicherung und Bearbeitung von Daten. Entsprechend nimmt auch der Unicode-Standard keine neutrale Haltung gegenüber *plain Text* ein: »Die Einfachheit des *plain Text* gibt ihm eine natürliche Rolle als Hauptstrukturelement von *rich Text*. [...] *Plain Text* ist öffentlich, standardisiert und universell lesbar« (The Unicode Consortium 2023: 19, meine Übersetzung, F.P.).

Nicht unbeeinflusst von dieser Semantik ist die Motivation entstanden, die Textdaten des Lexikons als *plain Text* zu sammeln und zu verwalten. Die Eigenschaften von *plain Text* haben zur Folge, dass Daten in dieser Form – aus *technischer* Perspektive – leicht zu bearbeiten sind, weil ihre Verfassung einem öffentlich zugänglichen Standard folgt. Deshalb sind Plain-Text-Daten nicht an eine bestimmte Software oder ein Betriebssystem gebunden sind, sondern können von einer Vielzahl von Programmen gelesen und verändert werden. Es sind diese technischen Eigenschaften, die den Einsatz von *plain Text* rechtfertigen und die Entscheidung begründen, die Textinfrastruktur des Lexikons auf Plain-Text-Daten auszurichten. So positiv die technischen Eigenschaften sein mögen, so wenig verbreitet ist doch die Nutzung einfacher Textdateien in den Geisteswissenschaften. Computer sind glücklich mit dieser Form von Daten. Aber gilt das auch für die beteiligten Menschen?

Text als Praxis

Plain Text führt nicht nur eine Existenz als Datei, sondern ist auch eine Praxis der Textarbeit. *Plain Text* ist nicht nur ein Zustand von Daten, sondern erfordert auch eine bestimmte Weise des Umgangs mit Text. Dass *plain Text* keine Formatierungen jenseits des Textes kennt, verändert notgedrungen, wie ein Text von seinen Autor:innen bearbeitet wird. Für viele wissenschaftliche und nicht-wissenschaftliche Zwecke ist das Repertoire einfacher Text-Dateien zu beschränkt. Was fehlt, sind Möglichkeiten der semantischen Auszeichnung, um bestimmte Textteile wie Überschriften, Hervorhebungen oder Anmerkungen als solche auszuweisen.

Populäre Textverarbeitungsprogramme erfüllen diese Aufgabe mit den Mitteln eines grafischen Interfaces. Nutzer:innen können Textteile durch Tastendruck im Interface auszeichnen und sehen die Auszeichnung am Bildschirm im Stil einer simulierten Druckseite. Diese Art der Auszeichnung geht häufig mit der Einschränkung einher, dass die so entstehenden Daten nur von jenem Programm gelesen und bearbeiten werden können, das sie erstellt hat. Eine Alternative dazu ist, einen Text *plain* zu belassen, also alle gewünschten Auszeichnungen zum Teil des Textes zu machen, ohne auf eine Software angewiesen zu sein, die diese Auszeichnungen in ein grafisches Interface übersetzt. Die Auszeichnung semantischer Textteile durch die Autor:in geschieht dann durch die Einfügung bestimmter Zeichen in den Text. Welche Zeichen welche Bedeutung tragen, ist durch eine Auszeichnungssprache beschrieben; durch ein Set maschinenlesbarer Regeln für die Markierung von Textteilen. Die vielleicht populärste Auszeichnungssprache ist die *Hypertext Markup Language* (*HTML*) – jene Sprache, die regelt, wie Webseiten verfasst sind. Hier wird etwa der Titel einer Seite durch ein sogenanntes *Tag* ausgezeichnet: <title>Das ist ein Titel</title>.

Für die Textinfrastruktur des Lexikons hat sich die Gruppe der Herausgeber:innen auf meinen Vorschlag hin für die vergleichsweise simple Auszeichnungssprache *Markdown* eingelassen. Die Syntax dieser Sprache verfolgt das Ziel, nicht nur von Maschinen leicht gelesen werden zu können, sondern auch von Menschen:

»Markdown soll so einfach wie möglich zu lesen und zu schreiben sein«, ist in der Dokumentation der Sprache festgehalten (Gruber 2004, meine Übersetzung, F.P.). Um dieses Ziel zu erreichen, verwendet die Syntax von Markdown möglichst nur solche Satzzeichen, die so aussehen, wie sie gemeint sind; Sternchen markieren etwa die `*Hervorhebung*` eines Wortes.

Soll ein Text also *plain* bleiben, bedeutet das für die Praxis der Textarbeit, dass eine auszeichnende Syntax in den Text eingeflochten werden muss und es sich empfiehlt, eine Software zu verwenden, die diese Tätigkeit unterstützt. Diese praktische Anforderung ist keineswegs so simpel wie die Syntax selbst, weil sie Nutzer:innen abverlangt, ungewohnte Entscheidungen zu treffen und alternative Routinen zu finden. Die relative Offenheit von *plain Text* als Standard hat mithin zur Folge, dass er mit einer Vielzahl von Programmen kompatibel ist, was die Situation zugleich erleichtert und erschwert – einerseits steht ein breites Spektrum an Weisen der Bearbeitung zur Verfügung, andererseits vermehrt das den Bedarf an Entscheidungen sowie die Frequenz von Kontextwechseln.

Es gibt viele mögliche Situationen, in denen sich eine Text-Datei befinden kann. Hier werde ich zwei Positionen besprechen, um einige typische Optionen der Praxis einzusammeln. Zum einen wird jede Text-Datei durch eine oder mehrere Autor:innen erstellt und bearbeitet, zum anderen werden diese Dateien auf der Seite der Herausgeber:innen gesammelt, organisiert und begutachtet. Diese zwei Positionen markieren dann einerseits zwei entscheidende Gruppen von Akteur:innen – Autor:innen und Herausgeber:innen – und andererseits wichtige Momente der Transformation, die eine Text-Datei passieren muss, um ihre Position zu wechseln. Die folgenden Episoden basieren auf meinen teilnehmenden Beobachtungen als Autor:in, Teil der Gruppe der Herausgeber:innen sowie verantwortliche Person für die Textinfrastruktur des Lexikons. Diese Rollen ergeben sich nicht zuletzt aus meiner Tätigkeit als Mitglied der Teilprojektvariante INF, welche praxeografisch die Infrastrukturen der Zusammenarbeit am SFB 1567 *Virtuelle Lebenswelten* untersucht (vgl. Mol 2017) (→ 1567, → INF, → Klappkiste).

Das Leben eines digitalen Textes beginnt als Datei ohne Inhalt, mit der nichtsdestotrotz erste Formentscheidungen getroffen sind (→ File, empty). Eine menschliche Autor:in beginnt Text einzugeben oder aus der Zwischenablage in die Datei zu kopieren, doch abhängig von der verwendeten Software ändert sich nicht nur die Dateiendung (.txt, .md, .docx), sondern auch die Textpraxis. Mit der alternativen Textinfrastruktur des Lexikons war die Hoffnung verbunden, die Autor:innen von Beginn an mit den Praktiken von *plain Text* vertraut zu machen; also mit Markdown-Text-Dateien zu starten und unter den damit gegebenen Bedingungen weiterzuarbeiten. Doch es kommt anders: Eine Person aus dem Kreis der Autor:innen, die ich in ihrem Büro besuche, um gemeinsam vor ihrem Computer ein Interview über ihre Textpraktiken zu führen, berichtet von ihrer Erfahrung: »Das war mein erster Aufregungspunkt, dass ich jetzt genötigt werde, eine Markdown-Datei zu erstellen, mit der ich sonst noch nie gearbeitet habe und voraussichtlich auch nie wieder arbeiten werde«.

Passend dazu berichten mehrere Autor:innen, dass sie ihre Texte in den ihnen vertrauten Programmen beginnen und entsprechend mit formatiertem Text arbeiten. Sobald der Text eine bestimmte Reife erreicht, überführen sie ihn in die von der Infrastruktur und den Herausgeber:innen geforderte Plain-Text-Datei. Auch wenn dieser Übersetzungsschritt vom Formatierten ins Unformatierte eigene Probleme erzeugt, sind solche Workarounds verständlich, wenn man bedenkt, dass der eine Pfade vertraut und unaufdringlich, der andere unbekannt und aufmerksamkeitsfordernd ist. »Sich über die Jahre über Word aufzuregen, gehört zum Berufsalltag dazu«, berichtet die Autor:in im Interview, »aber sich über andere Sachen auch noch aufzuregen, das habe ich noch nicht intus«. Der Grund ist naheliegend: Es sind Praktiken, »die ich nicht kenne und in die ich mich einarbeiten muss«.

Im Rahmen der Begutachtung dieses Artikels merkt eine auch als Autor:in tätige Person an, mein Bericht mache nicht deutlich genug, wie sehr die Arbeit mit *plain Text* als ein Umlernen auftritt. »Mir fehlt«, bemängelt sie, »dass man sich diese Schreibweise richtig antrainieren muss«. Die Arbeit mit *plain Text* stelle sich ihr als »Lernen eines ganz neuen Schreibens dar«, was sie letztlich davon abgehalten hätte, weitgehender als nötig mit der alternativen Infrastruktur zu arbeiten. »Die relative Offenheit von *plain Text* [...] in technischer Hinsicht« bedeute für sie »Schwellen, Hindernisse und auch Ausgrenzungen«. Spätestens hier wird deutlich, welche Erschütterung die Einführung eines (technischen) Standards für die damit verbundenen (sozialen) Praktiken bedeuten kann (vgl. Lampland/Star 2009).

Auch an anderen Stellen der Textinfrastruktur laufen alte und neue Praktiken parallel. Einerseits ist ein für alle zugänglicher Ablage- und Austausch-Ordner auf einem von der Universität bereitgestellten Datei-Speicher eingerichtet, andererseits tauschen die Autor:innen Dateien per Email aus. So schickt eine Autor:in den ersten Entwurf des Artikels als Word-Datei im Anhang einer Email an diejenigen, die den Text begutachten sollen. Bemerkenswert ist, dass Letzteres unkommentiert passieren kann, weil es der bekannte, eben selbstverständliche Weg ist. Die alternative Textinfrastruktur des Lexikons sollte es erleichtern, andere Pfad einzuschlagen, erhöht aber eben dadurch zugleich die Notwendigkeit, entgegen praktischer Selbstverständlichkeiten die Art und Weise der Zusammenarbeit koordinieren zu müssen. In diesem Fall hätte sich die in der Email versammelte Gruppe aus Autor:innen und Gutachter:innen über ein möglicherweise alternatives Verfahren verständigen müssen, um mit den bestehenden Routinen zu brechen. Stattdessen wird das unausgesprochene Angebot der angehängten Word-Datei unkommentiert angenommen, indem diese von einer Gutachter:in – inhaltlich kommentiert – in den Verteiler zurückgegeben wird.

In den Treffen und Absprachen der Gruppe der Herausgeber:innen ist die Idee einer auf *plain Text* ausgerichteten Textinfrastruktur kaum umstritten. Das konzeptionelle Argument ist, den experimentellen Charakter des Lexikons auf die Herstellungsverfahren auszuweiten. Hinzu kommt das pragmatische Argument, dass eine geplante Online-Variante des Lexikons und die dafür notwendige Umwandlung in HTML von einfachen Textdateien profitieren wird. Der diskursiven Einigkeit stehen jedoch praktische Workarounds gegenüber. So meiden einige der Herausgeber:innen die vorgeschlagenen Verfahren und weichen auf ihnen bekannte Anwendungen der Textverarbeitung oder Tabellenkalkulation aus. In dem Moment als zur Koordination des Begutachtungsverfahrens eine Inventur der Artikel ansteht, wird deutlich, dass unklar ist, welche Artikel sich in welcher Phase befinden. Diese Unsicherheit ist nicht nur Ergebnis suboptimaler Planung, sondern auch Folge parallellaufender Textinfrastrukturen; etwa einer gemeinsamen Ordner-Struktur einerseits bei gleichzeitigem Dokumenten-Austausch via Email andererseits.

Vorläufig und zusammenfassend kann ich auf beiden Seiten der Textinfrastruktur drei Typen von Akteur:innen ausmachen. Die *Techniker:innen* stehen dem infrastrukturellen Experiment positiv gegenüber, auch weil sie mit diesen oder ähnlichen Anwendungen mehr oder weniger vertraut sind. Die *Tourist:innen* kennen die alternativen Anwendungen nicht, sind aber interessiert, abenteuerlustig und bereit, einen Umweg zu gehen. Die *Pragmatiker:innen* schließlich tolerieren die alternative Infrastruktur und die Störung ihrer Routinen, meiden sie aber, wo sie andere Möglichkeiten haben.

Diese typologische Skizze vermittelt, welche Mobilisierungen *plain Text* als infrastrukturelle Intervention in Gang setzten kann. Im nächsten Versuch könnten diese Typen erwartet und produktiv in Beziehung gesetzt werden: Techniker:innen könnten für ihrer Mitreisenden sensibilisiert werden, um die eigenen Selbstverständlichkeiten zu relativieren und passende Hilfsangebote zu machen. Es könnten gemeinsame Ausflüge in die alternative Infrastruktur organisiert werden, um neue und alte Tourist:innen zu motivieren und das Verständnis für die lokalen Gebräuche zu steigern. Und schließlich könnte die alternative Infrastruktur die Praktiken der Pragmatiker:innen ernst und eine entsprechende Offenheit gegenüber den alten Routinen pflegen.

Text als Virtualität

Plain Text führt außerdem eine Existenz als virtuelles Objekt. Streng genommen kann *plain Text* überhaupt nur virtuell, also auf eine nicht aktualisierte Weise existieren (vgl. Deleuze 1989: 122f.). Denn eine *reine* Sequenz von Zeichen kann niemals auf einem Bildschirm oder einem Blatt Papier erscheinen, ohne zugleich formatiert zu werden. Jeder Text muss eine Form – eine Schriftart, eine Farbe, eine Größe – annehmen, um angezeigt oder ausgedruckt werden zu können. Um wahrnehmbar zu sein, muss Text Formatierungen im Sinn der Textverarbeitung durchlaufen, die sich zugleich als Formbildungen in einem medientheoretischen Sinn beschreiben lassen (vgl. Heider 2005; Luhmann 1998). Auf diese Weise kann ich die Virtualität von *plain Text* im Folgenden genauer bestimmen.

Ein Angebot zur Beschreibung des Verhältnisses von Medium und Form macht Niklas Luhmann; seine Variante der Wahrnehmungstheorie Fritz Heiders versteht Medien als lose Ansammlungen von Elementen, die durch Momente der strikten Kopplung zu konkreten Formen werden (vgl. Luhmann 1998: 198). Das Medium ist hier eine »Offenheit einer Vielzahl möglicher Verbindungen« (Luhmann 1997: 168), während Formen als das Ergebnis fester Bindungen in diesem Medium auftreten. Greifbar ist dabei nie das pure Medium, sondern sind immer nur die gebildeten Formen: »Man hört nicht die Luft, sondern Geräusche« (Luhmann 1998: 201). Dasselbe gilt für *plain Text* – nur formatierter Text lässt sich anzeigen oder ausdrucken.

Dass Medien in diesem Sinne eine virtuelle Existenz führen, hat Annina Klappert (2020) durch eine Verbindung des Medienbegriffs Luhmanns mit der Virtualitätskonzeption von Gilles Deleuze (vgl. 1989: 121ff.) dargelegt. Für Letzteren ist das Virtuelle nicht identisch mit dem Möglichen, sondern Gegenstück zum Aktuellen; das Virtuelle »hat sich nicht zu realisieren, sondern zu aktualisieren« (ebd.: 122). Während eine Realisierung von Möglichem also als limitierender Ausschnitt vollzogen wird, geschieht die Aktualisierung von Virtuellem stets als gestaltende Differenz (vgl. Deleuze 1989: 121f.). Dieses Verhältnis von Virtualität und Aktualität lässt sich schließlich auf die Differenz von Medium und Form projizieren (vgl. Klappert 2020: 18–30): Ein Medium ist virtuell, insofern es als Bedingung kontingenter Formbildungen existiert. Formen sind aktuell, insofern sie keine prärealisierten Selektionen, sondern differente Kreationen sind.

Die spezifische Virtualität von *plain Text* zeichnet sich nun nicht dadurch aus, ein Reservoir möglicher Schriftzeichen anzubieten, aus dem beliebige Sequenzen kombiniert werden können, und sie spielt sich auch nicht auf der Ebene von Sinn oder Inhalt ab. Die Virtualität von *plain Text* besteht darin, Zeichensequenzen *vor jeder Formatierung* bereitzustellen, und damit Bedingungen, um diese Sequenz kontingent zu materialisieren. *Plain Text* ist kein virtueller Inhalt, sondern virtuelle Form. Es ist diese spezifische Virtualität von *plain Text*, die ihn für die Praxis der Textproduktion so problematisch und praktisch macht, wie oben von mir dokumentiert. *Plain Text* verleiht, so lässt sich auch sagen, textförmigen Einschreibungen ein besonderes Verhältnis von Mobilität und Modifizierbarkeit (vgl. Latour 1981); unveränderlich und mobil ist die Zeichensequenz, offen und modifizierbar bleiben die Formen ihrer Materialisierung.

Zeichenketten werden in den Geisteswissenschaften laufend modifiziert; Texte werden entworfen, annotiert, zitiert, korrigiert und redigiert. Gefragt ist deshalb ein Medium, dass diese Modifikationen zwischenzeitlich feststellt und Texte transportfähig macht. Die aktuell verbreiteten Programme und Dateiformate der Textverarbeitung leisten diesen Transport zum Preis einer Überlast – zumindest im Vergleich zu Plain-Text-Daten, die Formatierungen zurücklassen und dadurch Beweglichkeit gewinnen, insofern die Dateien vergleichsweise klein und dank offener Standards von vielen Programmen lesbar sind. Dennoch hat die gegenwärtige Praxis andere Standards und Routinen gefunden; vielleicht um durch formale Stabilität inhaltliche Flexibilität zu gewinnen. Damit bleibt aber die Forderung an geisteswissenschaftliche Forschung aktuell, sich die technischen Formen hinter den eigenen Inhalten präsent zu halten.

Den hier dokumentierten Versuch, dem Textprojekt des Lexikons mittels *plain Text* eine experimentelle Infrastruktur zu empfehlen, verstehe ich als Beitrag zu dieser Forderung. Er steht damit paradigmatisch für meine Arbeit in der Teilprojektvariante → INF, die mittels Unterstützung und Störung das Ziel verfolgt, Routinen zu reflektieren und zu erneuern. Der Bericht macht schließlich deutlich, dass die Form dieser Reflexion »nicht Besserwissen oder Kritik sein« (Luhmann 1993: 256) kann, sondern ein Versuch, »[d]asselbe mit anderen Unterscheidungen zu beschreiben und das, was den Einheimischen als notwendig und als natürlich erscheint, als kontingent und als artifiziell darzustellen« (Luhmann 1993: 256). Eine nachhaltige Erneuerung träger Praktiken muss sich an einer *geschickten und kunstvollen Integration* (vgl. Suchman 2002: 9) versuchen, die durch sorgfältige Untersuchungen virtueller Forschungsumgebungen und Arbeitsweisen jene

Nischen zu finden vermag, in denen neue Technologien und Praktiken florieren.

Literatur

Deleuze, Gilles (1989): Henri Bergson zur Einführung, Hamburg: Junius.

Gruber, John (2004): Markdown: Syntax. Online unter: https://daringfireball.net/projects/markdown/syntax (letzter Zugriff: 13.05.2024).

Heider, Fritz (2005): Ding und Medium, Berlin: Kadmos.

Klappert, Annina (2020): Sand als metaphorisches Modell für Virtualität, Berlin/Bosten: De Gruyter.

Lampland, Martha/Star, Susan Leigh (2009): Standards and Their Stories, Ithaca: Cornell University Press.

Latour, Bruno (1986): »Visualisation and Cognition«, in: Henrika Kuklick (Hg.), Knowledge and Society, Greenwich, Connecticut: Jai Press, S. 1–40.

Luhmann, Niklas (1993): »Was ist der Fall? Und was steckt dahinter?«, in: Zeitschrift für Soziologie 22, S. 245–260.

Luhmann, Niklas (1997): Die Kunst der Gesellschaft, Frankfurt a.M.: Suhrkamp.

Luhmann, Niklas (1998): Die Gesellschaft der Gesellschaft, Frankfurt a.M.: Suhrkamp.

Mol, Annemarie (2017): »Krankheit tun«, in: Susanne Bauer/Torsten Heinemann/Thomas Lemke (Hg.): Science and Technology Studies. Berlin: Suhrkamp, S. 407–470.

Rheinberger, Hans-Jörg (2021): Spalt und Fuge, Berlin: Suhrkamp.

Suchman, Lucy (2002): »Located accountabilities in technology production«, in: Scandinavian Journal of Information Systems 14(2), S. 91–105.

The Unicode Consortium (2023): The Unicode Standard, Version 15.0, Mountain View.

Thomas, David/Hunt, Andrew (2020): The Pragmatic Programmer, Boston: Addison-Wesley.

Tribunal

Vanessa Grömmke

Am 25. Februar 2017 veröffentlichen die Schriftstellerinnen Lydia Haider, Maria Hofer und Stefanie Sargnagel ein Gemeinschaftstagebuch in der österreichischen Tageszeitung *Der Standard*, das eine Vielzahl von Hassbotschaften in sozialen Medien induziert. Den auslösenden Impuls liefert eine Fehldeutung der österreichischen *Kronen Zeitung*, die inhaltliche Elemente des mit Zuspitzungen und Fiktionalisierungen spielenden Berichts als faktuale ausweist – darunter Alkohol- wie Drogenexzesse – und eine scharfe Polemik entfaltet. Die Autorinnen werden online angefeindet, beleidigt und beschämt, woraufhin Sargnagel den öffentlichen Hass in einem Facebook-Post reinszeniert und die Aufmerksamkeit der erregten Nutzenden verstärkt bindet. Zutage tritt eine affektive Kommunikation, die aus dem originär analogen Bereich der Publizistik in den digitalen Raum diffundiert und sich aufgrund des Medienwechsels sowie der digitalen Vernetzung viral ausbreitet (→ Digitalität).

Anknüpfend an das Fallbeispiel der Empörungswelle wird der Hass gegen die Schriftstellerinnen, insbesondere Sargnagel, als eine Tribunalisierung der sozialmedialen Kommunikation begriffen.

Ausgehend von einem traditionell-juristisch motivierten Verständnis adressiert diese neue Semantik des Tribunals medien-, kultur- sowie literaturwissenschaftliche Fragestellungen, um mediale (Zeige-)Gesten, kommunikative Strategien der Darstellung und Formen sozialmedial generierter konnektiver Beziehungen zu berücksichtigen. Der Fokus liegt auf Erscheinungsweisen der Streit-Eskalation, die intendieren, jemanden öffentlich zur Rechenschaft zu ziehen und ein empfundenes Unrecht spektakulär auszustellen. Im Zentrum stehen zum einen die Kommunikation zwischen Sargnagels Facebook-Post und der Kommentarsektion, zum anderen die differenten medialen Räume, die ein zentraler Bestandteil des Konflikts sind und durchlässige Text- und Mediengrenzen in Erscheinung treten lassen, also ein fluktuierendes Verhältnis von Analog und Digital, das als *virtueller Zwischenraum* und den exzessiven Streit formendes Element sichtbar wird (→ Virtualität, → Normenräume).

Aus dem Gericht in die sozialen Medien

Rechtsgeschichtlich weist das Tribunal einen ambivalenten Status auf, der Charakterisierungen als »Werkzeug des Terrors, der Willkür und des Machtmissbrauchs«, als ›symbolische Verurteilung‹ von Kriegsverbrechen durch Intellektuelle und institutionelle »Verurteilung fundamentalen Unrechts« umfasst (Suntrup 2014: 9). Trotz einer gewissen Mannigfaltigkeit seiner Bedeutungen haftet ihm der negative Ruf des Unrechts an, der mitnichten den fairen Verfahrensvorgaben einer idealen Gerichtshandlung entspricht (vgl. ebd.).[1] Als bestimmte Versammlung von Individuen ermöglicht das Tribunal Machthabenden und Gemeinden die Konstitution einer terroristischen Regierungsform und den Zerfall demokratischer Prinzipien. Der Schwerpunkt wird daher auf Tribunal-Prozesse gesetzt, die sich von der gerichtlichen Institution gelöst haben und der Logik des Agonalen als »das Andere des Gerichts« folgen (Vismann 2011: 160). Diese implizieren die Konfrontation miteinander streitender, gar verfeindeter Parteien, denen eine neutrale Position, eine über der Sache stehende richtende Instanz, fehlt, die ein Urteil fällt. Statt ihrer sind es die Anklagenden, die ihre jeweilige Wahrheit in Rede und Gegenrede durchzusetzen suchen, um ihre Gegenspielenden zu entmachten und zu vernichten (vgl. ebd.: 160f.). Die Wirkmächtigkeit ihrer Rede als Fundament der Entscheidung liegt in der Öffentlichkeit begründet, die neben der Legitimierung des Verfahrens dazu verleiten kann, Tribunale als Schau-Prozesse zu formen. Sie stehen einem geschlossenen Gerichtsraum konträr gegenüber und fordern eine starke mediale Aufmerksamkeit sowie Popularität ein (vgl. Wilhelms/Arnold 2022: 2).

Vor diesem Hintergrund erscheint das Tribunal als »machtvolles Kollektiv« (Benthien 2011: 9), weil es der Bestärkung oder Verspottung und Verurteilung des einzelnen Individuums dient. Es weist der Artikulation von Affekten – sie zeichnen

1 Das moderne europäische Strafverfahren orientiert sich am Ideal einer identifizierbaren ›materiellen‹ Wahrheit, die sich durch und im Zuge von adäquaten Verfahren ermitteln und beweisen lässt. Obgleich weder Prozess noch Urteil zweifelsfreie Wahrheit garantieren können, bleibt sie die unverzichtbare Illusion des Verfahrens (vgl. van Kempen 2005: 9f.).

sich in Begriffen wie Spott ab – eine besondere Rolle zu (vgl. ebd.: 26), insofern die Erregung von Affekten die Grundlage von Überzeugungsstrategien bildet. Über diese fordern die Beteiligten das Hinsehen des Publikums ein, um eigene Interessen zu verbreiten (vgl. Wilhelms/Arnold 2022: 2; Seibert 2016: 126). Cornelia Vismann verwies bereits auf die Rolle der Medien – Fotografien, Fernsehen, Akten und Stimmen –, die Einfluss auf das Tribunal als Schau-Prozess nehmen, da sie neben der medialen Zeugenschaft ein *remote judging* ermöglichen, also Urteile des Publikums aus der Ferne (vgl. Vismann 2011: 9). Jedoch gilt es im Angesicht digitaler Netzwerke, ihre These des technisch abgelösten Schauplatzes neu zu denken, weil soziale Medien einen digitalen Schauplatz und Versammlungsort etablieren. Indem sie Nutzende animieren, ihren Alltag zu dokumentieren – *Was machst du gerade?* (Facebook) oder *Was gibt's Neues?* (X/Twitter) –, fungieren sie als Generator von Kulturformaten. Sie erzeugen Texte, Bilder, Videos, Filme, phatische Sprechakte und Spiele mit einer »narrativen, ästhetischen, gestalterischen, ludischen, moralisch-ethischen Qualität« (Reckwitz 2017: 227), die zirkulieren, rezipiert werden und affizieren.

Primär Facebook regt mit seiner Plattform-Rhetorik des Sozialen und Konnektiven Nutzende an, mit ihren *friends* in Verbindung zu bleiben, und liefert damit die Basis der sozialen Infrastruktur, in der die Interaktivität überwacht und in Verbraucherdaten umgewandelt wird (vgl. Leistert/Röhle 2011: 10; Gerlitz/Helmond 2013: 1349). Die Konstitution der digitalen Umgebung, »[g]roups, algorithms, interfaces, and features« (Gillespie 2015: 1), formt Verhaltensweisen und tritt mitnichten als neutrale Zone auf, da die Betreibenden ökonomische Interessen vertreten. Neben Kontakten, Content von Bekannten, Unternehmen, Prominenten und Marken werden im Feed Inhalte von Zeitungen, Zeitschriften, Blogs, Gruppen sowie Werbung sichtbar, die von der Zuwendung der Nutzenden abhängen und verkürzte Aufreger posten, um ihre in Downloads, Klicks, Likes und Views messbare Aufmerksamkeit zu erregen (vgl. Terranova 2012). Die Weiterleitung des Skandalösen evoziert Shitstorms, Hassnachrichten und andere Formate der Online-Anprangerung, in denen Personen zur Zielscheibe kommunikativer Aggressivität oder Beschämung werden (vgl. Ronson 2015; Reckwitz 2017; Gaderer 2018; Wagner 2019). In dem Artikel geht es darum, sie als eine medien- und kulturgeschichtliche Phase des Tribunals zu begreifen.

Urteile zwischen Analog und Digital

Adressiert wird ein mediales Phänomen, mit dem prominente Schreibende wie Stefanie Sargnagel (eigentlich Stefanie Sprengnagel) bereits mehrfach konfrontiert wurden. Im Frühjahr 2017 publiziert die Österreicherin gemeinsam mit den Autorinnen Lydia Haider und Maria Hofer ein Reisetagebuch, in dem Geschehnisse während ihres durch das Bundesministerium für Unterricht, Kunst und Kultur geförderten Aufenthalts in der Hafenstadt Essaouira episodenhaft, überspitzt und humoristisch verhandelt werden (vgl. Haider/Hofer/Sargnagel 2017). Obwohl die einzelnen Einträge deutlich werden lassen, dass der verfasste Bericht als »ironisch gebrochene Dokumentation einer Reise« (Gaderer 2019: 385) die Fiktionalisierung des Erlebten in den Fokus rückt, werden die Schreibenden vom österreichischen Boulevard, vor allem der *Kronen Zeitung*, öffentlich angeklagt und ihre Aufzeichnungen – u.a. über das Treten von Katzenjungen und Rauschmittelkonsum – als faktische Beschreibungen (fehl-)gedeutet. Nach der digitalen Berichterstattung der *Kronen Zeitung* (vgl. Schmitt 2017), die an mehrere Tausend Nutzende verschickt und über das soziotechnische Gefüge der sozialen Netzwerke weitergeleitet wird, erreichen Sargnagel, die zu diesem Zeitpunkt bereits über eine gewisse Reichweite verfügt, zahlreiche Hassbotschaften. Ihre polemische Reaktion äußert sich in einer Reinszenierung der journalistischen und sozialmedialen Vorwürfe (vgl. Butler 2006: 71), die sie in ihre Facebook-Statusmeldung vom 9. März 2017 integriert und rekontextualisiert:

> »wir haben in marokko nicht nur babykatzen getreten und welpen zerfickt. wir haben auch kleine babykamele ausgepeitscht, während wir lachend faschierte laberl aus babydelfinen gegessen haben. dabei saßen wir auf baby schildkröten und dekoriert war das ganze szenario mit baby hamstern die wir auf palmen aufgehängt haben, nachdem wir sie mit unseren haschsspritzen betäubt haben.« (Sprengnagel 2017, Abb. 1)

Abb. 1: Stefanie Sprengnagels Statusmeldung vom 9. März 2017, Screenshot: Facebook

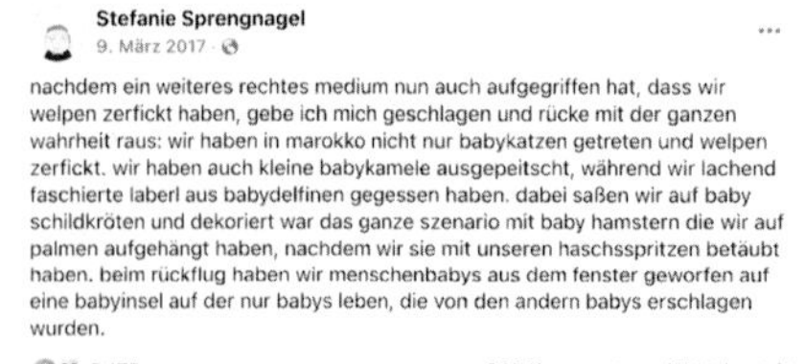

Die öffentlich kursierenden Bezichtigungen des Drogenmissbrauchs sowie der Tierquälerei werden hyperbolisch aufgegriffen – in der Darstellung werden Tiere »getreten«, »zerfickt«, »ausgepeitscht«, »gegessen«, »aufgehängt« und mit »haschsspritzen betäubt« – und mit zahlreichen Diminutiven versehen – »babykatzen«, »welpen«, »babykamele«, »babydelfine« etc. –, um die bereits affizierten Rezipierenden verstärkt zu befeuern. Denn das konfrontative Auftreten evoziert nicht nur die Verbreitung weiterer Anfeindungen, sondern verhilft der Schriftstellerin zur Vergrößerung ihrer Reichweite. Schließlich belohnt der Facebook-Algorithmus kontroversen Content und verschafft ihm Sichtbarkeit, um ein hohes Datenaufkommen zu verursachen. In Relation zu anderen ihrer Postings, die Kommentare im zweistelligen Bereich erlangen, erzeugt dieser einen regen Austausch, in dem Urteile wie Bewertungen formuliert und konkretisiert werden (2172 Likes, 303 Kommentare, 35 Shares).

Einerseits manifestieren sich diese in der Kommentarspalte in einer bestärkenden Rezeption, die zentrale Argumente des Boulevards aufgreift, wie den Aspekt des von Steuergeldern bezahlten Urlaubs und das Moment der suggerierten Entlarvung (»All inklusive«, User Mat van Hias 2017, »Hab ich's doch gewusst«, User Michael Knoll 2017), um die Satire in Sargnagels Post zu adaptieren. Andererseits begegnen sich Anmerkungen von Nutzenden, die negativ affiziert werden und die Autorin pathologisieren. Die Affektivität zeichnet sich in der Nutzung von Majuskeln ab, um den Eindruck eines energischen Ausrufs zu generieren – »DAS IST EINFACH EIN KRANKES WEIB« (Userin Dagmar Krückl-Lippe 2017) –, sowie Interjektionen – »o Gott wie krank« (Userin Gleichweit Natalie 2017). Während die Äußerung des Hasses hier deutlich zum Vorschein kommt, inszenieren sich andere Kommentare als sprachliche Form, die den Hass auf reflektiertere Weise zum

Ausdruck bringen will, etwa im Bereich einer Rhetorik der Kritik, deren Übergänge zur Hassrede fließend sind (vgl. Brokoff/Walter-Jochum 2019: 24). In dem Unterfangen, Hass und Hassrede näher zu bestimmen, erscheint die Diversität als grundlegende Hürde: Bei » [r]acial slurs, terms of sexual humiliation, and other toxic language« könne diese Luke Munn zufolge zwar klar identifiziert werden, »[b]ut in many spaces, especially newer ones, hate speech is tempered or even invisible. Anti-immigrant sentiment, for instance, can be decoded but it is a matter of reading between the lines« (Munn 2023: 29).

Jene Ressentiments lassen sich nicht nur inhaltlich, sondern auch strukturell von den Bestätigungen differenzieren, weil sie nicht isoliert auftreten, sondern Subdiskussionen hervorrufen. Diese nehmen weniger Bezug auf Sargnagels Statusmeldung, als vielmehr auf den ihnen übergeordneten Kommentar, der dadurch selbst zum (knappen) Text wird (vgl. Krajewski/Vismann 2009: 9) – und zur potentiellen Zielscheibe des sozialmedialen Tribunals (vgl. Abb. 2). Schließlich besitzen die Nutzenden keine starren Positionen, insofern ihre Rollen, also Anklagende, Urteilende, Zuschauende, und Schuldzuweisungen variieren können. Über den Kommentar der Userin Sandra Hammerschmid (2017) etwa, die die Autorin als »unlustiges Etwas« objektifiziert, wird insofern Unverständnis artikuliert, als diese Sargnagels Texte trotz Missfallen regelmäßig rezipiert (»Warum hast du sie denn dann abonniert wenn du sie so unlustig findest?«, Userin Evelyn Pana 2017, »Wozu lesen Sie dann ihre Texte? Als Vegetarier gehe ich ja auch nicht ins Wirtshaus und esse ein Gulasch nur um dann zu sagen: ›ma is des grauslich‹ das wär ja absurd...«, User Johannes Reindl 2017). Zudem wird eine affirmative Lesehaltung Sargnagel gegenüber geäußert, die unbegründet bleibt und Instantaneität vermittelt (»Sie ist voll lustig«, Userin Marlene Stolz 2017). Diese Beobachtung über die Subdiskussion verdeutlicht, dass dem sozialmedialen Kommentar ein Kaskadeneffekt innewohnt, der den digitalen Dialog stetig voranzutreiben scheint:[2] Die Nutzenden *parasitieren* an Sargnagels Reichweite, indem sie sich in der Kommentarsektion inszenieren und ihre Repliken rezipiert werden; zugleich *erzeugen* sie Sargnagels Reichweite, da ihre Auseinandersetzung an den Countern der Likes, Shares und Comments sichtbar wird.

Primär das agonale Moment zwischen Sargnagel und dem österreichischen Boulevard sowie der widerstreitenden Positionen in der Kommentarsektion offenbart Tribunalisierungsdynamiken der medialen Kommunikation. Das Urteil als dominierender und interpretierender Akt findet in sozialen Medien nicht in der Praktik des rechtlichen Urteilens statt – die Nutzenden suchen keine Paragraphen, denen sie das Geschehen zuordnen können –, vielmehr handelt es sich um ein ästhetisches oder moralisches Urteil. Es wird in Bezug auf Sargnagels Statusmeldung formuliert und stiftet einen Gemeinsinn durch den Vergleich der eigenen Perspektive mit derjenigen anderer

2 Michel Serres entwickelt die Figur des Parasiten als kommunikatives Element, dessen Dynamik mit einer Kaskade verglichen wird: Den Akt des Kommunizierens zwischen Sender:in und Empfänger:in begreift Serres als ewigen »Kampf gegen einen Dritten«, den die Beteiligten vertreiben müssen, um Botschaften ohne Sinnverlust übertragen zu können. Dieses »Dritte« manifestiert sich als »Medium, eine Mitte, ein Vermittelndes« und tritt als Parasit auf (Serres 1987: 97).

Urteilender, der sich in der Konstitution differenter Gruppen abzeichnet.

Abb. 2: Subdiskussion unter Stefanie Sprengnagels Post, Namen der User:innen geschwärzt, Screenshot: Facebook

In Erscheinung tritt jedoch nicht nur das verbindende (und trennende) Element des Urteils, sondern ebenso seine mediale, präziser: *virtuelle* Umgebung. Sie adressiert Tribunalisierungsdynamiken in einem Bereich, der Analog wie Digital impliziert und nicht nur das Eine oder das Andere, um Text- und Mediengrenzen zu überschreiten. Schließlich ist der Ausgangspunkt der Empörungswelle im journalistischen Reisebericht verankert, der in den digitalen Raum diffundiert – nicht nur weil er digitalisiert und transformiert wird, sondern zahlreiche digitale Reaktionen induziert, von der Online-Ausgabe der *Kronen Zeitung* angefangen bis hin zu den emotionalisierten Resonanzen sozialer Medien. Virtualität entsteht also in einem Konglomerat unterschiedlicher medialer kommunikativer Ebenen (vgl. Pörksen 2018: 13), das aus der Vernetzung resultiert. Durch seinen Transfer in den digitalen Bereich erzeugt das Journal der Autorinnen eine Verteilung, Verbreitung und Urteilsbildung zahlreicher Nutzender in rasender Geschwindigkeit, die auf wenigen bruchstückhaften Informationen basiert und keine erklärende Einordnung oder Rechtfertigung der Beschuldigten vorsieht (vgl. ebd.: 163). In der (medialen) Öffentlichkeit, Versammlung und kollektiven Aushandlung rekurriert das virtuelle auf das vordigitale Tribunal, entfaltet daher eine Tribunal-spezifische *Wirkkraft* (Peirce 1920: 763), erzeugt aber, anders als dieses, keine abschließende Urteilsverkündung; vielmehr wird das virtuelle Tribunal durch hinzukommende Likes, Shares und Comments aktualisiert und produziert ein Spektrum divergierender Urteile in Form von gefühlten Wahrheiten.

Diese artikulierte Affizierung, die an die Unabgeschlossenheit und Prozessualität des virtuellen Tribunals gekoppelt ist,[3] erweist sich als zentrales Verbindungselement zwischen Nutzenden, die mit digitalen sowie analogen Räumen operieren und dadurch die Aufhebung ihrer dualistischen Trennung illustrieren (→ Lab of Unfinished Thoughts). Dieses Verständnis von Virtualität trägt dem Umstand einer veränderten Sozietät als »mixed societies« Rechnung, »die den Menschen mit artifiziellen Entitäten verbindet« (Rieger 2021: 221) und Personen sowie nichtmenschliche Akteur:innen, Dinge, Medien, Kulturtechniken, interagieren lässt. Denn Hate Speech als Element des virtuellen Tribunals konstituiert keineswegs eine Schimäre, die ausschließlich im digitalen Raum verbleibt, vielmehr verbergen sich hinter den Hassbotschaften der User:innen sowie ihren medialen Masken bürgerliche Identitäten, die mit technischen

3 Für ein Virtualitäts-Verständnis, das die Prozessualität in der Konstitution eines Artefakts fokussiert, siehe → Denkmal, virtuelles.

Apparaturen, Smartphones oder Computern, operieren, sich in den sozialmedialen Kosmos zuschalten und mit anderen Nutzenden in einen Austausch treten. Es resultieren Verbindungen des Analogen und Digitalen als instabile Kategorien, die sich in zirkulierende Artefakte – etwa Social-Media-Posts oder (Online-)Artikel – und ihre Diskurse einschreiben und einen Zwischenraum kreieren: So nimmt die digitale Vernetzung im Falle Sargnagels Einfluss auf die Rezeption des originär analogen Gemeinschaftstagebuchs und konstruiert ein Narrativ, das auf Facebook fortgeschrieben wird, um den konnektiven Hass zu entlarven, aber auch kritisch zu beschreiben. Erst die Gesamtbetrachtung des Phänomens als Zwischenraum, der analog und digital, die publizistische sowie sozialmediale Sphäre greift, ermöglicht eine Einordnung und Diskursivierung.

Literatur

Benthien, Claudia (2011): Tribunal der Blicke. Kulturtheorien von Scham und Schuld und die Tragödie um 1800, Köln: Böhlau.

Brokoff, Jürgen/Walter-Jochum, Robert (2019): »Hass/Literatur. Zur Einleitung«, in: Jürgen Brokoff/Robert Walter-Jochum (Hg.), Hass/Literatur. Literatur- und kulturwissenschaftliche Beiträge zu einer Theorie- und Diskursgeschichte, Bielefeld: transcript, S. 9–26.

Butler, Judith (2006): Haß spricht. Zur Politik des Performativen, Frankfurt a.M.: Suhrkamp.

Dagmar Krückl-Lippe (9. März 2017, 18:42)/Evelyn Pana (10. März 2017, 18:30)/Gleichweit Natalie (10. März 2017, 06:45)/Johannes Reindl (14. März 2017, 09:36)/Marlene Stolz (14. März 2017, 09:30)/Mat van Hias (9. März 2017, 16:14)/Michael Knoll (9. März 2017, 16:14)/Sandra Hammerschmid (10. März 2017, 16:33), Facebook: https://www.facebook.com/stefanie.sargnagel/posts/pfbid02xywankJc3HnrqGcGMuFJmqVmpiigCvs4zYApZx9Qp1YumKnR5dY1bTxMmwKxm5Kul (letzter Zugriff: 04.08.2023).

Gaderer, Rupert (2018): »Shitstorm. Das eigentliche Übel der vernetzten Gesellschaft«, in: ZMK. Zeitschrift für Medien- und Kulturforschung 9, S. 27–42.

Gaderer, Rupert (2019): »Statusmeldungen. Stefanie Sargnagels Gegenwart sozialer Medien«, in: Hajnalka Halász/Csongor Lörincz (Hg.), Sprachmedialität. Verflechtungen von Sprach- und Medienbegriffen, Bielefeld: transcript, S. 385–403.

Gerlitz, Carolin/ Helmond, Anne (2013): »The like economy: Social buttons and the data-intensive web«, in: New Media & Society 15, S. 1348–1365.

Gillespie, Tarleton (2015): »Platforms Intervene«, in: Social Media + Society 1, S. 1–2.

Haider, Lydia/Hofer, Maria/Sargnagel, Stefanie (2017): »Drei Autorinnen in Marokko: ›Jetzt haben wir ein Pferd und Haschisch‹«, in: Der Standard vom 25.02.2017, Album.

Kempen, Anke van (2005): Die Rede vor Gericht. Prozeß, Tribunal, Ermittlung: Forensische Rede und Sprachreflexion bei Heinrich von Kleist, Georg Büchner und Peter Weiss, Freiburg im Breisgau: Rombach.

Krajewski, Markus/Vismann, Cornelia (2009): »Kommentar, Code und Kodifikation«, in: Zeitschrift für Ideengeschichte 3, S. 5–16.

Leistert, Oliver/Röhle, Theo (2011): »Identifizieren, Verbinden, Verkaufen. Einleitendes zur Maschine Facebook, ihren Konsequenzen und den Beiträgen in diesem Band«, in: Oliver Leistert/Theo Röhle (Hg.), Generation Facebook. Über das Leben im Social Net, Bielefeld: transcript, S. 7–30.

Munn, Luke (2023): Red Pilled – The Allure of Digital Hate, Bielefeld: transcript.

Peirce, Charles Sanders (1920): »Virtual«, in: James Mark Baldwin (Hg.), Dictionary of Philosophy & Psychology, Vol. 2, New York: Macmillan, S. 763–764.

Pörksen, Bernhard (2018): Die grosse Gereiztheit. Wege aus der kollektiven Erregung, München: Hanser.

Reckwitz, Andreas (2017): Die Gesellschaft der Singularitäten. Zum Strukturwandel der Moderne, Berlin: Suhrkamp.

Rieger, Stefan (2021): »Virtual Humanities«, in: Stefan Rieger/Armin Schäfer/Anna Tuschling (Hg.), Virtuelle Lebenswelten. Körper – Räume – Affekte, Berlin/Boston: De Gruyter, S. 207–226.

Ronson, Jon (2015): So You've Been Publicly Shamed, London: Macmillan.

Schmitt, Richard (2017): »›Literaturreise‹. Saufen und kiffen auf Kosten der Steuerzahler«, in: krone.at (08.03.2017). Online unter: https://www.krone.at/557951 (letzter Zugriff: 04.08.2023).

Seibert, Thomas-Michael (2016): »Die theatrale Seite des Gerichts«, in: Franziska Stürmer/Patrick Meier (Hg.), Recht Populär. Populärkulturelle Rechtsdarstellungen in aktuellen Texten und Medien, Baden-Baden: Nomos, S. 125–143.

Serres, Michel (1987): Der Parasit, Frankfurt a.M.: Suhrkamp.

Stefanie Sprengnagel (9. März 2017, 16:03), Facebook: https://www.facebook.com/stefanie.sargnagel/posts/pfbid02xywankJc3HnrqGcGMuFJmqVmpiigCvs4zYApZx9Qp1YumKnR5dY1bTxMmwKxm5Kul (letzter Zugriff: 04.08.2023).

Suntrup, Jan Christoph (2014): »Einleitung. Über die rechtliche, kulturelle und literarische Bedeutung von Tribunalen«, in: Werner Gephart/Jürgen Brokoff/Andrea Schütte/Jan C. Suntrup (Hg.), Tribunale. Literarische Darstellung und juridische Aufarbeitung von Kriegsverbrechen im globalen Kontext, Frankfurt a.M.: Vittorio Klostermann, S. 9–26.

Terranova, Tiziana (2012): »Attention, Economy and the Brain«, in: culturemachine.net (21.07.2012). Online unter: https://culturemachine.net/wp-content/uploads/2019/01/465-973-1-PB.pdf (letzter Zugriff: 09.08.2023).

Vismann, Cornelia (2011): Medien der Rechtsprechung, Frankfurt a.M.: Fischer.

Wagner, Elke (2019): Intimisierte Öffentlichkeiten. Pöbeleien, Shitstorms und Emotionen auf Facebook, Bielefeld: transcript.

Wilhelms, Kerstin/Arnold, Stefan (2022): »Schau-Prozesse. Gericht und Theater als Bühnen des Politischen«, in: Kerstin Wilhelms/Stefan Arnold (Hg.), Schau-Prozesse. Gericht und Theater als Bühnen des Politischen, Berlin: Metzler, S. 1–24.

Abbildungsverzeichnis

Abb. 1: Stefanie Sprengnagels Statusmeldung vom 9. März 2017, Screenshot: Facebook, https://www.facebook.com/stefanie.sargnagel/posts/pfbid02xywankJc3HnrqGcGMuFJmqVmpiigCvs4zYApZx9Qp1YumKnR5dY1bTxMmwKxm5Kul (letzter Zugriff: 04.08.2023).

Abb. 2: Subdiskussion unter Stefanie Sprengnagels Post, Screenshot: Facebook, https://www.facebook.com/stefanie.sargnagel/posts/pfbid02xywankJ

c3HnrqGcGMuFJmqVmpiigCvs4zYAp Zx9Qp1YumKnR5dY1bTxMmwKxm5K ul (letzter Zugriff: 04.08.2023).

Universität Bochum, Ruhr-

Herausgeber:innen

Ort des SFB 1567 *Virtuelle Lebenswelten*, an dem unter anderem gegessen (→ Bete, rote), gelernt (→ Folienstift), gelehrt (→ Hochschuldidaktik, virtuelle), gerechnet (→ Hypervisor), gesprochen (→ Kommunikationskanäle), geforscht (→ Lab of Unfinished Thoughts), gearbeitet (→ Situationsanalyse, situierte) und gegangen (→ Spuren, virtuelle) wird.

Virtualität

Autor:innen, Herausgeber:innen

»Damit wabert die Virtualität über die Grenzen der sozialphilosophischen Anerkennungstheorie und stellt deren grundsätzliche Prämisse in Frage: dass nämlich dasjenige, das da in welcher Form auch immer, nach Anerkennung verlangt, *Selbstbewusstsein* hat« (→ Anerkennung, virtuelle).

»Das Forum als freier Raum ist zunächst und zuallererst ein Freiraum für Ideen. Es ist eine Möglichkeit im Virtuellen, ein unbeschriebenes Blatt im Antrag. Realisierung ungewiss« (→ Anfänge).

»Allen Teams und Gruppen ist eines gemeinsam: virtuelle Lebenswelten in ihrer Komplexität und facettenreich beforschen« (→ Arbeitspraktiken).

»Die ›wie von selbst‹ entstehenden Archive der kontemporären Medienpraxis decken sich nicht mit dem klassischen Verständnis des Archivs als Ort, weisen aber dennoch dieselbe Effizienz oder Wirkung wie diese auf, indem sie die Praktiken des Selektierens, Speicherns, Organisierens und potenziell auch der Distrubution des Gesammelten strukturieren« (→ Archive, virtuelle).

»Have you clicked a virtual bell today?« (→ Bell, virtual)

»Darin äußert sich insofern die Bedeutung von Virtualität für die *Rote Bete*, als durch die Äußerungen des Kochs, sowohl die Beispiele als auch die Narrative betreffend, bestimmte – durchaus spannungsreiche – Vorstellungswelten eröffnet werden« (→ Bete, rote).

»LiDAR-Sensoren und virtuelle Environments haben sich als vielschichtige Austragungs- und Aushandlungsorte der menschlich-maschinellen Produktion von Virtualität herausgestellt« (→ Behinderung, virtuelle).

»Sind die Spieler:innen nicht dazu bereit, sich auf die virtuelle Verkörperung einzulassen, wird dies divergierende körperliche Empfindungen zur Folge haben« (→ Bodies, playing).

»[...] der virtuelle Status von Denkmälern, ob physisch oder App-basiert, lässt sich als eine drängende Unabgeschlossenheit verstehen, als etwas zu Vollbringendes oder zu Beerbendes« (→ Denkmal, virtuelles).

»[...] der Begriff ›Emersion‹ erlaubt es, Virtualität eine interessante Weise zu denken: als *Effekt eines dynamischen Widerstreits von emersiven und immersiven Zügen* und als jeweils spezifische räumliche, zeitliche und soziale *Konfiguration von Realitäts- und Materialitätsebenen*« (→ Emersion).

»technische umarmung / vielfältiger daten«
(→ entgegnung)

»Das Virtuelle, / Es schwebt, / Zieht dich mit und reißt dich fort / In eine andere Zeit, an einen anderen Ort.«
(→ Experience)

»We can distinguish the virtual not from the possible but from the actual. Virtuality of the digital void undulates and modulates throughout the normal operation of computational systems« (→ File, empty).

»Innerhalb der Erziehungswissenschaft ist momentan eine Perspektivierung von Virtualität üblich, die sie an den *Einsatz digitaler Medien* bindet – selbst dann noch, wenn dem widersprochen und das Verständnis zu erweitern versucht wird« (→ Folienstift).

»Das virtuelle Fotografieren als Anfertigung eines Screenshots wird damit zumindest ansatzweise als realphysische, fotografische Praktik inszeniert« (→ Foto, virtuelles).

»Virtuelle Technik ist auch ein Versprechen. Die Vorhersage läuft auf Dauerschleife« (→ Großinvestition).

»Die Virtualität nickt zustimmend und ergänzt, dass es um die Jahrtausendwende mehrere Publikationen zu virtuellen Seminaren oder virtuellen Universitäten gegeben habe, das Interesse jedoch zunehmend abflachte und somit auch eine weitergehende Thematisierung virtueller Bildungsarrangements« (→ Hochschuldidaktik, virtuelle).

»›Also ich glaube, was ein Riesenpunkt ist, und das beobachten wir selber, ein Riesengewinn an Effizienz ist, ist Virtualisierung‹« (→ Hypervisor).

»Virtualität wird, auch literaturtheoretisch betrachtet, zumeist und immer noch mit Bezug auf das Reale, Fiktive und Imaginäre beschrieben. Die Differenzierungen und Abgrenzungen reichen jedoch nicht aus, um den Charakter und das Potential von Virtualität zu erfassen« (→ Insel, virtuelle).

»Wir können selbst entscheiden, in welcher Form wir die Virtualität des Objekts aktualisieren« (→ King Uthal.zip).

»Die Klappkiste ist immer noch real, insofern sie weiterhin existiert, aber sie ist nicht als Kiste aktualisiert – sie ist virtuell« (→ Klappkiste).

»Die Grundlagen unserer Kommunikation sind *in virtualiter*, also ihrer Wirkung nach, die Grundlagen unserer Zusammenarbeit« (→ Kommunikationskanäle).

»Auf Fragen / Antworten ›Virtualitätstheorien‹ / Unterdessen – währenddessen / Greifst du sie *praktisch* nie.«
(→ Kursieren)

»So wird das Lab durch eine Virtualität gekennzeichnet, die neben der Kontingenz der *unfinished thoughts*, den interdisziplinären Bezügen und der Hybridität der Sitzungen die Simulation von etablierten wissenschaftlichen Formaten umfasst« (→ Lab of Unfinished Thoughts).

»Sichtbar? / Nirgends fest.«
(→ Lebenswelt)

»The virtual Middle Ages are thus shaped and reshaped in different cultural contexts, for good and for bad« (→ Medieval TikTok).

»Stattdessen ist es nun dank Virtualisierung möglich, dem Prozess zu *suggerieren*, dass er volle Kapazität hat und nicht händisch aufgeteilt werden muss« (→ Multiplizität).

»Das Virtuelle dieser Konzepte kann durch die Vorprägungen des Virtualitätsbegriffs gefasst werden: *virtuosus* als Beschreibung einer moralischen Qualität und *virtualis/virtualiter*, als Beschreibung einer Wirkmacht ohne verkörperte Präsenz, der Kraft entsprechend« (→ Normenräume).

»Durch ein Experiment mit spekulativen Protein-Wirksamkeiten, so die Hoffnung, lassen sich etwa Medikamente im virtuellen Raum, *in virtuo*, testen, um bereits vor dem Versuch im Reagenzglas (*in vitro*) oder an lebenden Organismen (*in vivo*) die geeignete Substanzen zu qualifizieren« (→ Proteine).

»Sich und die Forschung zu hinterfragen und anzupassen, prägt auch die interdisziplinäre Beforschung der Virtualität, die medial, historisch und theoretisch sowie empirisch Möglichkeiten, Grenzen und Unbestimmtheiten abklopft« (→ Qualitäten).

»Das Spiel kommt an seine Grenzen, der Roboter wird vom imaginierten ›companion‹ zum fehleranfälligen Gerät, die Interaktion zerfällt in ihre technischen Voraussetzungen« (→ Roboterliebe).

»Derart an der RUB miteinander ins Gespräch kommen können nur diejenigen, die auch mit ihrem Körper, nicht nur virtuell (z.B. per Zoom-Meeting) in Bochum sind« (→ Situationsanalyse, situierte).

»So erscheint Virtualität als auf unterschiedlichste Weisen eingebettet in eine Vielzahl von Forschungsprojekten und andere lebensweltliche Zusammenhänge« (→ Situierung).

»Bewegung und Raum werden, in Relation zueinander, virtualisiert. Betrachtung in AR bedeutet also immer auch Interaktion mit der Umgebung und den virtuellen Objekten« (→ Spuren, virtuelle).

»Die Virtualität von *plain Text* besteht darin, Zeichensequenzen *vor jeder Formatierung* bereitzustellen und damit Bedingungen, um diese Sequenz kontingent zu materialisieren« (→ Text, plain).

»Vielmehr wird das virtuelle Tribunal durch hinzukommende Likes, Shares und Comments aktualisiert und produziert ein Spektrum divergierender Urteile in Form von gefühlten Wahrheiten« (→ Tribunal).

»Während die Versprechen der 1990er-Jahre Virtualität und insbesondere VR mit einer Ortslosigkeit und Entkörperlichung assoziierten, wissen wir heute: VR benötigt sowohl Raum (empfohlen sind mind. zwei auf zwei Meter) als auch einen physischen Körper, der sich in diesem Raum bewegt und damit die VR-Anwendungen bedient« (→ Xtended Room).

»[Kalender] sind *in virtualiter* Zeit, insofern als dass sie nicht bloßer Ausdruck oder bloße Repräsentation eines Zeitlichen sind, sondern durch sie Zeit erfahrbar und referenzierbar gemacht wird« (→ Zeit, virtuelle).

»Immersive virtuelle Zeitreisen mit einem VR-Headset sind steril, relativ sicher und teilweise authentisch« (→ Zeitreise, virtuelle).

Vokabular des Virtuellen

Herausgeber:innen

Kollaboratives Textprojekt, als Nukleus gestartet vom → Early Career Forum im SFB 1567 *Virtuelle Lebenswelten*. Seine erste Aktualisierung findet das Vokabular im vorliegenden Lexikon (→ 1567, → Anfänge, → Editorial, → Text, plain).

Worlding

Herausgeber:innen

»It matters what worlds world worlds« (Donna Haraway).

Xtended Room

Jens Fehrenbacher, Manuel van der Veen

Die Notwendigkeit für einen Xtended Room drängte sich uns auf, als wir bemerkten, dass unsere erste Tätigkeit für die Nutzung von → Virtual Reality (VR) darin bestand, Tische aus dem Weg zu räumen, um Leere bzw. Platz zu schaffen. Insofern wir, die Autoren dieses Textes, aus kunst- und medienwissenschaftlicher Perspektive u.a. zu VR forschen wollten, stellte sich schnell heraus, dass dieses vermeintlich so ephemere Medium materieller, räumlicher und teils auch institutioneller → Situierung bedarf. Das hieß, die nötige Technik dafür zu organisieren, zu installieren, uns mit der zentralen Verwaltung des SFB 1567 *Virtuelle Lebenswelten* und der Öffentlichkeitsarbeit abzustimmen, um einen freien Raum zu finden und passende Formate zu entwickeln (→ 1567). Das hieß aber auch, ein breites VR-Angebot zu erkunden, das über Kunstwerke und Games hinausreicht.

Im Gegensatz zu frühen Computern, die selbst raumfüllend waren, sind die VR-Devices heute zwar handlich, doch sie benötigen für eine adäquate Nutzung viel Raum. Während die Versprechen der 1990er-Jahre → Virtualität und insbesondere VR mit einer Ortslosigkeit und Entkörperlichung assoziierten, wissen wir heute: VR benötigt sowohl Raum (empfohlen sind mind. zwei auf zwei Meter) als auch einen physischen Körper, der sich in diesem Raum bewegt und damit die VR-Anwendungen bedient. Die Körpergebundenheit gängiger Apparate – Handys gehören in die Hände, der Laptop auf Schoß oder Tisch – wird mit den HMDs (Head-Mounted-Displays), die wie Ski-Brillen auf dem Kopf getragen werden, fortgeführt. Jedoch gehören anschließend auch die anderen Extremitäten sowie die räumliche Umgebung zum Interface. Eine Situierung von VR vollzieht sich in der Folge nicht nur auf materieller Ebene, sondern auch im Betriebssystem des HMDs selbst: Beim Aufsetzen des Devices muss gleich zu Beginn das Bodenniveau des Raums mit dem Bodenniveau in der VR abgeglichen werden (→ Y-Achse). Dafür wird mit dem Controller der Boden berührt, um den ersten Kontakt herzustellen. Auf diesem verdoppelten Bodenniveau wird anschließend der Spielbereich eingezeichnet. Optional können auch der Raum gescannt, Grenzen wie Wände und Tische mithilfe von Linien händisch nachgezogen und auch einzelne Fenster und Türen in die VR integriert werden. Auch körperlich müssen wir uns in VR-Interfaces erst einmal zurechtfinden: Wie werden mit Controllern oder per Handtracking die schwebenden Menüs bedient? Wo finde ich die Programme? Wie komme ich wieder heraus aus einer Anwendung?

Wir initiierten also einen eigenen Raum für VR, in dem die Technik durch Applikationen aus verschiedensten Bereichen ausgiebig getestet werden kann.[1]

---

1 Trotz der Diversität an Angeboten haben sich drei spezifische Formate herauskristallisiert: entweder hatten wir es mit Store Einkäufen (Steam, Meta) zu tun oder wir bekamen die Applikation als .zip File zugesandt (darin enthalten meist mit Unity erstellte .apks, .exe oder seltener .wrl Formate). Für letztere gab es noch einige wenige Spezialfälle, die zusätzliches Equipment wie Tracker, Second Screens oder ästhetische Besonderheiten erforderten. Unabdingbar schien uns auch die Aktivierung des Entwicklermodus und die Installation von Plattformen, die experimentelle Apps anbieten wie bspw. Sidequest. Es hat sich außerdem gezeigt, dass eine Vielzahl verschiedener

Hinzu kam das Format der MApp (Monthly Application), mit der jeden Monat eine neue App im XR vorgestellt und durch unsere Öffentlichkeitsarbeit beworben wird. Dies können u.a. VR-Apps von jungen Entwickler:innen sein, die gerade erst entworfen wurden, solche, die aus regionalen Labs stammen, professionelle Anwendungen aus universitärer Forschung, *productivity apps*, kommerzielle Applikationen und Unterhaltungsangebote,*indie games*, VR-Filme und VR-Werke der Gegenwartskunst[2]. Aufgrund der extrem unterschiedlichen Erfahrungen der Nutzenden, die unseren XR besuchen, ist es uns ein dringliches Bedürfnis individuelle Anleitungen und Hilfestellungen für die Brillen im Allgemeinen und die Apps im Besonderen bereitzustellen. So schwerelos sich manche virtuelle Welten auch darstellen, die Technik bietet weiterhin große Herausforderungen für die Nutzenden *und* die Betreuenden, nicht zuletzt auch an die Infrastruktur (→ INF). Dies betrifft ebenfalls die Ränder der VR-Erfahrungen, das ist die Zugänglichkeit der VR-Erfahrung für Außenstehende, online Live-Screenings, die Exporte von VR-Bildschirmaufnahmen, die Archivierung und Beschreibung von VR. In diesem Artikel teilen wir daher einige Erfahrungen, die wir in diesem XR machen konnten.

Zusammenfassend lassen sich nach einjähriger Praxis verschiedene Aspekte festhalten: Erstens, dass Reflexion im Rahmen einer solchen Untersuchung unabdingbar ist. Damit ist nicht primär die Kritik an der Technik gemeint, die immer noch in den Kinderschuhen steckt oder an Grafik, die für leidenschaftliche Gamer:innen einen Regress darstellen kann. Es geht vielmehr darum, nach der *faszinierenden* Immersionserfahrungen kritisch deren Bedingungen und Problematiken zu thematisieren, die potenzielle Frustration und enttäuschte Erwartungen aufzufangen wie auch Reibungen als produktives Moment der Beobachtung zu verstehen. Mit dem XR und dem Format der MApp lässt sich VR jenseits des Immersions- und Marketingspektakels als ein Untersuchungsgegenstand unter vielen betrachten, der konkret rezipiert und analysiert werden kann und einen artefaktbezogenen Diskurs ermöglicht. Entgegen der vieldiskutierten Vereinzelung durch VR oder Immersion in virtuelle Umgebungen, ist es im XR möglich, gemeinsam Erfahrungen zu sammeln. Dafür haben die Autoren einzelne Anwendungsfälle und Experimente selbst betreut, wie auch unsere Hilfskräfte Kim Reichard und Florian Kutscher. Gespräche während und nach den VR-Erfahrungen haben sich dabei für alle Beteiligten als produktiv herausgestellt: Wie war der erste Eindruck? War die Steuerung praktikabel? Welche körperlichen und sozialen Hürden gibt es? Welche Diskurse werden bedient, welche ausgeschlossen? VR einen eigenen Raum zu geben, heißt nicht, die Apparatur als Fortschritt zu bewerben, sondern jenseits von Immersion und Isolation genügend Raum für eine kritische Untersuchung derselben bereitzustellen.

Brillen zwar für Vergleiche interessant ist, wir aber meist auch mit einer einzelnen VR-Brille zurecht kamen. Für letztere war jedoch notwendig, dass diese sowohl als Standalone als auch verbunden mit einem leistungsstarken Desktop-PC funktioniert.

2 Der XR ist selbst dabei sich stetig zu erweitern. Wir haben im Zuge dessen im Flur des Universitätsgebäudes eine AR-Nische installiert, die zum Testen von Augmented Reality Applikationen (AR) dient. Aufgrund des AR-Dispositivs, welches das eigene Smartphone miteinschließt, verändert sich der Ort der Ausstellung vom geschlossenen Raum zum offenen Gefüge.

Zweitens ist Irritation produktiv. Der XR bietet sich gerade deshalb als Forschungsumgebung an, weil in der Nutzung durch unterschiedlichste Interessent:innen sich verschiedenste Situationen ergeben und eine heterogene Palette an persönlichen Erfahrungen entsteht. VR jenseits von hochpolierten, kommerziellen Anwendungen zu betrachten und nicht die perfekte Immersionserfahrung als Ziel zu haben, führt dazu, in der Peripherie des Zufälligen Momente zu entdecken, die für eine konzise Untersuchung der Technik grundlegend sind und unseren Analysekoffer beständig erweitern. So zeigte sich in unserem XR zum Beispiel nicht nur die Immersionserfahrung als diskussionswürdig, sondern ebenfalls die Emersionserfahrung (→ Emersion). Wie geht es den Nutzenden nachdem sie die Brille abgenommen haben? Welche Elemente unterstützen das Auftauchen aus den virtuellen Welten und wie wird die wirkliche Umgebung *danach* wahrgenommen? Dort, wo Störungen in VR auftauchen, verstecken sich nicht nur Fehler, sondern häufig Forschungspotenziale. Im Besonderen wurde dies deutlich, weil wir das Angebot über die gängigen Stores hinaus erweitert haben.

Diese Herangehensweise abseits der idealisierten Erfahrung hat einen Vorteil: Der XR produziert Anekdoten. Anstatt also hier eine unabgeschlossene Reihe einzelner Erkenntnisse aufzulisten, haben wir uns entschieden, diese Anekdoten zu erzählen. Sie bieten im Gegensatz zu gesichert anmutenden Erkenntnissen eine Dichte, die den einzelnen Lesenden als Material dienen soll, um eigene Schlüsse daraus zu ziehen.

Ich sehe was, was Du nicht siehst

Diese Anekdote beginnt bereits bevor eine bestimmte Applikation im Fokus steht. Sie erzählt davon, wie ich (MV) versuche, einer neugierigen Besucherin VR näherzubringen. In diesem Sinne beginnen wir damit, wie die Brille aufgesetzt, das Betriebssystem gestartet und das Menü geöffnet wie auch bedient wird. Just in diesem Moment offenbart sich, dass wir uns zwar beide im selben Raum (dem XR) befinden, aber völlig verschiedene Dinge sehen. – »Ist das Menü bereits offen?« »Nein, lädt noch.« »Siehst Du den Knopf oben rechts, wo man auswählen kann, welche Apps angezeigt werden" „Ich stehe gerade mitten in einem See und sehe keine Knöpfe« »Dreh Dich mal um, vielleicht ist es hinter Dir – ok, ich muss kurz in die VR, um Dich zu rejustieren. (Pause) Siehst Du jetzt, das Menü« »Jetzt sehe ich Dich.« – Nicht nur sprachlich stoßen wir hier auf entscheidende Hindernisse, sondern ebenfalls auf räumliche. Schließlich drehen sich die Nutzenden plötzlich um, oder wollen im Virtuellen einen Knopf drücken, wo sich im physischen Raum gerade meine Nase befindet. In erster Linie zeigt dies, dass VR eigene Orientierungslogiken mit sich bringt, neuer Skills bedarf und eine Sprache bedingt, welche die Distanz zwischen der virtuellen Umgebung und dem XR überbrückt. VRs in Museen und öffentlichen Einrichtungen setzen meist später an, um flüssige Erfahrungen zu garantieren, indem die Menü-Navigation ausgespart wird und nur bereits geöffnete Applikationen gezeigt werden. Früher anzusetzen, fordert jedoch dazu heraus, mit den Brillen selbst umgehen zu lernen wie etwa im Umgang mit im Raum schwebender Menüs. Dies zeigt auch, wie viele Neulinge Verhaltensmuster aus älteren Medien in VR hineintragen. So bewegen sich viele anfangs überhaupt nicht oder wollen Knöpfe drücken, auf die eigentlich nur zu zeigen ist.

VR fordert als neue Technologie auch eine neue Form des Caring, welche einen sanften und begleitenden Einstieg in VR erst ermöglicht. VR ist mit Gefahren für Leib und Psyche verbunden, kann unangenehme Folgen haben: Schwindelgefühle können auftreten, ein Zusammenprall mit Wänden und Möbeln ist möglich und die Beobachtung durch andere während der Nutzung kann als peinliche Exponierung erlebt werden. Auch innerhalb der Anwendungen sind unangenehme bis übergriffige Erfahrungen nicht ausgeschlossen, da VR sehr körperlich nahe Darstellungsweisen ermöglicht und ein Entziehen erschwert. In einer der ersten VR-Erfahrungen, die von einem der Autoren genutzt wurde, sprang ihm bspw. direkt eine Riesenspinne ins Gesicht. Dieses körperlich-affektive *Sich-Aussetzen* schreckt manche Nutzenden ab, kann aber durch vorsichtige Unterstützung vermindert werden. Natürlich ist die oben benannte Kommunikation in der Begleitung von VR-Nutzung nur solange erschwert bis die Anleitung gelingt – oder der sog. Screencast aktiviert wurde: Eine Übertragung des VR-Bildes auf einen externen Bildschirm, was wir allerdings erst nach der Anfangsphase technisch stabil etablieren konnten. Ein solcher *Second Screen* ermöglicht nicht nur eine hilfreiche Begleitung der VR-Besuchenden, sondern auch Außenstehenden einen Einblick, wodurch die Applikation für mehr als eine Person sichtbar wird und besser einzuschätzen ist. Dennoch fordert auch diese Anordnung das Sehen heraus, da das Bild noch intensiver als bei ähnlichen Formaten wie Gameplay-Videos durch die (Kopf-)Bewegungen der Nutzenden wackelt. Doch zumindest sehen die Außenstehenden im XR auf einem Bildschirm, was eine andere Person in einer 360°-Erfahrung sieht und tut.

Im Sinne des XR und der konstruktiven Irritation bieten auch die Kennenlern-Prozesse ohne Second Screen aussagekräftige Implikationen über Anforderungen, die VR an Nutzende und Begleitende stellt: Dieser Kommunikationsvorgang fordert eine genaue Imagination der unterschiedlichen Menüs und ihrer räumlichen Verteilung, die Erinnerung an die virtuellen Welten sowie eine geschickte Koordination zwischen dem virtuellen und dem physischen Raum – so wie die Nutzenden permanent meine Stimme im Raum brauchen, um sich zwischen den Welten zu orientieren. Ein Umstand, der zwar auf Kosten der Immersion geht, aber zur Selbstreflexivität und letztlich zum *beidhändigen* Umgang mit virtuellen und physischen Elementen ermutigen kann.

Konditionierung durch Langeweile

Der *VR Speech Trainer* ist frisch installiert und ich (JF) starte ein zufälliges erstes Level. Ich befinde mich in einem virtuellen Business-Meetingroom. Drei Normkolleg:innen (*weiß*, weiße Hemden, teils mit Weste, aufrechte Haltung, sie mit dezentem Make-Up) schauen mich erwartungsvoll an. Hinter mir eine Powerpoint-Präsentation, die mir die Bedienung erklärt. Zunächst schaue ich mir aber den Raum an. Topfpflanzen, ein schwarzer, langer Tisch mit vereinzelten Papieren, aus dem Fenster eine graue Skyline, alles erscheint wichtig und anonym.

Nun zurück zu meinen Zuhörer:innen. Ich bin fast schockiert, dass die zuvor erwartungsvollen Gesichter nun auf Hände gestützt sind und ins Leere starren. Räuspern. Ein virtueller Kollege wendet sich sogar ab, so schlecht ist meine Performance in der instantanen Rating-Score. Es ist überraschend, was für einen sozialen Druck die algorithmisch animierten Figuren auf mich ausüben: Ich fühle mich abgewertet, etwas eingeschüchtert, auch ein wenig provoziert.

Wie sich später offenbart wird dieser Score aus einer Fülle von einzeln bewerteten Kriterien zusammengestellt. Der Blickkontakt mit dem Publikum wird analysiert (Abb. 1), ebenso wie Tonhöhenverlauf und Rhythmik meiner Stimme oder die Gestik. Ein Manuskript meines Vortrags wird erstellt, bei dem Füllworte und *Ähs* hervorgehoben werden. Für alles gibt es eine Wertung von bis zu fünf Sternen und konstruktive Verbesserungsvorschläge. Wie uns der Projektleiter in einem Reflexionsgespräch mitteilt wird der *TED-Talk*-Modus als Ideal angenommen: Unterhaltsam, variationsreich, bewusst gesetzte Pausen. Ein eigener Stil wird in der vorliegenden Version nicht berücksichtigt, ebenso wie der Inhalt nicht bewertet werden kann – noch nicht, wie der Projektleiter mit Verweis auf die rasante Entwicklung der KI-Sprachmodelle hinzufügt.

Die virtuellen Kolleg:innen spiegeln mir das Rating sofort und die fast beleidigende Langeweile bringt mich tatsächlich dazu, in den Performance-Modus zu wechseln. Trotz einer ambivalenten Haltung zu diesen affektiven Konditionierungstechnologien kann ich eine gewisse Befriedigung nicht leugnen, als sich die Gesichter langsam wieder zu mir wenden. Es funktioniert, ich kann mein virtuelles Publikum mit ausladenden Gesten, durchbohrendem Blick und predigendem Singsang mit vernachlässigbarem Inhalt zurückgewinnen. Meine virtuelle Kollegin nickt mir interessiert zu.

Abb. 1: Screenshot der Visualisierung aus der browserbasierten Blickrichtungs-Auswertung von VR Speech Trainer von straightlabs GmbH & Co. KG

Divergierende Affordanzen des 3D-Pinsels

Als eine der ersten MApps haben wir im März 2023 *Gravity Sketch* ausgewählt. Ein 3D-Gestaltungstool in VR, mit dem wohl auch professionelle Designer:innen arbeiten und das eine beeindruckende Vielzahl von Funktionen birgt. Das Schöne für den Einstieg ist aber: Bereits mit einem Controller, zwei Tasten und dem Default-Pinsel lassen sich bunte dreidimensionale Skulpturen *malen*, während nach und nach die weiteren Tools und Gestaltungsmittel erkundet werden können – oder auch nicht. Als die Medienwissenschafts-Tutorien im XR zu Besuch sind, biete ich (JF) u.a. *Gravity Sketch* an, erkläre aber nur die Grundfunktion, um nicht bei jeder neuen Person viel Zeit für die Einführung aufzuwenden. Eine Studentin bleibt gefühlte Ewigkeiten in diesem Programm, die meisten anderen sind schon gegangen. Beim Absetzen frage ich, was sie da gestaltet hat. Sie gibt mir die Brille und ich bestaune die Skizze eines treffend proportionierten Pferdes mit Sattel und wehender Mähne wie mitten im Trab. Sie erläutert auf Nachfrage, dass sie erst nur ein zweidimensionales Pferd gemalt hat, dann aber verstanden hat, wie sie die einzelnen *Striche* greifen und verschieben kann und somit aus dem flachen Bild in eine dreidimensionale Skulptur *auseinanderziehen* kann. Daraufhin wurde durch weitere Striche die dritte Dimension erkundet. Dieses *schrittweise Erkunden der dritten Dimension* begegnet uns häufiger: Oft wird erst zweidimensional gemalt wie auf einer Staffelei, bis es irgendwann einen Aha-Moment gibt, nach dem auch die räumliche Tiefe in die Gestaltung einbezogen wird.

In der Beobachtung verschiedener Umgangsweisen mit diesem komplexen Setting lassen sich weitere interessante Kontinuitäten und Variationen feststellen. Nachdem einmal ein Kringel und der eigene Name in die Luft gemalt wurden, ergeben sich aus den vielschichtigen Affordanzen der Tools unterschiedliche, aber häufig in sich kohärente Gestaltungsprinzipien oder Stile. Das kann das konturierende Zeichnen der Pinsel-Grundfunktion sein, wie beim genannten Pferd. Ebenso können mit dem Pinsel aber auch Flächen geschaffen werden, wie bei einem Landschaftsbild – oder Volumina, die durch die dafür notwendigen vielen einzelnen Striche an Wollknäuel erinnern. Sofern die weiteren Funktionen erkundet werden, lässt sich auch hier anhand der Ergebnisse nachvollziehen, wie jeweils den Affordanzen der Werkzeuge gefolgt wird. Das Tool für Rotationsformen lädt mich sofort dazu ein, Stehlampen oder Pilze zu erzeugen, die zu einer zentralen Achse symmetrisch sind. Ein Student schafft daraus aber ebenfalls eine knuffige Schildkröte, die aus vielen einzelnen Rotationsformen mit unterschiedlichen Achsen zusammengesetzt ist.

Dabei zeigt sich auch, wie unterschiedliche Vorerfahrungen in die Divergenz dieser Umgangsweisen einwirken. Die erstgenannte Studentin erzählt, dass sie in ihrer Jugend sehr viele Pferde gemalt hat und dadurch ein Gefühl für deren Proportionen hat. Ich selbst freue mich, dass ich meinen Mangel an visuellem Gestaltungstalent durch die automatisierte Symmetrie der Rotationsformen ausgleichen kann. Und ein Kollege, der gelernter Designer ist, entwickelt eine ganze Unterwasserszenerie mit verschiedensten Gestaltungswerkzeugen, die trotzdem eine eindeutige Handschrift trägt.

Das spontane Experimentieren ohne extrinsisches Ziel scheint ein eigensinniges Aufeinandertreffen von vielschichtigen Affordanzen, technischen und gestalterischen Vorkenntnissen und spezifischen Interessen zu ermöglichen, die sich dreidimensional artikulieren. Die resultierenden Skulpturen verbleiben als Protokolle einer Begegnung voller molekularer Gewöhnungs-, Erkundungs- und Aneignungsdynamiken.

3 Abschließend möchten wir Kim Reichard und Florian Kutscher danken, die als Hilfskräfte die offenen Besuchszeiten des XR betreuten und damit am Funktionieren dieser Idee ebenso mitwirkten wie am experimentellen Erkenntnisgewinn im Ausprobieren und Anleiten.

Abb. 2–7: Snapshots von mit Gravity Sketch erstellten 3D-Modellen im Rahmen der offenen Besuchszeiten des Xtended Room[3]

Abb. 2: Pferd

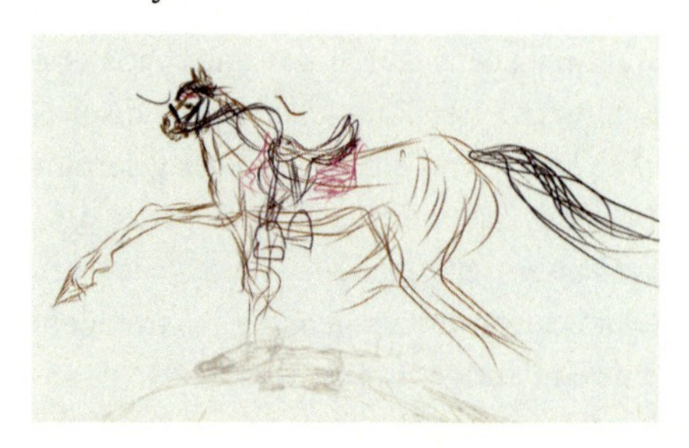

Abb. 3: Landschaft

Abb. 4: Pilz

Abb. 5: Giraffe

Abb. 6: Schildkröte

Abb. 7: Wal

nur ein zweidimensionales Pferd gemalt hat, dann aber verstanden hat, wie sie die einzelnen *Striche* greifen und verschieben kann und somit aus dem flachen Bild in eine dreidimensionale Skulptur *auseinanderziehen* kann. Daraufhin wurde durch weitere Striche die dritte Dimension erkundet. Dieses *schrittweise Erkunden der dritten Dimension* begegnet uns häufiger: Oft wird erst zweidimensional gemalt wie auf einer Staffelei, bis es irgendwann einen Aha-Moment gibt, nach dem auch die räumliche Tiefe in die Gestaltung einbezogen wird.

In der Beobachtung verschiedener Umgangsweisen mit diesem komplexen Setting lassen sich weitere interessante Kontinuitäten und Variationen feststellen. Nachdem einmal ein Kringel und der eigene Name in die Luft gemalt wurden, ergeben sich aus den vielschichtigen Affordanzen der Tools unterschiedliche, aber häufig in sich kohärente Gestaltungsprinzipien oder Stile. Das kann das konturierende Zeichnen der Pinsel-Grundfunktion sein, wie beim genannten Pferd. Ebenso können mit dem Pinsel aber auch Flächen geschaffen werden, wie bei einem Landschaftsbild – oder Volumina, die durch die dafür notwendigen vielen einzelnen Striche an Wollknäuel erinnern. Sofern die weiteren Funktionen erkundet werden, lässt sich auch hier anhand der Ergebnisse nachvollziehen, wie jeweils den Affordanzen der Werkzeuge gefolgt wird. Das Tool für Rotationsformen lädt mich sofort dazu ein, Stehlampen oder Pilze zu erzeugen, die zu einer zentralen Achse symmetrisch sind. Ein Student schafft daraus aber ebenfalls eine knuffige Schildkröte, die aus vielen einzelnen Rotationsformen mit unterschiedlichen Achsen zusammengesetzt ist.

Dabei zeigt sich auch, wie unterschiedliche Vorerfahrungen in die Divergenz dieser Umgangsweisen einwirken. Die erstgenannte Studentin erzählt, dass sie in ihrer Jugend sehr viele Pferde gemalt hat und dadurch ein Gefühl für deren Proportionen hat. Ich selbst freue mich, dass ich meinen Mangel an visuellem Gestaltungstalent durch die automatisierte Symmetrie der Rotationsformen ausgleichen kann. Und ein Kollege, der gelernter Designer ist, entwickelt eine ganze Unterwasserszenerie mit verschiedensten Gestaltungswerkzeugen, die trotzdem eine eindeutige Handschrift trägt.

Das spontane Experimentieren ohne extrinsisches Ziel scheint ein eigensinniges Aufeinandertreffen von vielschichtigen Affordanzen, technischen und gestalterischen Vorkenntnissen und spezifischen Interessen zu ermöglichen, die sich dreidimensional artikulieren. Die resultierenden Skulpturen verbleiben als Protokolle einer Begegnung voller molekularer Gewöhnungs-, Erkundungs- und Aneignungsdynamiken.

3 Abschließend möchten wir Kim Reichard und Florian Kutscher danken, die als Hilfskräfte die offenen Besuchszeiten des XR betreuten und damit am Funktionieren dieser Idee ebenso mitwirkten wie am experimentellen Erkenntnisgewinn im Ausprobieren und Anleiten.

Abb. 2–7: Snapshots von mit Gravity Sketch erstellten 3D-Modellen im Rahmen der offenen Besuchszeiten des Xtended Room[3]

Abb. 2: Pferd

Abb. 3: Landschaft

Abb. 4: Pilz

Abb. 5: Giraffe

Abb. 6: Schildkröte

Abb. 7: Wal

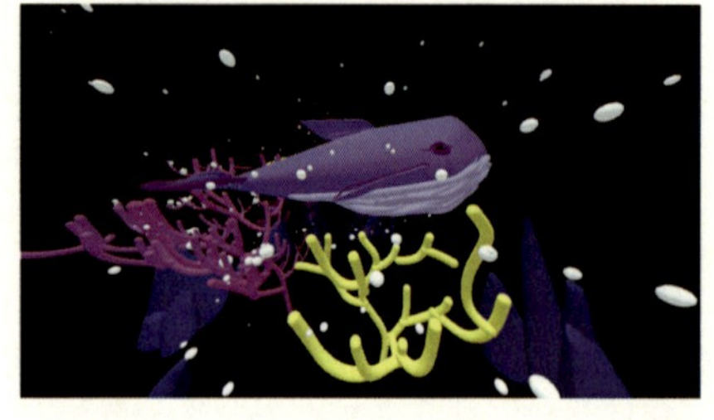

Y-Achse

Herausgeber:innen

Instanz der Referenz und Orientierung, wie hoch ein Objekt in zwei- oder dreidimensionalen Darstellungen platziert ist oder welche Höhenausdehnung es aufweist. Eigentlich hat die Z-Achse die schillerndere Rolle in der Geschichte der Computergrafik: Der Schritt von 2D zu 3D, das große Problem der Berechnung, welches Objekt vor dem anderen liegt. Der revolutionäre Z-Buffer, um dieses Problem zu lösen. Die Y-Achse wirkt demgegenüber trivial, unscheinbar. Während virtuelle Welten sich in X- und Z-Ausdehnung bis zum Horizont erstrecken, bleiben sie in der Y-Dimension häufig in der Nähe des Bodenniveaus plusminus ein paar virtuelle Meter (→ Worlding). Trotzdem kann die Y-Achse Schwindel auslösen. Jenseits des üblichen Aktionsradius deutet sie eine unendliche Ausdehnung nach oben und unten an. Wenn durch einen Cheat, Bug oder Feature ein Objekt vom Rand (oder durch die Ritzen) der Welt in unerreichbare Tiefen fällt oder die Spielfigur der Gravitation trotzt und die Skybox durchbricht, kann durchaus Gänsehaut ob dieser rätselhaften, ausbrechenden Potenzialität aufkommen (→ Emersion).

Zeit, virtuelle

Philipp Künzel

Zeit ist in ihrer Ubiquität geradezu unausweichlich. Sie tritt im Alltag in Form von Uhren auf Handys, Computern und Bahnanzeigern sowie in eher versteckten Formen auf, wie der Notwendigkeit zeitlich streng getakteter elektronischer Schaltungen, die die Funktion dieser Geräte erst ermöglichen (→ Bell, virtual). Doch bei genauerer Betrachtung wird schnell klar, dass man nie der Zeit selbst, sondern stets nur ihren Mittelsmännern begegnet – die Uhr selbst ist nicht Zeit, sondern drückt sie nur aus. Was Gilles Deleuze also am Beispiel der ›Idee von Farbe‹ darlegt, die sich in einer konkreten Form, wie etwa dem, was ›rot‹ genannt wird, aktualisiert, trifft auch auf die Zeit zu, die sich beispielsweise in der Form der Armbanduhr am Handgelenk aktualisiert: die Zeit selbst ist virtuell (vgl. Deleuze 1994: 269).

Diese virtuelle *Idee von Zeit* lässt sich aber im Gegensatz zur ›Idee von Farbe‹, die Deleuze exemplarisch mit dem weißen Licht zusammenfasst, das alle sich aktualisierenden Farben potentiell beinhaltet, nur schwer ausdrücken. Der Grund dafür, warum sich Zeit konzeptuell nur mit Mühe in Worte fassen, geschweige denn definieren lässt, liegt mitunter darin, dass die menschlichen Subjekte, die die Zeit zu definieren versuchen, zwar Veränderungen innerhalb ihrer Lebenswirklichkeit wahrnehmen und somit etwa Rückschlüsse auf das Verstreichen von Zeit ziehen können, die Zeit *als solche* aber nie wahrgenommen werden kann (vgl. Dainton 2010: 1).

Im Folgenden soll jedoch nicht erörtert werden, was die Zeit an sich ist – ob eine Dimension neben anderen (vgl. ebd. 27), etwas von den räumlichen Dimensionen gänzlich Verschiedenes (vgl. Newton-Smith 1980: 42f.) oder gar ob die Zeit also solche überhaupt mit der Realität vereinbar ist (vgl. McTaggart 1908: 470f.) – da diese Ansätze, von denen bereits zahlreiche existieren, trotz ihrer Widersprüchlichkeit untereinander nicht auf der Grundlage bestimmter menschlicher Wahrnehmungen bewiesen oder ausgeschlossen werden können (vgl. Newton-

Smith 1980: 11). Die Existenz von Zeit als etwas Kontinuierliches ohne Anfang oder Ende soll für die Zwecke dieses Textes vorausgesetzt werden, um den Fokus auf das Wahrnehmbar- und Beschreibbar-Machen der Zeit für ihre menschlichen Beobachter:innen zu lenken. Denn die Wahrnehmung der Zeit beruht auf vermittelnden Instanzen wie Kalendern und Uhren sowie den diesen zugrundeliegenden Systemen wie Daten und Stunden, die durch das Fixieren des ›Wann‹ eines Ereignisses die Existenz eben dieses innerhalb der zeitlichen Ordnung begründen; festzulegen, wann ein Ereignis stattgefunden hat, ordnet also nicht nur vorherige und anschließende Ereignisse um dieses herum, sondern belegt in erster Linie, dass das Ereignis überhaupt stattgefunden hat (vgl. Derrida 1995: 21).

Die Basis dieses Beschreibbar-Machens der Zeit bildet hierbei das Zerteilen des kontinuierlichen Flusses der Zeit in diskrete Einzeleinheiten, also in eine Abfolge von distinkten Momenten (vgl. Kittler 1993: 192f.). Die Dauer dieser Einzeleinheiten ist hierfür zunächst unbedeutend, solange die jeweiligen Einheiten untereinander distinkt sind, also sich nicht überlagern – so ist das Jahr 2023 ein gleichermaßen distinkter Moment wie die aktuelle Minute, da es sich gänzlich vom vorherigen wie vom folgenden Jahr ohne Übergänge unterscheidet, genauso wie die aktuelle Minute von jeder folgenden und vorherigen unterschieden werden kann. Hierbei tritt schnell der hohe Grad an Idealisierung und Konventionalisierung zeitlicher Beschreibungen in den Vordergrund, da die so beschriebenen Ereignisse selbst meist keine klaren Start- und Endpunkte haben und in ihrer zeitlichen Ausdehnung vage bleiben, für eine zeitliche Beschreibung diese Grenzen aber fix abgesteckt werden müssen (vgl. Newton-Smith 1980: 154). Ist einmal ein solcher distinkter Moment gefunden, der sich absolut von allen anderen Momenten abgrenzt (es kann immer nur eine aktuelle Minute geben), so entsteht eine zeitliche Abfolge oder Serie von Momenten durch die Unterscheidung dieser Momente *in numero*: die aktuelle Minute ist nicht deshalb von allen vorherigen und folgenden Minuten distinkt, weil sie ›minutiger‹ als diese ist, sondern weil sie innerhalb des vagen Flusses der Zeit als Minute eins nach der vorherigen Minute null und vor der anschließenden Minute zwei steht (vgl. Deleuze 1994: 355).

Bei einer derartigen Beschreibung der Zeit werden also mathematische Einheiten (hier: Zahlen) auf nicht-mathematische Gegenstände (hier: den Fluss der Zeit) angewendet, was gemeinhin als *Metrisierung der Zeit* bezeichnet wird (vgl. Newton-Smith 1980: 143f.). Das auf diese Weise entstehende Zahlen- und Zählsystem muss allerdings nicht nur mathematischen Regeln folgen (also dass die zweite Einheit auf die Erste folgt etc.); da die Wahrnehmung einer zeitlichen Ordnung an eine zeitlich geordnete Wahrnehmung gebunden ist, beispielsweise also die Chronologie von Ereignissen nur aus einer chronologischen Wahrnehmung dieser Ereignisse abgeleitet werden kann, muss die Metrisierung der Zeit, die eine solche Ordnung explizierbar macht, auch auf der Grundlage eines zeitlich geordneten, regelgeleiteten Systems beruhen (vgl. Mellor 1981: 8).

Die Grundlage hierfür bildet im doppelten Sinne die so genannte *Isochronität*, also die vorausgehende Annahme, dass ein beobachtetes Ereignis in jeder Iteration dieselbe Dauer hat. Damit etwa eine Uhr als solche funktionieren kann, muss zunächst angenommen werden können, dass jede gemessene Minute dieser Uhr dieselbe Dauer hat und nicht etwa die erste Minute nur halb so lang ist wie die fünfte. Ferner muss bei jeder zeitlichen Messung vorausgesetzt werden, dass auch das zu messende Ereignis selbst isochron ist, damit diesem eine distinkte Dauer, also eine zeitliche Einheit in numerischen Größen, zugeschrieben werden kann (vgl. Newton-Smith 1980: 146ff.). Beides scheint zunächst auf der Hand zu liegen, ist aber – ganz wie die Zeit selbst – deutlich weniger selbstverständlich, als es zunächst den Anschein erweckt. So ist etwa die Uhr ein derart konventionalisiertes Artefakt, dass dessen Isochronität immer angenommen werden muss, nie aber bewiesen werden kann: um etwa zu beweisen, dass jede Minute der Uhr dieselbe Dauer hat, bedürfe es eines weiteren Messgeräts, dass Minuten messen kann und selbst bereits sichergestellt isochron ist. Ferner ist auch die Annahme der Isochronität des Gemessenen immer nur eine Gegebenheit *prima facie*: So gilt etwa eine Rotation der Erde als Grundlage für die zeitliche Maßeinheit des Tages, welcher wiederum in 24 isochrone Stunden aufgeteilt werden kann. Mit dem Advent der Atom-Uhren in der Mitte des letzten Jahrhunderts erwies sich allerdings, dass die Dauer eines Tages gerade nicht isochron ist, da die Geschwindigkeit der Rotation der Erde im Laufe der Zeit nachlässt, eine Erdrotation heute also länger dauert, als sie das noch vor 100 Jahren tat und schneller ist, als eine Erdrotation in 100 Jahren sein wird. Um die mangelhafte Isochronität der Erdrotation zu berücksichtigen, weiterhin aber das konventionalisierte Metrisierungssystem von Tagen und Stunden aufrechterhalten zu können, mussten somit ›Schaltsekunden‹ (engl. *leap seconds*) ähnlich dem Schaltjahr in das Zeitsystem eingeführt werden (vgl. McCarthy/Seidelmann 2018: 256). Erst wenn ein System also sowohl die mathematischen Regeln, auf denen ihre numerischen Quantifizierungen beruhen, als auch die zeitlichen Regeln der Isochronität befolgt bzw. das Befolgen isochroner Standards angenommen werden kann, kann eine Metrisierung der Zeit und eine darauf aufbauende zeitliche Ordnung von Ereignissen stattfinden. Eine derartige Metrisierung bildet somit »a systemic way of labelling times where the labels are attached in a rule-governed way that reflects the order of the labelled times« (Newton-Smith 1980: 144).

Diese strukturellen Eigenschaften und Gegebenheiten haben einen entscheidenden Einfluss auf die Wahrnehmung von Ereignissen innerhalb zeitlicher Serien sowie auf das Verständnis der Zeit selbst. Da diesen Regeln folgend notwendigerweise eine Stunde immer dieselbe Dauer hat (bzw. zu haben vorgibt) und die zwölfte Stunde eines Tages immer auf die elfte Stunde folgen muss, entsteht als logischer Schluss nicht nur der Eindruck einer universellen Richtung der Zeit (von der elften zur zwölften Stunde und niemals umgekehrt), sondern gleichermaßen der Irreversibilität von zeitlichen Serien und dem daraus folgenden absoluten Bruch von Vergangenheit, Gegenwart und Zukunft (vgl. Latour 2019: 97). Somit lässt sich auf die Richtung der Zeit nicht etwa aus externen, realweltlichen Gegebenheiten rückschließen, welche die Basis der Metrisierung bilden würden. Vielmehr bedingt das auf diese Weise konventionalisierte Konzept der Metrisierung der Zeit, dass die menschlichen Subjekte, die die Zeit so beschreibbar machen, diese nur als unidirektional wahrnehmen können. Zwar kann versucht werden, die Richtung der Zeit beispielsweise physikalisch durch das Phänomen der Entropie zu begründen (vgl. etwa Atkins 1986: 80ff.), dies ist aber nicht essentiell für das allgemein vorherrschende Verständnis von Zeit und ihrer Richtung, da auch ohne jegliches physikalische Wissen der Eindruck einer gleichförmig von der Vergangenheit durch die Gegenwart in die Zukunft laufenden Zeit erhalten bleibt. Die gegenwärtig gängige Metrisierung der Zeit bedingt somit das grundsätzliche Verständnis eben dieser, weshalb eine andersartige Wahrnehmung der Zeit auch notwendigerweise eine andersartige Metrisierung als deren Ausgangspunkt bedarf – beispielsweise schlägt Bruno Latour etwa eine Ordnung von Ereignissen nicht anhand ihrer (numerisch-isochronen) Kalenderzeit, sondern im Hinblick auf ihre Intensität vor (vgl. Latour 2019: 91).

Augenscheinlich ist eine Metrisierung der Zeit immer hochgradig konventionalisiert, wie sich nicht nur an den gewählten Maßeinheiten oder zeitlichen Besonderheiten wie dem Schaltjahr, den Zeitzonen oder der Zeitumstellung zeigt, sondern auch daran, dass die zeitliche Fixierung oder die Messung der Dauer eines Ereignisses diesem notwendigerweise fixe Start- und Endpunkte geben muss. Die Grenzen zeitlicher Ereignisse sind aber immer vage: soll beispielsweise die Dauer eines gesungenen Liedes gemessen werden, so bleibt unklar, welcher Augenblick als erster beziehungsweise letzter Moment des zu messenden Ereignisses ›Lied singen‹ gelten soll (vgl. Newton-Smith 1980: 154). Als erster Moment könnte gleichermaßen das Anklingen des ersten Tons, das Luft holen vor dem ersten Ton oder gar der Gedanke der Sänger:in, den ersten Ton zu singen, gesetzt werden; als letzter Moment, sobald der letzte Ton erklingt, der Mund der Sänger:in geschlossen oder der letzte Ton im Raum verklungen ist. Für die Messung der Dauer wird also ein arbiträrer Moment gewählt, der immer nur eine Annäherung an das Konzept ›Beginn und Ende des Liedes‹ sein, nie aber absolute Gültigkeit beanspruchen kann. Gleichermaßen bildet sich bei dem so definierten und gemessenen Ereignis des Lied-Singens auf Seiten der Sänger:in ein zeitlich besonderes Verhältnis heraus, da diese:r beim Singen geistig immer den bereits gesungenen sowie den noch zu singenden Teil des Liedes umspannt, sich also die Gegenwärtigkeit des Singens über Vergangenes und Zukünftiges ausdehnt (vgl. Mayer 2005). Umgekehrt zieht sich im Moment des Singens der vergangene Teil des schon Gesungenen und der zukünftige Teil des noch zu Singenden in der – wie Deleuze schreibt – *gelebten Gegenwart* des Ereignisses ›Lied-Singen‹ als »synthesis of time« (Deleuze 1994: 94) zusammen. Diese Synthese ist passiv, da »[i]t is not carried out by the mind, but occurs *in* the mind which contemplates, prior to all memory and all reflection« (ebd., Herv. i. O.) und ist ferner subjektiv, da sie immer nur in Relation zu der Subjektivität des passiven Subjekts steht.

Alle genannten Hilfsmittel und Methoden, die die Zeit explizierbar machen, sind somit kein genauer Ausdruck eines real Zeitlichen, sondern Klassifizierungsprinzipien, die die Wahrnehmung der Zeit maßgeblich formen (vgl. Latour 2019: 101). Zeitlich deterministische Aussagen, wie etwa wann ein Ereignis stattfand oder welche Dauer es umspannt, können folglich immer nur relativ zu den zuvor gewählten Klassifizierungsprinzipien und Konventionen wahr oder falsch sein (vgl. Newton-Smith 1980: 157): Die Aussage etwa, dass die Apollo 11 Mondmission am 20. Juli 1969 um 20:17 Uhr UTC auf dem Mond landete, ist nur in Bezug auf die ihr zugrunde liegenden zeitlichen Konventionen wahr. So beruht diese Aussage auf der Fixierung des Datums anhand des gregorianischen Kalenders, der christlich geprägten Zählordnung der Jahre, dem 24-Stunden-Tag

Modell sowie der Uhrzeitstandardisierung der koordinierten Weltzeit (UTC); würde man etwa dem julianischen Kalender folgen, so hätte die Mondlandung zwar immer noch stattgefunden, jedoch nicht am Datum des 20. Juli.

Diese Methoden sind somit keine Annäherung an eine ›reale Zeit‹, die es mithilfe zukünftiger, ›besserer‹ Methoden noch zu entdecken gibt, sondern das Ergebnis kultureller, politischer Konventionalisierungen, die das Phänomen Zeit als solches erst erfahrbar und diskutierbar machen (vgl. Hartmann et al. 2019: 8). Selbst unter der Annahme, dass Zeit reale Existenz hat und nicht durch diese Konzeptionen erst als solche entsteht, zeigt sich, dass die gewählten Mittel und Wege nie absolut sein können und diese hypothetisch reale, von der menschlichen Erfahrung losgelöste Zeit mit den hier dargelegten Mitteln nie unumstößlich ausgedrückt werden kann (vgl. Dainton 2010: 9). Die gewählten Modelle und Konzeptionen der Zeitlichkeit, wie Jahre und Stunden sowie deren Aktualisierungen in Artefakten wie Kalendern und Uhren, sind nur ein möglicher Weg des Erfahrbar-Machens und Ausdrückens dieses Phänomens, aber nicht notwendigerweise der bestmögliche, geschweige denn einzige Weg, die Zeit zu beschreiben – »we must take care not to assume that *our* way of looking at things is in any way privileged« (ebd. 54, Herv. i. O.).

Die üblichen Methoden und Konzepte im Umgang mit der Zeit sind somit bezogen auf die Zeit als solche virtuell, da sie selbst nicht Zeit, aber für jeglichen Umgang mit der Zeit essentiell sind (vgl. Münker 2005: 244). Das Konzept eines Jahres ist genau so wenig Zeit, wie ein Kalender selbst Zeit ist, beide haben aber – in Charles Sanders Pierces Worten – die *Effizienz* von Zeit (vgl. Pierce 1920: 763). Sie sind *in virtualiter* Zeit, insofern als dass sie nicht bloßer Ausdruck oder bloße Repräsentation eines Zeitlichen sind, sondern durch sie Zeit erfahrbar und referenzierbar gemacht wird. Zeit in dieser virtuellen Form hat einen geradezu totalen Einfluss auf die Lebenswirklichkeit der in ihr lebenden Subjekte; von den Alltag strukturierenden Effekten, wie der Arbeitszeit oder dem Busfahrplan, über gesellschaftlich konventionalisierte Bedeutungen, wie Geburtstagen und Neujahrsfeiern, bis hin zu scheinbar allumfassenden und unausweichlichen Gegebenheiten, wie der Weltgeschichte oder der Idee der Lebenszeit (→ Arbeitszeit, virtuelle). Kann die Zeit selbst zwar nie unmittelbar wahrgenommen oder ausgedrückt werden, so sind die virtuellen Facetten des Zeitlichen doch ubiquitär.

Literatur

Atkins, Peter William (1986): »Time and Dispersal. The Second Law«, in: Raymond Flood/Michael Lockwood (Hg.), The Nature of Time, Oxford: Basil Blackwell, S. 80–98.

Dainton, Barry (2010): Time and Space, Montreal/Chicago: McGill-Queen's University Press.

Deleuze, Gilles (1994): Difference and Repitition, London: Bloomsbury Academic.

Derrida, Jacques (1995): »The Time is Out of Joint«, in: Anselm Haverkamp (Hg.), Deconstruction is/in America. A New Sense of the Political, New York: New York University Press, S. 14–38.

Hartmann, Maren/Prommer, Elisabeth/Deckner, Karin/Görland,Stephan O. (2019): »Mediated Time«, in: Dies. (Hg.), Mediated Time. Perspectives on Time in a Digital Age, Cham: Palgrave Macmillan, S. 1–21.

Kittler, Friedrich (1993): Draculas Vermächtnis, Leipzig: Reclam.
Latour, Bruno (2019): Wir sind nie modern gewesen. Versuch einer symmetrischen Anthropologie, Frankfurt a.M.: Suhrkamp.
Mayer, Cornelius Petrus (2005): »Tempus vestigium aeternitatis – Augustinus Zeitauslegung im 11. Buch seiner Confessiones«, in: augustinus.de (24.01.2005). Online unter: https://www.augustinus.de/einfuehrung/texte-ueber-augustinus/zeitungsartikel-vortraege/197-tempus-vestigium-aeternitatis-augustins-zeitauslegung-im-11-buch-seiner-confessiones (letzter Zugriff 29.03.2024).
McCarthy, Dennis D./Seidelmann, P. Kenneth (2018): Time. From Earth Rotation to Atomic Physics, Cambridge: Cambridge University Press.
McTaggart, John Ellis (1908): »The Unreality of Time«, in: Mind Ausg. 17 Nr. 68, S. 457–474.
Mellor, David Hugh (1981): Real Time, Cambridge: Cambridge University Press.
Münker, Stefan (2005): »Virtualität«, in: Alexander Roesler/Bernd Stiegler (Hg.), Grundbegriffe der Medientheorie, Paderborn: Fink, S. 244–250.
Newton-Smith, William Herbert (1980): The Structure of Time, London: Routledge.
Peirce, Charles Sanders (1920): Art. »Virtual«, in: James Mark Baldwin (Hg.), Dictionary of Philosophy and Psychology, 2, New York: The Macmillan Company, S. 763–764.

Zeitreise

Roman Smirnov

Die Zeitreise gilt gemeinhin als ein hypothetischer Transfer in die Vergangenheit oder Zukunft. Interessanterweise beschreiben die frühesten westlichen Novellen über Zeitreisen, wie *Memoirs of the Twentieth Century* von Samuel Madden oder *Rip Van Winkle* von Washington Irving, die zweite Option – nämlich eine Reise in die Zukunft. Historiker:innen haben jedoch Schwierigkeiten mit der Zukunft, da sie leidenschaftlich von der Vergangenheit angezogen werden, obwohl die Zukunft, oder besser gesagt die Geschichte zukünftiger Vorstellungen der Menschheit, ebenfalls Gegenstand geschichtswissenschaftlicher Forschung ist. Der deutsche Historiker Reinhart Koselleck hat auf dieser Grundlage sogar das Konzept der »Vergangene[n] Zukunft« (Koselleck 1979) entwickelt, welches Zukunftserwartungen der Vergangenheit beschreibt. Daher bezieht sich der Begriff ›Zeitreise‹ in der Public History meist auf eine Reise in die Vergangenheit. Solche historischen Zeitreisen existieren bereits in analoger und digitaler Form.

Klassische analoge Zeitreisen, die Besichtigungen rekonstruierter historischer Innen- und Außenräume beinhalten, werden in der Regel von Museen und Gedenkstätten angeboten (→ Normenräume, → Denkmal, virtuelles). Das in Bremerhaven gelegene Deutsche Auswandererhaus bewirbt beispielsweise seine Kombi-Gutscheine unter der Überschrift »Zeitreise zu zweit« (Deutsches Auswandererhaus o.D.). Nach einer kurzen Einweisung treten die Besucher:innen durch die vor ihnen aufschwingenden Türen und finden sich am rekonstruierten Pier vor der Leiter des nachgebildeten Seedampfers wieder – so beginnt ihre Zeitreise.

Ja

Die Computertechnologien der letzten drei Jahrzehnte haben die historische Zeitreise auf ein neues Niveau gehoben, sie mit der immersiven virtuellen Realität verbunden und zu einem wesentlichen Bestandteil des modernen *Histotainments* gemacht. Im Gegensatz zu (weniger immersiven) digitalen Anwendungen, die mit einem herkömmlichen Display konsumiert werden, sei es der Bildschirm eines Smartphones oder eines Laptops, werden immersive VR-Produktionen mit einem Head-Mounted Display konsumiert, das die Möglichkeit einer vollständigen optischen Ausblendung der physischen Realität vorsieht (Nachtigall et al. 2022: 617). Tourist:innen in Wien können zum Beispiel neben klassischen Museen die Attraktion »Time Travel Vienna« (Time Travel Vienna o.D.) besuchen. Dort unternehmen sie mithilfe von VR-Headsets und dem sogenannten *5-D-Kino* eine Zeitreise durch das Wien der vergangenen Jahrhunderte. Einen ähnlichen Ansatz verfolgt das Unternehmen »TimeRide« (TimeRide o.D.) in Deutschland, das Standorte in Berlin, Dresden, Frankfurt am Main, Köln und München betreibt.

Als ich als Kind sagte, dass ich Historiker werden möchte, stellten Erwachsene mir oft die Frage, welche Zeit in der Vergangenheit ich gerne besuchen würde. Schon in jungen Jahren hatte ich Angst vor Geschichten über Menschenopfer im antiken Rom oder über die unhygienischen Bedingungen in mittelalterlichen Städten. Daher lautete meine Antwort: »keine«. Die Besorgnis, nicht jederzeit ein warmes Bad nehmen und meine Lieblingszeichentrickfilme anschauen zu können, war für mich mächtiger als meine Neugier auf das Athen zur Zeit des Perikles oder das zaristische Russland während der Palastrevolutionen.

Immersive virtuelle Zeitreisen mit einem VR-Headset sind steril, relativ sicher und teilweise authentisch. Auf den ersten Blick erscheinen sie als gute Lösung für Geschichtsinteressierte wie mich, die keine Risiken eingehen möchten. Zudem können die meisten dieser Zeitreisen auch von zu Hause gestartet werden – dafür genügt ein gut aufgeladenes VR-Headset.

Aber

Im Rahmen meiner Dissertation, die sich mit dem Einfluss von VR-Technologien auf die Erinnerungskultur und das Geschichtsbewusstsein befasst, habe ich begonnen, eine Tabelle mit allen immersiven historischen VR-Produktionen zu erstellen, die ich finden konnte. Ich berücksichtige sowohl VR-Spiele als auch immersive 360-Grad-Videos. Nach Stunden, die ich im Oculus Store, PlayStation Store, Steam, Pico Store, Viveport, YouTube VR, Veer, Google Play und auf anderen Plattformen verbracht habe, konnte ich eine Tabelle mit mehr als 200 Titeln (Stand November 2023) erstellen. Ich bin sicher, dass meine Tabelle weiterhin wachsen wird, aber im Moment ermöglichen mehr als 40% der von mir gefundenen VR-Produktionen eine Zeitreise ins 20. Jahrhundert. Dies ist mit großem Abstand die beliebteste Epoche. Etwa 10% aller VR-Produktionen handeln vom Zweiten Weltkrieg. Dies ist wahrscheinlich das beliebteste Thema. Diese Proportion erinnert an die Situation in der Welt der historischen Videospiele, wo ebenfalls ein Ungleichgewicht zwischen historischen Epochen und Themen besteht, wobei das

20. Jahrhundert und der Zweite Weltkrieg dominieren (vgl. Rochat 2020: 12).

Neben der thematischen Ungleichheit neigen immersive virtuelle Zeitreisen oft dazu, den Reisenden keine Gelegenheit zur Reflexion und kritischen Wahrnehmung des rekonstruierten Bildes der Vergangenheit zu bieten, sowohl während des *Eintauchens* in die virtuelle Realität als auch nach dem *Auftauchen* (vgl. Lewers/Frentzel-Beyme 2023: 403) (→ Emersion). Einfach ausgedrückt erhalten Reisende oft keine begleitenden didaktischen Materialien, die erklären, wie die Vergangenheit in den VR-Produktionen rekonstruiert wird, wie die Entwickler:innen mit Kategorien wie Authentizität und Plausibilität umgehen und inwieweit die virtuelle Realität der »tatsächlichen Vergangenheit« entspricht. Obwohl einige Firmen, die mit professionellen Public History-Forscher:cdssinnen zusammenarbeiten, beginnen, einen pädagogischen Aspekt in ihr Programm aufzunehmen. Beispielsweise bieten einige Standorte vom Unternehmen *TimeRide* Besucher:innen die Möglichkeit, einen Making-of-Film darüber anzusehen, »wie eine neue Zeitreise entsteht« (Schweppenstette 2020: 66). Mit der zunehmenden Präsenz von Angeboten historischer VR auf dem Markt werden die Entwickler:innen von immersiven virtuellen Zeitreisen immer mehr zu vollwertigen Akteur:innen der Erinnerungskultur, die sich mit dem beschäftigen, was in der Historiographie als »doing history« (Samida/Willner/Koch 2016: 4) bezeichnet wird. Dafür haben sie einen beeindruckenden Werkzeugkasten zur Verfügung, vom Soundscape-Design (vgl. Tang/Wei 2022: 38) bis hin zum technischen Realismus (vgl. Wackerfuss 2013: 235), der manchmal in einen technologischen Fetischismus (vgl. Salvati/Bullinger 2013: 158) übergeht. Diese Werkzeuge tragen dazu bei, das Gefühl der Authentizität bei den Nutzer:innen zu verstärken und haben einen erheblichen Einfluss auf die Bildung des Geschichtsbewusstseins.

Der Logik der Unterhaltungsindustrie folgend vernachlässigen die Entwickler:innen beliebter historischer digitaler Produkte oft solche Aspekte wie das angemessene Verhältnis von menschlichem und technischem Realismus, die moderate Implementierung des »simulierten Heroismus« (Wackerfuss 2013) oder die kritische Auseinandersetzung mit dem »theme of dominance« (Holdenried 2013: 111) in der Eigenen-Fremden-Dichotomie. Ein Beispiel dafür ist das Spiel *Sniper Elite VR*, das der italienischen Front im Zweiten Weltkrieg gewidmet ist und zu einem der am häufigsten heruntergeladenen VR-Spiele im europäischen PlayStation Store im Jahr 2022 wurde (vgl. PlayStation Blog 2023). In *Sniper Elite VR* manifestieren sich die Dominanz des Protagonisten gegenüber seinen Gegnern und der simulierte Heroismus darin, dass der Protagonist, zunächst ein unerfahrener italienischer Widerstandskämpfer, ab dem ersten Level im Alleingang Scharen von Nazi-Soldaten und -Offizieren vernichtet. Während der menschliche Realismus auf der Seitenlinie bleibt, hat der technische Realismus des Spiels, insbesondere im Hinblick auf die Rekonstruktion von Schusswaffen, für die Entwickler:innen klare Priorität und verleiht dem Spiel eine hohe historische Authentizität, als ob die Vergangenheit (fast) *so wie sie wirklich war* vor den Spieler:innen auftaucht. All dies macht historische virtuelle Zeitreisen zu einer Herausforderung für Public History (vgl. Bunnenberg 2018).

Trotzdem

Diese Kritik verurteilt jedoch keineswegs immersive virtuelle Zeitreisen aus Sicht der Public History. Sie weist lediglich freundlich auf das didaktische Potenzial dieser Technologie hin und fordert dazu auf, die Erfahrung der Verwendung von »Historical Time Machines« (Frentzel-Beyme/Krämer 2023) zu reflektieren und zu erforschen. Hätte sich H.G. Wells, der Autor der Novelle *Die Zeitmaschine* (1895), die die gleichnamige Konzeption popularisierte, jemals vorstellen können, dass eine der Zeitmaschinen der Zukunft so aussehen würde? Mittlerweile nenne ich mein VR-Headset TARDIS, nach der Zeitmaschine einer der bekanntesten Zeitreisenden, Doctor Who. Wer weiß, vielleicht hat dieser Doctor auch zum Thema VR promoviert.

Literatur

Bunnenberg, Christian (2018): »Virtuelle Zeitreisen? Public History und Virtual Reality«, in: Public History Weekly 6. Online unter: https://doi.org/10.1515/phw-2018-10896 (letzter Zugriff: 05.05.2024).

Deutsches Auswandererhaus (o.D.): »Zeitreise zu zweit, Deutsches Auswandererhaus«, in: dah-bremerhaven.de. Online unter: https://www.dah-bremerhaven.de/zeitreise-zu-zweit (letzter Zugriff: 05.05.2024).

Frentzel-Beyme, Lea/Krämer, Nicole C. (2023): »Historical Time Machines: Experimentally Investigating Potentials and Impacts of Immersion in Historical VR on History Education and Morality«, in: Technology, Mind, and Behavior 4(1). Online unter: https://doi.org/10.1037/tmb0000099 (letzter Zugriff: 05.05.2024).

Holdenried, Joshua D./Trépanier, Nicolas (2013): »Dominance and the Aztec Empire: Representations in Age of Empires II and Medieval II: Total War«, in: Matthew Wilhelm Kapell/Andrew B. R. Elliott (Hg.), Playing with the Past: Digital games and the simulation of history, New York: Bloomsbury Academic, S. 107–120.

Koselleck, Reinhart (1979): »Vergangene Zukunft: zur Semantik geschichtlicher Zeiten«, Frankfurt a.M.: Suhrkamp.

Lewers, Elena/Frentzel-Beyme, Lea (2023): »Und was kommt nach der Zeitreise? Eine empirische Untersuchung des Auftauchens aus geschichtsbezogener Virtual Reality«, in: MedienPädagogik 51, S. 402–429.

Nachtigall, Valentina/Yek, Selina/Lewers, Elena/Bunnenberg, Christian/Rummel, Nikol (2022): »Fostering cognitive strategies for learning with 360° videos in history education contexts«, in: Unterrichtswissenschaft 50, S. 615–638.

PlayStation Blog (2023): »PlayStation Store: Top-Downloads 2022«, in: blog.de.playstation.com (17.01.2023). Online unter: https://blog.de.playstation.com/2023/01/17/playstation-store-top-downloads-2022/ (letzter Zugriff: 05.05.2024).

Rochat, Yannick (2020): »A Quantitative Study of Historical Video Games (1981–2015)«, in: Alexander Lünen/Katherine J. Lewis/Benjamin Litherland/Pat Cullum (Hg.), Historia Ludens: The Playing Historian, London: Routledge, S. 3–19.

Salvati, Andrew J./Bullinger, Jonathan M. (2013): »Selective Authenticity and the Playable Past«, in: Matthew Wilhelm Kapell/Andrew B. R. Elliott (Hg.), Playing with the Past: Digital games and the simulation of history, New York: Bloomsbury Academic, S. 153–168.

Samida, Stefanie/Willner, Sarah/Koch, Georg (2016): »Doing History – Geschichte als Praxis«, in: Stefanie Samida/Sarah Willner/Georg Koch (Hg.), Doing History: Performative Praktiken in der Geschichtskultur, Münster: Waxmann Verlag, S. 1–28.

Schweppenstette, Frank (2020): »Interview: Virtuelle Ausflüge in die Geschichte. Ein Gespräch zwischen dem TimeRide-Gründer Jonas Rothe und Christian Bunnenberg über Zeitreisen und digitale Geschichtsvermittlung«, in: Geschichte für heute 13(4), S. 60–67.

Tang, Ruohan/Wei, Lai (2022): »Aural Authenticity and Reality in Soundscape of VR Documentary«, in: Interactive Film & Media Journal 2(4), S. 33–41.

Time Travel Vienna (o.D.): »Time Travel Wien – Die Geschichte Wiens erleben«. Online unter: https://www.timetravel-vienna.at/ (letzter Zugriff: 05.05.2024).

TimeRide (o.D.): »TimeRide: Virtuelle Zeitreisen buchen | immersive Erfahrung«. Online unter: https://timeride.de/ (letzter Zugriff: 05.05.2024).

Wackerfuss, Andrew (2013): »This Game of Sudden Death: Simulating Air Combat of the First World War«, in: Matthew Wilhelm Kapell/Andrew B. R. Elliott (Hg.), Playing with the Past: Digital games and the simulation of history, New York: Bloomsbury Academic, S. 233–246.